Quatro Patas Cinco Direções

Quatro Patas Cinco Direções

UM GUIA DE MEDICINA CHINESA PARA CÃES E GATOS

Cheryl Schwartz, DVM

Tradução
Áurea Daia Barreto
Médica Veterinária formada pela Universidade Federal de Goiás, 1997.
Titulada pelo Tianjin College of Traditional Chinese Medicine, Tianjin-China.
Médica Veterinária Holística em Brasília-DF.

Copyright © 1996 by Cheryl Schwartz. Published by arrangement with Writers House LLC and Celestial Arts, Berkeley, California, USA.
Copyright © 2008, da edição em portugês, Ícone Editora Ltda.

Título Original
Four Paws Five Directions

Diagramação
Andréa Magalhães da Silva

Tradução
Áurea Daia Barreto

Revisão
Wilmar Plácido Júnior
Saulo C. Rêgo Barros
Rosa Maria Cury Cardoso

Fotografias e ilustrações
Fotografias copyright © de Nancy O'Brien.
Fotos Gráficas copyright © de Cheryl Schwartz e Nancy O'Brien.
Ilustrações copyright © de Judith Kaufman.

Proibida a reprodução total ou parcial desta obra,
de qualquer forma ou meio eletrônico, mecânico,
inclusive através de processos xerográficos,
sem permissão expressa do editor
(Lei nº 9.610/98).

Todos os direitos reservados pela
ÍCONE EDITORA LTDA.
Rua Anhanguera, 56 – Barra Funda
CEP 01135-000 – São Paulo – SP
Fone/Fax.: (11)3392-7771
www.iconeeditora.com.br
iconevendas@iconeeditora.com.br

Dedicatória

Este livro é dedicado a Cheer Barbour e a todos os animais
que têm me mostrado humor, humildade, integridade e força.

É também uma saudação para todos os curadores e veterinários
que, antes de mim, já vêm usando a Medicina Tradicional Chinesa
para melhorar a vida dos animais.

Agradecimentos

Gostaria de agradecer os Drs. Alyce Tarcher, Sally Savitz,
Lana Sandahl e Paul Pitchford pelo apoio e assistência no preparo
do texto, assim como Nancy O'Brien e Judith Kaufman pelas
suas ilustrações e fotos maravilhosas.

Um agradecimento especial vai para meus editores, Verônica
e Victoria Randall, por sua paciência e para meu amigo
John Gruntfest por manter o consultório funcionando enquanto
eu estava fora trabalhando neste livro, eternamente.

Prefácio da Edição Brasileira

Há cerca de 30 anos, o movimento da Medicina Veterinária Holística começou a surgir no mundo ocidental, trazido por veterinários interessados em eliminar o excesso de tratamentos invasivos ministrados aos animais, promovendo uma abordagem mais natural, justa e cuidando do ser como um todo. Cheryl Schwartz está entre os veterinários pioneiros que tiveram a grandeza de dar uma alternativa a mais para a prevenção, manutenção e tratamento dos animais domésticos.

Quatro Patas Cinco Direções, já traduzido para vários idiomas, traz uma das maiores ferramentas da medicina holística, que é a Medicina Tradicional Chinesa. É simplesmente um dos livros mais recomendados do mundo para os estudantes do assunto. A Dra. Schwartz traz uma adaptação do conhecimento milenar da medicina oriental para ser aplicada em cães e gatos. O objetivo é orientar não somente os profissionais, mas também qualquer pessoa que lide diariamente com esses pequenos animais.

No Brasil, a Medicina Tradicional Chinesa aplicada à veterinária, apesar de ainda não ser merecidamente difundida, começa a dar os primeiros passos para sua ampla divulgação. Esta obra vai ajudar bastante nesse sentido. Aqui é explicado, de forma muito simples, as teorias da Medicina Chinesa, como a teoria dos Cinco Elementos, das Essências Vitais, dos Oito Princípios e dos Meridianos. Depois se segue com a prática do exame físico para que, em seguida, se possa compreender e aplicar a acupressão, administrar a fitoterapia e prescrever uma dieta balanceada. A Dra. Schwartz ainda complementa o assunto indicando suplementações vitamínicas para os vários distúrbios aqui apresentados.

Talvez algumas ervas mencionadas no livro ainda sejam difíceis de ser encontradas no Brasil. Mesmo assim, o conteúdo desta obra pode ser facilmente aplicado pelos veterinários e criadores brasileiros envolvidos nesse assunto.

Que esta obra inspire cada vez mais um trabalho cooperativo e complementar entre o Oriente e o Ocidente, para que se possa beneficiar o estado de saúde da população animal.

DRA. ÁUREA DAIA BARRETO
Médica Veterinária Holística
Brasília-DF

Conteúdo

Introdução, 11

PARTE 1 – A TEORIA, 15
Capítulo Um ✦ Os Cinco Elementos, 17
Capítulo Dois ✦ Os Meridianos, 31
Capítulo Três ✦ Os Oito Princípios, 43
Capítulo Quatro ✦ As Essências Vitais, 53

PARTE 2 – O DIAGNÓSTICO, 59
Capítulo Cinco ✦ O Diagnóstico: O Que Esperar, 61
Capítulo Seis ✦ Fitoterapia, 85
Capítulo Sete ✦ Dietoterapia, 101
Capítulo Oito ✦ Introdução à Acupressão e Técnicas de Massagem, 139

PARTE 3 – O TRATAMENTO, 193
Uma Introdução ao Tratamento, 195
Capítulo Nove ✦ Os Olhos, 201
Capítulo Dez ✦ O Nariz e as Condições do Trato Respiratório Superior, 219
Capítulo Onze ✦ Os Ouvidos, 241
Capítulo Doze ✦ Os Dentes e as Gengivas, 259
Capítulo Treze ✦ Os Pulmões: O Elemento Metal, 269
Capítulo Catorze ✦ O Coração e o Pericárdio: O Elemento Fogo, 285

Capítulo Quinze ◆ O Fígado e a Vesícula Biliar: O Elemento Madeira, 305

Capítulo Dezesseis ◆ O Baço/Pâncreas e Estômago: O Elemento Terra, 331

Capítulo Dezessete ◆ Os Rins e Bexiga: O Elemento Água, 355

Capítulo Dezoito ◆ O Intestino Grosso: O Elemento Metal, 387

Capítulo Dezenove ◆ Os Ossos e Músculos, 405

Capítulo Vinte ◆ A Pele, 425

Capítulo Vinte e Um ◆ O Sistema Imunológico e Glândulas, 445

Índice de Fotos Coloridas

Meridianos

Pulmões, 161
Intestino Grosso, 162
Estômago, 163
Baço/Pâncreas, 164
Coração, 165
Intestino Delgado, 166
Bexiga, 167
Rim, 168
Pericárdio, 169
Triplo Aquecedor, 170
Vesícula Biliar, 171
Fígado, 172
Vaso Concepção, 173
Vaso Governador, 173

Pontos de Acupressão

Olhos, 174
Seios Nasais, 175
Ouvidos, 176 e 177
Dentes e Gengivas, 177
Pulmões, 178
Coração, 179
Fígado e Vesícula Biliar, 180 e 181
Baço/Pâncreas e Estômago, 182, 183 e 184
Rins e Bexiga, 185
Bexiga, 186
Intestino Grosso, 187 e 188
Ossos e Músculos, 188, 189 e 190
Pele, 191
Sistema Imunológico e Glândulas, 192

Introdução

Bem-vindo ao mundo da Medicina Tradicional Chinesa. Aqueles que são escolarizados em Medicina Ocidental ou que a utilizam, por favor, deixem seus sapatos na porta e entrem com um modo de pensar diferente, embora lógico. Na Medicina Tradicional Chinesa você usará, com a máxima vantagem, seus poderes de percepção, olfato, audição e toque, visando auxiliar seu cliente ou seu amigo de quatro patas.

Esse sistema conta com milhares de anos de experiência, centenas de milhares de praticantes médicos e milhões de pacientes. A Medicina Tradicional Chinesa (MTC) inclui a acupuntura, a fitoterapia, a acupressão, a dietoterapia, a meditação e exercícios. Veremos todas essas modalidades exceto meditação e exercícios, pois esses devem ser difíceis de ensinar para seu animal.

A acupuntura foi utilizada em animais há mais de 3.500 anos, quando, segundo a lenda, um elefante foi tratado de um distúrbio estomacal semelhante ao timpanismo. Desde então, a acupuntura e as outras formas da MTC têm sido utilizadas para tratar uma variedade de problemas, incluindo dor, artrite, doenças cardíacas, pulmonares, renais, digestivas, hormonais, alérgicas, reprodutivas e mentais. Na verdade, a MTC pode ser utilizada para tratar quase todo desequilíbrio, com exceção dos casos que requerem cirurgias. Por que, você deve estar perguntando, é importante saber sobre essas artes de cura antigas, quando temos um sistema de Medicina Ocidental tão tecnologicamente avançado neste País? Pela simples razão de que a Medicina Ocidental pode lidar efetivamente com as enfermidades agudas e traumáticas, porém, é limitada em sua maneira de abordar os problemas crônicos.

Com uma abordagem mais abrangente e holística, a MTC reconhece padrões de doenças e desequilíbrios que a Medicina Ocidental não reconhece. Se um desequilíbrio pode ser reconhecido, também pode ser tratado. Adicionalmente, devido ao fato de a Medicina Tradicional Chinesa abranger uma ampla estrutura de interações, ela pode detectar um desequilíbrio antes que esse se torne uma doença. Assim, ela pode ser usada como uma *terapia de prevenção* para ajudar um indivíduo a manter-se saudável.

Quando me formei na escola de veterinária em 1978, sabia que precisaria de uma enorme experiência para assim poder usar a vasta quantidade de informações que eu havia estudado. Entretanto, após dois anos de prática, percebi que a maioria de meus tratamentos consistia na prescrição de antibióticos e antiinflamatórios. Na verdade, todos os meus tratamentos pareciam anti alguma coisa. Pude perceber que via alguns animais uma vez a cada um ou dois anos para exames de rotina, e via também um pequeno grupo de pacientes que apareciam para consultas com muita freqüência. Esses animais que vinham com mais assiduidade apresentavam inicialmente uma infecção de ouvido que desaparecia com o uso de antibióticos. Após um mês, o mesmo animal retornava com uma infecção ocular ou, então, com vômito ou diarréia. Cada uma dessas condições era tratada como um distúrbio separado e assim eliminada com medicação apropriada. Não era reconhecida nenhuma conexão entre o problema do ouvido com o problema do olho e com a saúde geral do animal. Para mim, isso parecia incongruente, pois anteriormente na escola de veterinária me ensinaram que "o osso da coxa conectava-se ao osso do quadril, o osso do quadril conectava-se ao da coluna, etc.". Então, como um animal poderia ter uma série de problemas sem conexão se todos eles residiam em um mesmo corpo? Dentro da abordagem Ocidental, observa-se a parte mais específica e minúscula de um indivíduo e perde-se a visão dele como um todo. Conforme os questionamentos surgiam mais e mais em minha mente, comecei a me sentir limitada de certa forma pelo ponto de vista Ocidental, e comecei a perceber que era hora de procurar por novos enfoques.

Em 1979, me envolvi com um grupo de veterinários que, no ano de 1974, fundou a Sociedade Internacional de Acupuntura Veterinária. Em 1981, um outro grupo foi formado, a Associação Médica Americana de Veterinária Holística. Após vivenciar as limitações do enfoque Ocidental, os praticantes desse grupo iniciaram uma investigação das aplicações da MTC em animais como parte da abordagem holística. Após quinze anos de prática com animais utilizando a Medicina Tradicional Chinesa, gostaria de compartilhar com vocês o que meus pacientes têm me ensinado.

Parte 1

A TEORIA

CAPÍTULO UM

Os Cinco Elementos

Na China Antiga, antes de existir tecnologia moderna, os médicos contavam com seus sentidos de visão, olfato, gosto, audição e tato para diagnosticar e tratar as doenças. Nos séculos III e IV a.C. o exercício da medicina era desenvolvido como uma extensão do estilo de vida contemporâneo. Os médicos faziam observações cuidadosas para estabelecer associações entre o estado físico da terra e os funcionamentos internos do corpo.

À medida que estudavam o mundo ao seu redor, os praticantes distinguiam as conexões entre as forças maiores na natureza e o sistema específico de órgãos internos. Eles estudavam as estações, como elas fundiam uma na outra, e como cada fase da vida de um animal ou de uma planta mudava pelo crescimento, florescimento e morte. Eles observavam a terra com seu solo, as montanhas com seus minérios, os rios com suas águas, as árvores com suas madeiras e o fogo que poderia abrasar a todos. Eles pensavam a respeito do que deveria tomar lugar dentro do corpo para ajudá-lo a funcionar e a viver. Observavam os músculos e a pele que mantinham o corpo intacto, o peito que inspirava a respiração, o abdômen inferior que movia a urina, o abdômen superior que ajudava a digestão e o Coração que batia impulsionando e aquecendo o sangue.

Checando as similaridades entre os elementos da natureza e o corpo, esses médicos antigos desenvolveram um conceito de cuidados com a saúde que envolviam ambos os sistemas. Essa doutrina ficou conhecida como a **Teoria dos Cinco Elementos**. Os cinco elementos são: **Terra, Metal, Água, Madeira** e **Fogo**. Cada elemento é ligado a um **sistema de órgãos**.

Terra liga-se à **digestão**. Associa-se ao **Baço/Pâncreas** e **Estômago**. **Metal** liga-se com a **respiração** e **eliminação**. Associa-se aos **Pulmões** e **Intestino Grosso**. **Água** liga-se com a **movimentação dos líquidos**. Associa-se aos **Rins** e **Bexiga**. **Madeira** liga-se com a **árvore dos processos tóxicos**. Associa-se ao **Fígado** e **Vesícula Biliar**. **Fogo** liga-se com a **circulação** do sangue, hormônios e alimento. Associa-se ao **Coração, Intestino Delgado** e seus assistentes.

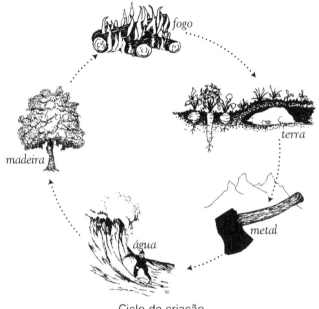

Ciclo de criação

Por mais peculiar que isso possa parecer para a mente Ocidental moderna, essa forma antiga de medicina originou um sistema complexo de controles e equilíbrios que explicaram saúde e doença. Com mais de 4.000 anos de experiência, a Teoria dos Cinco Elementos continua a ser praticada no mundo todo nos dias de hoje. O tratamento das doenças utilizando acupuntura e fitoterapia depende do conhecimento sobre os cinco elementos e suas interações.

A Teoria dos Cinco Elementos também é conhecida como a Teoria das Cinco Fases. Os praticantes entendem que os elementos em si não representam objetos estáticos. Montanhas e rios mudam constantemente com o tempo, assim como os outros elementos, em um contínuo ciclo de nascimento, vida e morte. É o "processo de mudança" que vem subordinado à Teoria dos Cinco Elementos, mais do que a substância dos elementos propriamente dita.

As semelhanças entre o ritmo dos eventos que surgem no meio físico e dos que surgem no corpo físico assemelham-se a um círculo. Esse ritmo circular ficou conhecido como o **Ciclo de Geração**. Poeticamente, os chineses dizem que o **Fogo** queimou, criando a **Terra** (solo). A terra deu origem às montanhas que contêm o **Metal**. O **Metal** separou-se fazendo o caminho para a **Água**. A **Água** fluiu e nutriu a **Madeira** das árvores. E as árvores, vulneráveis à combustão, acendem o **Fogo**.

A relação entre os elementos nos auxilia no uso da MTC no diagnóstico e tratamento dos problemas de saúde. Como mencionei anteriormente, cada elemento está relacionado com um sistema específico de órgãos. Logo, se há um problema com o elemento terra do Estômago, esse problema irá por fim afetar o elemento metal que vem na seqüência do Ciclo de Geração. O elemento metal contém o Intestino Grosso. O Estômago e Intestino Grosso são ambos parte do sistema digestivo. Tenho certeza de que cada um de nós já teve experiência com incidentes de vômito e diarréia. O médico ocidental deve ter recomendado drogas que diminuam a motilidade do trato digestivo. Um médico que pratica MTC usaria acupuntura ou fitoterapia para fortalecer o Estômago.

Para conservar o ritmo cíclico harmonioso, a MTC emprega controles e equilíbrios para manter os elementos em seus lugares certos. Isso é chamado de **Ciclo de Controle**. Esse conceito tem formato de uma estrela. Usando os cinco elementos, é simples de visualizar como o fogo derrete o metal. O machado de metal corta a madeira. A madeira cai e bloqueia a terra. Conforme o solo da terra vai se acumulando, represa a água. À medida que a água inunda, cai sobre o fogo.

Se existe um problema com o elemento Água dos Rins, ela pode inundar o resto do corpo com fluido. O fluido pode acumular-se no peito de forma que o Coração não impulsiona o sangue e os fluidos eficazmente, causando falha cardíaca congestiva. Aqui vemos o Sistema de Controle trabalhando. Lembre-se que o elemento Água dos rins mantém o elemento Fogo do Coração sob controle. A Medicina Ocidental poderia tratar esse distúrbio com drogas para auxiliar a eliminação de água do corpo, assim diminuindo a carga do Coração. A MTC trataria com acupuntura ou fitoterapia para equilibrar o trabalho entre o Coração e o Rim pelo fortalecimento do Coração e a regulação dos rins.

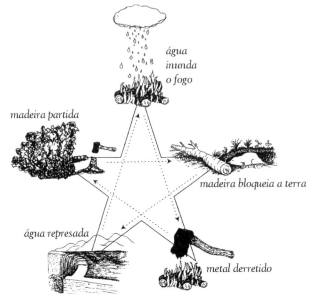

Ciclo de Controle

OS CINCO ELEMENTOS E OS SEUS PADRÕES YIN E YANG

Em adição à compreensão de como os elementos se entrelaçam através de ciclos, cada elemento é composto de um par de órgãos internos. Um órgão é sólido e denso, como o Fígado, enquanto seu par é oco ou forma uma cavidade, como a Vesícula Biliar. O órgão mais sólido e denso é conhecido como o par **Yin**. O órgão em forma de cavidade ou tubular é conhecido como o par **Yang**. A interação apropriada dos pares facilita o bom funcionamento do elemento como parte de um todo. Em outras palavras, a conexão imperfeita entre os pares pode ser o primeiro sintoma de um problema que ocorrerá mais tarde. Por exemplo, vamos verificar o elemento Metal do Pulmão e Intestino Grosso. O Pulmão é o par Yin e o Intestino Grosso é o par Yang. Caso seu animal desenvolva tosse seca e espasmódica, a MTC poderia considerar isso como desequilíbrio nos pulmões que gerou secura. Em virtude dessa correlação entre Pulmão e Intestino Grosso, se essa mesma secura não é tratada, pode eventualmente causar constipação, que seria secura no Intestino Grosso.

A seguir são apresentados os pares Yin e Yang dos elementos:

ELEMENTO	YIN	YANG
Terra	Baço/Pâncreas	Estômago
Metal	Pulmão	Intestino Grosso
Água	Rim	Bexiga
Madeira	Fígado	Vesícula Biliar
Fogo	Coração/Pericárdio	Intestino Delgado/ Triplo Aquecedor

Cada órgão Yin e Yang será discutido detalhadamente mais adiante neste capítulo.

É necessário aqui discutir maiores diferenças entre o pensamento oriental e o ocidental. No Ocidente, costumamos ver as coisas como se tivessem uma causa e um efeito. Nosso pensamento é bastante linear: Se A é a causa, B é o efeito. Há saúde. Há doença. No pensamento oriental, entretanto, os fatos são mais cíclicos. A Medicina Oriental fala sobre equilíbrio e desequilíbrio. Inclinando-se a balança para qualquer direção, pode originar desequilíbrios. O estado de saúde é um constante fluxo de circunstâncias. Em um determinado momento se o equilíbrio é afetado, a doença pode se desenvolver. Portanto, a saúde é mantida quando um desequilíbrio é detectado antes que se torne uma doença. Assim, esse desequilíbrio pode ser corrigido para que as interações harmoniosas se restabeleçam.

OS CINCO ELEMENTOS E SUAS RELAÇÕES

Para que seja possível distinguir os desequilíbrios, atribui-se a cada órgão associações complexas. Cada órgão relaciona-se com um período do dia quando seu funcionamento é otimizado e com uma estação do ano quando ele se torna mais vulnerável ao ambiente.

Caso o problema ocorra durante essas horas ou durante essa estação, tal fato serve para alertar o praticante de MTC que um desequilíbrio pode estar ocorrendo nesse sistema de órgãos. O desequilíbrio sendo reconhecido e tratado previamente, futuros problemas, de caráter mais sério, podem ser evitados. Adicionalmente, cada órgão relaciona-se a emoções específicas, cores, órgãos dos sentidos, partes do corpo e alimentos.

A tabela, a seguir, foi elaborada a partir de informações
que eu reuni de um dos membros fundadores da Sociedade Internacional
de Acupuntura Veterinária, Dr. Grady Young.

OS CINCO ELEMENTOS E SUAS RELAÇÕES

ELEMENTO/ ÓRGÃOS	Som	Emoção	Clima	Estação	Horário	Odor
Fogo/ Coração e Intestino Delgado	riso	alegria	quente	verão	11h às 15h	chamuscado
Pericárdio e Triplo Aquecedor					7h às 11h	
Terra/ Baço-Pâncreas e Estômago	canto	simpatia	úmido	verão tardio	7h às 11h	adocicado
Metal/ Pulmão e Intestino Grosso	choro	pesar	seco	outono	3h às 7h	fétido
Água/ Rim e Bexiga	gemido	medo	frio	inverno	15h às 19h	pútrido
Madeira/ Fígado e Vesícula Biliar	grito	raiva	ventoso	primavera	23h às 3h	rançoso

Embora isso seja muito interessante, nesse momento você provavelmente está pensando, "como que isso se relaciona ao meu animal?" Bom, por exemplo, o Fígado na MTC é associado ao elemento **Madeira**, à estação da **primavera**, à emoção da **raiva**, ao som do **grito**, ao sabor **azedo**, ao odor **rançoso**, à cor **verde**, à direção **leste**, ao órgão do sentido **olho**, à parte do corpo de **tendões** e **ligamentos**, ao horário de 1h00 às 3h00, aos alimentos **trigo**, **pêssego** e **frango**.

Então, se você possui um cão com **olhos irritados** e **vermelhos**, especialmente na primavera; que **late alto** e **ataca** o carteiro furiosamente; que suplica pelo **macarrão e frango** do seu jantar ou pela sua **balinha azedinha**; que tem um cheiro **rançoso** na pele; que acorda toda noite à 1h00 manhã para se coçar e que quer usar sua camisa **verde**; significa que ele pode ter um problema de Fígado em potencial.

ELEMENTO	Alimento	Cor	Direção	Abertura do Corpo	Secreção	Parte do Corpo
Fogo	painço carne de carneiro ameixa	vermelho	sul	ouvidos (audição)	suor	palato, língua
Terra	arroz, painço carne de vaca, damasco cebolinha	amarelo	centro	boca	saliva	músculos
Metal	arroz, cebola, castanha carne de cavalo	branco	oeste	nariz	muco	pele
Água	cevada feijão ervilha, alho-poró carne de porco	azul preto	norte	ouvidos (com elemento fogo)	saliva	medula óssea, dentes, genitais (com elemento madeira), uretra
Madeira	trigo carne de galinha pêssego	verde	leste	olhos	lágrimas	tendões, ligamentos, unhas, genitais.

Entretanto, mais seriamente, cada um de nossos animais apresenta particularidades que são destacadas por um desequilíbrio dos órgãos no sistema da MTC. Por exemplo, se um animal vomita após o café da manhã, mas não depois do jantar, referindo-se à tabela, você poderá conferir que essa fraqueza ou desequilíbrio deve estar associado ao elemento Terra do Baço/Pâncreas ou Estômago. Contudo, se ele vomita tarde da noite, a fraqueza pode estar no Fígado ou na Vesícula Biliar e no elemento Madeira. Para um praticante de MTC, esses sintomas peculiares podem indicar sinais que identificam um distúrbio ocorrendo em um órgão ou sistema, muito mais cedo inclusive, do que irregularidades detectáveis por exames de sangue ou radiografias. Lembre-se de que a doença pode ser evitada, se há um re-equilíbrio do sistema o quanto antes. Esse é o motivo pelo qual parte de um exame da MTC inclui a tomada de uma história detalhada que envolve informações que se encaixam na Teoria dos Cinco Elementos.

AS CINCO CONSTITUIÇÕES

Dentro dos aspectos dessas interações, correspondendo aos elementos específicos, surge a composição de determinados tipos constitucionais e seus comuns desequilíbrios.

♦ A Constituição Fogo

Summer é um exemplo de elemento FOGO

Summer é a cadelinha Poodle Toy mais feliz que você já viu, exceto quando sua dona não está por perto. Nesse caso, ela fica ansiosa, hiperativa, late histericamente, levando a si mesma a um acesso de chilique a ponto de mal poder respirar. Seu coração acelera, seu corpo superaquece facilmente e é incapaz de tomar sol por longos períodos. Existe nela também uma tendência de sonhar excessivamente, vocalizando e remando com as patas durante o sono de tal forma que parece não conseguir descansar. Quando sua dona finalmente retorna, Summer, por estar superexcitada, urina nervosamente.

Summer é um exemplo do elemento **Fogo**, que se relaciona com o **Coração** e com o sistema circulatório. Conforme foi mostrado anteriormente, o **Coração** é pareado com o **Intestino Delgado**, que também é considerado um "órgão Fogo". Se você pensar bem, o Intestino Delgado é o lugar onde as enzimas digestivas são ativadas ou "acesas" para auxiliar a quebra do alimento.

◆ A Constituição Terra

Kiwi é uma Retriever do Labrador, chocolate, que tem tendência a exceder-se em seu peso. Ela é uma excelente farejadora, sempre desejando agradar, muito obediente e extremamente sensível às mudanças de humor de seu dono. Às vezes, ela solta suas fezes facilmente, tendo baixo vigor. Na verdade, há dias em que ela prefere estar deitada esparramada no chão. Ela tende a ser preocupada e quando se estressa pode vomitar ou ter diarréia. Ela gosta de ficar na cama pela manhã e parece mal-humorada quando acorda. Sua energia e apetite aumentam no decorrer do dia. Quando pode, ela rouba uma lambida do sorvete ou do bolinho de seu dono.

Kiwi é um exemplo de elemento TERRA

Kiwi é um exemplo do elemento **Terra**. Conforme foi mostrado na tabela, o elemento Terra relaciona-se com o **Baço/Pâncreas** e o **Estômago**. Na Medicina Tradicional Chinesa, o **Baço** engloba muito mais funções do que na nossa definição Ocidental, que diz que ele envolve apenas a função de produção de sangue e de células imunológicas. O **Baço** é acoplado com o **Pâncreas** na MTC e está envolvido com o metabolismo do açúcar e com a quebra de alimento em geral, além de sua capacidade de produzir sangue.

◆ A Constituição Metal

Rose é uma gata Siamesa Mestiça que, continuamente, tem seu nariz escorrendo. Quando era filhote, desenvolveu uma infecção respiratória no trato superior, o que levou muito tempo para curar-se. Na verdade, sua respiração nunca foi bem a mesma desde sua recuperação. Ela ronca e funga regularmente. Seus seios nasais parecem estar sempre congestionados e ela tem dificuldade em cheirar sua comida, a não ser que seu dono adicione alho com alto aroma. Durante o outono, sua suscetibilidade à alergia a pólen a deixa espirrando e com dificuldade respiratória. Seu veterinário disse que é provável que ela desenvolva asma quando ficar mais velha. Ela fica especialmente incomodada nas primeiras horas da manhã, em torno de 4h00, quando ela faz esforço para respirar profundamente. Sua pele forma crostas e seu pêlo é seco. Ela tem tendência à constipação. Desde a morte de sua companheira, ela tem estado distante e triste, aparentemente incapaz de superar seu pesar.

Rose é um exemplo de elemento METAL

Rose é um exemplo do elemento **Metal**, que se relaciona com o **Pulmão** e o **Intestino Grosso**.

♦ A Constituição Água

Teddy é um Pêlo-Curto Doméstico que tem terror de estranhos, de barulhos, de objetos que se movem, ou seja, de quase tudo. O aspirador de pó lhe parece um monstro espacial, e ele grita e se esconde no armário quando ouve o barulho do aparelho se aproximando. Quando ele se levanta de uma posição de bruços, parece grunhir e gemer até que se mova. Ele está constantemente com sede e gosta de beber água do vaso sanitário e da banheira. Teddy adora roubar petiscos salgados de seu dono e prefere ração de gatos seca mais salgada mais do que a ração úmida de lata. Teddy tem histórico de cistite. Seus problemas urinários parecem iniciar-se durante o inverno com o ataque do clima frio.

Teddy é um exemplo do elemento **Água**, que se relaciona com o **Rim** e a **Bexiga**.

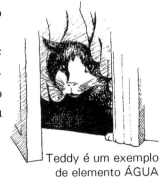

Teddy é um exemplo de elemento ÁGUA

♦ A Constituição Madeira

Dixby é um Terrier Mestiço, com temperamento ruim. Suas atividades favoritas são fitar e latir para o carteiro, e investir em outros cães enquanto está na coleira (melhor seria investir sem estar na coleira, mas seu dono já sabe se precaver quanto a isso). Dixby envolve-se com brigas e intimida outros cães à submissão. Seu latido soa alto e feroz e pode ficar temperamental e possessivo quando está comendo. Apesar de ser pequeno na estatura, *peso por peso*, é um poderoso cãozinho. Ele tem secreção no ouvido com odor desagradável. Bate as patas nos olhos e os coça, deixando-os vermelhos e irritados, com corrimento esverdeado. Apesar de seu dono alimentá-lo com ração hipoalergênica, a pele de Dixby tem um cheiro forte e, freqüentemente, ele apresenta urticárias e alergia à pulga. Quase sempre ele está sob medicação para os olhos, ouvidos ou problemas de pele. O banho ajuda, mas o cheiro de rabugem volta rápido. Suas fezes ocasionalmente contêm muco ou sangue.

Dixby é um exemplo do elemento **Madeira**, que se relaciona com o **Fígado** e **Vesícula Biliar**.

Dixby é um exemplo de elemento MADEIRA

Essas composições dos elementos constitucionais podem lhe dar uma idéia da **personalidade pura** de cada elemento. Na vida, entretanto, é difícil ver uma imagem que envolva só um dos elementos, já que tudo está interligado e produzindo efeito sobre as demais coisas. À medida que um indivíduo se desenvolve, as interações entre os elementos tornam-se mais complexas, especialmente em humanos. Felizmente, os animais tendem a personificar fortes tendências de um elemento, tornando fácil perceber onde um desequilíbrio pode estar ocorrendo. Cada elemento será discutido no decorrer do livro, com seus correspondentes desequilíbrios, padrões de doenças e tratamentos.

O RITMO DIÁRIO DO RELÓGIO CIRCADIANO

Ainda que nossa circulação esteja sempre trabalhando para impulsionar o sangue, a linfa, os fluidos e o oxigênio por nossos corpos, para cada sistema de órgãos na MTC é designada uma hora específica do dia em que ele terá um funcionamento otimizado. O fluxo também conduz uma força vital e animada que emana do corpo físico, espiritual e emocional. Os chineses chamam essa força de **Qi** (pronuncia-se "chi"). O Qi direciona e coordena esse fluxo de energias e é o suporte da Força Vital de um indivíduo. Cada ser herda o Qi de seus ancestrais que então é fortalecido pelas condições do ambiente.

O Qi não pode ser tocado ou visto, mas está inerentemente presente em todas as funções de nosso corpo. O conceito do Qi será discutido mais detalhadamente adiante.

Há milhares de anos, os praticantes antigos da Medicina Tradicional Chinesa mapearam o fluxo do Qi no corpo pela primeira vez. Hoje, admitimos que nossa circulação está sempre fluindo. Mas o que a MTC descobriu é que durante certas horas do dia ou da noite, o fluxo de energia tem mais foco em certa parte do corpo. Esse foco seguiu um caminho através do corpo que imita a maneira que os órgãos se relacionam uns com os outros. O relógio circadiano e o sistema de meridianos foram resultados a partir dessas descobertas.

RELÓGIO CIRCADIANO DO CORPO

3h00 - 5h00 Pulmão
5h00 - 7h00 Intestino Grosso
7h00 - 9h00 Estômago
9h00 - 11h00 Baço/Pâncreas
11h00 - 13h00 Coração
13h00 - 15h00 Intestino Delgado

15h00 - 17h00 Bexiga
17h00 - 19h00 Rim
19h00 - 21h00 Pericárdio
21h00 - 23h00 Triplo Aquecedor
23h00 - 1h00 Vesícula Biliar
1h00 - 3h00 Fígado

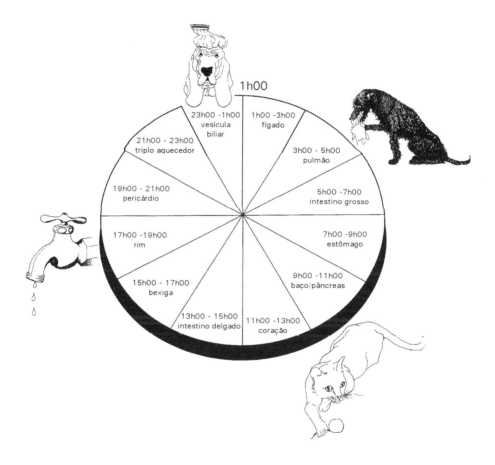

CAPÍTULO DOIS

Os Meridianos

Vimos como a energia flui e se movimenta pelo corpo em seu ritmo circadiano próprio, assim como os elementos se relacionam a órgãos específicos. Agora precisamos ver como esses sistemas se conectam. E para isso, eu irei apresentar o conceito de **Meridianos**.

É essencial entender sobre os meridianos, pois é através do sistema de meridianos que os métodos de tratamento com acupuntura e acupressão são desenvolvidos. Sem entendê-los, a Teoria dos Cinco Elementos não pode ser aplicada à prática de acupuntura e fitoterapia.

Um meridiano é um canal de energia que percorre por debaixo da superfície da pele. Cada trajeto de um meridiano acompanha os aspectos dos sistemas circulatório, linfático, muscular e nervoso. Os meridianos formam uma rede de vasos que conectam todas as partes do corpo. O Qi flui dentro de cada meridiano ou vaso, direcionando o sangue e outros fluidos corpóreos que nos mantêm vivos.

Cada trajeto contém declives dentro/fora que saem para a superfície da pele. Cada ponto de saída tem um diâmetro bem pequeno (0,1cm-5cm) e ainda assim é uma área de condutividade elétrica amplamente aumentada comparada às áreas da pele ao redor. Com um número aumentado de terminações nervosas e de pequenas circulações, essas áreas da pele altamente reativas à perfuração são chamadas **pontos de acupuntura.**[1]

Se alguém fosse ligar os pontos de acupuntura na superfície do corpo, poderia encontrar o trajeto de cada um dos doze meridianos maiores. Os meridianos são como linhas de maior potência que correm pelo corpo, e os pontos de acupuntura são os interruptores que se revezam para acessar a energia.[2] Como cada meridiano é associado com um órgão interno, os pontos de acupuntura nos oferecem um acesso na superfície para os sistemas dos órgãos internos.

Por exemplo, vamos dizer que sua gata, Twink, tem uma ferida de pele em sua perna. Um dos primeiros pensamentos que um médico de MTC iria ter é: "Onde se localiza essa ferida de pele e qual meridiano ela envolve?" Se a ferida é no aspecto externo ou lateral da perna, vamos dizer no quadril, o vaso energético ou o meridiano envolvido pertence à Vesícula Biliar. Então, em adição ao tratamento da ferida, sua localização direciona o médico a olhar sob a superfície para a causa do problema.

Se existe um problema ao longo do meridiano, pode estar relacionado ao órgão ao qual seu trajeto corresponde ou a alguma coisa em seu fluxo pelo corpo. Visualize um sistema de rodovia em uma cidade do interior com rampas de entrada e saída, unindo-se a estradas e conectando-se a ruas de superfície. Se há uma inundação bloqueando a rampa de saída, as ruas que são acessadas por essa rampa ficam inacessíveis. Isso, sucessivamente, afeta as casas nessas ruas e as pessoas que vivem nelas. Ainda, o tráfego pode ficar bloqueado na rodovia esperando pela reabertura da rampa, criando um congestionamento. Pois bem, é exatamente assim no corpo da sua gata. Se existe algum tipo de bloqueio acontecendo em seu quadril, os trajetos de energia que vão em direção desse quadril ficam "obstruídos". Os trajetos que saem do quadril podem ter um fluxo de energia diminuído. Isso pode tornar a coluna dela dolorida e rígida na frente do quadril, e seus membros posteriores enfraquecidos abaixo dele.

No fluxo contínuo de energia de um meridiano para o próximo, como vimos no relógio circadiano, percebemos que cada meridiano junta-se a outro até que todos os aspectos do corpo fiquem conectados. Conforme cada meridiano é associado com um sistema de órgãos, é assim que todos os órgãos unem-se e como tudo circula. Mantendo-se o fluxo aberto e regular nos é garantido um estado de equilíbrio e saúde.

LOCALIZAÇÕES DOS MERIDIANOS

Agora vamos dar uma olhada na localização dos meridianos no corpo. Começando pelo tronco, onde estão **três meridianos Yin** que se iniciam no tórax e percorrem por dentro dos membros anteriores. Esses são o **Pulmão, Pericárdio** e o **Coração**. Nas patas, cada meridiano Yin encontra seu par Yang, que percorre pelo lado de fora do braço, subindo para a face e a cabeça. Os pares Yang são o **Intestino Grosso, Triplo Aquecedor** e **Intestino Delgado**.

Na área da cabeça e do rosto, eles encontram outros trajetos Yang. Esses **meridianos Yang** são a **Vesícula Biliar, Bexiga** e **Estômago**. Esse grupo de meridianos percorre da cabeça descendo pelo corpo, para o lado externo dos membros posteriores até os dedos dos pés. Aqui eles encontram seus pares Yin, o **Fígado, Rim** e **Baço/Pâncreas**. Esses três meridianos Yin sobem de volta pelo lado interno da perna em direção à área torácica para eventualmente encontrar o **Pulmão**, o **Pericárdio** e o **Coração**, e começar o ciclo novamente.

Com essa visão em mente, vamos ver cada meridiano e seguir seu trajeto pelo corpo.

◆ O Meridiano do Pulmão

O meridiano do Pulmão inicia-se naturalmente na área torácica. Seu trajeto vem em direção à superfície do espaço em que o membro anterior se conecta à área torácica próxima à axila, nos músculos peitorais. O meridiano do Pulmão desce internamente ou pelo aspecto medial do braço e termina na extremidade do primeiro dedo. Existem 11 pontos de acupuntura ao longo do meridiano do Pulmão.

◆ O Meridiano do Intestino Grosso

O meridiano do Intestino Grosso inicia-se interiormente ou do lado medial do segundo dedo (que é o primeiro dedo de tamanho regular do seu cão ou gato). Ele sobe pelo membro anterior percorrendo a parte da frente, passando através do ombro para finalizar seu trajeto pouco abaixo e ao lado da narina. Existe um ramo interno do meridiano que conecta com o próprio órgão Intestino Grosso, mas a maior parte do trajeto é a que acabamos de mostrar. Se seu amiguinho tem diarréia, não é incomum tratar os pontos de acupuntura do membro anterior para regular o intestino. Existem 20 pontos de acupuntura ao longo do meridiano do Intestino Grosso.

♦ O Meridiano do Estômago

Do lado do nariz, nós cruzamos para um pouco abaixo do meio dos olhos, bem abaixo do osso zigomático. O meridiano do Estômago inicia-se aqui e percorre ao longo da face, ao redor e acima da mandíbula, e depois para baixo ao longo da superfície abdominal. Após enviar um ramo para o Estômago, o meridiano continua seu trajeto para baixo ao longo da frente do joelho (articulação) até a ponta do terceiro dedo do membro posterior. Existem 45 pontos de acupuntura no trajeto do meridiano do Estômago.

♦ O Meridiano do Baço/Pâncreas

Atrás da pata traseira, o meridiano do Estômago acopla-se com seu par Yin, o Baço/Pâncreas. Em humanos, esse meridiano percorre, junto ao primeiro dedo, pela linha entre a pele vermelha e a branca do pé. A maior parte de nossos pequenos animais tem somente quatro dedos no pé. O primeiro dedo é ausente ou é atrofiado, equivalendo-se à amputação. Não há demarcação das linhas branca e vermelha da pele. Então, apesar de existirem controvérsias a respeito de onde se inicia o meridiano do Baço/Pâncreas, descobri, por experiência própria, que o trajeto se inicia na porção inferior do aspecto medial do segundo dedo. Ele percorre o segundo dedo pelo lado até encontrar o tornozelo, onde se torna lateralmente mais alto. Quando ele alcança o espaço em frente ao tendão de Aquiles, percorre pelo lado medial do membro posterior, subindo através da área da virilha em direção ao abdômen e continua a subir em direção ao peito. Ele termina no sexto espaço intercostal. No abdômen, ele envia um ramo para seus órgãos, o Baço e o Pâncreas. Existem 21 pontos de acupuntura no trajeto do meridiano Baço/Pâncreas.

♦ O Meridiano do Coração

O meridiano do Coração encontra-se com o meridiano do Baço na área torácica e percorre em direção da axila ou da área axilar. Percorre descendo ao longo da porção medial do membro anterior para a ponta medial do quinto dedo (exterior). Existem 9 pontos de acupuntura no trajeto do meridiano do Coração.

♦ O Meridiano do Intestino Delgado

Acoplado ao final do meridiano do Coração, exatamente oposto ao quinto dedo do membro anterior, inicia-se o meridiano do Intestino Delgado. Como par Yang do Coração, o meridiano do Intestino Delgado percorre subindo pelo aspecto lateral do membro anterior, justamente oposto ao lado do membro que percorre o meridiano do Coração. Então, o meridiano do Intestino Delgado prossegue ao redor do lado interno do cotovelo, e retorna para o lado externo do braço e ombro, subindo para a face, e terminando na orelha. Um ramo interno conecta-se ao Intestino Delgado. Existem 19 pontos de acupuntura no trajeto do meridiano do Intestino Delgado.

♦ O Meridiano da Bexiga

Da base da orelha, em uma distância bem curta ao olho, o meridiano do Intestino Delgado encontra-se com o meridiano da Bexiga. Iniciando-se na margem medial do olho, o trajeto segue bem próximo da linha média da face, passa pela ponta do nariz, subindo para a região frontal e crânio e depois vai descendo ao longo da parte detrás da cabeça até a nuca. Na nuca, o meridiano da Bexiga ramifica-se em um meridiano duplo, cada um percorrendo paralelamente a coluna, com o ramo interno situando-se aproximadamente a 1,27 cm da linha da coluna e o ramo externo situando-se em torno de 2,54 cm da linha da coluna. Esses meridianos paralelos percorrem o comprimento da coluna ao sacro, um de cada envia um ramo para a Bexiga ao longo do caminho. O meridiano duplo percorre em torno da região glútea do animal, descendo pela parte detrás da perna para a parte detrás do joelho, onde se encontram. O ramo único do meridiano da Bexiga desce pelo meio da parte detrás da perna, da fossa poplítea, passando ao redor da porção lateral do calcanhar, até a ponta do quinto dedo do pé.[3] O meridiano da Bexiga tem 67 pontos de acupuntura em seu trajeto.

♦ O Meridiano do Rim

Na pata traseira, o meridiano da Bexiga encontra o Rim, seu par Yin. O trajeto inicia-se justamente abaixo do coxim principal da pata. Este ponto pode ser acessado na ponta do triângulo do coxim principal. O meridiano do Rim sobe ao longo da parte medial da pata traseira em direção ao tórax, para terminar exatamente à frente da primeira costela. No abdômen inferior, um ramo interno do meridiano conecta-se ao Rim. O meridiano do Rim tem 27 pontos.

♦ O Meridiano do Pericárdio

Quando o meridiano do Rim termina no peito, ele encontra com o meridiano do Pericárdio. O Pericárdio é uma membrana fina e transparente que envolve e protege o Coração. Na MTC, ele não protege o Coração apenas fisicamente absorvendo o ataque inicial de uma doença, mas também protege os seus aspectos mentais e espirituais. O Coração abriga o espírito do corpo conhecido por **Shen**, de onde nasce a alegria e o bem-estar. Desilusões mentais e desordens emocionais na Medicina Tradicional Chinesa são associadas com o espírito do Coração e o Pericárdio. O meridiano do Pericárdio é usado para tratar depressão, ansiedade e desorientação. É dito dessa capacidade que ele "protege o espírito do Coração".

O meridiano do Pericárdio inicia-se no tórax, de onde cessa o meridiano do Rim. Ele emerge próximo ao mamilo superior do peito e percorre ao longo do meio do lado interno da pata dianteira, pelo coxim maior do pulso (osso acessório carpal) e termina na ponta do terceiro dedo. O meridiano do Pericárdio tem 9 pontos de acupuntura.

♦ O Meridiano do Triplo Aquecedor

Um conceito único para a Medicina Tradicional Chinesa é o do meridiano do **Triplo Aquecedor**. Ele é uma função no corpo sem um alinhamento específico de órgãos. Como o nome diz, ele define a regulação da temperatura do corpo. O corpo do animal, assim como o nosso, é composto de três compartimentos separados: um abrange a cabeça e a área logo abaixo do tórax no diafragma; o outro inclui o diafragma e a área logo abaixo do umbigo; e um terceiro que compreende o umbigo e a parte inferior do corpo. Cada compartimento precisa de um regulador ou gerenciador de tráfego para ajudá-lo a comunicar-se com seu vizinho. Pense no Triplo Aquecedor como um "administrador intermediário" encarregado de regular o metabolismo.

Ambos, Triplo Aquecedor e Pericárdio são considerados parte do elemento Fogo. Assim, o elemento fogo possui o Coração, o Intestino Delgado, o Pericárdio e o Triplo Aquecedor.

O Triplo Aquecedor encontra-se com o meridiano do Pericárdio no quarto dedo do membro anterior. Aqui ele sobe ao longo da frente da pata dianteira, em torno da parte lateral do cotovelo, subindo para o ombro, terminando exatamente abaixo da borda externa (lateral) do olho. Do ombro, um ramo interno entra na área torácica passando pelo diafragma para acoplar-se aos outros compartimentos.[4] Existem 23 pontos no meridiano do Triplo Aquecedor.

♦ O Meridiano da Vesícula Biliar

O meridiano da Vesícula Biliar inicia-se na margem lateral do olho, bem próximo de onde o meridiano do Triplo Aquecedor termina. O meridiano da Vesícula Biliar atravessa o lado e o topo da cabeça, como um chapéu *cloche*, tocando as orelhas e passando na parte detrás da cabeça até a nuca. Então, ele se dirige para baixo passando pelo ombro, ao longo das laterais do corpo e ao longo dos flancos laterais da área do quadril. Aqui, o meridiano da Vesícula Biliar circula o quadril e desce a parte lateral da perna, passando o joelho, terminando na ponta do quarto dedo da pata traseira. Um ramo interno da área da cabeça passa pelo tórax e abdômen para alcançar a Vesícula Biliar. O meridiano da Vesícula Biliar tem 44 pontos de acupuntura.

◆ O Meridiano do Fígado

O meridiano do Fígado encontra o meridiano da Vesícula Biliar no pé. Em humanos, o meridiano do Fígado é localizado entre o hálux e o segundo dedo. Devido ao fato de a maioria de nossos cães e gatos não ter o primeiro dedo ou ter um vestígio ou amputação do dedo, o início do meridiano do Fígado, assim como ocorre com o meridiano do Baço/Pâncreas, é confuso. Eu geralmente encontro o meridiano do Fígado correndo ao longo da porção superior ao lado medial do segundo dedo. Em comparação ao meridiano do Baço/Pâncreas, que também percorre ao longo da parte medial desse dedo, o meridiano do Fígado é mais acima (ou dorsal), mas ainda passa ao lado do dedo. O meridiano do Fígado sobe até alcançar o tornozelo onde ele percorre medialmente o membro posterior, bem próximo e paralelo aos meridianos do Baço e Rim. O meridiano do Fígado sobe para área da virilha, abrangendo partes da genitália, subindo ao abdômen e terminando na área do diafragma. Envia um ramo para o Fígado antes de deixar o abdômen. No diafragma encontra o Pulmão para reiniciar o fluxo de energia. O meridiano do Fígado tem 14 pontos.

Isso completa um ciclo de fluxo de energia ou Qi pelo corpo. O ciclo cobre um período de 24 horas.

Existem dois meridianos "extras" que não têm seus próprios espaços de tempo de 2 horas e que terão um papel à parte no tratamento de seus animais. Cada um percorre ao longo da linha média, um na linha média dorsal, um na linha média abdominal.

◆ Os Meridianos do Vaso Governador e Vaso Concepção

O meridiano que percorre a linha média dorsal é chamado de **Vaso Governador**. O meridiano do Vaso Governador é o mais Yang de todos os meridianos Yang. Como ele percorre sobre as áreas anatômicas no corpo, o aspecto Yang do órgão pode ser alcançado pelo meridiano do Vaso Governador. Em vários locais do trajeto do meridiano do Vaso Governador, ramos dos meridianos Yang irão subir e encontrá-lo.

O meridiano que percorre a linha abdominal é chamado de **Vaso Concepção**. O Vaso Concepção é o mais Yin dos meridianos. Existem locais no meridiano do Vaso Concepção onde os meridianos Yin unem-se e os aspectos Yin dos órgãos podem ser alcançados.

Com exceção dos dois últimos meridianos extras que percorrem as linhas médias dorsal e abdominal, cada meridiano forma par e percorre cada lado do corpo. Tem o meridiano do Intestino Grosso do lado direito e o meridiano do Intestino Grosso do lado esquerdo.

Adicionalmente, cada sistema de órgãos tem uma concentração máxima de energia pelo seu meridiano a cada duas horas. Esse fluxo de energia está relacionado ao relógio circadiano, discutido anteriormente. Entendo o quanto isso pode parecer complicado, mas é necessário introduzir esses conceitos para que seja possível o entendimento de como tratar seu animal. Acupuntura, acupressão e fitoterapia estão todos integralmente relacionados aos meridianos e seus elementos.

Quando explico esses conceitos para os veterinários pela primeira vez, eu os lembro que a MTC desenvolveu-se por muitos e muitos séculos por meio de intensa observação do mundo natural. Como eu disse antes (e sem dúvidas direi novamente), a MTC correlaciona o mundo externo com seu microcosmo correspondente ocorrendo dentro do corpo.

O que vem a seguir é um exemplo de um dia na vida do sistema de meridiano. Apesar de estar bem simplificado, este pequeno cenário ilustra como tudo que discutimos está, portanto, conectado e relacionado. Se você puder manter isso em mente enquanto continua a ler, a Medicina Tradicional Chinesa sempre fará sentido.

3h00/5h00 Pulmão

Vamos dizer que estejamos acordados as 3h00 com uma tosse seca. Dói nossos pulmões de tossir, e bater de leve ou segurar o peito parece nos fazer sentir bem. Podemos nos deitar acordados por um momento, tentando regular nossa respiração.

39

5h00/7h00
Intestino Grosso

Em torno de 6h00, estamos prontos para começar o dia. Após nos levantarmos, temos nosso movimento intestinal diário. O Intestino Grosso se anuncia como estando em seu ajuste normal.

Após nossas abluções matutinas, é agora em torno de 7h00 e estamos prontos para o café da manhã. Nossos Estômagos estão vazios desde a noite anterior e é hora de nutrir o corpo. Lá pelas 9h00, estaremos começando a digerir nossa primeira refeição, incluindo a quebra de proteínas, gorduras e carboidratos. Nosso metabolismo, que é vigiado pelo Baço/Pâncreas, começa a transformar e assimilar os alimentos de nosso café da manhã em energia viável.

7h00/9h00 Estômago

Lá pelas 11h00, os alimentos que comemos foram transformados em Qi (energia). Agora estamos prontos para bombear nossa circulação. Alguns exercícios podem ser apropriados para auxiliar o movimento do sangue vindo do Coração, especialmente porque é quase hora de comer de novo.

9h00/11h00
Baço/Pâncreas

11h00/13h00
Coração

13h00/15h00 Intestino Delgado

13h00 é hora de almoçar, e depois disso nossas enzimas digestivas são ativadas novamente, dessa vez reguladas pelo Intestino Delgado.

No final da tarde, em torno de 15h00, precisamos aliviar a Bexiga. Quando nos levantamos de nossas mesas, nos lembramos de alongar a coluna, lembrando de sua associação com o meridiano da Bexiga. Em torno de 17h00, é quase hora de deixar o trabalho, e nossa região lombar sente-se fraca quando nos levantamos. Enquanto esticamos nossas costas e pernas, um pequeno grunhido escapa de nossas bocas. Podemos precisar friccionar nossas costas, bem abaixo de nossa última costela para aumentar a circulação para os rins. Mesmo que os acontecimentos do dia de trabalho tenham nos deixado agitados e tensos, visualizar um riacho fluido livremente pode nos ajudar a apagar o fogo mental e a enfrentar o longo tráfego da tarde.

15h00/19h00 Bexiga e Rim

19h00/21h00 Pericárdio

Lá pelas 19h00 estamos acabando de chegar em casa e, finalmente, começando a nos acalmar, quando recebemos um telefonema de nosso chefe nos lembrando do prazo final de um trabalho a ser cumprido amanhã. Nosso Coração começa a acelerar antecipando o grande estresse, e precisamos fazer um esforço consciente para nos acalmar. É hora do Pericárdio proteger o Coração.

41

Às 21h00 começamos a nos sentir cansados, mas nos lembramos que havíamos prometido de nos encontrar com um amigo antes da hora de dormir. Nossa temperatura corporal pode estar caindo um pouco por usar tanta energia para digerir os eventos do dia, mas nós solicitamos nosso Triplo Aquecedor para nos aquecer, por um curto tempo apenas.

21h00/23h00
Triplo Aquecedor

23h00/1h00
Vesícula Biliar

Em torno de 23h00 voltamos para casa e estamos prontos para dormir. Mas as preocupações e a agravação dos eventos do dia nos deram uma dor de cabeça, especialmente em torno da área temporal do meridiano da Vesícula Biliar. Se alguém pelo menos pudesse friccionar bem atrás do pescoço e dos lados de nossas têmporas, nos sentiríamos muito melhor.

À 1h00, estamos inquietos e frustrados porque não conseguimos dormir. Sentimos uma dor abaixo da última costela e surge um gosto amargo na boca, como a bile do fígado.

Notas Finais

1. Liu, Ky, C.C. Gunn, T. Matsumoto. Relatado por Y-C Hwang. *Veterinary Acupuncture, Anatomy and Classification of Acupoints, Problems in Veterinary Medicine.* A. Schoen, ed. (Philadelphia, PA: J.B. Lippincott Co., Vol. 4, No. 1, March 1992), 12.

2, 3, 4. Dr. Kuan Hin. *Chinese Massage and Acupressure.* (New York: Bergh Publishing, Inc., 1991), 95, 90, 91.

CAPÍTULO TRÊS

Os Oito Princípios

JUNTO À TEORIA DOS CINCO ELEMENTOS que trabalha com os meridianos, existe um sistema na Medicina Tradicional Chinesa que foi desenvolvido como um avanço dos conceitos do Yin e Yang chamado Os Oito Princípios. Esse sistema é baseado na **qualidade, quantidade e localização** de um problema.[1]

Os Oito Princípios incluem as categorias e os conceitos de:

- ◆ Yin e Yang
- ◆ Interior e Exterior
- ◆ Frio e Calor
- ◆ Deficiência e Excesso

Na qualidade do sistema é classificado se o padrão da doença ou sua resposta tem tendência Yin ou Yang ou fria ou quente. Na quantidade classifica-se quanto aos aspectos de Deficiência ou Excesso da condição, e a localização depende dos aspectos interiores e exteriores. Cada um será discutido em detalhes um pouco mais adiante.

Junto dos Oito Princípios, outros aspectos do ambiente externo são levados em conta, pois estes também podem afetar o indivíduo. Eles são conhecidos como **fatores patogênicos externos**. Eles podem tornar-se "patológicos" e ameaçadores para o indivíduo se as condições são severas e o indivíduo está em estado vulnerável.

Os fatores patológicos externos são:

tempo ventoso	umidade
calor de verão	secura

Essas classificações ajudam a distinguir e a descrever a desarmonia do indivíduo. Cada um dos órgãos do sistema de meridianos é vulnerável às influências ambientais e cada um tem propensão de estar envolvido com os Oito Princípios. Os praticantes normalmente usarão uma combinação dos Cinco Elementos com os Oito Princípios para auxiliar o diagnóstico e tratamento do paciente.

Quando se lê sobre os princípios da MTC pela primeira vez é um pouco parecido com ler as legendas de um filme estrangeiro – em uma língua que você não entende! Conceitos incomuns e pouco familiares estão sendo introduzidos e você pode sentir-se muito confuso. Tente manter em mente que a Medicina Tradicional Chinesa é meramente uma visão do corpo, seja humano ou animal, de uma diferente perspectiva. É como aprender qualquer coisa nova e um vocabulário básico é necessário para que se entenda os conceitos e para que se use as ferramentas da Medicina Tradicional Chinesa.

YIN E YANG

Hoje, quase todo mundo é pelo menos um pouco familiar com os termos Yin e Yang, que são princípios universais dos aspectos opostos da vida. Esses dois princípios são os dois lados de cada moeda, os extremos inseparáveis de cada relacionamento, objeto, ação, conceito ou idéia. Não existe noite sem dia; não há calor sem frio. Nunca poderíamos conhecer felicidade sem ter tido uma experiência de tristeza;

nunca poderíamos apreciar o sentimento de segurança se não conhecêssemos o medo, nunca nos sentiríamos cheios se nunca houvéssemos sentido fome. De acordo com os chineses, tudo funciona basicamente como resultado da interação dinâmica desses pólos opostos.

Da perspectiva médica, a base da saúde é o equilíbrio apropriado do Yin e do Yang, à medida que eles interagem no corpo. Um desequilíbrio desses dois aspectos é considerado a causa da doença.

Yin

Yin é como a água com tendência a ser frio e pesado. Yin umedece tanto o interior, quanto a superfície do corpo, ajudando o fluxo dos fluidos e nos refrescando. Yin direciona o descanso do corpo ao providenciar equilíbrio durante os períodos menos ativos. É dito que o Yin reside nas partes sombreadas do universo, como no lado interno do corpo ou no lado interno de uma folha. É encontrado em um nível bem mais profundo no interior do corpo do que seu par Yang. Yin está mais relacionado com substância do que com energia ou função.

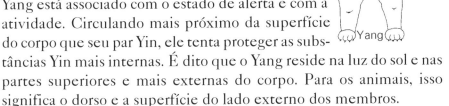

Yang é como o fogo com suas capacidades de aquecer e circular. Se o calor é muito grande, pode consumir o Yin do corpo e causar febre, inflamação e secura. Yang direciona os movimentos ativos do corpo, sendo a força de impulso energético e o sustento das substâncias. Pense nele como a potência de um motor. O motor em si é feito de componentes Yin, mas a força que é criada para fazê-lo funcionar é a energia Yang. Além do mais, Yang está associado com o estado de alerta e com a atividade. Circulando mais próximo da superfície do corpo que seu par Yin, ele tenta proteger as substâncias Yin mais internas. É dito que o Yang reside na luz do sol e nas partes superiores e mais externas do corpo. Para os animais, isso significa o dorso e a superfície do lado externo dos membros.

O que deve ser mantido em mente é que o Yin e o Yang não podem existir independentes um do outro. Em outras palavras, nada é completamente todo Yin ou todo Yang. Por exemplo, no corpo um órgão pode ser considerado predominantemente Yang, como o Estômago, pois é muito ativo na digestão do alimento. Sua suavidade e sua cobertura úmida interna, entretanto, são consideradas Yin. Em todos os aspectos do corpo, ambos, Yin e Yang estão presentes.

Frio é similar ao Yin, embora não seja tão abrangente. Frio é como o gelo glacial que se move imperceptivelmente. É a água e contrai e estagna dentro do corpo, causando lentidão. Frio é como o inverno da maioria dos lugares ou como os verões úmidos e nevoentos da área da Baía de São Francisco, onde moro. Indivíduos do tipo Frio não gostam de clima frio. Eles tendem a pegar resfriados facilmente, têm extremidades mais frias, são sedentários e sonolentos. Eles permanecem serenos, calmos e estáveis na maioria das situações, às vezes por inadequação. Quando produzem secreções corporais, essas são finas, aquosas e límpidas. Indivíduos do tipo Frio têm uma resposta lenta à doença.

Frio

Quente é similar ao Yang, mas não tão difuso. Quente é como um vulcão em erupção, ativo e intenso. Indivíduos do tipo quente não toleram muito o calor e o verão pode ser torturante para eles. Eles tendem a ser nervosos, inquietos e agitados. Eles bufam freqüentemente e têm reações intensas para quase tudo. Quando adoecem, desenvolvem febres altas e inchaço das glândulas. Quando produzem secreções, tendem a ser grossas e malcheirosas e verdes, ou amarelas ou amarronzadas na cor. Diferente dos tipos Frios, indivíduos do tipo **quente** tendem a desenvolver rapidamente doenças agudas e, também, se recuperam rápido.

Quente

O princípio do **Exterior** tem a ver com a localização da condição. Quando pegamos uma gripe ou outra afecção do trato respiratório

Exterior

superior, este vírus brando ataca a superfície do corpo. As condições exteriores são geralmente agudas, de duração curta e não deixam efeitos prejudiciais duradouros. Se, contudo, o problema passar incontrolado pelo sistema imune, ele pode migrar para as camadas mais profundas do corpo, tornando-se uma condição interior.

O princípio do **Interior** denota que o problema está bem abaixo da superfície, afetando um órgão interno. A afecção interior normalmente indica um problema sério. Pode surgir de uma infecção que iniciou como uma condição exterior que, então, debilitou o corpo. As condições interiores também podem surgir de problemas hereditários. Os chineses acreditam que fortes emoções podem desgastar o corpo e causar uma condição interior. Indivíduos que sofrem de pesar profundo, por exemplo, podem desenvolver pneumonia. Ao contrário do seu par exterior, problemas interiores podem causar morte.

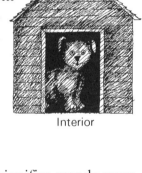
Interior

Excesso significa grande quantidade de alguma coisa. Por exemplo, muito calor pode causar inflamação da pele. Muita água pode gerar o acúmulo de fluidos no peito ou abdômen. O excesso também se refere ao modo que o indivíduo se movimenta e ocupa lugar. Um indivíduo com excesso tem a voz e os movimentos vigorosos, pode ser largo em sua postura, musculatura, gordura ou caráter. Ele sempre quer mais.

Excesso

Deficiência significa muito pouco de alguma coisa. Por exemplo, uma deficiência de energia pode causar fadiga ou letargia. Uma deficiência de glóbulos vermelhos no sangue pode causar anemia. Água insuficiente no intestino pode causar constipação ou evacuação pouca e seca. Indivíduos deficientes têm a fala macia e um tanto hesitante, ocupam menos espaço, e são geralmente magros e até mesmo fracos. Um indivíduo deficiente pode querer mais, mas falha em ter iniciativa para conseguir.

Deficiência

Apesar de eu ter citado as categorias separadamente, a maioria dos indivíduos, animais e humanos, são feitos de combinações desses princípios.

Yin pode estar relacionado com **Excesso** ou **Deficiência**. Como mencionei anteriormente, Yin está geralmente associado ao frio. Eloise é uma gata birmanesa acima do peso e letárgica. Ela não bebe muita água, mas adora comer! Ao contrário de lhe dar energia, comer parece deixá-la mais cansada. A única coisa que faz Eloise movimentar-se é um dia de sol quente ou um aquecedor para animais, porque ela tem tendência a sentir frio. Na verdade, no meio da noite, ela pode sentir tanto frio que urina em sua cama, pois ela não consegue se aquecer e contrair o esfíncter dos músculos da Bexiga. Ela também tende a ter secreções ocular e nasal aquosas e, geralmente, tem fezes amolecidas. Todos a amam, pois ela é muito doce e calma e acomoda-se no colo aquecido e amigável mais próximo. Eloise tem uma condição típica de **Excesso de Yin** e **Frio**.

Se, entretanto, Eloise fosse mais magra, com uma barriga redonda, distendida e pendular, esses mesmos sinais poderiam ser caracterizados como uma condição de **Deficiência de Yang**. Como tudo é relativo, um indivíduo Deficiente de Yang pode imitar um indivíduo com Excesso de Yin, exceto pela constituição e pela estatura subjacente. O que faz Eloise ter uma constituição de **Excesso**, no primeiro exemplo, é seu formato largo e sua exuberância em pedir atenção. Aqui vemos que um paciente é considerado em sua totalidade quando se avalia os Oito Princípios.

Sally é uma gata mais velha que costumava ter muita liberdade quando era mais jovem. Ela mora no Sudeste, onde as condições desérticas tornam a maior parte do ano quente e seco. Por fim, Sally encontrou um lar com uma família muito amável que a adotou. Mas, recentemente, Sally passou a ter muita sede. Parece nunca conseguir saciar-se ao beber água. Sua boca e língua estão sempre muito secas. Ela perdeu grande parte do revestimento umedecido e protetor de sua língua. Sua pele é seca, irritada e quente ao toque, principalmente quando o clima está quente, mais freqüente no final da tarde. Ela tem uma portinhola para gatos que a permite sair para a rua quando quiser, mas, ultimamente, ela está se sentindo transtornada e um pouco fraca. Se ela sai para a rua, sempre procura por sombra. Barulhos altos a incomodam, e ela fica irritada facilmente. Apesar de ter sede, dificilmente urina, e é de se pensar para onde todo o fluido está indo. Até para defecar está ficando difícil. Ela simplesmente parece não ter energia para ir. Está perdendo peso, e apesar de adorar sentar-se no colo de seu dono, ultimamente ela se sente muito quente e acha o contato irritante. Sally ilustra uma condição de **Calor** e de **Deficiência de Yin**.

Sua postura geral de fraqueza indica mais uma constituição de Deficiência do que de Excesso. Todos os sinais de insuficiência de fluidos estão presentes: sede aumentada, boca seca, falta de revestimento na língua, irritabilidade e constipação. Sua inabilidade de tolerar aquecimento, tanto do lado de fora, quanto o do colo de seu dono, é um sinal de calor. Esses sinais de calor vêm à tona não pelo fato de ela ter uma constituição do tipo **Calor**, mas porque ela tem relativamente menos água ou Yin. Isso a faz parecer um tipo quente. Se ela fosse verdadeiramente um tipo **Calor** e **Yang**, poderia ser mais agressiva e gritante. Ela também teria um revestimento amarelo em sua língua (veja também diagnóstico pela língua na página 66).

Portanto, indivíduos podem mostrar ambos os lados de uma condição. Eloise tinha muita (Excesso) água e Yin, o que a deixava com frio e sedada. Sally tinha muito pouca (Deficiência) água e Yin, o que a deixava com calor e agitada.

Max é um Rottweiler indócil e enorme que está sempre cheio de força, com um porte arrogante e um jeito agressivo. Seu latido pode ser ouvido do outro lado do município. Ninguém se intromete com Max enquanto ele come e nenhum de seus amigos caninos o desafiaria por um osso. Ele bebe quase um litro de água por vez e ainda quer mais. Parece ser sensível ao clima quente e prefere mais o inverno.

Durante o verão passado, Max adoeceu e sua temperatura subiu a 40,5° C. Suas glândulas incharam-se e ele ficou deitado por três dias, mas sua recuperação foi rápida. Recentemente, ele apresentou um corrimento amarelo e malcheiroso em seu ouvido, que está quente e dolorido ao toque. Seus olhos ficaram muito vermelhos e irritados, e quando fica incomodado com suas orelhas ou olhos, anda em círculos e resmunga. Max ilustra uma condição de **Calor** e **Excesso de Yang**.

INFLUÊNCIAS PATOLÓGICAS AMBIENTAIS

Junto com os Oito Princípios, as influências ambientais também são utilizadas para diagnóstico. A Medicina Tradicional Chinesa afirma que uma determinada condição climática altera o corpo. Na verdade, estes elementos podem causar condições dentro do corpo que se assemelham com as que acontecem no ambiente externo. Estas influências ambientais são: **Vento**, **umidade**, **secura** e **calor de verão**.

Tudo isso pode parecer metafísico, mas converse com alguém que sofre de artrite. Essa pessoa irá lhe dizer que quando chove, a umidade vai diretamente aos seus ossos e os fazem doer. Ou converse com alguém que more no deserto sobre a pele seca e escamosa dessa pessoa. Não há dúvidas de que nosso ambiente físico tem impacto sobre nosso corpo.

Os chineses dizem que o Vento pode atacar o corpo entrando através da nuca, logo abaixo da cabeça. Nessa região existe um ponto de acupuntura com o nome de "Reservatório do Vento". Você já se sentou em algum lugar com um ar-condicionado ou ventilador ventando atrás de sua cabeça? Após alguns instantes sua nuca provavelmente ficou rígida. Na Medicina Tradicional Chinesa, se deduz que o "Vento" entrou em seu corpo, afetando os músculos, causando o enrijecimento da nuca. Conheço um cão que gosta de andar de carro com a cabeça para fora da janela. Em uma tarde, após um desses passeios, ele não apenas ficou com a nuca rígida, mas também ficou com fluido escorrendo nos olhos. O Vento entrou em seu corpo.

O **Vento** pode entrar pelas camadas dos músculos e tendões e, eventualmente, nos ossos de indivíduos suscetíveis. O resultado é artrite que muda de localização nas juntas e, geralmente, piora com Vento, umidade, calor ou frio.

Além de enrijecer os músculos, o Vento pode invadir e sobrecarregar o sistema imune do indivíduo. Na MTC existe um sistema imune circulante que trajeta logo abaixo da superfície da pele. É chamado de **Wei Qi**. Se o Vento for mais forte que o Wei Qi do indivíduo, ele pode invadir o corpo, tornando a pessoa doente, com uma infecção respiratória superior que envolve o nariz, a garganta e os olhos. Durante anos, as mães têm dito às crianças para usarem cachecóis e manterem suas nucas aquecidas para evitar que adoeçam. Apesar de geralmente não se colocar cachecóis em animais, longa exposição ao frio e clima com Vento pode certamente aumentar suas *chances* de pegarem resfriado, principalmente, se possuírem pouca pelagem.

O Vento pode penetrar ainda em um nível mais profundo, e entrar no sistema nervoso central. Os chineses dizem que o Vento entrou nos sistemas de canais e meridianos – não só o Wei Qi. Se você se lembrar, o elemento Madeira do Fígado e da Vesícula Biliar é referido no Vento. Se a pessoa tem uma propensão a um desequilíbrio do Fígado, ela é automaticamente sensível ao Vento. A predisposição interna pode produzir um "Vento interno" que aumenta a sensibilidade ao ambiente externo. O Vento pode assim, sucessivamente, afetar o sistema nervoso, causando contração, tremor e até mesmo convulsões.

A **umidade** é outra condição ambiental. Como o próprio nome diz, a umidade satura uma pessoa com água. A umidade é Yin e pesada. Diferente do Vento que tende a subir e circular, a umidade afunda. Assim como os tecidos ficam encharcados com água, a circulação pode tornar-se lenta, fazendo o indivíduo sentir-se pesado e relutante em se movimentar. "Água no joelho" é um exemplo de problema de artrite do tipo úmida em humanos, assim como é o "inchaço na perna" do cavalo.

O trato digestivo também é afetado pela umidade. Lembre-se, parte do elemento Terra, o Baço/Pâncreas é suscetível à umidade. É tarefa do Baço/Pâncreas assimilar os alimentos que comemos e transformá-los em energia funcional. Se há muito fluido na comida que ingerimos, pode tornar lento o processo devido à diluição dos sucos digestivos. O abdômen do seu cão pode envergar-se, causando-lhe aparência de barrigudo. Alguns alimentos tendem a exacerbar a umidade no corpo o que pode ocasionar fezes soltas e pastosas. Um clima excessivamente úmido pode agravar essas condições.

Se a água ou umidade acumula-se em um local, é como um rio represado. Locais lodosos podem surgir no corpo e solidificar-se formando nódulos, inchaços, lipomas e outros tipos de tumor. Os chineses chamam essa substância lodosa de "fleuma". A fleuma que se torna pegajosa, quente e estagnante é uma forma crônica de umidade. Outros sinais de fleuma podem ser muco nas fezes, na garganta ou nos pulmões, ou enrijecimento crônico das juntas que não somem quando o clima se torna mais seco.

A **secura** é outro fator ambiental que causa doença. Animais e humanos que vivem em climas áridos tendem a consumir os fluidos do corpo mais rapidamente do que os indivíduos que moram em climas mais variados. Secura é simplesmente o oposto de umidade. Aqui veremos que não há água o suficiente para irrigar e lubrificar apropriadamente o interior e o exterior do corpo.

Erupções pruriginosas e secas na pele, junto com prurido no ânus e sede constante, são manifestações de secura. A lubrificação das articulações e intestinos também pode ser afetada pela secura, assim como o nariz, a garganta e os olhos.

Lembre-se de que o elemento Metal dos Pulmões e do Intestino Grosso é sensível à secura. O Estômago e o Fígado também são afetados pelo excesso dela.

Tecnicamente falando, a influência ambiental do **calor de verão** também é encontrada. Ela se refere às condições agudas que podem causar vômito, diarréia, sangramento do nariz ou do reto; causadas por diversas formas de intoxicação alimentar, insolação e disenteria. O calor de verão não desempenha um papel de maior importância na terapia de MTC em veterinária como o tratamento ocidental à base de fluido terapia e medicações, que são geralmente os preferidos.

Notas Finais

1. Kaptchuk, Ted J., OMD. *The Web That Has No Weaver.* (New York: Congdon & Weed, 1983), 178-200.

CAPÍTULO QUATRO

As Essências Vitais

OS CHINESES ACREDITAM há muito tempo que uma combinação dos elementos da Força Vital compõe a substância e as funções do corpo e mente. As substâncias suprem o fluido, o sangue, a energia e o espírito que nos permite existir, seja com alegria ou com infelicidade.

Os Taoístas chamam esses componentes de três "tesouros vitais". Eles são o **Jing**, que significa essência básica, **Qi**, que significa vitalidade ou energia vital, e **Shen**, que significa espírito e mente.[1]

A Medicina Tradicional Chinesa divide a substância da essência Jing em sangue e fluidos. Juntando todos, os denominaremos de **Essências Vitais do Jing, Sangue, Fluidos, Qi e Shen**.

As Essências Vitais são responsáveis por executar cada manifestação de nossa vida. O equilíbrio entre suas abundâncias e suas deficiências direciona o estado de nossa saúde. As Essências Vitais, conglomeradas junto com o conhecimento básico do Yin e Yang, são as ferramentas integrais do Sistema de Meridianos dos Cinco Elementos e dos Oito Princípios.

A ESSÊNCIA JING

O Jing é a essência pré-natal que nascemos com ela. No conhecimento ocidental é similar aos genes, DNA e hereditariedade. É o material básico que reside em cada célula e as permite funcionar. Derivada do Rim, de acordo com a Medicina Tradicional Chinesa, é o fator subjacente que nos predispõe saúde. O Jing tem substância: sangue e fluidos, assim como função: Qi. O Jing é consumido durante a vida e é dito que ele é exaurido através das atividades sexuais e estresse.[2]

QI

Qi é vitalidade. Não é uma entidade palpável, mas sim uma função. Acredito que você já teve a oportunidade de conhecer alguém com bastante energia e vitalidade. Você pode senti-las, mas não pode tocá-las. Também creio que você já tenha conhecido um indivíduo com falta de vitalidade. Pode dar cansaço só de ficar próximo a ele.

O Qi tem três componentes principais. O Qi hereditário, que é formado através do Jing; o Qi nutritivo, que é derivado do alimento que ingerimos, promovidos pelo Baço e Estômago; e o Qi cósmico, que é formado pelo ar que respiramos via pulmões.[3] Existe também um tipo de Qi especializado, associado com o sistema imune, chamado **Wei Qi**. Wei Qi é aquela parte do Qi que circula próxima à superfície do corpo e é associada com os Pulmões e o Triplo Aquecedor. Sendo parte de nossa imunidade protetora, é o primeiro nível que entra na batalha contra a infecção que está tentando entrar em nosso corpo. Se o Wei Qi circulante está fraco, ele pode permitir que o patógeno entre em nosso corpo e assim adoecemos.

Quando o Qi em geral é fraco, nos sentimos cansados, nosso apetite diminui, nossa imunidade padece, e estamos propensos a adoecer com freqüência.

SANGUE

Qi e **Sangue** estão intimamente relacionados. É dito que para qualquer direção que o Qi se dirigir, o sangue o seguirá. Eles estão integralmente conectados como o Yin e o Yang: um não pode existir sem o outro.

Sangue na Medicina Tradicional Chinesa é o mesmo que conhecemos na Medicina Ocidental: o fluido vermelho que esguicha de um corte, e corre em nossas artérias e veias. Está, também, intimamente associado ao Coração que o impulsiona pelo corpo. Na Medicina Tradicional Chinesa, o Coração é conhecido como o "príncipe da circulação".

Na MTC, o sangue é formado da essência do alimento que é digerido e absorvido pelo Baço e Estômago. Os chineses acreditam que o Baço/Pâncreas desempenha dois papéis com o sangue. Primeiro retira a substância do alimento que ingerimos e a transforma em energia aproveitável (Qi) e células sanguíneas. Depois mantém o sangue dentro dos vasos, prevenindo hemorragias. Lembre-se que o Baço/Pâncreas é parte do elemento Terra, que mantém tudo na natureza em seu devido lugar, como as raízes das árvores, o fluxo dos rios e as montanhas.

A Essência do Sangue derivada do alimento é, então, misturada com a medula óssea, que é armazenada dentro dos ossos, sendo parte da função dos Rins. A medula óssea é parte do sistema do Jing ancestral que o Rim supervisiona. Assim, o sangue circula e é impulsionado pelo Coração, ou príncipe da circulação.

O último órgão associado ao sangue é o Fígado que age como o "general", dando ordens para todas as funções do corpo. Ele direciona o sangue que o Coração faz circular, mantendo-o fluindo e sem coagular. Quando o corpo está em repouso, o Fígado tem um importante papel a desempenhar. Durante o sono ou quando o corpo está deitado e relaxado, o Fígado irriga com o sangue os órgãos internos e os tecidos, usando muito pouca energia. É como tomar um banho quente e relaxante – nosso corpo ainda está em funcionamento enquanto está sendo irrigado com fluido aquecido, mas esse funcionamento é relaxado e passivo. Da mesma forma, o Fígado permite que o sangue esteja em estado passivo enquanto o corpo está em descanso. Portanto, problemas com o sangue podem estar correlacionados ao Coração, ao Baço/Pâncreas, ao Rim e ao Fígado.

Bast é uma Saluki que veio a uma consulta devido a uma severa alergia de pele. Essa cadela tinha uma história de baixa e irregular contagem de glóbulos vermelhos e brancos do sangue, e assim que sua condição piorou, ela desenvolveu pequenas hemorragias debaixo da pele com aparência de hematomas. Ela estava agitada e exausta ao mesmo tempo, tentando movimentar-se devido ao seu desconforto, mas encontrando-se muito fraca para sustentar seus movimentos. Ela havia perdido o apetite e um pouco de peso. Quando eu a examinei, achei que seu pulso estava muito fraco e rápido, e sua língua levemente púrpura. Ela estava bem quente à palpação e em sua pele havia feridas secas e quentes. A massa muscular junto a sua coluna parecia encolhida e seu abdômen estava ligeiramente vergado e pendular, fugindo da silhueta de sua raça canina que normalmente é reta.

Bast possuía vários sistemas de órgãos desbalanceados. Do ponto de vista da Medicina Ocidental, sua condição envolvia o sistema imunológico e era provavelmente uma forma de anemia hemolítica, uma condição na qual o corpo ataca e destrói seus próprios glóbulos vermelhos. Do ponto de vista da MTC, o problema de Bast era com seu sangue e Qi. O Baço/Pâncreas não podia manter o sangue nos vasos, o que produzia hemorragia debaixo da pele. O Qi fraco causou sua falta de apetite e seu tônus muscular enfraquecido. Sua condição era recorrente por causa do Jing renal hereditário fraco. O Coração não estava sendo irrigado adequadamente com o sangue, pois o Baço não podia distribuí-lo. Isso a deixava agitada e incomodada. Ela estava quente ao toque porque não havia sangue suficiente para irrigar seus tecidos e pele.

Eu tratei Bast com acupuntura, alimentos específicos e ervas para fortalecer o sangue e o Qi, o Rim, o Baço/Pâncreas e o Coração.

LÍQUIDOS ORGÂNICOS

O líquido orgânico é uma substância de característica Yin, e é uma das Essências vitais que mantém e equilibra a saúde. Certamente, o líquido orgânico inclui os aspectos do sangue, mas, adicionalmente, ele compreende a lágrima, a saliva, o líquido sinovial, a linfa, a urina e os fluidos do sistema nervoso central. O líquido orgânico irriga cada célula e cada componente celular. Cada pequena mitocôndria e pequenos lipossomos e complexos protéicos contam com ele como sendo o meio de sua energia. A partir do momento que nosso corpo é composto de mecanismos bioelétricos, cada função é guiada pelo movimento de íons. Os íons percorrem em um meio líquido. Esse meio seria os líquidos orgânicos do corpo na Medicina Tradicional Chinesa.

Whitey é uma gata mais velha com grande personalidade e diabetes. Apesar de sua dose de insulina ter sido continuamente aumentada durante um certo tempo, Whitey ainda sentia-se incomodada e suas patas traseiras tornavam-se cada vez mais enfraquecidas. Ela estava com sede severa e urinava mais que o normal. Quando eu a examinei ela possuía uma saliva fina e pegajosa no fundo da boca e nas laterais de sua língua, que grudava em seus dentes, mas a língua em si aparentava estar seca. Seus olhos pareciam secos, seu pêlo tinha aspecto quebradiço e sua pele apresentava um pouco de descamação. Ouvi um som "arenoso" quando ela se levantou ou mudou de posição e seus pulmões tinham um som seco e ligeiramente rugoso quando ela respirava.

Whitey tinha um problema com os líquidos orgânicos em seu corpo e certamente alguns sistemas de órgãos estavam envolvidos. Os Pulmões estavam secos, o que explica os sons secos, sua sede aumentada e sua pele ressecada. O Baço/Pâncreas e Estômago também estavam envolvidos e eram responsáveis pela boca seca. O envolvimento do Rim causou o aumento da diurese e os sons arenosos que eu ouvi próximos a sua coluna e patas traseiras. Mas o problema subjacente de Whitey era um desequilíbrio na *Essência* dos líquidos orgânicos. Com o tratamento adequado, gradualmente sua necessidade de insulina diminuiu para um baixo nível e estável. Suas patas traseiras se fortaleceram e sua sede e urinação normalizaram-se. Hoje ela está com sua vida direcionando-se para o normal.

SHEN

Shen é um termo metafísico ou psicológico. O Shen é o espírito e a psique do corpo. Ele engloba nosso bem-estar emocional, nossos pensamentos e nossas crenças. "Quando o Qi penetra no meridiano do Coração, parte dele dirige-se ao Shen."[4] O Shen ajuda a guiar os nossos instintos de sobrevivência, nos permite expressar o amor, a compaixão e a atenção e mantém nosso espírito do Coração calmo.

Para que um indivíduo seja saudável, seus aspectos: físico, emocional, espiritual e mental precisam estar em equilíbrio. As emoções afetam o corpo físico. Com nossos animais de estimação não é diferente. Muita raiva ou frustração pode afetar adversamente o Fígado e causar dor na caixa torácica, como acontece com o cão que está continuamente acorrentado, que late furiosamente para todos que passam. Pensar ou preocupar-se muito (você lembra do Labrador Chocolate que ficava constantemente preocupado em agradar seu dono?) pode afetar adversamente o Baço. Muito medo pode afetar adversamente os rins, como acontece com o gato que fica aterrorizado com qualquer barulho ou movimento repentino, após vários incidentes de crianças gritando e atirando coisas nele.

O Shen é uma Essência Vital que nutre tanto o espírito quanto a mente, que são inseparáveis.

Notas Finais

1, 2, 4. Teeguarden, Ron. *Chinese Tonic Herbs.* (Tokyo & New York: Japan Publications, Inc., 1984), 73, 74, 75.

3. Dr. Kuan Hin. *Chinese Massage and Acupressure.* (New York: Bergh Publishing, Inc., 1991), 76.

Parte 2

O DIAGNÓSTICO

CAPÍTULO CINCO

O Diagnóstico: O Que Esperar

É PROVÁVEL QUE VOCÊ já esteja acostumado a levar seu animal ao consultório veterinário e imediatamente colocá-lo em cima da mesa de exame. O veterinário entra na sala, insere um termômetro no espaço privativo abaixo da cauda, escuta os sons do tórax com um estetoscópio, sente o abdômen e, então, procura por um problema específico. Tudo isso deve levar aproximadamente dez minutos. Exames de sangue, radiografias, ecografias e testes laboratoriais específicos são geralmente aconselhados. É feita uma receita e você vai para casa com instruções para administrar pílulas, limpar os ouvidos, pingar colírio, etc.

Quando você vai a um veterinário que pratica a Medicina Tradicional Chinesa, o cenário é um pouco diferente. Antes de colocar seu animal em cima da mesa, o veterinário primeiro deve perguntar a você algumas questões sobre o histórico e comportamento de seu animal. O animal gosta de sentar-se ao sol ou prefere arranjar um local fresco e com sombra? Ele gosta de apoiar-se contra uma superfície firme, como a parte traseira do sofá ou uma parede, ou ele gosta de ficar em um local macio e sem superfície de suporte, como um travesseiro? Quando ele bebe água, ele bebe em pequenas quantidades em um período ou em grandes quantidades? Quais são seus sintomas particulares? Durante qual estação do ano ou qual hora do dia que o problema, sintoma ou condição piora? Que época do ano os sintomas ocorreram pela primeira vez?

Apesar dessas perguntas parecerem estranhas à primeira vez, cada uma delas tem muito significado e coloca os desequilíbrios dentro do Sistema dos Cinco Elementos/Fases ou dos Oito Princípios da Medicina Tradicional Chinesa. Você irá se lembrar que cada elemento está relacionado com um órgão que é mais ativo durante uma estação do ano específica ou que designe um período de duas horas no decorrer do dia.

Apoiar-se em uma superfície dura, pode ser indicativo de que o animal tenha uma constituição do tipo deficiente e precisa de apoio para a coluna ou para os músculos abdominais. Beber grande quantidade de água de uma vez pode indicar uma grande propensão para superaquecimento e um padrão de calor interno dentro dos Oito Princípios. Logo, uma das primeiras coisas que você deve esperar quando visitar um praticante de MTC é que a consulta levará mais tempo, e que você deve se preparar para lembrar-se de detalhes que podem parecer sem importância para os praticantes da Medicina Ocidental.

Um indivíduo, humano ou animal, é constituído de aspectos físicos, mentais e emocionais. Mais adiante, perguntas sobre condições de moradia, situações potenciais de estresse e tendências comportamentais devem ser abordadas. A alimentação também será discutida, pois ela se aplica ao conceito de dietoterapia em MTC.

O praticante de MTC conta com todos os sentidos: visão, olfato, audição, tato e, em alguns casos, paladar para realizar um exame. Apesar dos veterinários modernos que praticam a Medicina Tradicional Chinesa possam pedir exames de sangue e outros diagnósticos laboratoriais ocidentais, você pode estar certo de que uma grande quantidade de informações é primeiramente recolhida do exame inicial, que vem em primeiro lugar antes de qualquer teste. O que é importante de se lembrar é que cada paciente é visto como o paciente em um todo, e não como o paciente do rim, do fígado ou do ouvido.

O EXAME FÍSICO DA MEDICINA TRADICIONAL CHINESA

O exame tem quatro partes e é constituído de **observação, auscultação, palpação** e **olfação**.

O praticante **observará** o comportamento do animal no consultório, e durante o exame, verificando o quanto ele está calmo, agitado ou centrado. Então, o praticante irá olhar a língua do animal, sua forma corporal, seu pêlo e a integridade de sua pele. Finalmente, o indivíduo tem sua vitalidade observada através da avaliação de seus olhos, tônus muscular e porte físico.

A parte de **auscultação** do exame inclui auscultar o tórax com o estetoscópio, assim como na Medicina Ocidental. Também é verificado a força e o caráter da respiração, e a voz, que é de grande importância – que nesse caso deve ser um latido ou miado suave ou bem sonoro.

A **palpação** inclui a maneira habitual de se palpar o abdômen e os membros, como é feito pelos praticantes da Medicina Ocidental, mas, adicionalmente, o praticante da MTC palpa ou sente o pulso. Esse é um procedimento especializado que irei discutir em detalhes um pouco mais adiante. Após a avaliação do pulso, alguns pontos de acupuntura são palpados para localizar alguma sensibilidade. Existem **pontos de diagnóstico** específicos ao longo das costas, das laterais do corpo e do abdômen, e esses correspondem aos órgãos internos. A presença de sensibilidade em um desses pontos pode ser indicativo de que um problema está ocorrendo no órgão correspondente. Se essa sensibilidade é descoberta com antecedência, pode-se evitar uma doença mais séria.

A **olfação** abrange a checagem dos orifícios, como o nariz, os olhos, a boca e os ouvidos, para identificar odores. Os odores são avaliados de acordo com os Cinco Elementos e os Oito Princípios.

Vamos verificar cada parte mais detalhadamente.

♦ Observação

Pepe, um mestiço de Cocker Spaniel, entrou no consultório com muita cautela. Ele cheirou tudo muito cuidadosamente, e moveu-se vagarosamente, camuflando-se junto à parede. Quando ele finalmente se acomodou, se posicionou embaixo da cadeira onde seu dono estava sentado, com medo observava através da fresta entre as pernas de seu dono. A primeira coisa que notei a respeito de Pepe é que ele era tímido e inseguro. Essa observação já me dava uma pista de que parte do desequilíbrio de Pepe centrava-se em torno de uma **Deficiência de Sangue**. Uma suficiência de sangue nos termos da MTC dá confiança ao indivíduo. A partir do momento em que o Coração e o Pericárdio circulam o sangue e são responsáveis pelo espírito ou shen, que dá ao indivíduo uma sensação de bem-estar, uma Deficiência de Sangue do Coração pode causar insegurança. Se Pepe estivesse tremendo debaixo da cadeira, e se seu dono me dissesse que ele tem medo de barulhos, caminhões e pessoas, eu concluiria que provavelmente o Rim estaria envolvido, já que a emoção associada ao Rim é o medo.

A postura do animal quando ele se movimenta também é observada e avaliada como parte do exame. O passo dele é forte ou fraco? Isso pode indicar a flexibilidade da coluna e dos membros, e a força dos ossos que estão sob o comando do Rim. Existe vitalidade em seu movimento? A vitalidade reflete a circulação de sangue do Coração, o Qi e a essência do Rim e o Qi do Baço/Pâncreas do indivíduo. Os músculos devem estar flexíveis e com bom tônus, indicando um equilíbrio do Baço/Pâncreas. Os tendões devem ser fortes e flexíveis. Se não estiverem, o Fígado e a Vesícula Biliar podem estar em desequilíbrio.

Quando o animal interage com outros animais ou pessoas, ele se distrai facilmente ou ele fica concentrado? O elemento Terra do Baço/Pâncreas e Estômago é primariamente responsável pelo Qi que obtemos dos alimentos. O elemento Terra "centra" o indivíduo e permite que tenhamos clareza mental e atenção em relação ao mundo a nossa volta. Se um animal está constantemente distraído, tanto o Qi quanto o Baço/Pâncreas podem estar envolvidos.

Os olhos devem ter um certo brilho ou vivacidade. Quando os humanos ou os animais estão doentes, seus olhos perdem o brilho normal e ficam com aparência fosca. O olho é o órgão do sentido ligado ao Fígado. Problemas nos olhos, de uma maneira geral, e o brilho deles em particular, podem indicar o quanto o Fígado está funcionando bem.

Assim como no exame médico ocidental, o pêlo é checado pelo praticante da MTC para conferir o brilho. Na MTC, o pêlo é um reflexo do sangue e dos líquidos do corpo, e também está relacionado com o elemento Metal do Pulmão e Intestino Grosso. Pêlo frágil e seco pode indicar fraqueza respiratória ou deficiência do sangue e fluidos do corpo. Também pode predispor o indivíduo à constipação. Quando eu identifico uma Deficiência de Sangue, ela não indica necessariamente uma anemia, ainda que uma deficiência de sangue extrema leve à anemia. Mais precisamente, essa terminologia, conforme foi discutida na seção anterior sobre o sangue, refere-se à função que o sangue executa de umedecer e nutrir os tecidos e órgãos do corpo. Quando o sangue é deficiente, um dos primeiros sinais que geralmente percebemos é a pele ou o pêlo secos.

Também se observa o tipo físico ou a constituição. Um animal magro, hiperativo pode ter um desequilíbrio entre o Yin e o Yang. Quanto mais hiper é um animal – mais Yang ele é. Muito Yang, na verdade, torna difícil a retenção de peso no animal, pois ele o queima rapidamente. Um indivíduo pesado, por outro lado, pode ter um tipo constitucional mais Yin e ser mais fleumático e vagaroso.

Outra distinção que é feita em um primeiro exame de MTC é o que identifica se a constituição é **forte** ou **fraca**. Essas categorias não são decisivas em um indivíduo, mas, sim, são observações que auxiliam o praticante a encaixar o paciente dentro da imagem do diagnóstico como um todo. Se um indivíduo forte adoece, a doença geralmente se manifesta com sintomas notáveis, como febre alta, gânglios aumentados e muita dor, enquanto um tipo constitucional fraco pode sentir calafrios, dores moderadas e inchaço mínimo. O tipo constitucional forte normalmente recupera-se mais rápido, enquanto os que possuem constituição fraca demoram mais tempo para se curar. É importante distinguir entre as constituições na medicina chinesa, porque ervas diferentes serão prescritas em cada caso, assim como técnicas diferentes de acupuntura. Uma constituição mais fraca pode requerer um tratamento com ervas e acupuntura/acupressão mais brando, enquanto um indivíduo mais forte responderia melhor a um tratamento sistemático de acupuntura/acupressão e de fitoterapia mais intenso. Em um tratamento mais brando, o número de pontos seria provavelmente menor e a profundidade da inserção da agulha ou da pressão do dedo seria mais rasa. Por outro lado, um tratamento mais forte demandaria mais agulhas com inserção mais profunda ou pressão mais forte com os dedos.

OBSERVAÇÃO	AVALIAÇÃO
Aspectos emocionais e comportamentais	Shen do Coração, Yin, Yang e Sangue
Emoções apresentadas	Associação dos Cinco Elementos
Pelagem	Sangue, líquidos orgânicos, saúde do Pulmão
Brilho nos olhos	Saúde do Fígado
Vitalidade e postura	Sangue do Coração, Essência do Rim, Qi do Baço/Pâncreas, Estômago e Rim
Constituição	Forte ou fraca

◆ Diagnóstico pela Língua

A língua é o portão visual para o interior do corpo. O corpo todo "reside" na língua, como um holograma. Áreas diferentes na língua em si correspondem a órgãos internos específicos. Anormalidades no revestimento, textura, formato e cor da língua fornecem ao praticante de MTC informações importantes para reconstituir o estado de equilíbrio do corpo do paciente. O diagnóstico pela Língua é parte da seção de observação do exame de MTC.

A vitalidade da língua reflete a circulação do corpo inteiro e está associada ao Coração. O revestimento é o reflexo de um Estômago saudável cujos produtos da fermentação produzem sua cor, textura e umidificação. A textura dos músculos da língua mostra o Qi do Baço e o Sangue do Coração. Rachaduras na língua sugerem um Yin ou Qi enfraquecidos ou Deficiência do Sangue do Coração.

Um revestimento branco e fino na língua é normal em cães saudáveis. Os gatos têm o revestimento lingual mais grosso do que o dos cachorros. O revestimento muda a cada início de uma patologia, como um resfriado ou um problema interno crônico. As mudanças no revestimento lingual podem ocorrer rapidamente. No momento em que se inicia uma doença, pode não haver mudanças, mas se a febre persiste, os líquidos no interior do corpo são consumidos, e o revestimento da língua pode se tornar seco, ou sua coloração ficar amarela ou escura. Isso é um sinal de calor. Se não há um quadro agudo presente, e o revestimento da língua está amarelo, marrom-escuro ou preto, isso é um indício de calor interno gerado do Pulmão, Fígado, Estômago ou Rim. Qualquer que seja o órgão envolvido, se o revestimento é escuro, é normalmente sinal de uma doença séria.

Durante algum tempo, eu tratei de uma paciente poodle que possuía imunidade e digestão fracas. Seu diagnóstico centrou-se em torno de um Qi Deficiente do Baço. Tal quadro afetou todo o Qi de seu corpo e comprometeu seu sistema imune. Ela melhorou após tratamentos com acupuntura e fitoterapia. Infelizmente, ela necessitou de fazer um pequeno procedimento cirúrgico que necessitava de anestesia geral. Sua recuperação foi lenta, e passados vários dias após o procedimento ela ainda estava letárgica. Você deve estar lembrado de que o Fígado controla o Baço no Sistema dos Cinco Elementos, e o Fígado também é o principal órgão para desintoxicação da anestesia. Como a cadela já possuía o Baço essencialmente enfraquecido, este foi sobrecarregado pelo Fígado e teve uma reação exagerada à anestesia. Assim sendo, o Baço estava enfraquecido e incapaz de produzir o Qi normal, e então o animal não possuía energia e permaneceu letárgico.

Quando ela veio para o tratamento, percebi que sua língua possuía um revestimento amarelo-amarronzado na área que correspondia ao Baço. Isso era indício de calor e depleção de fluidos naquele órgão. Imediatamente após o primeiro tratamento de acupuntura para fortalecer o Baço, o revestimento da língua ficou normal!

Conforme o demonstrado neste exemplo, o revestimento da língua pode mudar rapidamente, logo, tal fato é um reflexo verdadeiro do "estado atual" de saúde do indivíduo.[1]

O revestimento lingual também pode ser grosso e branco, o que indica um frio interno no corpo. Eu tenho visto esse tipo de revestimento grosso, branco e úmido em animais que foram submetidos à radioterapia. De acordo com o ponto de vista da MTC, a radiação parece produzir Frio interno no corpo. Isso deixa tudo mais lento, causando às vezes depressão. Se o revestimento é escorregadio ou gorduroso, é conhecido por **fleuma**. Fleuma é água estagnante produzida quando o movimento dos líquidos no corpo é dificultado. Focos de calor podem se desenvolver, e transformam a água fina em uma fleuma pegajosa com consistência de pudim. Todo mundo conhece bem o muco. Se você já o tocou alguma vez com seus dedos e o espalhou entre eles, já sabe como ele é pegajoso. Fleuma é como muco, e pode ocorrer não apenas no nariz, mas também no trato digestivo e nas articulações.

O tamanho e o formato da língua em si é um reflexo geral dos órgãos internos. Apesar de o revestimento da língua mudar rapidamente, seu formato e estrutura mudam vagarosamente durante um longo período de tempo. A língua deve caber confortavelmente dentro da boca, não pode aparecer de fora nem aparentar encolhida. Uma língua que é muito grossa e possui marcas de dentes nas laterais mostra um desequilíbrio no Baço, que é sensível para reter a umidade. Uma língua que é encolhida indica uma deficiência severa de líquidos orgânicos, especialmente do Rim. Também indica um frio interno que fizeram com que os músculos da língua se contraíssem.

Também é importante avaliar a cor da língua. As línguas normais são rosadas. Um vermelho-escuro indica que há calor interno. Se a língua é pálida, há Deficiência de Sangue, e também um frio interno. Se a língua é púrpura, o Fígado não está funcionando adequadamente, porque coloração púrpura indica congestão e ausência de fluxo suave de circulação, que é uma das funções do Fígado.

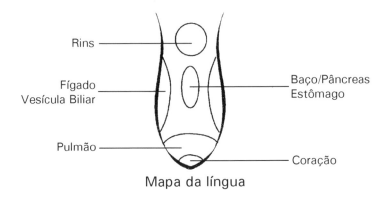

Mapa da língua

O MAPA DA LÍNGUA

Os Sistemas de Órgãos dos Cinco Elementos estão localizados em várias posições na língua. Apesar de existirem variações no que se diz respeito a este **mapa da língua**, o mais comum é o que se segue: A área central aloja o Baço/Pâncreas e Estômago. A raiz da língua (área bem atrás próxima à garganta) aloja o Rim e a Bexiga. As laterais da língua refletem o Fígado e a Vesícula Biliar. A ponta da língua corresponde ao Coração. Ao redor do Coração na terceira porção frontal da língua situa-se o Pulmão.

Mudanças no revestimento da língua em qualquer uma dessas localizações podem indicar um problema interno referente ao órgão ali representado. Devido ao fato de a língua refletir tanto o estado atual de saúde do indivíduo quanto uma visão geral a longo termo de seu bem-estar, pode-se usar o diagnóstico pela língua para se ter noção de como o paciente está respondendo a um programa de tratamento. O diagnóstico pela língua é uma ferramenta inestimável para o praticante da MTC.

Tente observar a língua de seu animal na próxima vez que ele abrir a boca. A referência com maior número de informações que já encontrei no idioma inglês, a respeito do diagnóstico pela língua, foi no livro do Dr. Giovanni Maciocia, *O Diagnóstico pela Língua na Medicina Chinesa*.

AUSCULTAÇÃO E INTERROGATÓRIO

Esta parte do exame focaliza-se nos sons internos e externos feitos pelo animal. Além dos padrões de respiração, os animais podem choramingar ou grunhir e gemer conforme mudam de posição. Cada som é associado a um elemento particular e a um sistema de órgãos.[2]

Baço/Pâncreas-Estômago	choramingar cantado
Pulmão-Intestino Grosso	choro
Rim-Bexiga	gemido
Fígado-Vesícula Biliar	grito/latido intenso
Coração-Intestino Delgado	riso

Se um animal está constantemente grunhindo e gemendo na medida em que ele muda sua posição, o Rim pode ser o problema subjacente. Apesar de os gatos e cães não costumarem a rir, eles podem aparentar muito alegres, mesmo nas situações mais difíceis. Isso pode parecer uma característica de bom temperamento, mas na MTC, se há alegria em excesso, é sinal de um desequilíbrio do Coração ou de outros meridianos do Fogo. Não pareceria natural, por exemplo, ver um animal agindo alegremente após ter sido resgatado de um incêndio ou enchente, ou outra situação traumática.

A maneira que um animal respira é uma boa indicação do estado do Pulmão, Fígado, Baço/Pâncreas e Rim. Os pulmões, obviamente, recolhem o ar a cada respiração. Na MTC, os pulmões também são responsáveis por extrair a umidade do ar e direcioná-la para baixo para ser utilizada pelo corpo. É função do Rim "ascender e agarrar" a umidade que o Pulmão direciona para ele. Sendo que o Rim se situa na parte inferior do organismo, ele tem que se estender através do centro do corpo para os limites superiores do diafragma, onde se encontram os pulmões. Para fazer isso efetivamente, o Rim é auxiliado pelo Fígado e pelo Baço.

Se o animal apresenta uma respiração curta, deve haver um problema com o Qi dos pulmões que não poder respirar profundo o suficiente. Também pode indicar uma fraqueza do Rim, principalmente, se o indivíduo tem problemas em expirar suave e regularmente. Se há timpanismo ou distensão do abdômen que atrapalha a respiração, o Baço ou Fígado normalmente está envolvido.

A respiração alta pode indicar um excesso ou uma constituição do tipo forte, enquanto uma respiração frouxa, que mal movimenta o tórax, pode indicar uma constituição deficiente ou fraca.

Se a respiração é seca, os líquidos orgânicos do Pulmão e Rim estão deficientes. Se a respiração é úmida, densa, ou com som aquoso, normalmente há um problema de frio interno e acúmulo de umidade que apontam um distúrbio com o Baço/Pâncreas. Pode-se aprender tudo isso através da observação e auscultação da respiração.

Após auscultar e avaliar os quadros apresentados anteriormente, o próximo passo no exame de MTC é o interrogatório sobre o histórico do paciente cão ou gato. Dessa forma, perguntas a respeito das preferências ambientais e comportamentais são realizadas junto com questionamentos específicos que irão se relacionar com cada sistema de órgão. Por exemplo, o animal gosta de "dormir até tarde" de manhã, mais do que sair para passear? Se a resposta for sim, o Baço/Pâncreas, que está mais ativo de manhã, pode estar deficiente causando sensação de peso ao amanhecer. Se o animal gosta de dormir próximo a uma janela aberta, ou no chão frio, pode estar procurando refrescar-se devido a um quadro de calor em excesso. Há um problema hereditário ou o animal é o menos desenvolvido da ninhada? Isso reflete um desequilíbrio do Rim, Jing ou Essência.

Toda essa informação reunida objetiva-se a juntar as peças do quebra-cabeça – quando o quebra-cabeça está completo, será obtida uma imagem de seu animal. De acordo com os princípios da MTC, cada elemento do quebra-cabeça, seja físico, mental ou emocional, é uma parte indispensável da figura total.

PALPAÇÃO

O próximo elemento do exame da MTC estará centrado no **pulso** e nos **pontos de diagnóstico**. Enquanto os médicos ocidentais procuram pela força do pulso para acessar a circulação em geral, a Medicina Tradicional Chinesa coloca ainda maior informação na **leitura dos pulsos**. Em humanos, o diagnóstico pelo pulso pode ser efetuado usando a artéria radial no pulso, a artéria carótida na nuca e a artéria pedal dorsal no pé e tornozelo. Hoje é mais tomado na artéria radial do pulso.[3]

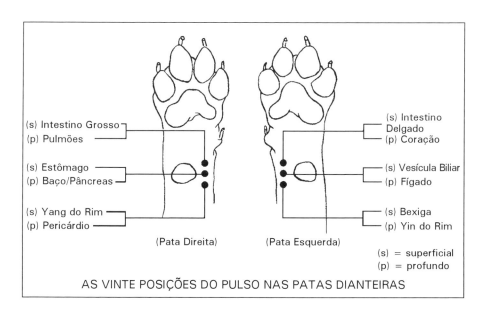

AS VINTE POSIÇÕES DO PULSO NAS PATAS DIANTEIRAS

O pulso é sentido em três posições e duas camadas, cada uma correspondendo a um sistema de órgão ou meridiano. A camada mais superficial pertence aos órgãos Yang, enquanto a camada mais profunda pertence aos órgãos Yin.[4] Com três posições e duas camadas, todos os doze meridianos e sistemas de órgãos são acessados. O gráfico mostra as posições do pulso como eles apareceriam na pata/pulso de seu animal.

Entretanto, em pequenos animais como cães e gatos, é praticamente impossível palpar a pulsação no punho. Ao invés disso, eu palpo a artéria femoral na parte interna do membro posterior, na coxa, bem próximo à área da virilha, onde a perna se une ao corpo. A primeira posição é a mais próxima à virilha, e a terceira posição a mais afastada.

TÉCNICA DE PALPAÇÃO DO PULSO

Posicione-se atrás do animal e coloque suas mãos de modo gentil e carinhoso ao redor da parte da frente das coxas, subindo em direção à virilha até que você possa sentir a artéria pulsando. Existe uma pequena área triangular entre os músculos na parte interna mais superior da coxa onde o pulso pode ser

Encontrando o "pulso" de seu animal

sentido. Essa é uma área particular para a maioria dos animais, e deve-se tomar cuidados para que eles saibam o que você está fazendo. Com humanos, o praticante pede para que se relaxe antes de se sentir o pulso. Com animais, eu acho melhor que eu relaxe, então eu respiro fundo e tento me centrar antes de sentir o pulso.

Existem dezessete características de pulso descritas na literatura veterinária chinesa.[5] Vai além do alcance deste livro discuti-las todas. O diagnóstico pelo pulso requer uma prática, habilidade e paciência enormes. Minha intenção aqui é apresentar a você o conceito do diagnóstico pelo pulso e auxiliá-lo a conhecer a parte mais simples dessas características.

As características básicas a serem observadas são: **freqüência, ritmo, formato** e **vigor.**

A **freqüência** do pulso cai dentro de médias, onde os gatos e cães menores têm a taxa mais rápida, e os cães maiores têm a taxa mais lenta. Quanto se checa a pulsação, esta deve ser percebida semelhantemente à maneira que é sentido o batimento cardíaco. A taxa de pulsação e a taxa de batimento cardíaco devem ser as mesmas. A taxa de batimento cardíaco normal para um gato é entre 120-140 batimentos por minuto. A de cães pequenos gira em torno de 100-120 batimentos por minuto. A de cães maiores é de 40-90 batimentos por minuto. O clínico irá contar quantos batimentos existem em um período de 15 segundos e depois multiplicará o resultado por quatro para obter o batimento no período de um minuto.

Um pulso **rápido** pode indicar uma infecção com febre caso uma condição aguda esteja presente. Se a condição não é aguda, o pulso rápido indica tanto um excesso de Yang, que seria o Yang interno, quanto um calor que está dominando o Yin e suas propensões calmantes. As condições com excesso de Yang podem ser sinal de um problema de superatividade do Coração ou do Fígado, os dois maiores responsáveis pelo aumento de Yang. Um pulso rápido também pode indicar dor. Se há muito pouco Yin, então pode ser sinal de um problema no Rim ou Pulmão. Uma outra maneira de se perceber essas condições é observar a língua do indivíduo. Se a língua está vermelha e possui um revestimento amarelo ou escuro e o pulso é rápido, é provavelmente uma condição de excesso de Yang. Se a língua não possui revestimento e o pulso é rápido, normalmente trata-se de um problema onde o Yin não é suficiente para conter o Yang. No primeiro caso, existe muito calor, não importa qual é o estado do Yin. No segundo caso, a taxa de pulsação aumentou porque o Yin está muito fraco, e mesmo o Yang estando normal, está *relativamente* mais aumentado do que deveria estar. Esse fato é conhecido como **calor falso** ou **fogo deficiente**.

Se o pulso é **lento**, pode indicar frio ou uma condição Yin, como lentidão no sistema digestivo, ou um Qi enfraquecido. É exatamente o oposto do indivíduo Yang e com calor. Durante o clima frio, pode não haver calor ou capacidade de aquecimento suficiente, o que deixa o corpo mais lento. O clínico irá observar a língua para ver se está com a coloração pálida ou com revestimento grosso e branco, o que evidenciaria um diagnóstico de frio. Se o pulso realmente tem uma característica de excesso de Yin, ele pode ser difícil de ser encontrado, pois fica situado profundamente nos tecidos. Indivíduos acima do peso normalmente têm esse tipo de pulso.

Deve-se sentir o pulso na mesma medida em **diâmetro** nas patas traseiras direita e esquerda. À palpação, o ritmo deve ser suave e o movimento da pulsação simétrico. O diâmetro médio da artéria femoral é de:

Gato, cão pequeno	0,32cm (espaguete n° 9, haste da maçã)
Cão médio	0,63cm (parte mais fina do *hashi*)
Cão grande	0,95cm – 1,27cm (canudo grosso)

Se ao sentir o pulso do animal, este parecer significantemente menor ou maior do que estes exemplos, pode haver algum problema com a quantidade de sangue circulante. Um pulso muito fino ou em "forma de fio" tem Deficiência de Sangue ou de fluidos. Se parecer muito largo, pode ser sinal de desequilíbrio do Coração e Fígado, indicando uma superatividade.

Após sentir o diâmetro, veja se você pode ter uma idéia a respeito do **formato**. Um pulso vasto, liso e macio pode ser indicativo de um quadro de muita umidade no Baço. Um pulso estreito, mas forte, de superfície tensa, pode indicar estagnação no Fígado. Se os pulsos parecem com os nós da corda de um varal, um problema de Coração pode estar presente.

O **vigor** do pulso é o próximo a ser observado. Um pulso forte é aquele que você mal precisa tocar a pele para senti-lo bater. Se ele é muito forte, é indicativo de muito Yang. Se for fraco e tênue, significa um problema de Deficiência de Qi.

Em qualquer um desses casos, é importante ter uma idéia geral do pulso do indivíduo e usá-lo como uma das peças do quebra-cabeça dos padrões da Medicina Tradicional Chinesa.

OS PONTOS DE DIAGNÓSTICO

Uma das ferramentas de exame mais útil da MTC, em medicina veterinária, é a palpação dos **pontos de diagnóstico**. Esses pontos estão situados ao longo das costas, lados e abdômen de seu animal.[7] Cada ponto está associado a um sistema de órgão interno ou meridiano.

Os pontos que percorrem ao lado da coluna podem ser encontrados nas depressões dos grupos dos músculos longos que ficam paralelos às vértebras. Eles se iniciam entre as escápulas e terminam na região sacral. Fazem parte do meridiano da Bexiga que percorre todo o comprimento da coluna. A presença de sensibilidade em qualquer um desses pontos pode indicar algum problema ocorrendo com o órgão associado. Os pontos ao longo da coluna também podem corresponder a problemas locais das costas e dos músculos.

Os pontos de diagnóstico ao longo da coluna são chamados de **pontos de associação**. Existem doze pares de pontos de associação na extensão da coluna.

Adicionalmente aos pontos de associação, existem pontos que são mais específicos a cada órgão interno em si, e, geralmente, não indicam problema muscular local. Esses pontos são chamados **pontos de alarme**. São encontrados em diferentes meridianos e se localizam ao longo da região abdominal e nas laterais. Todos esses pontos, excluindo os que estão localizados na linha média abdominal, são pares.

Os pontos de acupuntura que compõem os pontos de associação e os de alarme são os que compõem os pontos de diagnóstico. Conforme o nome diz, os pontos de diagnóstico são utilizados para checar o equilíbrio de um órgão. Como parte da fase de palpação do exame, o clínico irá avaliar a sensibilidade desses pontos usando a pressão com os dedos. Se o animal tem sensibilidade em um ponto específico, ele irá se virar e assim o clínico irá tomar conhecimento. Se um ponto está sensível, o animal irá morder ou rosnar. A pele ao redor do ponto pode enrugar ou contrair quando este for tocado. Se há sensibilidade no ponto e existe fraqueza, o simples toque desse ponto pode fazer com que o animal se agache. Tal fato, normalmente, é indicativo de um tipo de problema mais brando.

Os pontos de diagnóstico são úteis, pois assim como os outros métodos da Medicina Tradicional Chinesa, um reconhecimento antecipado de um desequilíbrio pode evitar que um processo sério de doença se desenvolva. Adicionalmente, podem alertar o clínico para que procure anormalidades nos órgãos que podem precisar de testes posteriormente.

Em uma revisão de 175 casos que atendi em minha clínica, havia uma forte relação entre sensibilidade em pontos de diagnóstico e irregularidades nos exames de sangue.[6] Nos casos onde os pontos eram sensíveis e os exames anormais, ao tratar esses pontos tanto com acupuntura quanto com acupressão, normalmente, era restabelecido o valor normal do exame de sangue. Em outros casos, onde os pontos eram sensíveis e havia desconforto no animal, mas os exames de sangue eram normais, os pontos foram tratados até que a sensibilidade se extinguisse e, esperançosamente, o problema em potencial fosse eliminado.

Para testar os pontos de diagnóstico, coloque-se por trás do animal e posicione seus dedos indicadores em ambos os lados da coluna sobre os pontos indicados nos mapas das páginas 77-82. Aplique pressão de leve a moderada em cada ponto. Se o animal é sensível, vá ao ponto de alarme correspondente do órgão no abdômen ou nas laterais do corpo e veja se também se encontra sensível. Caso esteja, é provável que venha ocorrendo algum problema no órgão. Se apenas os pontos das costas estiverem sensíveis, pode ser indicativo de um envolvimento do órgão ou um problema local do músculo ou da coluna.

ANATOMIA 101 E OS PONTOS DE DIAGNÓSTICO

Cães e gatos possuem sete vértebras cervicais (nuca), treze vértebras torácicas onde as costelas estão encaixadas, sete vértebras lombares (parte mais baixa das costas), três vértebras sacrais (na pelve), e de vinte a vinte e três vértebras na cauda.

Uma costela se estende entre duas vértebras torácicas. Duas costelas contíguas compõem um **espaço intercostal**. Cães e gatos possuem doze espaços intercostais e treze costelas.

Entre as depressões de cada lado da vértebra dorsal, situando-se em um espaço intercostal, pode-se encontrar seis pontos de associação. São os do Pulmão, Pericárdio e Coração, encontrados entre as escápulas, e os do Fígado, Vesícula Biliar e Baço/Pâncreas na última divisão de costela. Logo atrás da última costela situa-se outro ponto de associação, o do Estômago.

Os pontos de associação da região lombar podem ser encontrados nos grupos de músculos grossos que percorrem lateralmente a coluna. Depressões entre as vértebras lombares alojam de três a cinco pontos de associação. São os do Triplo Aquecedor, Rim, Intestino Grosso e, em alguns casos, os do Intestino Delgado e da Bexiga. Eu digo em alguns casos, pois, na maioria dos animais, os pontos de associação do Intestino Delgado e da Bexiga são encontrados em dois conjuntos de depressões que podem ser sentidas sobre o sacro. A razão da discrepância de onde se encontrar os pontos de associação do Intestino Delgado e da Bexiga origina-se no fato de que os humanos e os animais têm números diferentes de vértebras e os pontos de associação foram extrapolados dos dados humanos. Adicionalmente, os nervos que inervam o Intestino Delgado e a Bexiga têm, ligeiramente, diferentes grupos de origem, que são responsáveis por alternarem os locais. Eu sugiro que você sinta a região ao longo da coluna lombar e o sacro. Se houver sensibilidade em um ponto em ambos os setores, pode ser indicativo de um problema no Intestino Delgado ou na Bexiga.

Os pontos de alarme não têm ordem específica e se relacionam diretamente com seus órgãos correspondentes.

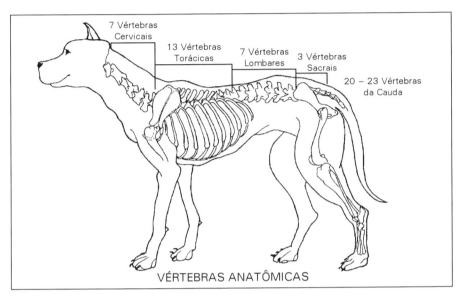

VÉRTEBRAS ANATÔMICAS

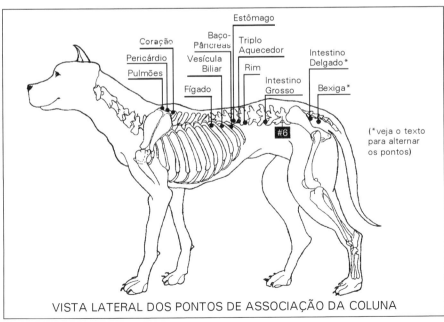

VISTA LATERAL DOS PONTOS DE ASSOCIAÇÃO DA COLUNA

LOCALIZAÇÃO DOS PONTOS DE ASSOCIAÇÃO DAS COSTAS[7]

Órgão	Localização	N° do Ponto
Pulmão*	3° espaço intercostal, entre a 3ª e 4ª vértebra torácica	Bexiga 13
Pericárdio*	4° espaço intercostal, entre a 4ª e 5ª vértebra torácica	Bexiga 14
Coração*	5° espaço intercostal, entre a 5ª e 6ª vértebra torácica	Bexiga 15
Fígado	10° espaço intercostal, entre a 10ª e 11ª vértebra torácica	Bexiga 18
Vesícula Biliar	11° espaço intercostal, entre a 11ª e 12ª vértebra torácica	Bexiga 19
Baço/Pâncreas	12° (último) espaço intercostal, entre a 12ª e 13ª vértebra torácica	Bexiga 20
Estômago	Logo atrás da última costela	Bexiga 21
Triplo Aquecedor	Na depressão muscular entre a 1ª e 2ª vértebra lombar	Bexiga 22
Rim**	Na depressão muscular entre a 2ª e 3ª vértebra lombar	Bexiga 23
Intestino Grosso	Na depressão muscular entre a 4ª e 5ª vértebra lombar	Bexiga 25
Intestino Delgado	Na primeira depressão sobre o sacro ou entre a 6ª e 7ª vértebra lombar	Bexiga 27
Bexiga	Na segunda depressão sobre o sacro ou entre a 7ª lombar ou 1ª vértebra sacral.	Bexiga 28

* Um modo fácil de localizar os pontos do Pulmão, Coração e Pericárdio é manter o animal na posição em pé. A área entre as escápulas ao nível da coluna engloba esses três pontos. O ponto do Pulmão pode ser encontrado no início das escápulas, o Pericárdio no meio e o Coração logo atrás da escápula.

** Um modo fácil de localizar o ponto de associação do Rim é localizar a parte mais larga do arco que forma a última costela. Posicione seu polegar ali, e estenda seu indicador em direção à coluna. O ponto do Rim é encontrado nessa região.

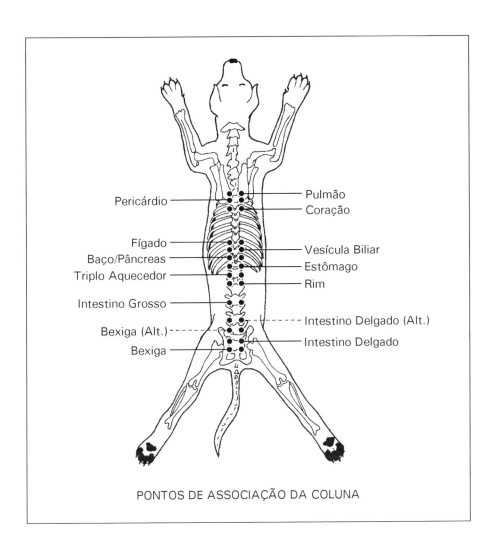

PONTOS DE ASSOCIAÇÃO DA COLUNA

LOCALIZAÇÃO DOS PONTOS DE ALARME

Órgão	Localização	Nº do Ponto
Pulmão	Profundamente no fuso muscular ou músculo peitoral no cão e abaixo da clavícula no gato.	Pulmão 1
Pericárdio	Na linha média abdominal, aproximadamente ao nível dos mamilos superiores.	Vaso Concepção 17
Coração	Na linha média abdominal, na extensão do último osso do esterno, conhecido como processo xifóide.	Vaso Concepção 14
Estômago	Na linha média abdominal, no ponto médio entre a ponta final do processo xifóide e o umbigo.	Vaso Concepção 12
Fígado	Devido às variações anatômicas entre humanos e animais, o ponto está localizado próximo à base final do 6º ou 9º espaço intercostal.	Fígado 14
Vesícula Biliar	Devido às variações anatômicas, o ponto geralmente se localiza próximo à base final do 10º espaço intercostal.	Vesícula Biliar 24
Baço/Pâncreas	Ao final do 11º espaço intercostal (último incluso), logo à frente da 12ª costela.	Fígado 13
Rim	Ao final da última costela (flutuante).	Vesícula Biliar 25
Intestino Grosso	1,3 cm lateral e em ambos os lados do umbigo.	Estômago 25
Triplo Aquecedor	Se o abdômen fosse dividido em cinco partes entre o umbigo e a pelve, este ponto estaria a 2/5 do umbigo.	Vaso Concepção 5
Intestino Delgado	Se o abdômen fosse dividido em cinco partes entre o umbigo e a pelve, este ponto estaria a 3/5 do umbigo.	Vaso Concepção 4
Bexiga	Na linha média abdominal, sobre a pelve.	Vaso Concepção 3

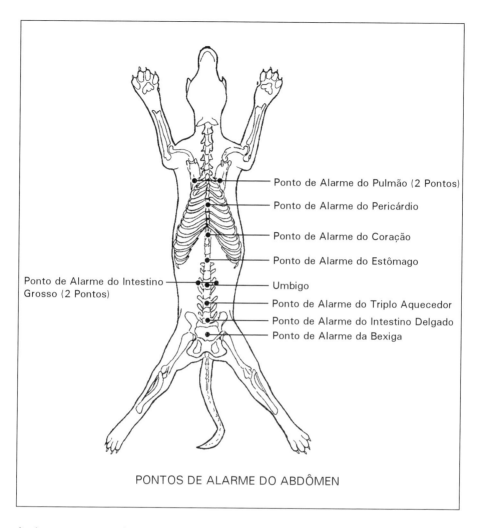

PONTOS DE ALARME DO ABDÔMEN

Ambos os pontos de associação e os de alarme podem ser usados tanto para tratamento quanto para diagnóstico. Eles também podem ser incluídos em rotinas regulares de massagens diárias.

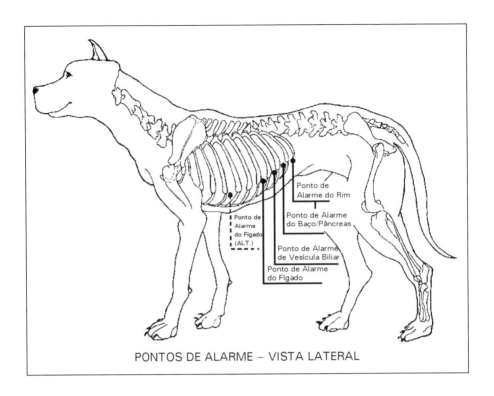

PONTOS DE ALARME – VISTA LATERAL

OLFAÇÃO

O aspecto final do exame de MTC emprega o seu nariz. Os odores são abundantes onde os animais se tocam mais e, na tentativa de classificar esses odores, é útil definir a região do problema. Você vai se lembrar que cada elemento está associado a um odor específico:

Baço/Pâncreas, Estômago	Adocicado
Pulmão/Intestino Grosso	Fétido
Rim/Bexiga	Pútrido
Fígado/Vesícula Biliar	Rançoso
Coração/Intestino Delgado	Chamuscado/ queimado

Secreções podem ser extremamente odoríferas e indicadoras inconfundíveis de patologias. Elas podem surgir da pele em si, dos ouvidos, nariz, vagina ou pênis. O hálito também pode ter um odor forte e distinguível, assim como a urina ou as fezes. Na verdade, um dos primeiros sintomas que o animal pode exibir é um odor peculiar. Devido ao fato de alguns de nós termos um sentido de cheiro mais sensível do que os outros, os odores podem não se tornar um fator até que sejam bem fortes. Normalmente, o odor quanto mais forte for, mais sério o desequilíbrio se tornou. Então, não seria incomum ver o veterinário de MTC cheirando em torno de seu animal. Os animais parecem não importar com isso, mas alguns de seus donos acham que é estranho.

Uma vez que o exame de MTC é executado, com sua observação, auscultação, palpação e olfação, o clínico irá voltar e rever o paciente em sua totalidade antes de elaborar um plano de tratamento. Os tratamentos podem incluir massagem, acupuntura, dieta e terapia com ervas, todas elas com intenção de trazer o indivíduo de volta ao seu estado de saúde.

Notas Finais

1. Maciocia, Giovanni. *Tongue Diagnosis in Chinese Medicine.* (Seattle, WA: Eastland Press, 1987), 15.

2, 4. Connelly, Dianne M. *Traditional Acupuncture: The Law of the Five Elements.* (Columbia, MD: Center for Traditional Acupuncture, 1979), 32, 52, 72, 87, 104, 114.

3. Wiseman, Nigel, Andrew Ellis, Paul Zmiewsky. *Fundamentals of Chinese Medicine.* (Brookline, MA: Paradigm Publications, 1985), 141 – 149.

5. Klide, Alan M., Shiu H. Kung. *Veterinary Acupuncture.* (Philadelphia, PA: University of Pennsylvania Press, 1977), 12 – 16.

6. Schwartz, C., DVM. North American Veterinary Conference, Orlando, FL, 1993.

7. Schoen, Allen M., DVM, MS., ed. *Veterinary Acupuncture, Ancient Art to Modern Science.* (Goleta, CA: American Veterinary Publishers, 1994). Canine Atlas by Y-C Hwang, 107 – 140.

Janssens, Luc A.A., DVM, PhD. *Acupuncture Points and Meridians in the Dog.* (Boulder, CO: International Veterinary Acupuncture Society, 1984). *Acupuncture, A Comprehensive Text.* J. O'Connor and D. Bensky, trans. Ed., (Seattle, WA: Eastland Press, 1974).

Nomenclaturas e localizações anatômicas exatas listadas nessas referências.

CAPÍTULO SEIS

Fitoterapia

Durante toda nossa história, as ervas têm sido usadas para a cura. Os medicamentos fitoterápicos são derivados de fontes vegetais, animais e minerais, e têm sido passados às pessoas por incontáveis gerações como remédios tradicionais populares. Cada cultura na Terra, potencialmente, tem contribuído para esse vasto armazenamento de conhecimento. Os medicamentos fitoterápicos também têm sido estudados e formalizados junto à educação médica em geral, tanto no Ocidente quanto no Oriente. Nosso uso atual dessa arte médica antiga é sustentado pela evidência empírica e científica da fitoteoria. Na verdade, foi somente nos tempos modernos que as drogas sintetizadas, como antibióticos, foram desenvolvidas para combater doenças. É interessante perceber que muitas drogas sintetizadas são derivadas de plantas – um exemplo primordial é o remédio digitalis para o Coração. Ele é feito da planta Dedaleira, e é usado para tratar problemas cardíacos por mais de um século.

Também é interessante perceber que recentemente existe uma explosão de interesse em estudar a ampla ordem de plantas virtualmente desconhecidas das florestas tropicais do mundo. Cientes do uso benéfico em potencial e das aplicações que essas plantas podem ter, farmacologistas e herbalistas de todas as partes do mundo estão esforçando-se para coletar, identificar e preservar essa riqueza da flora antes que seu frágil ambiente seja destruído.

Desde a Antiguidade, os fitoterapeutas têm estudado os ambientes físicos das plantas, minerais e animais. Eles observavam o local e em qual estação havia florescência e crescimento, quais extremos de tempo e clima eles eram capazes de suportar e quais condições eram as mais prejudiciais. Eles estudavam a semelhança de uma substância na natureza com alguma composição específica do corpo humano. Todos esses aspectos guiaram os fitoterapeutas ao reconhecimento dos padrões naturais e como eles se assemelhavam aos padrões das pessoas. Na Medicina Tradicional Chinesa, os fitoterapeutas categorizavam estas substâncias de acordo com as filosofias dos Cinco Elementos e dos Oito Princípios. No Ocidente, as ervas são categorizadas de acordo com Galeno e com o sistema grego e romano dos Quatro Elementos compostos por Terra, Ar, Fogo e Água. Com o desenvolvimento da fitoterapia ocidental, o sistema de combinação de ervas tornou-se conhecido como a **doutrina das assinaturas.** Apesar de essa frase ter sido inventada pelos fitoterapeutas europeus, o sistema de fitoterapia chinesa adere ao mesmo princípio. Assim como cada indivíduo assina seu nome de forma diferente, cada substância natural tem sua assinatura própria.

Por exemplo, plantas de folhas grandes são utilizadas para tratar órgãos de superfície grande como a pele, os pulmões e o fígado. Bardana é exemplo de uma dessas plantas. Plantas com penugem de textura tipo flanela, felpudas, macias, que se assemelham aos cílios pulmonares ou intestinais, ou que contêm seiva fina, com consistência semelhante ao muco, podem ser usadas para aliviar gargantas, tosses ou diarréia. Verbasco e malva-branca são exemplos. Plantas que têm longa estação de crescimento, cujos brotos aparecem inicialmente na primavera, mas não florescem ou atingem totalmente a maturidade até o inverno, como a tâmara da China, são conhecidas como as ervas da longevidade, pois elas podem tolerar diversas estações e condições desfavoráveis.[1] O formato de uma concha de ostra lembra um Rim, e a maneira que ela funciona, filtrando a água através de suas válvulas em seu habitat encharcado é similar à maneira que o Rim filtra e purifica os fluidos no corpo. Conchas trituradas são normalmente usadas pelo clínico de MTC para melhorar a vitalidade (Qi) do Rim.

As lendas chinesas da Antiguidade falam dos animais que guiavam os humanos ao uso das plantas. Henry Lu relata a lenda do plantago asiático (Che Qian). Durante a Dinastia Han no século I, um famoso general chinês e suas tropas foram forçados a ficar em uma região inabitada, onde as tropas sofreram de fome, sede e urina com sangue. Um oficial percebeu que seus cavalos, que estavam pastando sobre uma certa planta da área, não possuíam urina com sangue. O oficial alertou o general, e este teve todas as suas tropas fervendo a planta e bebendo a decocção. A condição debilitante desapareceu, e os cavalos foram reconhecidos como salvadores.[2] Na América do Norte, um parente do plantago asiático foi usado pelos Nativos Americanos e colonizadores europeus para aliviar inflamações e cessar hemorragias.

ANTECEDENTES HISTÓRICOS DAS ERVAS CHINESAS E OCIDENTAIS

Historicamente, a fitoterapia na China originou-se no século III a.C., com o tratado médico mais antigo sendo *"O Clássico de Medicina Interna do Imperador Amarelo"*. Durante os séculos I e II a.C. outro livro foi compilado e chamava-se *"O Clássico da Matéria Médica do Imperador da Agricultura"*. Ele listava 365 substâncias vegetais, animais e minerais que podiam ser usadas para tratar 170 doenças.[3]

Mais tarde, no século III d.C., foi escrito um livro muito famoso chamado *"O Shang Han Lun"* pelo Dr. Zhang Zong-Jing. Os diagnósticos e as ervas desse livro são até hoje estudados nas escolas médicas orientais. O *"Shang Han Lun"* discute os estágios e a severidade das doenças, alertando os médicos para um prognóstico favorável ou desfavorável. Cerca de um quinto das ervas listadas há 1.600 anos estão ainda em uso nos dias de hoje.

Através de muitos séculos, a medicina chinesa desenvolveu diferentes escolas de pensamentos para que se formasse uma base das causas dos desequilíbrios e doenças. Essas filosofias vieram mais adiante com o estudo e interpretação dos Oito Princípios e dos Cinco Elementos. Desequilíbrio e doença eram tidos como resultados de padrões entrelaçados de todas as forças da natureza que nunca são estáticas. Como parte dessa filosofia, é entendido no sistema fitoterápico que muitas causas constroem um desequilíbrio. E fórmulas são usadas para reequilibrar todo o sistema, tratando o sintoma e a raiz do problema.

Os povos nativos dos continentes americanos têm usado ervas durante séculos, declarando seus conhecimentos primariamente em suas tradições orais. Como os chineses, tanto o aspecto físico quanto o espiritual das plantas e dos animais eram observados e estudados com o objetivo de melhor utilizar suas propriedades de cura. Os nativos americanos deste país salvaram as vidas de muitos colonizadores europeus ao apresentar-lhes as ervas locais. Um exemplo é a sálvia indígena ou eupatório, que foi usada para febres epidêmicas, influenza, resfriados e gripes.[4]

Diferente da herbologia chinesa e dos nativos americanos, a herbologia européia moderna baseia-se nos aspectos quantitativos e nas funções das ervas específicas. Durante um período, os herbalistas europeus aderiram à doutrina das assinaturas, a qual, você deve se lembrar, abrange as propriedades das ervas em seus ambientes. Hoje, os herbalistas europeus estudam as partículas químicas específicas contidas nas plantas. Elas são chamadas de constituintes ativos. Esse sistema é conhecido por farmacognosia ou fitoterapia, e é o precursor de nossos medicamentos ocidentais sintetizados. Aqui, doenças específicas são direcionadas para uma substância específica da planta de maneira mais linear. A maior parte da pesquisa ocidental que é reconhecida pela indústria farmacêutica é baseada na fitoterapia. Na tradição ocidental, as ervas são utilizadas sozinhas ou em fórmulas menores de que as de seus similares chineses.

AS ERVAS NOS DIAS DE HOJE

Hoje as ervas estão na vanguarda no tratamento de muitos cânceres, vírus e doenças crônicas debilitantes, que com as medicações ocidentais têm tido sucesso limitado. As ervas chinesas, as indígenas da América do Norte e do Sul e as européias estão todas sendo vendidas como alternativa e, em alguns casos, como substitutas aos medicamentos ocidentais. Devido ao fato de as ervas estarem à frente de muitas terapias modernas, os cientistas estão tendo uma percepção de como elas funcionam exatamente. Os estudos estão correntemente em progresso para examinar: os constituintes ativos das substâncias da planta, animal e mineral; da resposta do paciente a elas; e possíveis métodos para sintetizá-las. Gostaria de esclarecer aqui que muitos fitoterapeutas, inclusive eu mesma, discordam em depender do constituinte ativo encontrado em uma erva. Ao invés disso, usamos partes da planta inteira para incluir seus efeitos sinergistas e para manter uma conexão com o ambiente natural.

Em medicina veterinária, os clínicos têm usado as ervas chinesas neste país por aproximadamente vinte anos, e as ervas ocidentais por muito mais tempo. Pessoalmente, tenho usado ervas há mais de doze anos, e acho ambas práticas e efetivas sozinhas ou em conjunto com os medicamentos farmacêuticos ocidentais. Para obter melhores resultados, eu prefiro usar o sistema de diagnóstico Tradicional Chinês quando utilizo tanto as ervas chinesas quanto as ocidentais.

VANTAGENS DO USO DAS ERVAS

Com exceção das condições que requerem cirurgia, as ervas podem ser utilizadas para tratar quase toda condição. Na Medicina Tradicional Chinesa, a desordem e o tipo do indivíduo, ambos, são levados em conta no diagnóstico e tratamento. Por exemplo, um antibiótico seria prescrito por um clínico ocidental para matar a bactéria que causa uma infecção, sem considerar o tipo de indivíduo que ele está tratando. Mas para um clínico de MTC, os antibióticos pertencem a uma categoria de ervas que refrescam ou eliminam calor. Quando se dá uma erva de tipo refrescante para um indivíduo de tipo frio de constituição propensa a diarréia, vômito aquoso, digestão fraca ou problemas durante o clima frio, pode ocasionar diarréia ou vômito como efeito colateral. Ao invés disso, ele deveria usar uma combinação de ervas que eliminasse a infecção e protegesse a digestão do paciente tipo frio. Desse modo, a vantagem número um é que as ervas podem ser adaptadas ao indivíduo.

As ervas também podem aumentar a vitalidade e os fluidos do corpo. Essas ervas são chamadas **tônicos** e podem ser usadas para nutrir e fortalecer gradualmente um indivíduo por longos períodos sem efeitos colaterais indesejáveis. Ao fortalecer um sistema de órgão, você também pode prevenir problemas futuros. Então, a vantagem número dois é **tonificação** e **prevenção** de doenças mais adiante.

Por exemplo, um gato com problemas renais está em maior risco de desenvolver infecções na Bexiga porque todo o sistema urinário está enfraquecido pelo Rim disfuncional. As ervas que ajudam a tonificar os rins também mantêm a Bexiga em melhor estado ao permitir que o Rim filtre as toxinas e os fluidos com sucesso. Isso mantém a urina fluindo mais livremente e a Bexiga trabalhando regularmente, não permitindo que ela fique vulnerável a agentes infecciosos.

Ao trabalhar com o sistema imune, as ervas podem aumentar o fluxo linfático e ativar as células-T para combater infecções.[5] As ervas podem combater bactéria, assim como os antibióticos, e também os vírus. Ervas como a *Radix Isatisdis Sue Baphicacanthi* estão sendo usadas para ajudar a tratar o vírus da AIDS nos humanos e o vírus da FeLV e FIV em gatos.

Algumas ervas têm mostrado possuir uma ação específica contra a bactéria que causa tuberculose. Essa doença está aumentando nos Estados Unidos da América entre os humanos, e muitos medicamentos ocidentais já não são mais eficazes. Estudos na China têm mostrado que a erva *rhizoma Coptidis* é eficaz no tratamento para tuberculose.[6] Alguns gatos e cães que sofrem de infecções pulmonares crônicas podem se tornar resistentes a muitos antibióticos. Esses casos podem ser grandemente beneficiados pelas ervas.

As ervas têm sido usadas para tratar certos tipos de **câncer**. Estudos sendo feitos no Japão, Taiwan e China mostram uma promessa em estacionar ou retardar o crescimento do tumor, e fitoterápicos como o cogumelo *Ganoderma* parecem auxiliar a cessação de metástases ou que certos tumores se espalhem.[7] Os fitoterápicos são utilizados como primeira linha de defesa nos animais debilitados ou mais velhos, ou em associação a químio e radioterapia para ajudar a fortalecer o indivíduo e a suavizar os efeitos colaterais. Então, a vantagem número três é que as ervas podem ser utilizadas como adjuntas aos tratamentos ocidentais.

Os fitoterápicos também são empregados para auxiliar a tratar **dor**. Animais que sofrem de condições crônicas, degenerativas como artrite e displasia nos quadris, geralmente, podem se beneficiar ao utilizar ervas. Conforme mencionado anteriormente, os chineses acreditam que a dor se origina de um bloqueio do Qi ou da circulação ao longo dos trajetos de energia chamados meridianos. Quando as ervas são prescritas, são direcionadas para o problema do bloqueio, e também ajudam a fortalecer os ossos e os tecidos que fazem parte da região dolorida.

Um exame de MTC normalmente pode apontar um *padrão* de desequilíbrio que não seria identificado em um exame ocidental.

Exemplificando, um animal pode apresentar perda de apetite durante a manhã ou à noite como costume. Um clínico ocidental pode não identificar isso como um problema, mas um diagnóstico de MTC poderia ver isso como um problema ocorrendo entre o Fígado e Baço/Pâncreas. As ervas seriam usadas para harmonizar o trabalho desses dois sistemas de órgãos e restabelecer o apetite normal.

Finalmente, as ervas possuem a vantagem de serem mais bem toleradas em alguns indivíduos com sensibilidade a medicamentos. Isso é especialmente verdade com os preparos de cortisona que são bons para diminuírem inflamações, mas podem causar diurese descontrolada, vômito ou palpitação em alguns animais.

É importante salientar aqui que apesar de acreditar que as ervas são maravilhosas, elas não são uma panacéia. Tampouco é minha intenção minimizar os bons efeitos dos medicamentos ocidentais. Eles são quase sempre necessários e, em muitas situações, são as únicas substâncias completamente efetivas. As ervas simplesmente oferecem uma alternativa mais branda e aceitável para alguns animais.

Vantagens das ervas

- Adaptadas ao indivíduo.
- Melhora a vitalidade, o sangue e o equilíbrio hídrico.
- Atua como preventivo.
- Fortalece o sistema imune.
- Atividade antiviral e antibacteriana.
- Atividade anticancerígena.
- Alivia dor.
- Atua nos padrões de doenças ocidentais não identificáveis.
- Pode ser usada em indivíduos sensíveis a medicamentos.

QUALIDADES E CATEGORIAS DAS ERVAS NA MEDICINA TRADICIONAL CHINESA

As ervas têm **sabores, meridianos associados, energias térmicas, direções, ações** e **categorias**. Essas qualidades são usadas para restabelecer o equilíbrio do Yin e Yang no indivíduo, o que é vital à saúde.

♦ Sabores e Meridianos

Cada erva após ser ingerida concede um sabor, e cada sabor tem uma função específica e está associado com um meridiano específico. Ervas **doces** fortalecem e associam-se normalmente ao meridiano do **Baço/Pâncreas** e **Estômago.** Ervas **azedas** secas restabelecem e aliviam membranas mucosas inflamadas do sistema respiratório, digestivo e urinário. Essas ervas também são conhecidas como **adstringentes** e muitas estão relacionadas ao meridiano do **Fígado.** Ervas **quentes/picantes/pungentes** e **cítricas** dispersam a circulação e energia. Essas ervas, geralmente, se associam ao meridiano do **Pulmão** e ao sistema respiratório. Ervas **amargas** ajudam a eliminar infecções, desintoxicar o sistema e estão normalmente associadas aos meridianos do **Fígado** ou **Coração.** Ervas **salgadas** ajudam a amolecer massas ou nódulos como cistos ou tumores, e associam-se normalmente ao **Rim.** Na seção de tratamento deste livro, quando for discutido um sistema de órgão e meridiano, as ervas serão recomendadas para beneficiar a restauração do equilíbrio.

♦ Temperatura e Direções

Cada erva tem uma **energia térmica** e **direcionada.** Quando uma erva é consumida, ela concede uma qualidade própria de temperatura interna. As ervas podem ser **quentes, frias, mornas, refrescantes** ou **neutras.** As ervas também podem direcionar mais circulação para áreas do corpo caso necessitem. Por exemplo, uma erva pode ter uma direção que **sobe** e assim auxilia o Yang do corpo, aumentando a circulação na cabeça e na área torácica. Uma erva pode ainda ter uma direção que **baixa** ou **desce,** o que ajuda o Yin do corpo a acalmar e a refrescar a si mesmo. Uma erva pode ter uma direção **dispersante** ou **para fora** que atua para aumentar a circulação próxima à superfície do corpo.

◆ Ações e Categorias

Existem 37 ações ou funções listadas recentemente para as ervas.[8] Estas que têm origem nas oito classificações tradicionais são as que têm sido desenvolvidas e especializadas.

As ervas são categorizadas de acordo com os padrões descritos nos Cinco Elementos e nos Oito Princípios. Eles incluem, Yin/Yang, frio/calor, deficiência/excesso e interior/exterior. Suas características também englobam secura, umidade, invasões de Vento ao longo dos elementos Terra, Metal, Água, Madeira e Fogo. Um fitoterapeuta de MTC associa uma categoria de diagnóstico com uma categoria de erva.

AS OITO CLASSIFICAÇÕES TRADICIONAIS DAS ERVAS E SUAS FUNÇÕES.[9]

Ervas **diaforéticas** são usadas em humanos e animais quando há uma condição aguda, como gripe ou febre alta. Apesar de os animais não suarem como os humanos, existe uma reação interna que transfere o calor para a superfície do corpo, em resultado à ingestão de ervas diaforéticas. Aparece como umidade semelhante a vapor na superfície da pele.

Ervas **eméticas** induzem o paciente a vomitar material tóxico. Raramente as usamos em medicina veterinária, onde, neste caso, os medicamentos ocidentais são geralmente preferidos.

As ervas que **drenam para baixo** atuam induzindo movimentos intestinais em casos de constipação severa. São usadas apenas para tratamentos breves, pois se o uso for prolongado pode danificar o Qi.

As ervas **harmonizantes** atuam nos órgãos interiores e suas relações. São especialmente úteis nos distúrbios digestivos entre o Fígado e o Baço/Pâncreas, ou entre a Vesícula Biliar e o Estômago. Essas ervas também são úteis em pacientes que contraíram infecções virais e bacterianas e são incapazes de combatê-las. Qualquer doença prolongada pode enfraquecer os órgãos internos, deixando o paciente suscetível a doenças sérias. Essas ervas ajudam a fortalecer os órgãos e, ao mesmo tempo, a expelir os patógenos.

As ervas **aquecedoras** são direcionadas aos indivíduos com tipo constitucional frio. Algumas dores no corpo são classificadas como frias e podem ser agravadas severamente pelo clima frio. As ervas aquecedoras podem ser extremamente úteis para regular a temperatura interna do indivíduo do tipo Frio.

As ervas **clareadoras** eliminam o calor do corpo e são úteis para tratamento de infecções. Febres, inflamação e problemas de pele, como urticárias, descamação ou outras erupções, também respondem bem. Qualquer sangramento descontrolado no corpo, seja de úlcera estomacal, colite, infecção respiratória, etc., é um sinal de calor.

As ervas **redutoras** são usadas para suavizar e diminuir tumores, inchaços, cistos ou fleumas. Na medicina chinesa, o Fígado é responsável pela circulação suave de sangue e Qi. Se há estagnação na circulação, as substâncias dos tecidos tendem a se aglomerar como destroços que se acumulam em toras dentro de um riacho. Conforme a água vai correndo, folhas secas, galhos, lodo, pedregulhos e dejetos são pegos e bloqueiam o riacho, criando uma piscina estagnante. No organismo, qualquer diminuição da circulação, diga-se de um vaso sanguíneo estreitado, uma porção inflamada do intestino ou uma região densa nos seios da face, podem atuar como destroços, congestionando vagarosamente o trajeto com detritos. O fluido que é normalmente fresco torna-se aquecido e pegajoso e se transformando em fleuma estagnante. Quando é deixado sem tratamento, podem formar protuberâncias ou cistos. As ervas redutoras ajudam a liquefazer essa fleuma, limpar o bloqueio e eliminá-la.

As ervas **tonificantes** abrangem uma das maiores categorias usadas na fitoterapia veterinária. Essas ervas fortalecem os diferentes componentes no corpo e aumenta a vitalidade, formação do sangue, formação dos líquidos orgânicos e aquecimento.

Uma expansão de uma das oito categorias clássicas de ervas usadas na fitoterapia veterinária é a erva "adstringente". Adstringentes fortalecem e estreitam a membrana celular e ainda limitam a passagem de material através da parede celular. Isso as torna úteis em refrear a diarréia, que extravasa fluidos e proteínas do intestino. Também são úteis em casos de hemorragias dos vasos sanguíneos e emissão involuntária de urina da Bexiga.

Há no momento trinta e sete classificações diferentes usadas para direcionar as doenças complexas do mundo veterinário e humano. Elas incluem categorias específicas para artrite, distúrbios hormonais e imuno-induzidos.

COMBINAÇÃO DAS AÇÕES E INDICAÇÕES
DE ERVAS DO ORIENTE-OCIDENTE

Ação Oriental	Indicações Ocidentais
Erva **diaforética**, morna, cítrica	Gripe com músculos enrijecidos, pior no frio
Erva **diaforética**, refrescante, cítrica	Febre alta, garganta inflamada
Harmonizante Fígado e Baço, Estômago e Intestinos	Perda de fezes, diminuição de apetite pela manhã, exigente para comer, flatulência, eructação, sensível a alimento
O exterior com interior	Recuperação lenta de infecções, com fraqueza física, febre e calafrios
Clareadora	Infecções, erupções de pele, urticárias, hemorragias, febre, abscessos
Redutora e Transformadora de Fleuma	Tumores gordurosos, cistos, redução de tumores malignos, abscessos, tosses crônicas
Adstringente Qi com erva morna, doce	Diarréia com pouco odor com comida sem digerir
Sangue com erva neutra, salgada	Hemorragia
Água com erva refrescante, cítrica	Incontinência urinária
Tonificante Qi com erva morna, doce	Pouco apetite, perda de peso
Yang com erva morna, doce	Membros posteriores fracos, impotência
Sangue com erva morna, doce, ou amarga	Anemia, palpitações
Yin com erva refrescante, doce ou amarga	Tosse seca crônica

EXEMPLOS DE ERVAS SIMPLES

Apesar de muitas ervas chinesas serem usadas dentro de fórmulas, aqui temos alguns exemplos de ervas simples que se encaixam nas classificações anteriores.

Tenho certeza de que todos vocês já ouviram falar do **Ginseng.** O Ginseng é um exemplo de tônico do Qi que é morno e doce, e sobe como direção. Ginseng ajuda os meridianos do Baço e Estômago e é usado para aprimorar o sistema imune, para ajudar a estimular o apetite e ganho de peso, para modular a pressão sanguínea e para tonificar o Yang e as tendências masculinas agressivas do corpo.

Outra erva que também lhe deve ser familiar é **Tang Kuei.** O Tang Kuei é um tônico do sangue que é morno, doce e azedo. Trabalha junto ao meridiano do Fígado para nutrir e mover o sangue. É usado para tratar anemia, pele seca, tontura e para tonificar o Yin, a tranqüilidade feminina e as tendências internas de nutrir o corpo.

A **Pinellia** é uma erva morna, cítrica com direção para baixo, que transforma fleuma fria e é considerada uma erva redutora. Trabalha com os meridianos do Baço/Pâncreas e Estômago. É útil em casos de vômito aquoso ou com muco, diarréia aquosa e tosses com fleuma pegajosa de cor clara.

O graveto do **Ma Huang** é um exemplo de erva diaforética, que é usada como defesa de primeira linha contra gripes e resfriados. É uma erva morna e cítrica, trabalha com os meridianos do Pulmão e da Bexiga. Tem direção que dispersa para fora e é usada em casos de problemas respiratórios superiores agudos que apresentam nariz escorrendo e secreções oculares. Também é de utilidade para fadiga.

O texto anterior é um exemplo de como um fitoterapeuta poderia classificar e escolher ervas dos grupos do diagnóstico de MTC já discutidos, para tratar problemas modernos comuns.

UNINDO TUDO

Agora que já lhe foi apresentada uma introdução dos diferentes aspectos das ervas simples, vamos juntar tudo para que você possa verificar como as ervas são elaboradas na prática clínica.

Félix é um gato preto e branco de pêlo longo que tem apresentado diarréia crônica por mais de um ano e está perdendo peso. Ele mora em um apartamento subterrâneo úmido próximo ao oceano. O dono de Félix está trazendo-o até mim porque os remédios ocidentais que eu prescrevi não estavam funcionando. Durante nosso exame inicial, noto que Félix está mostrando sintomas de tipo frio. Seu dono relata que Félix não parece ter muita sede, e que gosta de se enroscar por debaixo das cobertas ou sentar em cima do aquecedor, e que ele é lento. Sua diarréia teve início durante uma temporada de frio no inverno anterior. Eu examino sua língua, que está pálida e flácida. Seu pulso é fraco, profundo e lento. Esses sintomas me dizem que Félix não tem Yang ou Qi suficiente para manter seu Baço/Pâncreas e Estômago aquecido e seco. Isso se tornou pior com o ambiente frio e úmido no qual ele mora.

O Baço/Pâncreas tem a função de transformar o alimento que comemos em Qi e energia funcional. O Estômago tem a função de transportar esse alimento para outras partes do corpo para que possa ser utilizado. No caso de Félix, o Baço/Pâncreas é sensível ao frio e umidade e se tornou enfraquecido. No Sistema dos Cinco Elementos, o Estômago (elemento Terra) nutre o cólon (elemento metal). O cólon, sucessivamente, pode se tornar estressado e falhar em sua função. Isso resulta em diarréia, causando má absorção e perda de peso.

Para tratar essa condição, reconheço que utilizar ervas para tratar somente o cólon não irá resolver o problema. Todas as questões devem ser tratadas, então eu prescrevo uma combinação de ervas que irá: (1) aquecer o indivíduo, (2) centrar sua energia para cima redirecionando o fluxo para baixo da diarréia, e (3) tonificar o Qi para assim ajudar a fortalecer o Baço/Pâncreas e Estômago. Isso irá indiretamente ajudar o cólon a parar a diarréia e equilibrar sua causa subjacente. Felizmente, Félix responde bem a esse tratamento.

Devido à natureza complexa das ervas, será necessário um estudo mais detalhado em um livro próprio. É suficiente dizer aqui que as fórmulas herbais incluem quatro componentes.[10] Uma erva **chefe** é escolhida para resolver o problema principal. Uma erva **ministra** resolve o problema secundário que auxilia a erva chefe a atuar efetivamente. As ervas **assistentes** e **emissárias** são adicionadas, e ajudam a direcionar as ervas para seus destinos e melhorar qualquer efeito colateral potencial, como os distúrbios digestivos.

PREPARAÇÕES HERBAIS, ERVAS PATENTEADAS E DOSAGENS

As ervas podem ser compradas frescas, secas ou em extratos secos, tinturas, chás, xaropes, tabletes ou em bolinhas de tamanhos diferentes.

Ervas inteiras frescas ou secas são cozidas em chás fortes conhecidos por **infusões** ou **decocções**. As ervas calmantes como a camomila, *catnip* ou tanchagem preparadas dessa forma são mais convenientes para o uso animal, já que as ervas com cheiro e gosto fortes preparadas dessa forma são geralmente recusadas. Nos casos em que doses mais fortes ou maiores são exigidas, as melhores preparações são normalmente as em pó ou extratos secos. Ervas em extratos secos podem ser feitas de fermentações de chás e depois colocadas para secar, como muitos cafés instantâneos.

Tinturas são feitas de ervas frescas ou secas imersas em álcool ou glicerina por um período de tempo específico de forma que suas propriedades possam ser extraídas para dentro do líquido. Gatos e alguns cães são muito sensíveis a álcoois e as tinturas precisam ser diluídas conforme indicação na seção específica de tratamento; ou, então vaporizando o álcool. Para fazer isso, coloque o frasco de erva aberto em banho-maria fervendo por cinco minutos, assim o vapor sobe e o álcool evapora. Tinturas são meios bem eficientes para usar ervas em animais.

Ervas patenteadas são preparos de misturas prontas que são baseadas em fórmulas tradicionais freqüentemente usadas, prescritas por fitoterapeutas. As fórmulas usam as qualidades e classificações já discutidas. Habitualmente, uma prescrição é feita pela combinação de quantidades exatas de ervas secas juntas em um pacote, que então é fervido e bebido como chá. Mas algumas fórmulas tornaram-se tão comuns, que é mais fácil para os fabricantes prepará-las já misturadas em pílulas, grânulos ou líquidos, eliminando, assim, o peso e as etapas de cozimento. Esses remédios patenteados podem ser comprados sem prescrição médica, semelhantemente aos medicamentos de nossas farmácias, e vendidos sem receita. As fórmulas chinesas listadas na seção de tratamento do livro são remédios patenteados.

Algumas das fórmulas herbais chinesas contêm substâncias de animais domésticos. Eticamente, eu não acredito no uso desses produtos como única possibilidade. Em alguns casos, quando não existem fórmulas substitutas, eu me encontro amarrada na decisão de usar ou não uma substância animal para curar outro animal. Se em alguma fórmula listada da Parte Três incluir produto animal, ele é identificado. Cabe a você decidir se vai usar a fórmula.

Existem mais de 1.000 combinações patenteadas comumente usadas.[11] De acordo com uma lei reguladora aprovada em 1985, todas as farmácias que produzem essas ervas são inspecionadas pelas agências governamentais da China. Entretanto, alguns fabricantes são destacados pela excelente qualidade de suas ervas. A FDA regula a importação de muitas ervas e remédios patenteados. Eles estão disponíveis nas vizinhanças chinesas locais, nas lojas de alimentos naturais, nas empresas de ervas ou através do clínico de acupuntura e fitoterapia.

Como ecologista, eu estou propensa a usar as ervas que crescem na parte do mundo onde me encontro. Ainda que eu prefira os conceitos tradicionais chineses de diferenciação e diagnóstico, certamente, eu não moro na China. Dessa maneira, eu uso os princípios da medicina chinesa com as ervas ocidentais. Muitos livros sobre esse assunto foram publicados,[12] e mais estão sendo escritos, na medida em que os herbalistas vêm se empenhando para combinar ambos os sistemas.

Algumas ervas são melhores de ser dadas com o Estômago vazio ou entre as refeições, apesar de que a maioria das ervas listadas neste livro possa ser dada com alimento. Às vezes, é melhor misturar as ervas em uma pequena quantidade de alimentos e dar para seu cão ou gato com um intervalo de quinze minutos antes de dar a ele o resto da refeição. Dessa forma, as ervas não se perdem na mistura ou ficam diluídas em muita comida.

As dosagens e diluições listadas neste livro são baseadas em minha experiência pessoal na prática. Elas estão listadas junto às ervas para condições diversas ao longo da seção de tratamento deste livro.

Notas Finais

1, 2, 3. Lu, Henry C. *Legendary Chinese Healing Herbs.* (New York: Sterling Publishing Co., Inc., 1991), 55, 74, 13.

4. Holmes, Peter. *The Energetics of Western Herbs, Vol. I.* (Boulder, CO: Artemis Press, 1989), 130.

5, 7. Dharmananda, Subhuti. *Chinese Herbal Therapies for Immune Disorders.* (Portland, OR: Institute for Traditional Medicine and Preventive Care, 1988), 11, 28, 53.

6. Bensky, Dan and Andrew Gamble. *Chinese Herbal Materia Medica.* (Seattle, WA: Eastland Press, 1986), 459.

8, 9, 10. Bensky, Dan and Randall Barolet. *Chinese Herbal Medicine Formulas & Strategies.* (Seattle, WA: Eastland Press, 1990), 9–11, 14, 37.

11. Naeser, Margaret A., PhD. *Outline Guide to Chinese Herbal Patent Medicines in Pill Form.* (Boston, MA: Boston Chinese Medicine, 1990), 22.

12. Holmes, Peter. *The Energetics of Western Herbs, Vol. I & II.* (Boulder, CO: Artemis Press, 1989).

Tierra, Michael. *Planetary Herbology.* (Santa Fe, MN: Lotus Press, 1988).

CAPÍTULO SETE

Dietoterapia

PARA MUITOS DE NOSSOS AMIGOS felpudos, a coisa mais importante da vida é comer. Eles não pensam em calorias, apenas no prazer dos odores, sabores e mastigação (ou não mastigar). Acima de tudo, comer é divertido. Como companheiros humanos responsáveis de nossos animais, queremos alimentá-los com o que é melhor para sua saúde e agrado.

Quando a maioria de nós pensamos em nutrição, normalmente pensamos nas calorias que queimamos, como energia, vitaminas e minerais, proteínas, carboidratos e gorduras. Todos nós fomos ensinados que, para sermos saudáveis, deveríamos "comer uma dieta balanceada," e que uma refeição balanceada tem pelo menos um tipo de alimento de cada categoria.

Na Medicina Tradicional Chinesa, os alimentos são analisados muito diferentemente. Eles são considerados como uma extensão das ervas, com todas as características herbais que discutimos no capítulo anterior. Existem muitas travessias, já que muitas ervas suaves são consideradas alimentos, e muitos alimentos são considerados ervas. Então, mais do que proteínas e carboidratos, nós temos alimentos que nos aquecem e nos refrescam, alimentos que direcionam energia ou fluidos para cima ou para baixo, e alimentos que ajudam certos sistemas de órgãos a funcionar adequadamente.

Os clínicos e estudantes de Medicina Tradicional Chinesa têm avaliado os alimentos durante muitos séculos, observando suas interações dentro do corpo. Ao estudar as substâncias do alimento na natureza, os estudantes avaliaram as condições físicas nas quais as plantas e os animais viviam, onde e quando floresciam, e em quais circunstâncias eles lutavam para sobreviver. Por exemplo, a observação do arroz sendo plantado e crescendo em campos irrigados em condições muito úmidas pode ter inspirado os herbalistas Chineses a usarem esse cereal para auxiliar o processo digestivo do Baço/Pâncreas e Estômago, que são afetados pela umidade. Eles também observaram e avaliaram indivíduos de diferentes constituições físicas conforme eles comiam certos alimentos. Com o passar do tempo, à medida que os dados eram reunidos e as conclusões eram traçadas e gradualmente sistematizadas, a prática da Dietoterapia se desenvolveu. Hoje, os clínicos de MTC recomendam certos alimentos para equilibrar e melhorar uma variedade de condições e, assim, restaurar e manter uma boa saúde.

Tenho certeza de que você já experimentou mudanças em sua própria temperatura corpórea após comer certos alimentos. Por exemplo, bebemos chá gelado no verão para nos refrescar. Não é apenas o gelo que nos refresca, mas também a **qualidade** do chá preto ou verde em si, que é um alimento **refrescante e amargo**. Após comer uma refeição muito temperada com alho ou pó de curry, nós tendemos a suar ou sentirmos quentes na parte superior do corpo. Isso é devido a **qualidade térmica** do alho ou do pó de *curry* conforme interage no interior de nosso corpo. Esses temperos têm **qualidade morna** e **pungente.** Adicionalmente, alguns alimentos têm a capacidade de aumentar a diurese, como a cevada em cereal, que tem **qualidade refrescante, doce** e **salgada**. Outros alimentos fortalecem certos sistemas de órgãos em nosso corpo, como carne bovina, que auxilia o processo digestivo do Estômago e Baço/Pâncreas e o desenvolvimento de ossos fortes, ou painço que auxilia a aliviar a inflamação nas articulações.

Assim como as ervas, cada alimento é associado com as características de **direção, sabor, sistema de órgão** e **natureza** ou **temperatura.**

AS DIREÇÕES DO ALIMENTO

Cada alimento direciona de um modo particular, o movimento do Qi, sangue ou fluidos na MTC. Essas direções são: **para cima,**

para baixo, para dentro ou **para fora.** Por exemplo, se seu animal tem um problema com retenção de fluidos no corpo, como nos casos de falha cardíaca, o clínico de MTC pode recomendar um alimento como cevada, que tem direção **para baixo** para direcionar os fluidos para longe do Pulmão e do abdômen e assim saírem através da Bexiga. Por outro lado, se seu animal tiver um problema de incontinência urinária, onde a urina escapa para baixo e para fora do corpo, alimentos com direção **para cima** devem ser prescritos para equilibrar as tendências para fora e para baixo. Nesse caso, a aveia deve ser indicada. Se um animal tem gripe ou resfriado, um alimento como o alho pode ser usado com sua direção **para cima**, para ajudar os fluidos a se moverem através da membrana celular e assim direcioná-los para fora do corpo através da umidade da respiração ou da urina. Se seu animal tem tendência a ser hiperagressivo, alimentos com direção **para baixo**, como alface que é de característica calmante e refrescante, devem ser indicados. Alimentos com direção **para dentro** são mais recomendados no inverno, para ajudar a preservar a energia. Eles normalmente são salgados, como alga marinha, ou amargos, como cevada, centeio ou raiz de bardana.

Existem dois tipos de alimento que estão associados com as direções. Eles são os alimentos **escorregadios** ou **lubrificantes** e **obstrutivos**. Mel é um exemplo de alimento escorregadio que age como lubrificante e ajuda os fluidos e sólidos a se moverem pelo corpo mais facilmente. Por outro lado, se comermos alimentos que obstruem a passagem de alimento ou fluido, como é o caso do alho-poró,[2] podemos também diminuir o fluxo aumentado de urina e fezes.

SABORES DO ALIMENTO

Os **sabores** dos alimentos são similares aos **sabores** das ervas, conforme foi discutido no capítulo anterior. Eles são: **doce, azedo, pungente (picante), salgado** e **amargo.** Cada sabor tem uma função diferente, e se uma pessoa tende a comer mais um sabor do que o outro, os desequilíbrios podem ocorrer e gerar problemas.

Alimentos **doces** normalmente são usados para ajudar a digestão e o Qi. Comidas doces não significam necessariamente biscoitos ou tortas. O "adocicado" é uma qualidade inerente presente no alimento. Arroz e milho são exemplos de alimentos doces.[3] Você pode descobrir a característica do sabor do alimento por si mesmo ao escolher, digamos, um vegetal como abobrinha amarela, mantenha um pedaço dela em sua boca, vagarosamente mastigue e saboreie. Veja se você pode sentir a característica do sabor doce da abobrinha. Depois tente essa mesma experiência com outros alimentos.

Os alimentos salgados, tais como algas, são usados, freqüentemente, para "amaciar" tumores ou quistos. Essa é a primeira etapa que um profissional da MTC usará para tentar dissolver uma massa sem cirurgia.

Alimentos **azedos** são normalmente usados para "adstringir" ou para secar a superfície da membrana mucosa. Adstringentes são substâncias que ajudam a evitar que as células derramem muco ou umidade ao longo da superfície do trato intestinal, urinário, reprodutivo ou respiratório. Tomar uma bebida com limão ajuda a secar o muco em uma garganta inflamada. Também ajuda a cessar diarréia e a aliviar o trato intestinal. Folhas de framboesa são dadas como alimento para animais prenhes para ajudar a fortalecer as células do útero, pois são de natureza adstringente, azeda e doce, e ajudam a evitar abortos.[4]

Alimentos **pungentes** como alho e cebola são usados para promover sudorese, estimular circulação e auxiliar a digestão. Eles também auxiliam a dispersar o muco de muitos alimentos que são ingeridos e causam muco, como carne vermelha e laticínios.

Alimentos **amargos** auxiliam na digestão. Eles são bons para regular os intestinos, seja o problema de constipação ou diarréia. Alguns de vocês deve conhecer "swedish bitters" (Elixir da Vida Longa) que é tomado antes da refeição para auxiliar a digestão. Alguns alimentos amargos também têm efeito refrescante e antiinflamatório no corpo, ajudando a eliminar o calor interno. Problemas de pele que são quentes ao toque, coceira, descamação, secura ou sangramento são manifestações de calor interno. Comer alimentos como alface ou aipo, assim como aplicações tópicas de chá verde frio podem beneficiar essas condições da pele.

MERIDIANOS E ALIMENTOS

Certos alimentos têm afinidades por certos sistemas de órgãos ou meridianos do Sistema dos Cinco Elementos. Na MTC, o consumo de um alimento específico pode influenciar mudanças em um órgão relacionado. No entanto, comer uma quantidade apropriada desses alimentos ajudará a restabelecer um órgão enfraquecido, comer em grande quantidade pode causar *outro* desequilíbrio e afetar todos os outros órgãos do corpo. Devido ao fato de que cada alimento tem um sabor e afinidade específica por um órgão e seu meridiano, é vital que se escolha alimentos com as características certas e consumi-los em quantidades apropriadas.

Os meridianos do **Baço/Pâncreas/Estômago** têm afinidades por alimentos como cevada, arroz, frango, ovo, gengibre e carne bovina.[5]

Os meridianos do **Pulmão/Intestino Grosso** têm afinidades por feijão-corda (para umedecer), batata-doce, inhame e alcaçuz.[6]

Os meridianos do **Rim/Bexiga** têm afinidades por carpa, castanha, gema de ovo, canela em pau, mariscos, pato, funcho, uva, Rim, Fígado de galinha, cordeiro, porco, sal, feijão, trigo e batata-doce.[6]

Os meridianos do **Fígado/Vesícula Biliar** têm afinidades por aipo, alho-poró, Fígado bovino, Fígado de porco, ameixa, vinagre e trigo.[6]

TEMPERATURA E NATUREZA TÉRMICA DO ALIMENTO

Em adição às direções e sabores, cada alimento tem uma **temperatura** ou **natureza térmica**. As temperaturas são: **refrescante, morna, quente** e **neutra**. A natureza térmica de um alimento é descrita através do modo que você se sente após comê-lo. Por exemplo, adicionar pequenas quantidades de aipo, painço ou Fígado de porco, que são todos alimentos refrescantes, ajuda a diminuir as inflamações internas e a refrescar o corpo. Isso se aplica tanto para refrescar o físico quanto para refrescar o emocional. Então, se seu animal parece se superaquecer facilmente, alimentos refrescantes devem servir como assistência para mantê-lo mais confortável. Se seu animal é agressivo, com temperamento quente, alimentos refrescantes podem ajudá-lo a se acalmar e, ainda, melhorar seu temperamento.

Alimentos **mornos** são usados para auxiliar a circulação e digestão. Não significa que o alimento morno seja morno ao toque, quando você o aquece no fogão. Antes de tudo, descreve a sensação de aquecimento interno após ser consumido. Alimentos mornos como ovelha, galinha ou aveia podem ser usados para auxiliar na digestão e assimilação do alimento. Também podem ser úteis no tratamento das condições de artrite que se tornam pior no clima frio, já que revigoram a circulação. Animais que dormem em frente ao aquecedor o tempo todo, ou aqueles com pés e orelhas frios, podem se beneficiar ao se alimentar de comidas mornas. Gengibre seco pode ser adicionado em suas refeições com esse propósito.

Alimentos **neutros** são os melhores para o equilíbrio. Devido ao fato de não criarem uma qualidade térmica específica, eles podem ser adicionados à dieta para modificar as condições moderadas. Batata, arroz e milho são exemplos de alimentos com temperaturas neutras. Porco e coelho são proteínas animais neutras, e ovos são outra fonte desse tipo de proteína.

PROPRIEDADES YIN E YANG DO ALIMENTO

Agora que demos uma olhada nas qualidades individuais dos alimentos, vamos dar um passo atrás e ter uma visão ampla. A partir do momento que a Medicina Tradicional Chinesa é baseada nos conceitos inclusos do Yin e Yang, tal fato, certamente, inclui todos os alimentos que comemos. Designar os alimentos dentro de categorias exatas, de acordo com sua natureza Yin ou Yang, é uma questão complexa, pois, como em todos os assuntos da MTC, tudo é relativo. Mas é importante entender o conceito básico. Se um animal tem uma predominância de Yin que esteja causando problema de saúde, evitar alimentos de tipo Yin seria uma das maneiras de tratar o desequilíbrio. Inversamente, se o animal estivesse mostrando sinais de muito Yang, alguém poderia prescrever uma dieta baixa em alimentos de tipo Yang.

Yin é tudo que tem substância física. Yin é também qualquer coisa que é relaxante, calmo, refrescante, úmido, introspectivo, escuro, gentil, gracioso, receptivo e dócil.

Yang é tudo que é ativo e funcional. É o movimento sem a substância. Por exemplo, quando o cérebro está funcionando, seus pensamentos não podem ser pesados na balança. O pensamento da comida não é a comida em si, então pensar deve ser classificado como Yang. Yang cria tensão, estimulação, aquecimento, secura, força, atividade e agressão. Tudo isso é reativo, entretanto, porque se fôssemos sentar quietos e ficássemos introspectivos em nossos pensamentos Yang, isso seria considerado uma ação Yin.

Sem que nos tornemos muito filosóficos, cada alimento tem ambas características Yin e Yang. Quando escolhemos certas comidas para equilibrar o indivíduo animal, observamos o maior número possível de características do alimento. Por exemplo. Paul Pitchford, autor de *Healing with Whole Foods, Oriental Traditions and Modern Nutrition*, considera a carne um alimento Yin e de essência Jing porque é densa, pesada, causa ganho de peso e aumento na massa física.[7] Jeffrey Yeun e Henry Lu, notáveis autores e nutricionistas chineses, categorizaram carnes diferentes de acordo com suas classificações de energias e sabores. Dr. Lu escreve: "Energias quentes e mornas são Yang, energias frescas e frias são Yin. Sabores pungentes e doces são Yang; sabores azedos, amargos e salgados são Yin."[8] De acordo com essa interpretação, algumas carnes são Yang e algumas são mais Yin.

Em minha prática veterinária, tenho tendência a usar carnes em suas ambas classificações Yin e Yang. Para os indivíduos deficientes, magros ou fracos, posso usar quase todas as carnes para ajudar a restabelecer a musculatura e massa do corpo. Em indivíduos lentos, Yin, eu uso certas carnes que aumentam a circulação e Yang do corpo. Em indivíduos hiperativos, minha tendência é diminuir qualquer carne que tenha direção para cima, como a de galinha, enquanto posso usar galinha para caso de lentidão ou prolapso de hérnias por causa da direção para cima.

OS MÉTODOS PARA MISTURAR E COMBINAR

Como um dos possíveis planos de tratamento para uso em casa, modificação na dieta pode ser a maneira melhor e mais fácil de iniciar e experimentar a MTC. As diretrizes das dietas para condições individuais são listadas mais adiante na seção de tratamento do livro. Aqui iremos checar alguns fundamentos básicos da Dietoterapia Chinesa.

Para saber quais alimentos são apropriados para um certo tipo de animal, temos que voltar a pensar nos Oito Princípios do Yin/Yang, frio/calor, interior/exterior, deficiência/excesso e tipos constitucionais dos Cinco Elementos.

Se seu animal é mais Yin do que Yang, ele pode ser lento, muito tranqüilo e calmo, tem pouca sede, é ligeiramente acima do peso com tendência a ter abdômen distendido, gentil, gracioso e muito sensível emocionalmente. Para equilibrar essas tendências excessivamente Yin, você pode adicionar alimentos Yang em sua dieta para ajudar a ativar o metabolismo, para dar a seu amigo mais energia e dinamismo. Mas se, por outro lado, seu animal tende a ser muito agressivo, tenso, barulhento e hiperativo, isso indica mais tendências Yang do que Yin. Aqui você pode refrescar a tensão de seu animal e ajudar a descender sua energia adicionando alimentos tipo Yin na dieta.

Se seu animal é muito friorento e precisa de um aquecedor, levanta-se freqüentemente à noite para urinar, ou tornou-se incontinente, alimentos mornos irão ajudar a conter essas características frias em excesso. Por outro lado, se ele parecer calorento, comporta-se agressivamente, tem ouvidos inflamados e com cheiro forte, pele vermelha e pruriginosa ou urticárias, então, alimentos refrescantes são indicados para ele.

Se seu animal tem gripe ou alguma condição respiratória superior, que é considerado um problema exterior, alimentos que ajudam a dispersar a energia para a superfície do corpo são indicados. Diferente dos humanos, nossos amigos cães e gatos não suam através dos poros de suas peles. Apesar de que, em minha prática, eu pude ver animais com o Qi enfraquecido com um umedecimento de característica semelhante ao vapor que lembra uma sudorese leve. Não tenho certeza de como isso ocorre fisiologicamente. Como nos humanos, os animais têm camadas de pequenos vasos capilares próximos à superfície do corpo. Alimentos que têm característica de direção para fora irá "empurrar" a circulação e o Qi para fora em direção à região dessa camada de capilares. Em adição, além das toxinas serem expelidas pela respiração (pela ofegância) e pela urina, elas também são expelidas através dessa troca de umidade semelhante a vapor ou "umidificação", se preferir, na superfície da pele.

Se seu animal tem uma doença crônica que atinge um órgão interno, isso é considerado um problema interior. Dependendo da natureza da doença, alimentos diferentes podem ser usados. Por exemplo, alguns problemas interiores têm uma essência central de calor, nesses casos os alimentos refrescantes ajudariam. Alguns problemas interiores têm uma essência central de frio, nesses casos alimentos energizantes e mornos seriam prescritos.

Uma importante distinção a fazer, é se seu animal é um indivíduo com **excesso** ou **deficiência**. De forma alguma há uma crítica à personalidade dele. É apenas uma categorização. O indivíduo com Excesso é arrogante e está sempre com um forte latido ou miado em seu rosto. Ele está, geralmente, acima do peso ou entroncado, com músculos fortes, abundantes e duros e com gordura espalhada entre eles. Você conhece o tipo de animal que estou falando a respeito – gatos que se parecem com tratores onde não existe pele solta na nuca para segurar. São totalmente sólidos. Essa moldura sólida aumenta sua robustez. Quando os indivíduos com Excesso são magros, eles são rápidos, ágeis e dominantes. Em qualquer caso, indivíduos com Excesso são confiantes, vocalizam muito e sempre querem atenção. Quando se tornam doentes, têm normalmente febres altas, mas são capazes de eliminá-las rapidamente.

O indivíduo Deficiente tende a ser mais tímido, quieto e introvertido, com um latido ou miado fraco, digestão deficiente e adoecem com frequência. Quando esse animal está acima do peso, tem gordura macia e roliça, músculos mais fracos e costas encurvadas. Quando um animal deficiente é magro, a estrutura óssea é frágil e os músculos são pequenos.

Um indivíduo com Excesso normalmente se beneficia com alimentos crus de tipo Yin. Quando uma proteína animal é usada, o peixe pode ser melhor do que a carne vermelha. Os alimentos devem ser cozidos, mesmo que ligeiramente, para um indivíduo com deficiência para auxiliar com a assimilação, aumento e absorção da energia vital ou Qi.

Em associação aos Oito Princípios, existem alimentos que geram condições de **secura** e **umidade**. Esses alimentos geram umidade no corpo ou cessam a secura no corpo. Lembre-se de que condições de secura podem significar pele seca e pruriginosa, uma sede aumentada, constipação ou tosse seca. Alimentos que geram umidade no interior do corpo ajudam a remediar esses desequilíbrios. Uma condição de umidade manifesta-se com um abdômen distendido e pesado, inchaços frios nos membros, fezes pastosas ou tosse seca crônica. Alimentos que se opõem a essas tendências ao secar a umidade excessiva são utilizados para aliviar a condição.

Devido ao fato de que nem todos os bons alimentos são necessariamente bons para todos os animais, é importante entender não apenas a condição que você está tratando, mas também o tipo de indivíduo que seu animal é.

Estes são exemplos apenas, e não devem ser usados em excesso, pois comer muito de um certo alimento pode produzir um outro desequilíbrio! Assim como existem alimentos que podem ajudar em certas condições, também existem alimentos que agravam ou, até mesmo, podem causar certas condições. Esteja certo que você sabe quais alimentos evitar ou limitar caso seu animal tenha uma tendência direcionada a determinados problemas. Mais uma vez, para condições individuais, a sugestão de alimentos será feita na terceira parte deste livro. Essas são apenas diretrizes preliminares.

CONDIÇÃO DO INDIVÍDUO	ALIMENTOS PARA EQUILIBRAR
Yin	Yang
Yang	Yin
Frio	Morno
Calor	Refrescante
Exterior	Pungente, Direção para Fora
Interior	Depende do Tipo de Condição
Deficiência	Maior Parte Cozida
Excesso	Cru, Cozido, Amargo
Secura	Umedecedor, Yin
Umidade	Secante

EXEMPLOS DE TIPOS DE ALIMENTO[9]	
Yin	Sal, Marisco
Yang	Salmão, Ovelha, Quinoa
Frio	Alga marinha, Banana
Calor	Truta, Gengibre Seco
Para clarear o exterior	Cebola, Alho
Para clarear o excesso	Aipo, Bardana, Verduras, Feijão-Fava, Cereais
Para fortalecer deficiência	Aveia, Arroz, Trigo Mourisco, Carne de Boi, Cordeiro, Ovos, Sardinha
Para secar umidade	Peixe-Cavalo, Amaranto, Centeio, Aipo, Nabo
Para umedecer secura	Porco, Sardinha, Mexilhão, Cevada, Batata, Feijão-de-corda

SE SEU ANIMAL TEM...	LIMITE ESTES ALIMENTOS
Condições de frio	Alimentos crus, Mexilhões, Alga marinha, Trigo
Condições de calor	Alimentos gordurosos, Gengibre, Carne de Veado, Truta, Galinha, Camarão, Salmão, Fígado de galinha
Condições de secura	Alho, Centeio, Aipo, Alface, Aspargo
Condições de umidade	Tofu, Laticínio, Cítricos, Trigo

EQUILIBRANDO COM AS ESTAÇÕES DO ANO

Se, até aqui, você acha que compreendeu como essa dietoterapia funciona, deixe-me associar um pequeno complemento nesse ponto. A última consideração que é importante de lembrar é que, na Medicina Tradicional Chinesa, tentamos equilibrar o indivíduo com seu ambiente externo, e cada estação cria um ambiente diferente. No verão, nós estamos normalmente muito ativos e, também, aquecidos. No inverno, tendemos a ficar mais lentos, permanecemos mais tempo dentro de casa, em resposta aos dias mais curtos e ausência da luz do dia. Na primavera, nos despertamos de nossas estagnações e começamos a esticar nossas mentes e corpos. No outono, ficamos lentos novamente, resguardando nossas reservas em preparo para o inverno. Lembre-se que cada alimento tem uma afinidade por **direção, estilo de vida** e **qualidade térmica** que imita cada estação. Portanto, é importante adicionar uma pequena quantidade de alimento a nossa dieta, que tem uma característica correspondente à estação atual. É o antigo princípio que "semelhante cura semelhante". O Dr. Henry C. Lu cita o mestre herbalista Shi-Chen Li, que descreve isso em *An Outline of Materia Medica* de 1578: "Na primavera, a pessoa deve comer alimentos mais pungentes, doces e neutros que têm direção para cima para se tornar em harmonia com o movimento para cima da estação..."[10] Ao mesmo tempo em que é importante equilibrar a condição interna do corpo com alimentos que se opõem à condição, devemos nos lembrar de levar em consideração os arredores em que vivemos. Se observarmos bem o símbolo do Yin e Yang, veremos que dentro de cada metade existe um ponto que representa a outra metade. É a pequena porção de cada aspecto que nos mantém em harmonia. Da mesma forma, comer pequenas porções de alimentos que nos lembre a estação atual é útil para manter o equilíbrio.

ESTAÇÃO DO ANO	ALIMENTO QUE IMITA A ESTAÇÃO[11] (Comer pequenas quantidades para ficar em harmonia)
Verão (alimentos Quentes)	Pimenta-do-reino, Pimenta Caiena
Outono (alimentos Doces e Azedos)	Cevada, Mariscos, Batata-doce, Pato, Feijão-de-corda
Inverno (alimentos Salgados e Amargos)	Alga marinha, Porco, Aipo, Raiz de Bardana
Primavera (alimentos Pungentes e Doces)	Milho, Carpa, Alho, Couve-rábano, Alho-poró

*Os melhores livros de referência que já encontrei em inglês
para uma discussão ampla sobre as dietoterapias chinesas
estão listados nas notas finais.*

JUNTANDO TUDO

Agora que possuímos as preliminares básicas, como podemos usá-las? Se você tiver tempo para cozinhar, cães e gatos podem comer uma mistura de cereais, vegetais e proteínas animais. Alimentos cultivados organicamente, que são livres de pesticidas, hormônios, antibióticos e estresse excessivo são os melhores.

Sou uma crédula convicta de que somos o que comemos, e se compramos produtos que sejam provenientes de animais criados em condições desumanas, o sofrimento do animal fica retido na carne que é consumida. Existe também a questão ética de comer animais em geral. O fato de que matamos animais, para usar sua carne para nos alimentar, não deve ser tratado levianamente.[12] Também acredito que a maioria de nós que vivemos nos Estados Unidos da América provavelmente comemos mais carne do que o necessário para mantermos a saúde. Nossos animais de estimação também requerem menos carne do que pensamos. Uma descrição mais ampla sobre proteína da carne será discutida mais adiante nesta seção.

Eu acredito que todos os alimentos, sejam de fonte animal ou vegetal, carregam com eles experiências da vida, e é isso que os torna uma influência tão poderosa tanto em humanos quanto em animais. Observando as diversas características possíveis dos alimentos que consumimos, temos a informação que precisamos para usá-los adequadamente e com responsabilidade. Examinando as condições físicas sob as quais os alimentos crescem, suas cores, a energia térmica que sentimos após comê-los, são todos fatores determinantes de seus efeitos no corpo e no espírito. Também acredito que o câncer, que vem crescendo nos animais assim como nas pessoas, tem base nos alimentos de processamento excessivo, impregnados de estresse, de preparo rápido, que são consumidos por muitos de nós e por nossos animais.

E, agora, uma palavra sobre água. A maioria dos animais irá beber água a qualquer hora, em qualquer lugar, não importa o quanto suja, lamacenta ou estagnante ela possa parecer para você e para mim.

Muitos abastecimentos de água pública, no entanto, contêm baixos níveis de metais pesados, como chumbo, que passam das velhas pipas para o sistema de água. Mesmo os fornecedores de água "natural", como os córregos de montanhas pitorescas, carregam microorganismos prejudiciais como a *giárdia*. Como não podemos estar sempre controlando cada fonte de água que nós ou nossos animais bebemos, podemos nos prevenir de ingerir alguns desses contaminantes ao beber água filtrada sempre que possível.

A CARNE E SEU AMIGO CÃO OU GATO

Os cães podem ser vegetarianos, especialmente se possuírem condição de Excesso. Entretanto, uma ampla variedade de suplementos de vitaminas e minerais são necessários para incluir nutrientes como L-Carnitina. Se você quiser que seu cão de estimação seja vegetariano, mas o animal é magro ou excessivamente tímido e assustado, as proteínas da carne podem ser necessárias para dar suporte à dieta. Eu acho que seria melhor se fosse dado aos filhotes fontes de proteínas da carne pelo menos durante os primeiros seis a oito meses de vida, enquanto seus ossos e olhos estão desenvolvendo.

Os gatos *não podem* ser vegetarianos em minha opinião, pois eles requerem fontes de carne com aminoácidos específicos para que seus olhos se desenvolvam adequadamente. Enquanto estudante de veterinária, fui ensinada que os gatos precisavam ingerir uma quantidade diária enorme de calorias para manter a saúde. Rações comerciais de gatos foram desenvolvidas utilizando produtos de carne com grande quantidade de gordura para alcançar essas necessidades, sendo que o raciocínio era que os gatos comem carne na vida selvagem. Porém, eles não fazem isso como rotina. O gato comum de casa não requer a alta ingestão calórica necessária aos felinos selvagens que caçam para sobreviver. Como resultado dessa superalimentação, temos desenvolvido rações para "gatos gordos" e "dietética". Os veterinários holísticos questionam hoje até que ponto os requerimentos de alta quantidade de carne e calorias são realmente necessários.

Outra diferença importante entre nossos amigos caninos e felinos é que os cães podem converter B-caroteno em vitamina A, enquanto que gatos necessitam de vitamina A pré-formada para completar suas dietas.

Antes de sugerir diretrizes para dietas preparadas em casa, gostaria de apresentar uma breve discussão a respeito de alguns alimentos comuns que usamos para nossos animais.

CARNES

A carne é comumente usada para nutrir os músculos, sangue e essência Jing do corpo. Ela supre tecido e substância e é tradicionalmente usada para tonificar indivíduos fracos. Se você tem um animal acima do peso, limitar a quantidade de carne, assim como a quantidade excessiva de alimentos, é aconselhável. A carne também pode criar diferentes humores e sensações térmicas no corpo. Muitas carnes criam aquecimento no corpo, então, elas são úteis para manter os animais que tendem a sentir frio mais aquecidos, mas devem ser usadas espaçadamente naqueles com excesso de calor. Tenho visto casos onde as carnes causaram tendências agressivas em meus pacientes, mas que desapareceram quando a carne foi eliminada ou reduzida.

A literatura que tenho visto sobre dietoterapia se aplica à interação de alimentos diferentes com humanos. Como tudo é relativo, tenho estudado o tamanho e a diferença da disposição entre humanos e os nossos animais menores. Enquanto cada indivíduo é diferente, me parece que os animais menores têm um relacionamento ligeiramente diferente com outros animais do que os humanos têm. Por exemplo, uma dieta principal para gatos, pode ser rato e arroz enlatado ou andorinha e milho, incorporaria o que eles deveriam comer na natureza. Cães, provavelmente, não iriam atrás de vacas, mas podem caçar coelhos, roedores ou caças menores. Por causa disso, descobri que os aspectos tradicionais das carnes listadas para humanos são, às vezes, transferíveis para os animais e às vezes não. Segue uma lista de alimentos com alguns de seus aspectos conforme tenho percebido em minha experiência como praticante de veterinária.

Frango. Frangos são animais de movimento rápido, que correm, ciscam e cacarejam constantemente em tons altos. São reprodutores prolíferos, colocando ovos e chocando pintinhos. Baseado nisso, o frango é considerado um alimento aquecedor, nutritivo para o sangue e essência Jing, e nutre o Baço/Pâncreas, Estômago e Rim.[13]

114

Peru. Perus criados livres também se movimentam rapidamente, e são companheiros de outros perus. São aves mais pesadas do que as galinhas e, relativamente, mais Yin. A carne escura do peru contém triptofano, que aparentemente tem um efeito calmante nos animais e humanos. O peru tanto aquece quanto umedece e a carne escura cria mais umidade do que a carne clara. A carne de peru pode causar umidade calor e gota em humanos, que é artrite calcificada nas articulações. Nos animais, eu acho que é útil para tratar problemas intestinais com deficiência de Yin ou secura subjacentes. Isso pode incluir algumas síndromes que irritam o intestino, onde há sangue nas fezes ou vômito freqüente de bolas de pêlo secas. É especialmente útil quando há constipação com sangue.

Bovino. A vaca é calma e passiva, de movimento lento, estruturalmente densa e de temperamento doce. Todas essas características são Yin. A carne bovina tem tecidos densos que são bons para a formação do sangue, ossos e força muscular Yang. É considerada neutra e doce, especialmente boa para nutrir o Baço/Pâncreas e Estômago.[14] Apesar de ser neutra para os humanos, a carne bovina pode ter direção mais para baixo e efeito mais Yin para os pequenos animais. É boa para o animal magro, reservado e com falta de confiança.

Fígado. O Fígado é um órgão interno denso, excelente para formar a essência Jing. Por causa de sua densidade ele também pode criar estagnação e muco no trato digestivo, levando à constipação, inchaço abdominal e ganho de peso. Use-o em pequenas quantidades para seus animais. Fígado bovino é mais refrescante que Fígado de galinha.

Cordeiro. O cordeiro é jovem, o que significa que ele pode conceder a essência Jing, nutrir os músculos, sangue, ossos e órgãos, assim como a energia sexual Yang. Diferente do gado, cordeiros e ovelhas parecem mais tímidos e medrosos. A partir do momento que o medo é a emoção associada aos rins, comer carne de cordeiro pode adversamente aumentar a insegurança e afetar os rins. Observe seu animal quanto ao surgimento de aumento da insegurança. Devido ao seu conteúdo gorduroso que pode gerar calor interno para quebra das gorduras, a carne de cordeiro parece ser mais aquecedora do que a de galinha. Como o cordeiro é muito tonificante, deve ser usado cautelosamente em animais com excesso de calor ou que comem em excesso.

Coelho.[15] Devido ao fato de os coelhos procriarem tão excepcionalmente, são considerados nutritivos para a essência Jing e para o

Rim. Eles são rápidos, e irão nutrir os aspectos Yang e aquecedores do Rim. Por causa de sua morada debaixo da terra, eles também têm fortes tendências Yin. Entretanto, devido a sua natureza emocional intrínseca de medo – você já deve ter ouvido a expressão "correndo como um coelho assustado" – eles podem afetar o Rim adversamente. Por causa de sua composição mista de Yin e Yang, eu os considero neutros. A carne de coelho parece estar em uma categoria de tamanho certo para nossos animais de estimação, mas tenham a certeza de que eu não estou tentando fazer inimizades com nossos amigos coelhos!

Veado.[16] Considerado Yang, reservado e rápido, como a maioria das caças selvagens, veados não tendem a ser superalimentados, e dessa forma não concederia necessariamente excesso de musculatura como faria o gado. Isso tornaria a carne de veado boa para o animal lento que se resfria facilmente.

Atum e Peixe-cavalo. Esses são peixes fortes que vivem nos oceanos profundos e frios da terra. Por causa disso, eu considero que eles tenham os aspectos Yin e Yang. Eles atuam nos rins e Baço/Pâncreas. Eles devem ser usados moderadamente no animal que sofre de problema de trato urinário, com presença de sangue. Entretanto, podem ser bons aditivos para os indivíduos lentos que tendem a ser pesados, com abdômen pendular, com problemas de umidade no Pulmão ou artrite que piora no clima úmido.

Porco. Na dietoterapia humana, o porco é considerado uma das carnes animais mais refrescantes. É usado para restabelecer os fluidos do corpo em doenças como a diabetes.[17] Eu tenho achado o lombo ou o dorso de porco uma boa proteína para problemas intestinais inflamatórios onde há secura e sangue. Você precisa ferver o porco e remover toda gordura da água. Contrariando os medos de que os gatos não toleram porco, tenho utilizado essa carne, retirando a gordura, em gatos que demonstram sintomas de doenças do tipo debilitante.

CEREAIS

Os cereais suprem primariamente o Qi, sangue e Yin na dieta. Eles são normalmente mais refrescantes do que as fontes de carne. Os cereais devem ser os componentes primários das dietas de cães, e um componente de quantidade maior nas dietas dos gatos. Os cereais sustentam a umidade do corpo. A energia Qi que eles suprem é mais sedante do que das fontes de carne. E muitos indivíduos, em primeiro lugar, tiram mais vantagens com os cereais de forma balanceada, do que com carnes.

Arroz. O arroz ajuda a nutrir o centro do corpo, incluindo o Baço/Pâncreas e Estômago. Tem natureza neutra e doce.[18] Devido ao seu revestimento de casca, o arroz integral ajuda a eliminar as toxinas do Fígado e Vesícula Biliar e tem muitas vitaminas B, mas pode ser mais difícil para alguns animais digerirem.

Milho. O milho é doce, neutro e nutre o Baço/Pâncreas e o Coração. Também é útil para drenar água de certas áreas do corpo, então pode auxiliar os rins.[19] Quando o milho é usado para alimentar cavalo, é considerado um cereal quente. E aqueles que o comem muito podem se tornar, excessivamente, cheios de energia. Tendo em vista seu efeito no Coração, que mantém alegria e exuberância na Medicina Tradicional Chinesa, isso é fácil de entender. Como o milho afeta tanto o Coração quanto os rins, se um cavalo tem tendência a ter deficiência do Yin do Rim e aparentar nervosismo, sede incomum, comer milho pode exagerar o desequilíbrio e ser "muito quente" para ele.

Cevada.[20] Esse é um cereal refrescante que auxilia os intestinos, o Estômago e o Baço/Pâncreas. Ajuda a nutrir a secura. É tanto doce quanto salgada no sabor, e mais, também afeta os rins que têm afinidade por sal. A cevada é útil para tratar o animal que está sofrendo de micção ardente e dolorosa.

Trigo. Esse é refrescante, doce e salgado, que tem uma afinidade com o Fígado. Também tem efeito calmante sobre a mente, e Paul Pitchford descreve que ele nutre tanto os rins quanto o Coração. O trigo se opõe à hiperexcitabilidade em alguns animais. (Podemos nos referir a isso se pensarmos como nos sentimos após comer um prato grande de macarrão – muitos de nós desejamos tirar um cochilo!) Se um animal tende a ficar lento após uma primeira refeição à base de trigo, pode ter sido uma influência muito sedante. Muitos indivíduos sensíveis a alimento, tanto humano quanto animal, têm alergias ao trigo, mas deve ser apenas das formas processadas. O trigo integral que é cultivado organicamente é mais nutritivo, carregando vitaminas e minerais na casca.

Vegetais. Os vegetais suprem mais umidade e Qi para o indivíduo. Devido ao fato de muitos vegetais crescerem acima do solo e não serem estruturalmente densos, eles são considerados Yang. Entretanto, por eles conterem muita água, também são muito Yin. Adicionalmente, suas temperaturas, para a maioria, são refrescantes, com os vegetais de raízes sendo mais mornos e mais semelhantes à carne. Vegetais são calmantes. Cães normalmente se beneficiam com vegetais em suas dietas, enquanto gatos, normalmente, toleram apenas quantidades bem pequenas.

VISUALIZAÇÃO DA NATUREZA TÉRMICA DO ALIMENTO					
	PROTEÍNAS		**CEREAIS**	**VEGETAIS**	
Refrescante	Marisco		Painço	Alface	Tomate
	Pato		Aveia	Aipo	Acelga
	Ovo		Trigo	Brócolis	
	Porco			Espinafre	
Neutro	Bovino		Inhame		
	Fígado Bovino		Arroz	Beterraba	
	Coelho		Milho	Nabo	
	Moela de Galinha		Centeio	Cenoura	
	Sardinha		Batata		
Aquecedor	Atum		Batata-doce		
	Peru	Galinha		Repolho	
	Salmão	Fígado de Galinha	Aveia	Abobrinha	
	Cordeiro	Camarão		Couve	
	Veado	Truta			

NATUREZA TÉRMICA DO ALIMENTO

Descobri que a característica térmica do alimento nos fornece boas diretrizes primárias no sentido de equilibrar a natureza e a condição de um animal. Já que todos os alimentos são combinações do Yin e Yang, eu tenho listado o que considero serem as qualidades térmicas *globais*. Essa informação é baseada em textos de Henry C. Lu, Paul Pitchford, Bob Flaws[21] juntamente com minhas próprias observações e experiência.

DIETAS PARA CÃES

A seção seguinte inclui uma compilação e explicação de algumas dietas feitas em casa para cães filhotes, adultos e idosos. Suprir seu animal com a melhor dieta para ele é fundamental para uma boa saúde. Entendo que nos dias de hoje pode ser difícil de encontrar tempo para cozinharmos para nós mesmos, o que dirá para nossos animais membros de nossas famílias. Se, no entanto, você tiver tempo, e vontade, aqui vai algumas opiniões a la MTC.

Os cereais devem ser minuciosamente bem cozidos para os animais, pois eles não mastigam realmente sua comida. Seus dentes são designados primariamente para rasgar a carne, mais do que mastigar, e seus tratos intestinais são bem mais curtos do que os nossos. Eu recomendo adicionar 2½ xícaras de água para cada xícara de cereal e cozinhar por 1¼ horas, em fogo baixo, até que a água seja absorvida. Se seu animal tem excesso de cereal nas fezes, ele pode não estar digerindo o cereal propriamente. Tente deixar os cereais de molho durante a noite, cozinhando mais tempo com mais água, ou usando produtos cereais em flocos ou quebrados mais do que os integrais. Se não funcionar e cereais em excesso ainda forem vistos nas fezes, considere outros cereais como milho, quinoa ou cevada. É natural ver algum cereal nas fezes, já que nem toda partícula pode ser completamente digerida.

Vamos discutir sobre carne crua *versus* cozida. Muitos especialistas na área veterinária recomendam alimentar com carnes cruas, exceto, é claro, o caso do porco que pode conter parasitas. Minha intuição é de que a maioria dos animais saudáveis podem tolerar carne crua, porque as enzimas próprias da carne não estão perdidas e o alimento pode ser digerido mais facilmente. Se você escolher realmente alimentar seu cão ou gato com carne crua, certifique-se de cortá-la em pedaços pequenos. Por outro lado, alguns animais aparentemente saudáveis têm dificuldade em digerir a carne crua, que fica evidenciada por vômito, perda de fezes, gases ou óbvio desconforto. Na Medicina Tradicional Chinesa, esses indivíduos têm tendência a ter Baço/Pâncreas deficiente. Se seu animal pertencer a esse grupo, é melhor cozinhar ligeiramente a carne, aproximadamente cinco minutos. Isso, na verdade, inicia o processo de digestão. Lembre-se de que seu cão pouco mastiga. Ele parece devorar a comida com poucos goles. Quando cozinhar a carne, também cozinhe, grelhe, asse ou frite com uma tampa para manter os componentes intactos. Uma alternativa é fazer um ensopado com a carne e os vegetais cozidos juntos. Se você notar que a assimilação de seu cão parece pobre, que é indicada por perda de peso, arroto ou flatulência excessiva, enzimas naturais dos extratos de papaia podem ser adicionadas à comida. Elas estão disponíveis através de seu veterinário holístico ou lojas de alimentos naturais.

A diferença básica entre dieta de filhote/jovem adulto e de adulto é a distribuição de proteína, cereal e vegetais. O animal mais jovem precisa de um nível protéico maior do que o animal crescido.

DIETA PARA FILHOTES E JOVENS ADULTOS		DIETA PARA ADULTOS	
Fonte de Proteína de Carne	30%	Carne/Fonte de Proteína de Legume	25%
Cereal	60%	Fonte de Cereal	50%-60%
Vegetal	10%	Vegetal	15%-25%
Por exemplo, em um volume total de 5 xícaras de alimento, carne = 1 ½ xícara, cereal cozido = 3 xícaras, vegetal = ½ xícara.		Por exemplo, em um volume total de 4 xícaras de alimento, carne = 1 xícara, cereal cozido = 2 a 2 ½ xícaras, vegetal = ½ a 1 xícara.	

Na idade adulta, proteínas de carne/legume podem ser variadas e deve incluir: feijões, que aumentam o fluido Yin, são refrescantes e doces; lentilhas, que são neutras e ajudam o Coração; e feijões-azuquis, que são neutros, doces e azedos, e auxiliam o Rim e as glândulas adrenais.[22] Tofu é refrescante, umedecedor e auxilia o cólon e pulmões. O Tofu pode ser difícil para alguns animais digerirem. Adicionalmente, se seu animal sofre de fezes soltas, pastosas ou tem muco nos pulmões, tofu é contra-indicado. Muitos cães de raças grandes, de peito em barril,

120

são suscetíveis a timpanismo. Como os produtos com tofu ou feijão podem aumentar essa tendência, eu não recomendo que nenhum desses seja usado como fonte única de proteína. Lentilhas e outros feijões, se colocados de molho antes, lavados e bem cozidos (1½ hora) podem ser usados como proteína parcial, com galinha e peixe.

EXEMPLOS DE DIETAS

Estas seleções de dietas são baseadas no Yin/Yang, fresco/morno, deficiência/excesso, e influência dos meridianos que combinam para formar um temperamento ou composição de um animal. No final deste capítulo, é dada uma lista mais completa de alimentos encontrados em dietas comerciais preparadas, com suas qualidades inerentes.

◆ Filhotes e Jovens Adultos

Filhote e jovem adulto são fases óbvias de crescimento. Por causa disso, e também porque filhotes diferentes têm taxas metabólicas diferentes e necessidade de exercícios, quantidades exatas não podem ser dadas. Lembre-se de que com alimentos frescos e integrais seu animal está recebendo uma dieta biologicamente de alta qualidade, que deve maximizar a saúde e assimilação. Enquanto os produtos comerciais podem ser mais convenientes, eles também têm mais preenchimento e volume e, xícara por xícara, pode não ser equivalente a sua comida feita em casa. O exemplo de receita anterior rende 5 xícaras de alimento cozido. Como os filhotes crescem muito rápido, eu geralmente recomendo iniciar com 2/3 xícara de alimento três vezes ao dia para filhotes pesando acima de 7,5 quilos. Aumente a quantidade à medida que seu filhote vai crescendo. Se seu filhote parecer ficar com fome a toda hora, ou se ele parece magro e se há ganho de peso inadequado, você precisará por conseguinte aumentar as quantidades. Certamente, você irá levar seu jovem amigo para um veterinário para as consultas de rotina enquanto ele estiver crescendo. Ele te ajudará a tomar essas decisões. As dietas dos filhotes podem ser dadas até a idade acima de 10 meses. Após isso, as dietas para adultos podem ser ajustadas apropriadamente para diminuição de proteínas das carnes e aumento das fontes de cereais.

DIETAS CANINAS PARA BALANCEAR O TEMPERAMENTO		
Hiper (+ + Yang)	**Normal**	**Lento (+ + Yin)**
Cozido 1/3 Arroz Integral	2/3 Arroz Integral	Aveia
Cereal 2/3 Painço ou Bulgar	1/3 Cevada ou Milho	
Carne (escolher Carne Bovina Crua uma por vez) (corte médio)	Carne Bovina	Galinha
Porco (sem gordura, cozido)	Coelho	Veado
Ovos (2) (não diariamente)	Galinha	Peru
Carpa/Bacalhau /Peixe-Branco	Peru	Coelho
Pato	Moela de Galinha	Cordeiro
Moela de Galinha	Coração/ Fígado Bovino	Fígado de Galinha
*Carnes podem ser cruas	*Carnes cruas/ cozidas	*Alimentos cozidos
Vegetais Aipo, Alface	Brócolis, Abobrinha	Couve, Abobrinha
Algas, Espinafre	Algas, Feijão-de-corda	Cenoura, Feijões

♦ Cães Adultos

Obviamente, a quantidade de exercício e trabalho feito pelo seu animal irão influenciar no tanto que vai comer. Se houver ganho ou perda de peso indesejável com a dieta caseira, será necessário ajustar as quantidades dadas de acordo com o aumento ou diminuição do tempo de exercício de seu cão. Se modificar o padrão de exercício ou ajustar a quantidade de alimento não retificar o problema, eu sugiro modificar o cereal e/ou a fonte de proteína animal. Por exemplo, alimentos que são mais refrescantes, geralmente, trazem mais fluidos para dentro do corpo, o que pode causar ganho de peso em alguns indivíduos ou diurese aumentada com perda de peso em outros.

Se o seu animal está perdendo peso e tende a urinar copiosamente, ajustar a proteína cereal ou animal para uma fonte mais morna será benéfico. Se seu animal não pode manter um bom peso corporal, por favor cheque isso com seu veterinário, pois pode ser indicativo de um problema mais complicado.

Suplementos. Para se certificar que todas as necessidades de seu cão de estimação estão sendo encontradas, recomendo vitaminas comerciais e suplementos minerais para filhotes e jovens adultos, que podem ser adquiridos na seção de alimentos para animais nas lojas de produtos naturais. Eu também recomendo adicionar vitamina C extra na forma de ascorbato de sódio na dieta, pois acredito que os fatores de estresse requerem isso. Filhotes devem ingerir 250 mg de vitamina C diariamente, como devem os cães de pequeno porte; 500 mg diários para cães de porte médio, e 750 mg diários para cães de grande porte. Excesso de vitamina C irá causar fezes soltas, então, diminua a quantidade até que as fezes se tornem firmes de novo. Adicionalmente, um suplemento de óleo é necessário, como azeite de oliva extraído a frio ou óleo de amendoim sem refinar, variando de uma colher de chá para cães de pequeno porte a 1½ colher de sopa para cães de grande porte. Óleo de Fígado de bacalhau pode ser usado em adição ao azeite de oliva, pois supre uma boa fonte de vitamina A e antioxidantes que auxiliam nas condições de artrite. Use uma colher de chá para cães de porte médio.

Eu gosto de recomendar pó de *kelp* ou outras algas marinhas como tempero para uma refeição diariamente. Um quarto de colher de sopa é um bom estimulante de apetite, pois as algas marinhas são saborosas e com cheiro bom. Também existem algumas evidências de que muitas algas marinhas previnem o câncer. *Para condições específicas, veja a Parte Três deste livro para suplementação de vitaminas e minerais.*

A HISTÓRIA DE SKIPPY

Skippy é um cão mestiço de porte médio, de aproximadamente 15 meses de idade, que foi levado a mim porque vivia comendo os móveis – não apenas puxando o material do sofá, mas realmente comendo a madeira, tecido e enchimento. Ele comeu até mesmo uma parte da portinha de cachorro. O veterinário de Skippy prescreveu um colar Elisabetano para ele usar em volta do pescoço para ajudar a parar esse comportamento. O veterinário também sugeriu para o dono do Skippy que uma ação de modificação comportamental e disciplinar era necessária.

Quando examinei Skippy, fui surpreendida imediatamente pelo seu movimento contínuo. Ele era incapaz de se concentrar em algo. Na sala de exames, ele simplesmente não conseguia ficar quieto, mas estava preocupado em explorar seus arredores, escutando sons, caminhando e cheirando tudo. De fato, ele não ouvia ou não podia ouvir a voz de seu dono pedindo que ele ficasse quieto. Fui informada de que quase nunca ele prestou atenção aos comandos. Felizmente, ele era um cão feliz de boa natureza. Skippy estava sempre superexcitado em ver alguém – bastante superexcitado, na verdade. Seu dono relatou que Skippy consumia quantidades copiosas de água, gostava de dormir no cimento, no linóleo ou perto de uma janela aberta e, de fato, parecia muito desconfortável quando a temperatura subia acima de 21°C. Seu apetite era esporádico. Ele parecia mais interessado em brincar ao invés de comer, e quando comia, ou era tarde da noite ou era em pequenas quantidades. Seu dono sempre ouvia roncos e ruídos do Estômago de Skippy e, em raras ocasiões quando Skippy de fato se sentava, ficava continuamente ofegante e sua língua era muito vermelha. Sua pele era quente ao toque. Quando senti seu pulso no interior dos membros posteriores, estava rápido e forte, apertado como uma fita de borracha esticada. Perguntei ao dono do Skippy com o que ele o alimentava e se ele tentou alternar o alimento. Ele me disse que era com ração seca de cordeiro e arroz, e quando ele trocou por outra ração comercial, Skippy teve gases e diarréia.

De acordo com a Medicina Tradicional Chinesa, Skippy estava exibindo todos os sinais de calor interno e o excesso de fogo pode vir do Coração (constituição fogo) ou do Fígado (constituição madeira). A constituição fogo exibe extrema alegria e hiperatividade, porque não há fluidos refrescantes no corpo o suficiente para manter o indivíduo calmo. Isso significa que há *relativamente* muito pouco Yin para superar os sinais de fogo. A constituição madeira mostra raiva e frustração. Skippy estava mostrando claramente mais sinais de fogo do Coração. Adicionalmente, quando a pessoa não está calma, mas sim batendo em todas as direções, não há centro. O centro na MTC é o foco dos elementos terra, o Baço/Pâncreas e Estômago. E no Sistema dos Cinco Elementos, o elemento Fogo nutre o elemento terra. Com muita energia presa no elemento Fogo, o Baço/Pâncreas e Estômago não estavam nutridos adequadamente e, então, poderia não digerir propriamente. O trato intestinal estava inflamado e muito agitado. Rações secas são aquecedoras em natureza por causa de procedimento do processamento de ser assada e aquecida. A dieta hipoaler-gênica de cordeiro e arroz que estava sendo dada aumentou a condição Fogo, com o cordeiro sendo muito aquecedor e o arroz sendo neutro.

Skippy também estava mostrando sinais de calor interno devido sua preferência de dormir em locais frescos, sua inabilidade de tolerar altas temperaturas, sua sede constante, ofegante, pulso rápido e forte, língua vermelha e seu movimento contínuo. Quando seu Estômago estava muito quente, ele tentava eliminar o Fogo comendo os móveis, incluído o enchimento que poderia encharcar a hiperacidez.

Eu prescrevi uma dieta de painço cozido, arroz integral, porco, aipo, espinafre, nabo e feijão-de-corda. O painço é refrescante, umede-cedor, calmante e age para baixo. Isso auxilia os fluidos do Baço/Pâncreas e Estômago e Rim. Ele também acalma o Coração. O arroz integral é neutro, auxiliando o Fígado, Baço/Pâncreas e Estômago. O porco é refrescante e útil para o Rim. Se os rins são fortes, eles contro-lam melhor o Coração no Sistema dos Cinco Elementos. Aipo e espi-nafre também são refrescantes e feijões-de-corda são neutros e auxiliam o Rim. Nabos são vegetais de raízes e ajudam a fortalecer o centro do corpo. Adicionamos um suplemento vitamínico, incluindo vitamina C e traços de minerais. Depois de duas semanas, Skippy começou a se acalmar. Não houve mais episódios de comer móveis, e ele está até escutando seu dono!

DIETA PARA IDOSOS

1½ xícara de Cereal Cozido
Escolha um ou misture partes iguais de dois dos seguintes:
Arroz branco (neutro, morno, direção para cima); misturado com 1/3 de arroz integral bem cozido e deixado de molho previamente
Aveia em rolo (morno com direção para cima)
Cevada em flocos (refrescante, umedecedor, com direção para baixo)
Painço descascado (refrescante, umedecedor, direção para baixo)
Creme de trigo (refrescante, acalma o Coração)

Proteína Animal – ½ xícara
Peito de galinha assado, sem pele ou peixe assado (exceto truta e marisco) ou
2 ovos (ligeiramente mexidos) (pode ser usado de 1 a 2 vezes na semana) ou
30 a 60 gramas de Fígado bovino cozido (gado criado solto de preferência) (pode ser usado 3 vezes por mês)

Vegetais ¼ xícara
Abobrinha cozida, batata, feijão-de-corda, cenoura ou brócolis.

O CÃO MAIS VELHO

Assim como os humanos, os animais mais velhos modificam suas necessidades dietéticas de acordo com a idade. Conforme a vida progride, a energia vital e os líquidos orgânicos com os quais nascemos vão sendo esgotados. Os requerimentos de exercícios diários e desempenho irão ditar nossas necessidades dietéticas. É de maior importância para o animal mais velho lembrar-se de que o Baço/Pâncreas, Estômago, Fígado e Vesícula Biliar podem estar pelo menos em parte disfuncional. Isso não significa uma patologia presente, mas simplesmente a fraqueza da idade avançada. Para facilitar a absorção e digestão, é necessário cozinhar os alimentos e cereais minuciosamente para que se tornem fáceis de ser ingeridos.

Conforme o cão vai envelhecendo, pode ser difícil para ele lidar, por exemplo, com arroz integral, cevada integral ou aveia integral com suas cascas intactas. Apesar de esses cereais serem mais nutritivos do que os processados, polidos, em flocos, ou em rolo, os animais mais velhos podem não ser capazes de assimilar os nutrientes. Adicionalmente, dê alimentos mornos que têm pouca gordura, como a galinha (sem a pele), se o animal se resfria facilmente, ou alimentos refrescantes como carne de porco (sem gordura) se o animal superaquece facilmente, pode ser oferecida. Peixe assado, como carpa ou bacalhau, é excelente para esse propósito. Se laticínios são desejados, seria melhor utilizar produtos de leite de cabra, pois esses não criam tanto muco como os do leite de vaca.[23] Adicionalmente, devido ao estilo de vida da cabra ser mais livre do que o de uma vaca de leite moderna, as cabras devem sofrer menos estresse e passam menos produtos ligados ao estresse em seu leite. Diferente do gado, as cabras são raramente tratadas profilaticamente com antibióticos. Em animais mais velhos com artrite, já foi mostrado que dietas com alto teor de carne vermelha pode aumentar a dor na articulação devido ao estímulo da resposta inflamatória de uma substância chamada prostaglandina. Um alto consumo de carne vermelha também aumenta as gorduras saturadas no corpo que impede a circulação. Portanto, o animal mais velho deve comer apenas uma quantidade limitada de carne vermelha, como carne bovina, cordeiro ou Fígado bovino. Na Medicina Tradicional Chinesa, esses alimentos estimulam a medula óssea, glóbulos vermelhos e fortalecem o Baço/

Pâncreas ou o elemento Terra. Cereais produtores de alcalinidade, como o painço, podem ser útil para as articulações.

Os cães mais velhos devem ser alimentados com refeições menores duas vezes ao dia para reduzir o estresse no trato digestivo. Entretanto, se eles têm uma programação alimentar de uma refeição ao dia durante a maior parte de suas vidas e parecem sentirem-se bem com isso, você pode não precisar fazer uma mudança.

Recomendações de dietas para condições específicas estão listadas na Parte Três.

DIETA PARA CÃES IDOSOS

A dieta anterior é recomendada para cães de médio porte, pesando entre 20kg a 25kg. Porém, se seu cão ganha ou perde peso com essa quantidade de alimento, ajuste as quantidades por conseguinte. Se você encontrar uma combinação particular de alimento que se adapta ao seu animal, continue com ela, pois variações podem causar problemas. Se o seu cão tem um sistema digestivo forte e pode tolerar cereais integrais, eles ainda são os preferidos, mas conforme os cães envelhecem sua digestão pode não permanecer tão forte como antes. Deixar os cereais integrais de molho antes do preparo ajuda. Ainda, devido ao fato de os cereais integrais permitirem movimentos intestinais melhorados e para maior volume, se produtos quebrados ou em flocos são usados, você pode precisar adicionar de 2 a 3 colheres de sopa de aveia ou farelo de trigo à dieta.

Se seu cão desenvolver gases, tente diminuir os vegetais. Se ocorrer constipação, aumente os vegetais e adicione farelo ou abóbora. Se houver desenvolvimento de distensão abdominal ou diarréia, diminua ou elimine os vegetais, e use arroz ou galinha *apenas* como dieta de base. É muito importante cozinhar os cereais minuciosamente (por um longo período), usando 2½ a 3 xícaras de água para 1 xícara de cereais e cozinhar em fogo baixo. Cereais em flocos precisam de tempo menor de cozimento.

Suplementos para um cão de 20kg a 25kg:

Vitamina E, 200 UI

Vitamina C, 500 a 1.000 mg

Pó de Kelp, ¼ a ½ colher de chá

Levedura, 1 colher de sopa

Grânulos de lecitina, 2 colheres de chá

Farinha de ossos, 1 colher de chá

Óleo de Fígado de bacalhau, 1 colher de chá

Azeite de oliva, 1 a 2 colheres de sopa

Ou Mistura Vitamínica/Mineral para cães idosos de lojas de produtos naturais ou veterinário holístico.

A HISTÓRIA DE TOPO

Topo era uma amável cadela da raça Pastor Alemão. Seu dono utilizou alimentação caseira para ela durante toda vida. Por causa disso, e pelo amor que ela recebia (e seus bons genes), ela cresceu robusta e permaneceu saudável e forte na idade mais velha. Quando eu comecei a consultar a Topo, ela tinha 10 anos de idade, e seu único problema maior que ela parecia ter era uma fraqueza nos seus membros posteriores.

Eu a tratei com acupuntura e fitoterapia, e ela teve bom resultado. Mas, eventualmente, ela desenvolvia diarréia, e estava obviamente tendo dificuldades para digerir sua comida de modo adequado. Seu abdômen começou a ficar vergado e seu pulso nos membros posteriores parecia, de certa forma, flácido. Sua língua estava ligeiramente pálida e larga, mostrando algumas marcas de dentes ao longo das laterais e tinha muito pouco revestimento sobre ela.

A dieta de Topo, durante a maior parte de sua vida, era composta por carne crua moída, arroz integral e vegetais. Os vegetais eram originalmente dados a ela crus, mas assim que foi ficando mais velha, seu dono os cozinhava para facilitar a digestão.

A diarréia, abdômen encurvado, pulso flácido e língua larga refletiam problemas com o Baço/Pâncreas e Estômago. Lembre-se de que o Baço/Pâncreas e Estômago são responsáveis por transformar e transportar o alimento que comemos em Qi e energia funcionais. Topo estava definitivamente tendo um problema na transformação do alimento, como indicava seu abdômen vergado e diarréia. Eu acredito que o problema reside no fato de que ela não podia mais digerir a carne crua e os cereais integrais. Modificamos sua dieta para arroz branco e galinha cozida, e minimizamos os vegetais. A galinha cozida e o arroz branco eram mornos e secos para o Baço e Estômago e digeríveis muito facilmente. O dono de Topo, em seu interesse de ter os melhores cereais integrais para ela, estava, na verdade, sobrecarregando a capacidade da cadela de digerir o alimento. O melhor ajuste era misturar alguma proporção de arroz integral cozido minuciosamente com arroz branco, para suprir volume e nutrição. Quando Topo envelheceu, sua capacidade de transformação do Qi diminuiu e ela precisava simplesmente de alimento cozido.

DIETA PARA GATOS

É muito mais difícil de satisfazer a um gato com dieta caseira do que um cão. O cão parece amar a comida das "pessoas", enquanto os gatos a acham muito pouco atraente. Se, entretanto, você tem aquele tipo de gato adaptável, os alimentos caseiros são definitivamente superiores a dietas comerciais.

♦ A Dieta Básica para Gatos Ativos

Os gatos requerem maior caloria e maior consumo de proteína por peso do que os cães. Pelo menos é o que nos foi ensinado na escola de veterinária. Com o passar dos anos, entretanto, eu tenho visto mais e mais gatos acima do peso, e eu estou começando a questionar se isso é verdadeiro. Muitos veterinários recomendam agora dar uma dieta menos "densa" para os seus clientes gatos. A proporção de carne para o cereal é de metade a dois terços de carne para metade a um terço de cereal. Muitos gatos irão comer vegetais em quantidades muito pequenas, pelo menos. Eu gosto de deixar escapulir um pouco de cenouras cruas e brotos para meus gatos dentro da possibilidade remota de que irão comê-los. Alguns gatos parecem gostar mais de algumas frutas como maçãs ou melões e essas são boas para dar em pequenas quantidades.

DIETAS FELINAS PARA EQUILIBRAR TEMPERAMENTOS		
Hiper (+ +Yang)	Normal	Lento (+ +Yin)
Cozido trigo triturado	Farelo de milho	Aveia
Cereal +/ou flocos de cevada	+/ou batata-doce	+/ou batata
Carne (escolher uma) carne bovina de panela	Cordeiro moído	Galinha
moela de galinha	Fígado/Coração bovino	Peru
bacalhau	Carne bovina cozida	Cordeiro moído
ovo (não diariamente)	Atum ou peixe-cavalo (uma vez por semana)	Veado
pato	Galinha moída/inteira	Sardinha
+/- coelho	Coelho, peru	+/- coelho

Muitos gatos irão comer de 140 a 170 gramas de alimento diariamente, sendo em uma refeição ou dividido em duas refeições. Isso irá variar, certamente, dependendo do estilo de vida, exercícios e capacidade de caça, se permitido. Se seu gato se tornar muito gordo ou começar a perder peso, ajuste, conseqüentemente, a quantidade que você está alimentando. Muitos gatos irão comer a quantidade para se satisfazer em meia-hora. Em seu livro, *The New Natural Cat*, Anitra Frazier recomenda retirar o alimento após meia-hora, para ajudar o sistema digestivo de seu gato a manter-se forte.[24] Ela também traz dicas de como mudar a dieta de seu gato para uma dieta de alimentos crus. Quanto a crua *versus* cozida, eu acredito que dar carnes cruas é bom para o indivíduo saudável. Entretanto, o cozimento é necessário para os indivíduos com tendência lenta ou Frio interno.

A maioria dos gatos também não gosta de arroz integral ou branco. Não sei ao certo se por causa da textura ou tamanho da partícula mas, pelo que meus clientes dizem, arroz não é delicioso para nossos amigos felinos. Ocasionalmente, alguns gatos poderão comer tortas de arroz mexidas com sua carne, especialmente se houver um pouco de molho de soja por cima!

De 85 a 115 gramas de carne por dia é suficiente para a maioria dos gatos. Quanto mais velho ou menos ativo for o gato, menor quantidade de carne ele precisará.

Suplementos: Suplementos vitamínicos em pó para gato estão disponíveis através de seu veterinário ou lojas de produtos naturais. Alternativamente, existem vitaminas para crianças que são adequadas para gatos. Devem incluir: 1.000 mg de vitamina A, ácido fólico, vitaminas B1, B2, B6, biotina e B12 em doses baixas de aproximadamente 1 mg, ácido pantotênico de aproximadamente 6 mg, vitamina K de aproximadamente 10 mcg; mais minerais incluindo 2 mg de fósforo, 3 mg de cálcio, 500 mcg de magnésio e outra dose baixa de traços minerais, geralmente, provenientes de algas.

Vitamina C na forma de ascorbato de sódio ou ácido ascórbico é útil na dose de 250 mg diária. Vitamina E na dose de 50 UI diária ou 100 UI em dias alternados também pode ser dada.

A digestão de carne produz ácidos no corpo que devem ser neutralizados com cálcio. O alto percentual de carne na dieta do gato, portanto, utiliza uma quantidade alta de cálcio. Então, é importante lembrar de incluir uma fonte de cálcio na suplementação. O teor de cálcio-fósforo deve ser aproximadamente de 1.1 para 1. Uma boa fonte de cálcio e traços minerais como magnésio e silício são as algas marinhas, como kelp e kombu. Os gatos, geralmente, gostam de seu sabor salgado. Salpique ¼ de colher de chá diariamente no alimento de seu gato. Se seu gato não come alga marinha, alfafa é uma excelente alternativa. Adicione ¼ de colher de chá de alfafa ou brotos de alfafa na refeição de seu gato. Alguns de meus clientes dizem que quando seus gatos comem brotos, eles não precisam sair para comer grama para vomitar. A alfafa na herbologia ocidental tem sido usada há muito tempo como alívio para o Estômago.

Gatos também gostam do sabor de flocos de levedura que são ricos em vitaminas B. A maior parte dos pós vitamínicos comerciais têm levedura como base. Se um pó comercial não estiver sendo usado, misture ½ colher de chá de flocos de levedura no alimento de seu gato diariamente.

Um suplemento de óleo, como azeite de oliva ou manteiga, pode ser adicionado à dieta na quantidade de ¼ de colher de chá por dia para palatabilidade, aumento de gordura e composição de ácidos graxos essenciais. Se o gato sofrer de artrite, é melhor evitar laticínios como manteiga, pois o muco produzido pode prejudicar as articulações mais adiante.

A HISTÓRIA DE MITZI

Mitzi era uma gata pêlo curto doméstico, mal-humorada, que atacava regularmente seu dono sem provocação. Mitzi tinha diarréia intermitente com presença de sangue e muco, e ficava horas limpando excessivamente sua barriga ou arrancando mechas de pêlo de suas costas. Seu veterinário de origem suspeitou de um problema com inflamação no intestino e cólon, e recomendou alimento com alto teor de fibra. O resultado serviu apenas para deixar Mitzi enfurecida logo depois, deixando-a constantemente com sede e com abdômen distendido. Ela atacava seu dono mais até do que antes.

Quando vi Mitzi pela primeira vez, ela se parecia com uma pêra redonda com pernas. Seu abdômen estava tenso e seu pulso estava rápido. Esse último fato eu notei enquanto Mitzi estava sentada na mesa de exame urrando e me arranhando.

Os ataques de raiva de Mitzi e resposta com mordida me alertaram para um problema de Fígado em potencial. Lembre-se que, na MTC, o Fígado mantém tudo circulando suavemente e, se há desequilíbrio, o indivíduo se tornará raivoso, agressivo e quente. Sinais de calor são língua rosa-escuro com uma saburra ligeiramente amarelada, pulso rápido, excesso de sede, sangue e muco nas fezes e fúria. Os ataques ao acaso em seu dono eram indicações da mudança de humor de Mitzi, outro sintoma de um Fígado comprometido. Morder o pêlo me fez pensar que havia um elemento de estagnação envolvido, onde os fluxos de energia ou de sangue ficaram presos. Mais uma vez, isso seria uma função do Fígado não regulando a circulação propriamente. Quando o Fígado fica desequilibrado assim, compromete o Baço e problemas digestivos, podendo ocorrer diarréia e inflamação. A diarréia com sangue é considerada calor com umidade.

A não ser que eu usasse luvas de aço, Mitzi não era candidata para receber tratamentos com acupuntura, nem seu dono era capaz de administrar medicação com Mitzi em seu estado indomável. Então, primeiro nós tentamos uma modificação na dieta. Eu prescrevi trigo triturado (para acalmar, refrescar e eliminar a sede), flocos de cevada (para acalmar, refrescar e fortalecer o Estômago e Baço), e carne bovina cozida alternando com moela de galinha. Ambas as carnes são neutras com a carne bovina tendo uma característica mais descendente. Adicionamos algas marinhas misturadas, em pó, para abrandar seu Fígado e aliviar sua estagnação.

Mitzi começou a se acalmar após dez dias nessa dieta. Seus ataques a seu dono passaram a ser com menor freqüência, ela gradualmente começou a parar de morder seu pêlo e a lambedura excessiva do corpo diminuiu. Após três dias ela estava calma o suficiente para seu dono lhe dar suas cápsulas de ervas para eliminar Calor do Fígado e equilibrar ambos: Baço e Fígado. Levou vários meses para que Mitzi saísse completamente de seu estado de desconforto, mas sem a mudança na dieta nós nunca teríamos chegado à primeira etapa.

♦ Dieta para Gato Idoso

Muitos gatos podem envelhecer com uma dieta de 30% a 40% de carne fresca, junto com 60% de cereais e suplementos. Apesar disso parecer alto em relação às dietas comerciais, se cereais e alimentos integrais são usados com maior prioridade do que ingredientes processados, essa porcentagem não pareceria sobrecarregar os rins. Isso é provavelmente por causa do alto valor biológico das fontes de proteína. Obviamente, se seu gato tem problema de Rim ou de Fígado, ele precisará de uma dieta especial, e você deve consultar seu veterinário. Você também pode seguir as diretrizes das dietas para Rim e Fígado listadas mais adiante neste livro.

Conforme os gatos envelhecem é extremamente importante certificar-se que eles comem pequena quantidade de órgãos frescos, como Fígado, Coração ou Rim, três vezes ao mês, para manutenção do sangue, das essências vitais, ossos e dentes. Com a idade avançada de seu gato, é também importante consultar seu veterinário duas vezes por ano.

RAÇÕES COMERCIAIS PARA CÃES E GATOS

Apesar de muitos de nós gostarmos de cozinhar para nossos animais, algumas vezes isso não é prático por causa de nossos horários e estilos de vida ocupados. Devido ao fato de amarmos nossos animais de estimação e querermos fazer o melhor que podemos para eles, uma alternativa para a comida feita em casa pode se suplementar as dietas comerciais com alimentos frescos.

Muitos alimentos para animais de estimação, vendidos em supermercados, são feitos com sobras, de qualidade pobre de fontes protéicas de carne e cereais, aditivos e corantes e conservantes potencialmente carcinogênicos. Mas, com a instituição dos alimentos "naturais" e "saudáveis" para as pessoas, existe agora uma ampla seleção de alimentos "naturais" para animais de estimação disponíveis, que utiliza vitamina E como conservante, cereais integrais e fontes protéicas puras e de boa qualidade. Entretanto, há uma palavra de precaução: fique atento a qualquer ração para animais que contém o conservante *etoxiquina*, pois esse produto químico é um carcinogênico conhecido.

Existem muitos bons alimentos no mercado atualmente, porém, eles podem não ser o certo para seu animal em particular. Como agora você já sabe, a Medicina Tradicional Chinesa classifica os alimentos de acordo com suas características próprias. O propósito das classificações é de serem combinadas com as características do indivíduo (animal ou humano) e, então, gerar o equilíbrio. Por exemplo, digamos que seu animal parece ter frio, urina freqüentemente, precisando até mesmo ir para fora durante a noite. Na MTC, isso indica muito frio dentro do corpo. Você iria, portanto, querer encontrar um alimento que contivesse ingredientes aquecedores para equilibrar as tendências de frio do corpo. Então, você vai à loja de alimentos para animais e encontra um alimento de boa qualidade, hipoalergênico, que é feito de trigo, abacate e galinha, e você resolve experimentá-lo, pois, mesmo que trigo e abacate sejam refrescantes e umedecedores, conseqüentemente aumentando o potencial do frio dentro do corpo, a galinha é aquecedora e pode contrabalançar o resfriamento dos outros dois ingredientes. Mas você terá que experimentar e observar os resultados. Se seu animal precisar levantar-se com mais freqüência à noite, ou se tornar-se incontinente, você vai saber que o alimento é muito frio para ele. Se ele tiver dificuldades em digerir suas refeições, é lento com abdômen distendido e tende a ser muito gordo ou muito magro, uma dieta à base de cordeiro e arroz tende a ser uma boa escolha. O cordeiro morno e o arroz neutro irão aquecer a digestão, auxiliando o Baço e Estômago, e aumentando o metabolismo.

Rações secas são feitas de ingredientes condensados, secando-se a umidade e normalmente pulverizando-as com gordura animal para melhorar seu sabor. Adicionar água à ração seca não compensa suas características de secura e aquecimento. Elas podem não ser as melhores para o animal que está sempre com sede e que tem pele seca, com crostas e pêlo frágil. Além disso, pense em viver com uma dieta de batata *chips*. Ia ser muito dificultoso para sua digestão quebrar toda gordura o tempo todo. Alimento empacotado também tem falta de vitalidade. Lembre-se de que o alimento concede sua experiência de vida quando preparado e comido. Uma dieta de alimentos secos é tão superprocessada que sua experiência de vida é esquecida.

Em casos onde rações secas são dadas, e o animal sofre de uma condição quente ou seca, eu sugiro suplementar a comida com cereais bem cozidos e vegetais. Veja a tabela com os cereais ou vegetais que melhor se encaixam na situação particular de seu animal.

Como um trato semanal, alimente seu cão ou gato saudável com uma refeição de carne fresca ou peixe. Carne de panela cortada em pedaços é melhor, seja crua ou ligeiramente cozida. O peixe pode ser dado da mesma forma.

Alimentos enlatados de boa qualidade são disponíveis, e podem ser utilizados sem adição de alimentos secos. Eu, geralmente, recomendo suplementar esses alimentos com cereais frescos ou vegetais. Ossos podem ser dados semanalmente para manter os dentes limpos. Para cães eu recomendo ossos articulares de animais orgânicos e sem pesticidas. Como os ossos contêm medula, essa rica concentração pode causar diarréia ou vômito em alguns cães com o Qi do Baço fraco ou calor interno excessivo. O tamanho do osso deve ser de acordo com o tamanho do cão – certifique-se de que não seja muito pequeno, permitindo que o cão maior o engula inteiro, e muito grande para que o cão menor não prejudique seus dentes ou sua mandíbula. Acima de tudo, não dê ossos de galinha que forme farpas para um cão de qualquer tamanho. Gatos, por outro lado, adoram e não são prejudicados por ossos de pescoço de galinha.

Enzimas digestivas podem ser adicionadas ao alimento em casos onde a digestão é problemática. Enzima de papaia é um excelente suplemento e é facilmente disponível.

ALIMENTO	DIREÇÃO	SABOR	NATUREZA TÉRMICA	MERIDIANO INFLUENCIADO
Galinha	Sobe	Doce	Morna	Baço/Estômago
Peru	Sobe	Doce/Azedo	Morna/Úmida	Baço/Estômago Vesícula Biliar
Carne Bovina	Desce	Doce	Neutra	Baço/Estômago
Cordeiro	Sobe	Doce	Morna	Baço/Rim/Coração
Coelho	Sobe	Doce	Neutra	Baço/Estômago/ Rim
Fígado Bovino	Sobe	Doce	Neutra	Fígado
Fígado de galinha	Sobe	Doce	Morna	Rim/Baço
Rim	Sobe	Doce	Morna	Rim/Baço
Atum	Sobe/Desce	Doce, Salgada	Neutra	Baço
Sardinha	Sobe/Desce	Doce, Salgada	Neutra	Baço/Estômago
Ovo, Galinha	Sobe	Doce	Neutra	Estômago
Arroz	Sobe	Doce	Neutra	Baço/Estômago/ Fígado
Milho	Sobe	Doce	Neutra	Estômago Intestino Grosso
Trigo	Desce	Doce, Salgada	Refrescante	Baço/Coração/ Rim/Fígado
Cevada	Desce	Doce, Salgada	Refrescante	Baço/Estômago
Aveia	Sobe/Desce	Doce, Amarga	Morna	Baço/Estômago
Centeio	Sobe	Amarga	Neutra	Fígado/Vesícula Biliar/Coração
Batata	Sobe	Doce	Neutra	Baço/Estômago
Soja	Desce	Doce	Refrescante	Baço/ Intestino Grosso

CARACTERÍSTICAS DA MEDICINA TRADICIONAL CHINESA DOS INGREDIENTES MAIS COMUNS DAS RAÇÕES ANIMAIS

A tabela anterior é dos ingredientes mais comuns encontrados nas rações comerciais e suas características de acordo com a Medicina Chinesa. A informação foi reunida de *The Chinese System of Food*

Cures, Healing With Whole Foods, e Prince Wen Hui's Cook (vide Notas Finais), e de minha experiência clínica.

Notas Finais

1, 2, 6, 8, 10, 11, 13, 21. Lu, Henry C. *Chinese System of Food Cures, Prevention & Remedies.* (New York: Sterling Publishing Co., Inc., 1986), 21, 181, 179-183, 35, 45, 175-178, 179.

3, 4, 12, 17, 18, 19, 20, 21, 22, 23. Pitchford, Paul. *Healing with Whole Foods.* (Berkeley, CA: North Atlantic Press, 1993), 432, 425, 583, 117, 432, 421, 467, 111.

5, 14, 21. Flaws, Bob and Honora Wolfe. *Prince Wen Hui's Cook.* (Brookline, MA: Paradigm Publications, 1985), 146, 176, 152, 153, 158, 147.

7. Pitchford, Paul, Lecture, American College of Acupuncture, San Francisco, CA, April 15, 1995.

9. Flaws, Bob and Honora Wolfe. *Prince Wen Hui's Cook.* (Brookline, MA: Paradigm Publications, 1985), Directory listing, P. Pitchford, *Healing with Whole Foods* for Oats, 429.

15. Comunicação pessoal, P. Pitchford.

16. Yeun, Jeffry, Palestra, São Francisco, CA, 1994.

24. Frazier, Anitra. *The New Natural Cat.* (New York: E. P. Dutton Book, 1990), 57.

CAPÍTULO OITO

Introdução à Acupressão e Técnicas de Massagem

A MASSAGEM É O TOQUE DO CORPO físico e energético com um propósito de cura. A massagem terapêutica é reconhecida como uma das formas primárias de "cura com as mãos" no mundo inteiro, com muitas culturas tendo desenvolvido técnicas específicas para propósitos tanto terapêuticos como prazerosos. Acima de tudo, massagem é divertida e pode aumentar seu relacionamento com animais.

Qualquer um de nós que viva com um animal conhece a alegria de tocar, mimar e abraçar nossos amigos peludos. Eles podem não entender cada palavra que dizemos, mas sempre entendem nossa linguagem corporal.

Além da comunicação e afeto, a massagem pode ser usada para aliviar os músculos cansados e abrandar a dor. Por aumentar a circulação em uma área, a massagem pode ser usada para fortalecer as áreas do corpo por estímulo muscular e restabelecimento da flexibilidade. Quando a circulação é aumentada, o sangue flui sem restrições através dos músculos, o que ajuda a aliviar a dor. O aumento da circulação também estimula os pensamentos e energiza a mente.

A acupressão é uma técnica especializada que usa a ponta dos dedos que emprega o diagnóstico e sistema de meridiano da Medicina

Tradicional Chinesa. Acupressão pode ser usada como tratamento para quase toda condição que pode ser tratada com Acupuntura.

Como parte de meus programas de tratamento, invariavelmente instruo meus clientes a fazerem técnicas de acupressão ou massagem em seus animais como parte do processo de cura em casa. Geralmente, sugiro a meus clientes a massagear até mesmo os animais jovens e saudáveis rotineiramente, pois a acupressão e outras formas de massagem não só são usadas para tratar diversas condições e evitar que os animais piorem, como também podem prevenir que os desequilíbrios ocorram a princípio.

A MASSAGEM COMO TERAPIA

Primeiro discutiremos a massoterapia em geral, para então falarmos sobre a acupressão.

Como exatamente a massagem atua? Ao aumentar a circulação de sangue e linfa para a pele e músculos subjacentes, a massagem permite que os tecidos relaxem, estendam e mantenham um tônus saudável. Enquanto os ossos provêem a estrutura, os músculos mantêm os ossos no lugar. São os cavalos de força do corpo. Sem os músculos e seu suprimento sanguíneo, seus tendões e ligamentos, os ossos não teriam acolchoamento e, virtualmente, nenhuma energia para executar qualquer trabalho. Junto com os ligamentos e tendões, os músculos são as tipóias, as cordas, as roldanas e os rotores do corpo.

Quando o tecido muscular é lesionado ou danificado, dor e inflamação invadem a área. Substâncias químicas como as histaminas e ácido lático são liberadas para dentro das células musculares causando contração anormal, tensão e espasmos. Normalmente, os movimentos livres são restringidos. Devido ao fato dos músculos serem normalmente conectados às articulações pelos tendões, quando lesionados podem causar encurtamento ou rigidez da articulação. O resultado é um animal que "segura" seu membro, nuca ou coluna para compensar a postura, distribuindo seu peso inadequadamente, criando novos estresses nos ossos e articulações. Eventualmente o animal pode começar a claudicar por ser incapaz de sustentar o peso na perna. Talvez você já tenha visto um animal todo corcunda na área central ou mais baixa da coluna. Também podem andar "baixo" na parte traseira ou com a perna enrijecida, favorecendo um membro em particular. Esses fatores são resultantes de injúria muscular. A massagem atua nos músculos, auxiliando-os no relaxamento e restaurando-os com sua elasticidade e posição individual, aliviando o animal da dor.

Outro benefício em se aumentar o suprimento sanguíneo muscular com a massagem é que ela pode levar nutrientes adicionados para sustentar e tonificar uma área fraca e fatigada, como os membros posteriores de seu animal mais velho.

Parte do plano de tratamento que trabalho com meus clientes inclui enviar para casa uma tabela de massagem. Não importa o tipo de problema que seu animal possa ter, a massagem pode ser feita entre as visitas ao veterinário para facilitar a cura. Amor e contato físico parecem aumentar praticamente todos os processos de cura. O momento da massagem é um tempo de maior atenção com o animal, quando o ser humano presta uma maior atenção ao bem-estar de seu amigo, mais do que quando faz carinhos eventualmente. Alguns de meus clientes ensinam as crianças a massagearem seus animais. O tempo dedicado à massagem ensina a criança um senso de responsabilidade adicionado a um sentimento de que ela está ajudando seu animalzinho a se sentir melhor. A confiança que é desenvolvida através do toque entre o homem e o animal é inestimável para ambos.

Muitos já devem ter ouvido falar de Linda Tellington-Jones, que desenvolveu um método de massagem que usa movimentos circulares aleatórios pelo corpo, e que atua especificamente nos problemas de comportamento. Seu método, conhecido como *T-Touch* (marca registrada) é um processo fabuloso que foi desenvolvido a princípio para treinar cavalos. A Sra. Tellington-Jones expandiu seu trabalho para incluir todos os animais. Muitos problemas comportamentais dos animais têm como raiz o medo. Por exemplo, se um cavalo sofreu uma lesão enquanto tentava atravessar uma porteira, ele pode ficar nervoso sempre que for conduzido por qualquer porteira. Se esse medo for muito grande, ele pode se recusar a atravessar porteiras sempre que isso lhe for solicitado. Ao invés de forçar o cavalo a obedecer, o método *T-Touch* pode ser usado para reprogramar seu medo e transformá-lo em confiança. Quando o cavalo confia em seu dono, ele fará tudo aquilo que lhe for solicitado apesar de seu medo. A Sra. Tellington-Jones produziu vários livros e vídeos demonstrando o método *T-Touch*. Recomendo suas técnicas de massagem aos meus clientes, e altamente recomendo seus materiais didáticos.

A massagem é um método antigo de redução de estresse e tensão que normalmente traz uma sensação de tranqüilidade para ambos os participantes. Isso é particularmente verdadeiro para as pessoas e seus animais de estimação. Tal fato já foi demonstrado através de projetos desenvolvidos e publicados pelo Dr. Leo Bustad, na década de 80, enquanto Reitor da *Washington State University Veterinary School*, onde é citado que acariciar e tocar um animal pode ajudar a diminuir a pressão sanguínea de uma pessoa, aumentar a estima e estabelecer uma sensação de bem-estar. Hoje em dia os programas existem em todo o país, onde os animais são levados para visitar cidadãos idosos em asilos, e em centros para crianças com disfunções de aprendizado e de comportamento. As pessoas esperam essas visitas ansiosamente, e os animais, por outro lado, amam a atenção dada a eles e parecem adorar imensamente essa atividade.

A massagem é mais aplicável na restauração dos movimentos das articulações e membros lesionados. Quando um tecido muscular lesionado é mantido em uma posição fixa, não natural e resguardada, ele desenvolve uma nova "memória muscular" ou "padrão fixo". Memória muscular é um termo que os atletas utilizam enquanto estão treinando seus músculos para um determinado esporte. Para um ciclista, é a memória e equilíbrio muscular que ocorrem quando ele pega a bicicleta após um longo período sem pedalar e descobre que ainda se lembra de como andar de bicicleta. Para os surfistas, a memória muscular está na coluna, o que permite fazer rápidas manobras de uma posição inclinada na prancha para uma posição em pé e, assim, enfrentar a onda. A memória muscular é uma maneira inconsciente de segurar o corpo em uma determinada situação física ou emocional.

Os animais podem desenvolver padrões fixos como resultado de qualquer trauma que lesione um osso ou o alinhamento da coluna, como ser atropelado, ou até mesmo cirurgias. Os padrões fixos também podem ser provenientes de traumas emocionais, quando o animal tenta se proteger do medo. Por causa da hereditariedade da estrutura esquelética, os padrões fixos podem se desenvolver devido a pobre conformação óssea. A displasia articular resultante pode diminuir a flexibilidade, já que os músculos e os ossos não se encontram mais sincronizados corretamente. Apesar de não ser possível corrigir totalmente os defeitos que a natureza impõe, às vezes, é de grande utilidade massagear os músculos do corpo, especialmente as pernas, durante a fase de crescimento do animal para manter sua flexibilidade.

Tente notar algumas modificações peculiares em sua postura que devem ocorrer durante o crescimento. Os músculos que protegem a estrutura subjacente mudarão o formato para tentar acomodar a mudança. O tecido muscular que está "fixo" aparenta ser menor, mais densamente trançado, mais rígido e mais estreito. Em muitos casos, a memória muscular pode ser reprogramada, usando-se a massagem para alcançar maior flexibilidade e alinhamento adequado.

Finalmente, a massagem pode ser usada para criar equilíbrio. Em termos estruturais, o equilíbrio é mais vulnerável em locais onde a vértebra muda de formato ou de direção, como a última vértebra cervical, a região bem em frente aos ombros, e o início da coluna torácica. A vértebra torácica é encaixada nas costelas, e no final da coluna torácica, as vértebras lombares (sem as costelas) se iniciam, finalmente, encontram o sacro e as vértebras da cauda.

É nestas regiões de transição que as mudanças estruturais causam mudanças de direção nos ângulos do corpo. Tais regiões são pontos de estresse que requerem fortalecimento para a manutenção de sua integridade. Os músculos ligados a essas áreas estão sujeitos a uma maior tensão e estresse. A massagem pode auxiliar essas áreas de transição a manter a integridade através do alinhamento, dimensionamento, tônus e mobilidade.

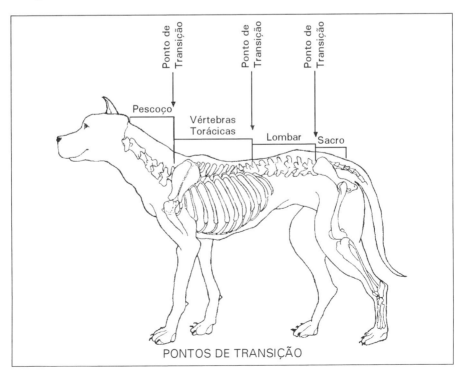

PONTOS DE TRANSIÇÃO

TÉCNICAS DE MASSAGEM

O que a massagem proporciona

- Aumenta a circulação de sangue e linfa
- Traz força aos músculos enfraquecidos
- Dispersa a dor em músculos tensionados
- Constrói confiança e vínculo
- Ajuda nos transtornos comportamentais
- Reduz estresse e tensão
- Restaura a mobilidade e flexibilidade adequadas
- Gera equilíbrio

Os músculos seguem em camadas, o que os anatomistas chamam de planos fasciais. Eles também seguem em direções certas. Pense em um carpete com pêlos altos. Passe sua mão em uma direção e verá os pêlos baixarem, e passe a mão na direção oposta e verá os pêlos levantarem-se. Os músculos são similares, só que em um nível mais sutil. Nos animais, o pêlo é, geralmente, um bom guia. Quando você passa a mão em uma direção, mais precisamente na direção do pêlo, este se abaixa e o animal fica tranqüilo. Se correr sua mão na direção oposta para erguer o pêlo, há maior resistência e muitos animais não gostam da sensação produzida.

Um problema comum que pode surgir quando inicialmente massagear o animal é que você não perceba o quanto a pele é espessa e móvel. Pode até ser que você já saiba caso tenha um Shar Pei com sua perceptível pele "extra", mas, na verdade, todos os cães e gatos possuem a pele espessa e móvel, tornando necessário que você posicione sua mão livre em uma área próxima para estabilizar o tecido subcutâneo enquanto massageia com a outra mão.

As várias manobras e movimentos de massagem têm nomes específicos, e são discutidas minuciosamente no livro *The Healing Touch* do Dr. Michael Fox.

O tipo de manobra de massagem que você já pode estar mais familiarizado é a manobra longa utilizando a palma da mão e a ponta dos dedos. Ela é conhecida como "*effleurage.*"[1] Manobras longas são boas para o abdômen e os grupos musculares mais largos da nuca e das costas. A maioria dos animais adora essas manobras. A pressão deve ser regulada de acordo com o que o animal lhe diz. Ele se afastará se estiver muito forte ou se aproximará se não estiver forte o suficiente.

Outra manobra útil é um movimento de esfregar, chamado "fricção".[2] Use as pontas dos dedos e aplique pressão em movimentos para frente e para trás, iniciando-se geralmente devagar, mais ou menos 1 por segundo, e aumentando gradualmente para 2 por segundo. Normalmente recomendo que isso seja feito entre as escápulas e sobre a área dos quadris, ou pela linha média do tórax entre as patas dianteiras, estendendo-se para baixo em direção ao abdômen. Essa massagem no esterno, junto com a fricção entre as escápulas, é útil para tratamento de problemas respiratórios e para cessar a tosse especialmente em gatos que têm asma ou bronquite alérgica.

Técnica de estabilizar

Outra técnica que acho de grande utilidade, especialmente para coxas e músculos enrijecidos das costas, é o *rock'n roll.* Posicione-se atrás do animal e coloque a palma das mãos nos lados superiores da cavidade torácica se o animal está tenso nos ombros, ou ao redor dos lados da barriga se o animal está tenso na área inferior das costas. Seria ideal se o animal estivesse em uma posição relaxada, deitando-se sobre o esterno ou a barriga. Balance o animal gentilmente de um lado para o outro. Então, com muito jeito, role seu corpo para cima, primeiro da esquerda para direita. Depois, role novamente de um lado para outro. Essa alternação, com leve balançar e rotação, ajuda muito a aliviar a tensão muscular.

Você também pode, gentilmente, estender a coluna do animal posicionando-se atrás dele, segurando a região em frente das coxas abaixo da barriga, enquanto ele está em pé. Levante as patas traseiras cuidadosamente do chão enquanto as estende trazendo-as do abdômen.

A última técnica que gostaria de descrever é do programa *Tellington T-Touch.* Como mencionei anteriormente, o *T-Touch*

Técnica de levantar

145

usa como uma de suas técnicas principais um movimento circular que é desenhado com a ponta do dedo em locais aleatórios do corpo do animal. Conforme o que é discutido nos livros e vídeos de Tellington, e também descrito no livro *Natural Healing for Dogs and Cats* de Diane Stein, o círculo é desenhado iniciando-se em uma posição imaginária de 6 horas, girando quase uma e um quarto de vezes até alcançar 8 horas. Esses círculos têm o efeito de despertar as ondas cerebrais que alertam, acalmam e relaxam o indivíduo. O resultado é que as técnicas de Telling-Jones são usadas com sucesso não apenas para condições físicas, mas para todos os tipos de problemas comportamentais, incluindo agressividade, como nos cães que mordem e gatos que mordem e arranham.

Em ambos os lados da coluna estão os grupos dos músculos longos que a percorrem paralelamente do pescoço à cauda. Instruo meus clientes a usar a versão dos círculos do *T-Touch*, a qual utilizo quando trabalho com os músculos da coluna. Usando os dedos indicadores, inicie na coluna e desenhe círculos para fora usando a técnica *T-Touch* de um para um quarto de vezes por círculo, gradualmente movendo para baixo em direção à próxima área. Use essa técnica na região em que o animal tem problema, começando bem na frente de onde a dor, a fraqueza ou o enrijecimento inicia, seguindo para trás da área do problema. Lembre-se de que a pressão é mínima. Faça isso como rotina por três a quatro minutos diariamente, e poderá ficar surpreso com os resultados.

A HISTÓRIA DE JOEY

Joey é um gato de pêlo longo que se lambe tão excessivamente que removeu a maior parte dos pêlos de sua barriga. Aparentemente, ele se lambe com maior intensidade em torno de meia-hora após o café da manhã e o jantar e depois mais uma vez na hora de dormir, próximo de 23h00. Devido ao fato de Joey preferir estar em cima da cama, esse ato de se lamber faz com que seu dono fique acordado.

Quando examinei Joey ele tinha um olhar tenso em seu rosto. Ele arrotou, o que é pouco comum em um gato, e seu hálito estava ligeiramente passado, cheirando a peixe que ele comeu na noite anterior. Joey tinha uma barriga distendida e pendular, que balançava quando ele andava. Quando examinei sua língua, estava com coloração rosa-escura com saburra ligeiramente amarela. Seu Estômago estava roncando e sua coluna estava dolorida ao toque na região de transição logo atrás da caixa torácica, onde a vértebra torácica encontra a vértebra lombar.

De acordo com o relógio circadiano chinês, os horários em que Joey se lambia mais coincidiam com os horários em que o alimento começava a sair do Estômago e sua Vesícula Biliar lançava a bile para digerir as gorduras. O meridiano da Vesícula Biliar é mais ativo em torno do horário de 23h00, o mesmo em que Joey e seu dono se preparam para ir dormir. A língua escura com revestimento amarelo indica calor ou inflamação no Estômago, e sua barriga pendular indica deficiência do Qi do Baço/Pâncreas e Estômago. Lembre-se de que o Baço/Pâncreas e Estômago são responsáveis pela quebra do alimento em produtos utilizáveis do Qi e Sangue e por transportá-los para as regiões necessárias do corpo. Dentro do contexto, a lambedura excessiva de Joey indicava problemas digestivos. Ele precisava de mudança de dieta e de tratamento para inflamação do trato digestivo.

Eu prescrevi ervas e mostrei ao dono de Joey alguns pontos e manobras de massagem para substituir a automassagem problemática do gato. Ensinei a ele a usar as longas manobras pelo abdômen com a palma de sua mão e com a ponta dos dedos, percorrendo do final da caixa torácica até a área das virilhas, repetindo seis vezes. De acordo com a filosofia de Tai Chi, seis é um número de sedação, e minha intenção era sedar ou acalmar o trato digestivo. Recomendei que as massagens fossem feitas logo antes das refeições, e ser repetidas em torno de quinze minutos após. A pressão deveria ser de leve a moderada. Devido ao fato de que Joey era extremamente sensível em ambos os lados da coluna situados após as costelas, (o que coincide com o ponto de diagnóstico do Estômago, veja os mapas de diagnóstico, páginas 77-82), imaginei que seria muito desconfortável tratá-lo inicialmente com acupuntura. Ao invés disso, pedi ao proprietário de Joey para usar a técnica "rock'n roll" anteriormente descrita na região do meio das costas, antes da hora de dormir. Após várias semanas de fitoterapia, mudança de dieta e massagem, Joey diminuiu as lambeduras. Mesmo após terminar o tratamento com as ervas, o proprietário continuou a massagem diária, pois acreditava que era favorável para a digestão do gato.

PONTOS-GATILHO

Muitas vezes um animal chegará ao consultório após ter arrancado o pêlo em vários locais do corpo, ou ter lambido outras partes até ferir. O tratamento genérico, geralmente, inclui uma injeção ou prescrição de pílulas de antiinflamatórios como cortisona. Dessa forma, os sintomas normalmente desaparecem, mas, quando estas medicações são suspensas, as feridas costumam reaparecer. Essas áreas traumatizadas podem ser conseqüência dos pontos-gatilho.

Um ponto-gatilho é uma área localizada em um músculo que pode ser palpada. Um colega quiropata diz que parece "uma bola de gude na lama". É um nó endurecido que surge em resposta ao estresse repetido de um determinado músculo. Quando um músculo é lesado, torna-se fraco, curto e rígido. Essas mudanças estressam a área que circunda o local original da lesão. Essa nova área é conhecida como o local da "dor referida". Mas como ela não é a origem da dor, o tratamento na zona referida não alivia o problema. Somente o tratamento no local dos pontos-gatilho aliviará a dor.

A dificuldade é que os pontos-gatilho formam áreas de dor referida que não possuem o trajeto anatômico dos nervos que os médicos estão acostumados a ver. A Dra. Janet Travell,[3] conhecida como a madrinha da Terapia dos Pontos-Gatilho, identificou esse problema após muitos anos de pesquisa no campo da medicina humana. No campo da veterinária, o Dr. Luc Janssens foi capaz de descrever nove pontos-gatilho nos cães.[4] Provavelmente, existem muitos mais, mas não foram identificados ainda. Os mais comuns estão localizados no (1) músculo do ombro, (2) no músculo longo da parte de fora do braço, abaixo do ombro (da cabeça longa do tríceps), (3) na área das nádegas à frente da pelve, (4) no grande músculo das nádegas, (5) à frente do quadril no músculo quadríceps, (6) abaixo do joelho, próximo à área superior da tíbia e da fíbula no músculo longo do perônio, e (7) no interior da virilha na parte interna da coxa.

A HISTÓRIA DE MEDUSA

Uma gata tricolor, altamente nervosa, chamada Medusa, morde e arranca seu pêlo das costas, logo à frente da pelve. As lesões feitas por ela se encontram apenas do lado direito e, naquela época, quando a vi, havia uma área sem pêlos de 5 cm de comprimento. Por outro lado, ela era bem normal, mas quando tinha uma de suas crises ficava aflita. A pele da região tinha cor normal, não estava vermelha e não possuía sarnas ou pulgas. Não havia sinais de distúrbios digestivos nem de debilidade ao andar. Entretanto, quando a examinei, apresentava sensibilidade por toda região inferior do dorso no lado direito. Passei a mão sobre seu quadril e senti um pequeno nó no músculo, mais ou menos do tamanho de uma ervilha. Quando o pressionei, Medusa começou a lamber desesperadamente a região. Tratei o nó do músculo, acreditando ser um ponto-gatilho, injetando uma pequena quantidade de vitamina B12 diluída. As crises pararam por seis meses e o nó desapareceu. O problema reapareceu mais tarde no mesmo ano, e tratei-a da mesma forma. De alguma maneira ela devia estar sobrecarregando uma parte de sua perna traseira o que fez com que o ponto-gatilho reaparecesse. Logo, se seu animal estiver sendo acometido por alguma dor que não está sendo aliviada pelo tratamento convencional, tente ver se um ponto-gatilho está envolvido.

ACUPRESSÃO

A acupressão é uma técnica com as pontas dos dedos que usa o sistema de meridianos e as localizações dos pontos de acupuntura. A acupuntura requer uma agulha para perfurar a pele. A acupressão utiliza a pressão com a ponta do dedo na superfície da pele. Ambas as técnicas provocam mudanças ao estimular ou extenuar os pontos de acupuntura que fazem parte dos meridianos.

Lembre-se de que os meridianos são canais de energia que percorrem por baixo da superfície da pele. Eles conectam a superfície do corpo com o sistema interior dos órgãos e regulam o fluxo de energia e sangue por todo o corpo. Os terapeutas profissionais de acupressão estudam e usam esse sistema em grande escala como forma exclusiva de tratamento. Apesar de a acupuntura ser normalmente considerada um tipo mais profundo de tratamento, a acupressão tem a vantagem de poder ser feita em casa pelas pessoas, utilizando-se um guia com os pontos.

COMO ENCONTRAR UM PONTO DE ACUPRESSÃO

A maioria dos pontos de acupressão situa-se nas depressões entre os feixes musculares e os ossos. Minha primeira professora, a Dra. Alice DeGroot, costumava dizer: "Os pontos de acupuntura estão nos vales, não no topo das montanhas". Então, a regra número um é encontrar a depressão entre os músculos, tendões ou ligamentos. Os pontos quase nunca estão sobre uma proeminência óssea, como os pontos do cotovelo e do joelho. Normalmente, estão em um lado, à frente ou atrás da proeminência.

Tente encontrar um ponto de acupuntura em seu próprio corpo, flexionando um braço e percebendo o vinco que aparece na parte interna de seu cotovelo. Existem quatro pontos de acupuntura conectados a esse local. Na parte interna do braço, na extremidade interna do vinco do cotovelo, encontre o primeiro ponto de acupuntura situado entre o final do vinco e a proeminência óssea do cotovelo. Esse ponto está no meridiano do Coração e é usado para acalmar, para aliviar dores no peito e para palpitações.[5] No centro do vinco você sentirá um tendão grande que faz parte do músculo bíceps. O segundo ponto é no lado interno desse tendão, esse ponto situa-se no meridiano do Pericárdio e é usado para diagnosticar e tratar bronquite, vômito e diarréia.[6] O terceiro ponto é do outro lado desse tendão, situado no meridiano do Pulmão, e usado para tratar pneumonia e fluido no tórax. O último ponto está na extremidade externa do vinco, na frente do osso radial. Localiza-se no meridiano do Intestino Grosso e é usado para diminuir o calor e inflamação, particularmente nas condições de artrite e doenças de pele.

Agora tente encontrar os pontos de acupressão no seu animal. Começaremos pela traseira, correndo a palma da mão sobre a parte externa da coxa, que é encontrada iniciando-se no dorso sobre a área pélvica ou sacral, na frente da cauda. Nos cavalos e nos cães essa parte é chamada de quadril. É a parte mais alta da região. Use seus dedos para sentir as depressões dessa área. Primeiro passe a mão inteira (se o cão for grande), ou seus dedos (em gatos e cães pequenos) para baixo da perna traseira, iniciando no topo da coluna sacral ou área do quadril. Sinta as proeminências ósseas. A proeminência óssea logo abaixo da cauda no lado externo da perna pertence a um dos ossos pélvicos. Levante a perna traseira pela pata. Se você seguir a perna para cima da pata até a coxa, encontrará a articulação do quadril perto do topo da perna, pois você a verá mover quando a perna for levantada.

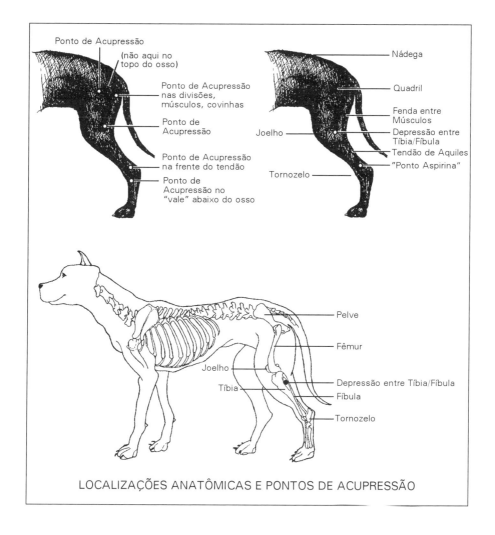

LOCALIZAÇÕES ANATÔMICAS E PONTOS DE ACUPRESSÃO

Quando chegar à articulação do quadril, sentirá como uma bola encaixando-se dentro de uma cavidade. Os músculos dali são largos, assim precisará usar mais pressão, caso não sinta a articulação imediatamente. Em qualquer um dos dois lados do osso existem duas depressões. São pontos de acupuntura – não no osso em si, mas à frente e atrás da articulação do quadril (onde a cabeça do osso da coxa, o fêmur, se encaixa dentro da abertura da pelve). Continue a passar seus dedos na parte externa da perna, logo abaixo do joelho. Quando os gatos ou cães pequenos estão em pé, o joelho fica aproximadamente no nível onde a barriga encontra as patas traseiras. Logo abaixo do joelho, onde a tíbia (o osso mais largo) e a fíbula (o osso externo fino que acompanha a tíbia) iniciam, existe uma depressão. Ela pode ser encontrada logo abaixo da cabeça da fíbula na parte externa da perna, na depressão entre os dois ossos.

Continue a descer seus dedos pela perna. Logo abaixo do tornozelo existe uma depressão que parece um espaço vazio, contendo apenas a pele que está à frente do tendão de Aquiles. Esse oco contém um ponto de acupressão que é conhecido como o ponto "aspirina" para tratar articulações doloridas.

Em seguida, tente percorrer seus dedos na parte detrás da perna traseira. Você encontrará dois grandes grupos musculares. Passe seu dedo na fossa entre eles. Logo acima e atrás do joelho, existe uma fossa profunda e nela situa-se outro ponto de acupressão. Este ponto é bom para eliminar inflamação ou calor da parte inferior do corpo, e pode ser usado para tratar condições de calor da pele ou articulações inflamadas.

COMO A ACUPRESSÃO ATUA

A acupressão é baseada em um sistema desenvolvido nas escolas de medicina chinesa há mais de mil anos.[7] O princípio de tratamento baseia-se nos mesmos métodos de diagnóstico usados na acupuntura que foram discutidos aqui. Por trabalhar com os meridianos, a acupressão pode redirecionar o fluxo de energia, fortalecer ou tonificar os músculos, ossos e órgãos internos e ainda dispersar a dor. Ela cria equilíbrio no corpo. Ao se usar pontos específicos, a acupressão pode ser usada para tratar quase todas as condições médicas, exceto as que requerem cirurgias. Na parte três deste livro, os pontos de acupressão serão listados para as mais diversas condições como parte principal do programa de tratamento.

◆ Direcionando e Regulando o Fluxo de Energia

O estímulo dos pontos de acupressão fortalece os tecidos que circundam os canais de energia ou o sistema de órgão adjacente. Esse fortalecimento é considerado um "processo de tonificação".

Na Medicina Tradicional Chinesa, acredita-se que a dor ocorre quando a circulação do sangue ou Qi está bloqueada. A acupressão pode ser usada em localizações específicas para dispersar essa energia estagnada ou presa e aliviar a dor. Essas técnicas de dispersão podem ser consideradas como um "processo de sedação". Em condições em que há bloqueio dos seios nasais, a acupressão pode dispersar o fluxo energético para promover a drenagem.

◆ Criando Equilíbrio

A acupressão também promove o equilíbrio do corpo. Conforme já foi visto, o equilíbrio do corpo gira em torno da igualdade entre as forças Yin e Yang, sendo o Yin aquele que possui influências nutritivas, calmantes, suavizantes e umedecedoras, e o Yang aquele que possui as agressivas, assertivas, rápidas e fortes. O lado debaixo dos animais e a parte da frente dos humanos são considerados Yin. A parte de cima dos animais e as costas dos humanos são consideradas Yang. A acupressão pode desempenhar um papel maior no equilíbrio dessas duas forças primárias. Se um indivíduo é muito Yin, o equilíbrio pode surgir do estímulo dos pontos nas costas ou meridianos Yang. Da mesma forma, se é muito Yang, os aspectos Yin precisam ser aumentados. Também é dito que ao massagear um ponto no sentido horário, pode-se estimular o Yang, enquanto a massagem no sentido anti-horário nutrirá o Yin.[8]

A Medicina Tradicional Chinesa também acredita no conceito dos **três aquecedores**. Cada aquecedor é um compartimento do corpo. O **aquecedor superior** é composto pela cabeça e o tórax; o **aquecedor médio** é composto pelo Fígado, Vesícula Biliar, Baço/Pâncreas e Estômago e a região do meio do corpo; e o **aquecedor inferior** é composto pelos rins, adrenais, intestinos, Bexiga e órgãos sexuais. Os aquecedores do corpo ajudam a manter fluindo continuamente e suavemente o fluxo de energia, sangue e fluidos. Eles são administradores regionais do corpo. Cada órgão possui seu trabalho dentro de uma região e cada região funciona como parte do corpo todo. A massagem atua nos pontos de transição entre os aquecedores para manter cada região em equilíbrio com as outras. Assim sendo, a saúde vem do equilíbrio e quando o equilíbrio existe, o corpo, a mente e as emoções são felizes e pacíficas. Isso é verdadeiro tanto para os animais quanto para os humanos.

A TÉCNICA DA ACUPRESSÃO

Agora que já se tem uma idéia de onde os pontos de acupressão podem ser encontrados, com o que se parecem e como eles são usados, discutiremos a técnica. Certamente, os terapeutas profissionais de acupressão levam bastante tempo para aprendê-las. A seguir, descreveremos brevemente os princípios básicos.

Ao fazer a acupressão no animal, usa-se a ponta do dedo, com o dedo estendido, não dobrado. Alguns gostam de usar o polegar e outros preferem o indicador.

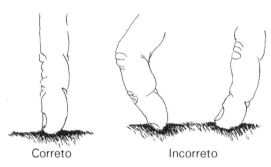

Correto   Incorreto
SEGURANDO UM PONTO

De acordo com o Dr. Kuan Hin, o sucesso da massagem depende mais da pressão do que da intensidade.[9] Ao se aplicar a pressão, inicie lentamente e levemente, aprofundando de forma suave com movimento firme. Quando o músculo e/ou o animal começar a resistir ou tornar-se tenso, pare a pressão, relaxe um pouco, e segure o ponto por cinco segundos.[10] Essa pressão firme em uma determinada profundidade a qual você e o animal estão de acordo é chamada **segurar um ponto**. Quando não se tem certeza da profundidade e do tanto a ser pressionado, observe o animal. Ele fará com que seu desconforto seja percebido ao se espremer, mover ou lançar um olhar ameaçador e, até mesmo, ao sentir-se suficientemente desconfortável, dar uma mordida. À medida que praticar essas técnicas de massagem ficará mais atento aos sinais súbitos a serem dados pelo animal. Lembre-se de que o toque é uma experiência inteira. Seu objetivo em segurar um ponto é combinar a energia do indivíduo com o qual você está trabalhando. Preste atenção no animal e confie em você para encontrar o grau certo de pressão.

ACALMANDO UM ANIMAL AGITADO

Quando lido com um animal que está muito agitado, percebo que segurar três pontos em torno da cabeça é eficaz. Primeiro usa-se uma pressão muito leve, e aumenta-se firmemente conforme o animal for respondendo. Os pontos ficam logo abaixo da parte detrás da cabeça, nas endentações da nuca, no ponto médio entre a coluna e a base da orelha,

SEGURAR TRÊS-PONTOS

e da mesma forma o outro ponto se localiza logo à frente da parte alta, no topo da linha média da cabeça. Essa parte alta, conhecida como protuberância occipital externa, é muito proeminente em algumas raças, como Golden Retrievers e gatos siameses, e não tão proeminente em outras. Existe uma pequena ponta na frente dessa protuberância que pode ser encontrada ao se passar a unha para frente, partindo do ponto mais alto da linha média do topo da cabeça em direção à testa. Usando uma pressão bem leve, essa técnica de segurar os três pontos é um excelente mecanismo para acalmar. Os pontos são Vesícula Biliar 20, formalmente conhecido como "Lagoa dos Ventos", usado para aliviar a tensão vinda do Fígado, e Vaso Governador 20, conhecido como "Ponto de Encontro dos Cem Pontos", usado para reequilibrar a energia.

Se o animal é agitado, utilize primeiro longas manobras ao longo da nuca, e depois tente massagear as abas das orelhas. Assim, finalize com a técnica de segurar os três pontos durante dez a quinze segundos.

UM CASO DE CLAUDICAÇÃO

Atendi Milly, a Collie mais velha de uma cliente, que tinha claudicação no ombro. Era um problema que ocorria intermitentemente ou quando Milly e sua dona saíam para caminhar ou quando corriam na praia. Quando a cadela descansava, não havia sinais do problema, e as radiografias não mostravam lesões. Ao examiná-la, senti rigidez muscular na região da axila e ao longo da parte detrás do braço acima do cotovelo, contudo não havia ponto-gatilho palpável. Os grupos dos músculos grandes que estavam tensos tinham espasmos durante exercícios intensos e relaxavam, por algum motivo, durante o repouso, deixando Milly momentaneamente sem dor. Parecia que um padrão de memória de reflexo muscular era engatilhado durante o exercício. A origem da lesão pode ter sido um esforço exagerado de algum local, que causou espasmo crônico ou estiramento excessivo de um tendão.

Instruí minha cliente sobre quais os pontos de acupressão deveriam ser pressionados na região do ombro, do cotovelo e do punho. Esses pontos situam-se ao longo do meridiano da pata dianteira que se estende nos músculos envolvidos. O objetivo da acupressão foi de dispersar a energia bloqueada que causava os espasmos. Pedi a minha cliente que pressionasse o conjunto de pontos por um total de três minutos antes que saísse com Milly para correr. Se, durante os exercícios, a Milly mancasse, recomendei que a massagem fosse feita nos pontos novamente.

Na semana seguinte recebi flores de minha cliente porque Milly havia melhorado bastante e possuía apenas um pequeno sinal de claudicação. E o mais importante foi que a cliente quis me agradecer por ensiná-la como ela mesma poderia cuidar de sua cadela.

MASSAGEM DIÁRIA PASSO A PASSO

Primeiro, acaricie seu animalzinho da forma que ele mais gosta. Minha gata insiste em levantar seu quadril para que eu possa acariciá-la bem à frente de sua cauda. Alguns cães não gostam de ter a cabeça acariciada e preferem um afago abaixo do peito, enquanto outros gostam que os acarinhem vigorosamente a cabeça ou as orelhas.

A massagem diária possui vários objetivos. Primeiro, ela proporciona um momento especial e particular com seu animal que é mutuamente relaxante. Segundo, estimula a circulação do animal e revitaliza os músculos, ajudando a mantê-los com bom tônus, em forma e flexíveis. Terceiro, estimula os meridianos. É como o Dr. Kuan Hin coloca de forma tão bela: "Estimula um meridiano simplesmente ao passar sua mão sobre ele; por mais que possa parecer simples e inadequado para uma pessoa estranha... você achará sua ação múltipla e muito benéfica".[11] Durante o tempo de massagem, você pode notar uma mudança na textura da pele ou do pêlo, ou mesmo uma área de desconforto. Conforme for ficando mais acostumado e à vontade com esse tipo de trabalho em seu animal, ficará mais sensível às mudanças súbitas em seu comportamento, humor e condição geral. Essa observação tão próxima pode alertá-lo para os pequenos problemas antes que se tornem sérios.

Observe como seu animal se movimenta quando se aproxima de você. Parece fluir normalmente? Existe rigidez? Ele está com o andar arrastado? Sempre observo como um animal sustenta a cabeça, porque uma inclinação para um dos lados pode significar problemas na nuca ou na pata. Observe a expressão da face. Está alegre ou triste, sua aparência é de preocupação? Sempre acho graça quando as pessoas me perguntam se animais têm sentimentos. *É claro* que sim. Precisamos apenas percebê-los.

Em seguida, certifique-se de que o animal se encontra em uma posição confortável. Muitos cães e gatos gostam de se deitar de lado. Outros gostam de sentar-se sobre os quadris, descansando as patas à frente ou encolhidas embaixo.

Inicie a massagem na região da nuca ou da cabeça, usando manobras de afago ao longo do topo da cabeça até na parte de baixo da coluna. O meridiano mais longo do corpo, o da Bexiga, percorre paralelamente à coluna. A massagem inicia-se na nuca, onde o meridiano da Bexiga bifurca-se em duas vias em cada lado da coluna. Ele percorre pela nuca, entre as escápulas, por todo percurso até a base da cauda e abaixo nos membros posteriores. Encontre a pressão que o animal gosta, com manobras longas. Se for muito forte, ele se afastará. Se não for, ele se movimentará em direção ao seu toque.

Usando seus polegares e dedos, massageie do centro do queixo para cima em ambas as direções sobre a mandíbula até a base da orelha. Tente fazer o animal "sorrir". O queixo e os cantos da boca estimulam o meridiano do Estômago. À medida que você vai seguindo até a base da orelha, você tocará os meridianos do Intestino Grosso e do Intestino Delgado. Use tanto as manobras retas quanto os movimentos circulares.

Friccione as orelhas da base até a ponta do pavilhão. Isso é muito relaxante para a maioria dos animais. Na Medicina Tradicional Chinesa, o pavilhão auricular na parte interna e externa é um holograma de todo o corpo (um sistema completo de acupuntura, baseado na orelha, foi desenvolvido na França pelo Dr. Nogier). O meridiano do Triplo Aquecedor, que administra o trajeto das três principais áreas do corpo, circunda o pavilhão auricular. Ao se massagear a orelha e todo pavilhão, promove-se o relaxamento e o fortalecimento de todos os órgãos do corpo.

Em seguida, trabalhe abaixo com os lados da nuca em movimentos circulares, usando a técnica de Tellington-Jones de círculos a um e um quarto da coluna para o exterior. Se a pele for muito móvel, você pode estabilizar a área com uma mão e massagear com a outra. Assim, estará estimulando o meridiano da Bexiga que mantém a circulação movendo-se ao longo da coluna, diminuindo a tensão. Friccione para frente e para trás entre as escápulas e continue a massagem pela coluna usando os mesmos movimentos circulares. Quando chegar ao quadril, use a palma da mão com movimentos maiores e friccione primeiro em uma direção para fazer um círculo, e depois em outra.

Massagem no Meridiano da Bexiga

Se o animal apresenta sensibilidade em uma determinada área, verifique os mapas de pontos de associação para diagnóstico nas páginas 77 – 82, para que possa estar atento à possibilidade de haver um problema. Lembre-se de que uma sensibilidade ao longo da coluna pode significar dor reflexa local ou indicar problemas com algum sistema de órgão interno. De qualquer forma, cheque se há sensibilidade nesses pontos em particular, e se é recorrente.

Retorne para as patas dianteiras. Posicione seu animal de lado para a próxima parte. Nesse momento, ele deve estar relaxado e confiante. Deite a mão que você não está usando levemente sobre sua nuca para estabilizar o tecido. (Veja a figura com a estabilização na página 145.) Inicie no alto do ombro, usando manobras para baixo ao longo da parte externa da pata dianteira. Estará, assim, massageando na direção dos meridianos do Intestino Delgado, Intestino Grosso e Triplo Aquecedor. Preste uma atenção maior caso você sinta algum ponto sensível ou alguma área inchada ou enrijecida. Pressione essa área ou a massageie com movimentos circulares. Caso a sensibilidade ou o inchaço persista, fale com seu veterinário.

Após massagear a parte externa da perna até a pata, mova-se para frente do animal e gentilmente levante sua perna, e usando ambas as mãos (ou a mão inteira se for um cão pequeno ou gato), gentilmente circule o membro e mova suas mãos para baixo em direção às patas. Você agora estará massageando a superfície interna da perna dianteira, que engloba os meridianos do Coração, Pulmão e Pericárdio. Caso o animal permita, massageie os coxins das patas, e muito gentilmente aperte as regiões entre os coxins. Tal movimento permite que a circulação flua para as pontas dos dedos antes que retorne ao Coração. As pontas dos dedos são locais onde o Yin e o Yang se encontram, e um se transforma no outro.

Quando faço a massagem na barriga, uso a palma da mão ou a ponta dos dedos em suave movimento circular, iniciando abaixo do tórax e movendo para baixo até a região inguinal. Uma alternativa é usar manobras retas com a palma da mão. Muitos animais gostam e não vão querer que você pare. Use pressão leve a moderada, e verifique se o animal é sensível em uma determinada região do abdômen. Esteja atento se houver alguma sensibilidade e fale com o veterinário.

O abdômen abriga cinco meridianos: do Fígado, do Baço, do Estômago, do Rim e do Vaso Concepção. A massagem no abdômen é muito importante para auxiliar na digestão e na eliminação. Caso você sinta caroços, especialmente no centro do abdômen, profundamente abaixo da pele ou na região da virilha, são provavelmente linfonodos. Se forem duros, doloridos ou aumentados, comunique ao seu veterinário.

Finalmente, trabalhe com os membros posteriores, iniciando na parte externa de cada coxa. Você estará massageando o meridiano da Vesícula Biliar que percorre a parte externa das coxas. Como os músculos são mais grossos nessa região, pode ser necessário que se faça maior pressão para ter melhor resposta. Ponha em prática e veja como o animal responde. Se necessário, lembre-se de estabilizar a pata traseira com sua mão livre à frente do quadril.

Tanto as manobras retas quanto as circulares podem ser usadas na parte interna e externa da coxa. Os meridianos do Rim, do Fígado, do Baço e Estômago percorrem desde o abdômen até a virilha e continuam os trajetos ao longo da parte interna da coxa.

O joelho é a articulação mais complexa do corpo, pois abriga muitos ligamentos, assim como considerável quantidade de cartilagem. Posicione as mãos sobre os joelhos e segure a região. A seguir, massageie suavemente atrás do joelho com seu polegar e dedos. Continue descendo pela perna, circulando o membro inferior com a palma da mão. O meridiano do Estômago atravessa da parte interna para a parte externa da perna, ao redor da região do joelho. O exterior da parte inferior da perna possui os meridianos da Vesícula Biliar e do Estômago. O meridiano da Bexiga percorre ao longo da parte detrás da perna, e finalmente na parte externa do calcanhar. Encontre o ponto à frente do tendão de Aquiles, logo abaixo do calcanhar, e use seu polegar e dedo indicador para massagear esse espaço – parecerá dois pedaços de pele friccionando juntos. Esse é um ponto de encontro especial para os meridianos. A parte interna do calcanhar é atravessada pelos meridianos do Rim, Baço e Fígado. Na parte externa, o meridiano da Bexiga possui um ponto para dor em articulações do corpo inteiro.

À medida que você continua descendo, os ossos do pé parecerão mais longos do que você imaginava. Lembre-se de que os ossos dos pés dos animais têm um ângulo mais vertical do que os nossos, são paralelos ao chão. Cuidadosamente, levante cada pata para flexionar o membro. Termine fazendo pressão entre os dedos e uma massagem final nos coxins.

Faça uma respiração profunda. Expire. A sessão inteira deve levar entre 10 a 20 minutos, dependendo da sua disposição e a do animal. Felizmente, esse é um momento de prazer e relaxamento para os dois.

Notas Finais

1, 2, 10. Fox, Michael W. B., Vet Med, MRCVS, PhD. *The Healing Touch.* (New York: Newmarket Press, 1981), 64, 68, 66.

3. Travell, Janet. *The Trigger Point Manual.* (Baltimore, MD: Williams & Wilkens, 1983).

4. Janssens, Luc A.A., DVM, PhD. *Trigger Point Therapy. Problems in Veterinary Medicine Veterinary: Acupuncture.* A. Schoen, ed. (Philadelphia, PA: J.B. Lippincott Co. Vol. 4, No. 1, March 1992), 121.

5, 6. O'Connor, John and Dan Bensky, trans. ed. *Acupuncture, A comprehensive Text.* (Seattle, WA: Eastland Press, 1981), 251, 246.

7, 8, 9, 11. Dr. Kuan Hin. *Chinese Massage and Acupressure.* (New York: Bergh Publishing, Inc., 1991), 74, 103, 45, 65.

Meridianos

Pulmões

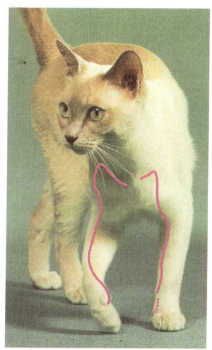

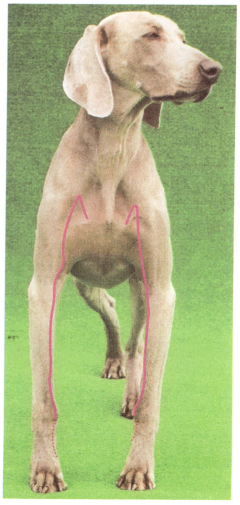

Intestino Grosso

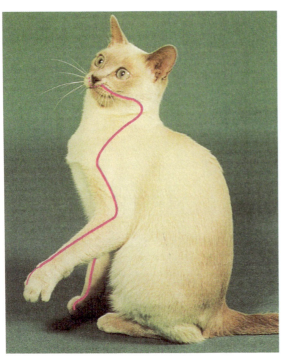

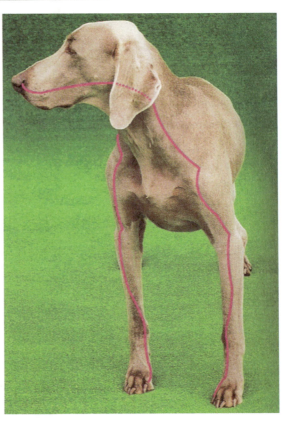

Estômago

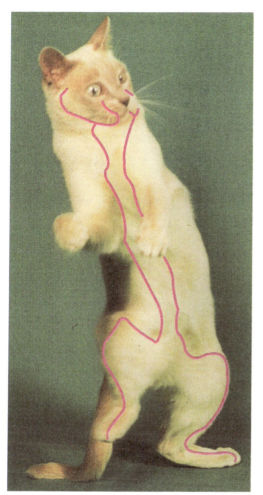
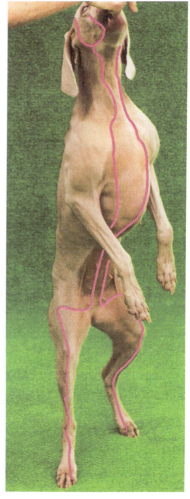

163

Baço/Pâncreas

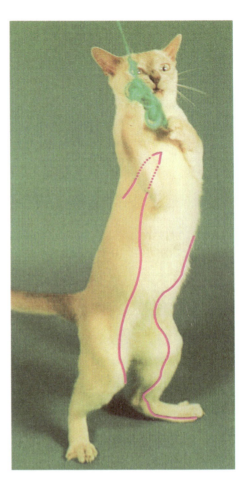

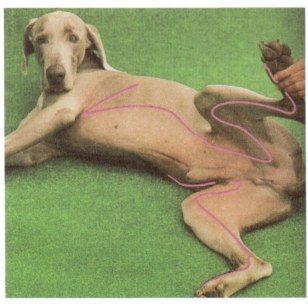

Coração

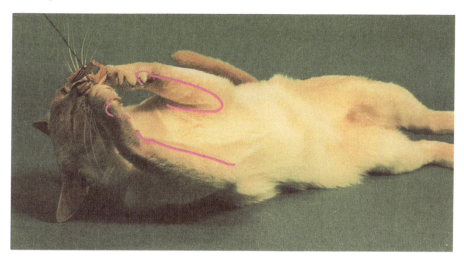

Intestino Delgado

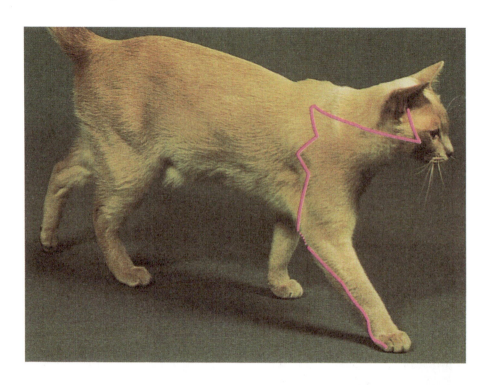

166

Bexiga

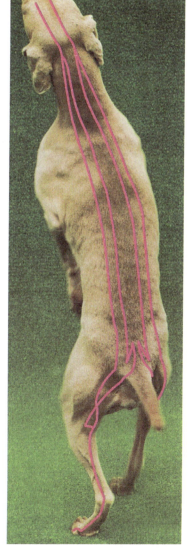

Rim

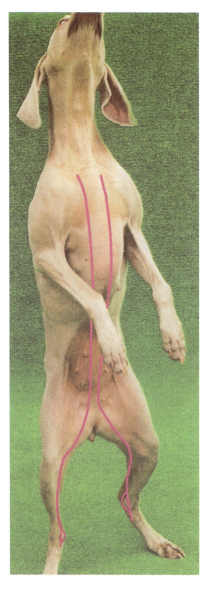
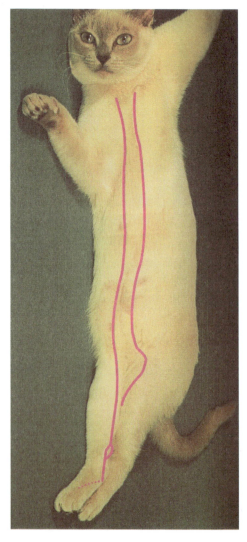

Pericárdio

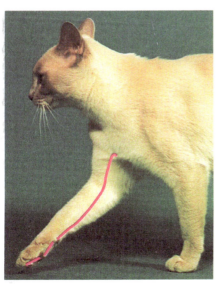

Triplo Aquecedor

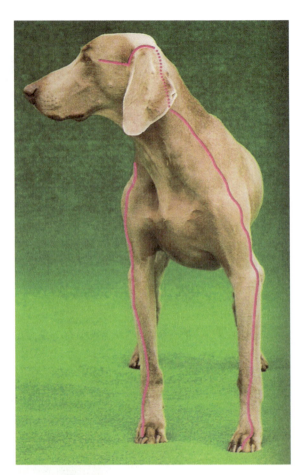

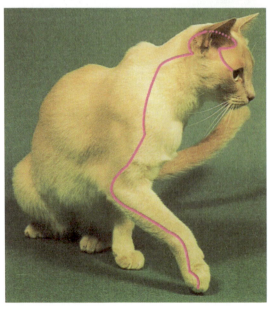

170

Vesícula Biliar

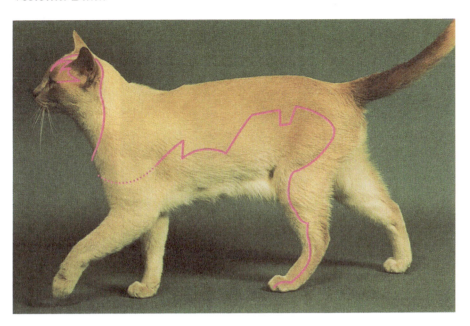

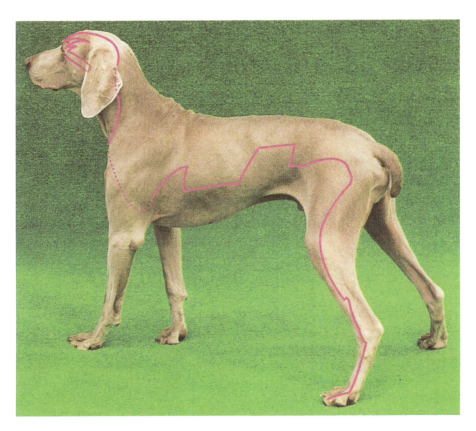

Fígado

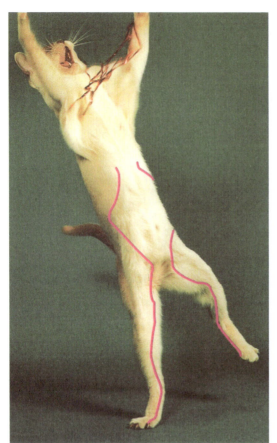
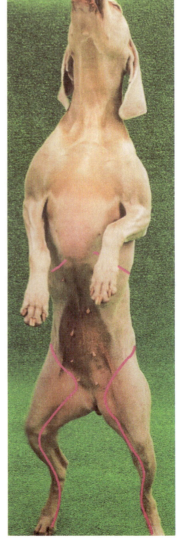

Vaso Concepção

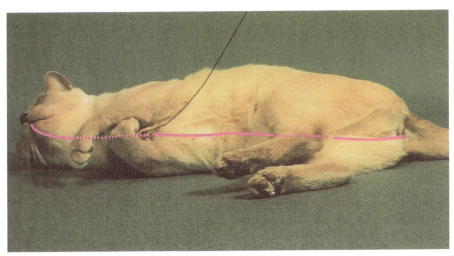

Vaso Governador

Pontos de Acupressão
Olhos

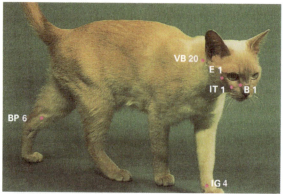

Olhos Vermelhos, Pruriginosos, Secos, p. 207
VB 20, IG 4 p. 207; B 1, E 1, BP 6 p. 208

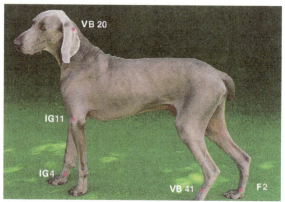

Conjuntivite, p. 210
VB 20, IG 4 p. 207; F2, IG 11 p. 211; VB 41 p. 211

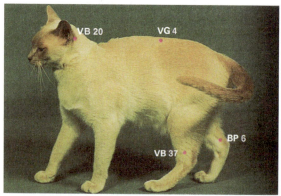

Sensibilidade à Luz e ao Vento, p. 216
VB 20 p. 216; VB 37, VG 4 p. 217; BP 6 p. 217

Resfriados e Problemas nos Seios Nasais

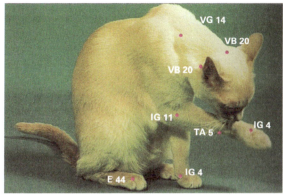

"Vento Frio, Vento Calor", p. 221-226
VB 20, IG 4. p. 207; VG 14 p. 222; TA 5 p. 212;
IG 11 p. 211; E 44 p. 232

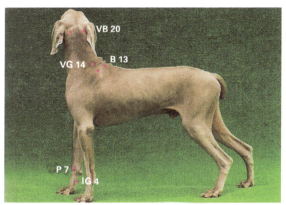

Tosse de Canis, p. 229
VB 20, IG 4 p. 207; B 13, P 7 p. 229; VG 14 p. 222

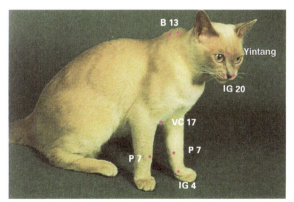

Suporte para Seios Nasais Crônicos. p. 235
VC 17, IG 20 p. 236; B 13. P 7 p. 229; IG 4 p. 207;
Yintang p. 236

175

Ouvidos

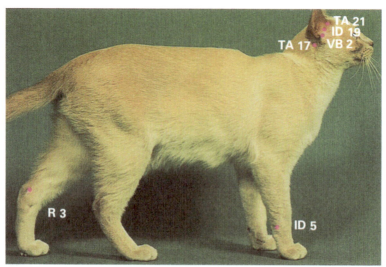

Audição, p. 245
TA 21, ID 19, VB 2, TA 17, R 3, ID 5 p. 245

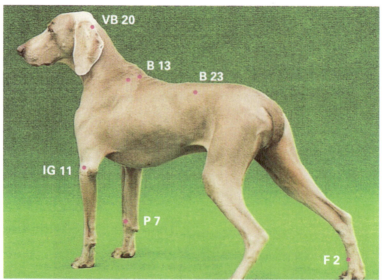

Ouvidos Secos, Acúmulo de Cera, pp. 245-248
VB 20 p. 207; IG 11, F 2 p. 211; B 23 p. 246; B 13, P 7 p. 229

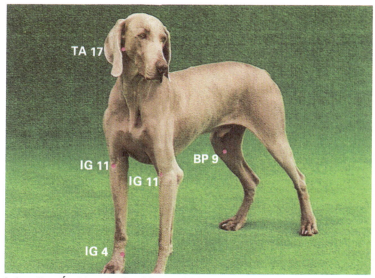

Infecções Úmidas do Ouvido, p. 251
BP 9 p. 252; IG 4 p. 207; IG 11 p. 211; TA 17 p. 244

Dentes e Gengivas

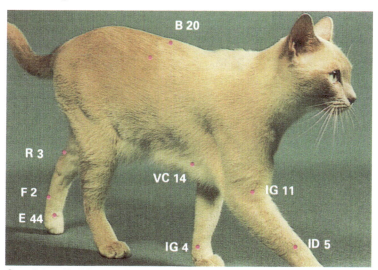

Gengivite, Feridas na Boca, pp. 264-267
E 44 p. 232; F 2, IG 11 p. 211; IG 4 p. 207; R 3, ID 5 p. 245;
B 20 p. 263; VC 14 p. 263

Pulmões

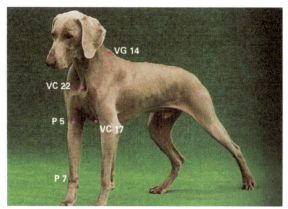

Bronquite, p. 271
VC 22 p. 272, P 5 p. 271; P 7 p. 227; VG 14 p. 222;
VC 17 p. 235

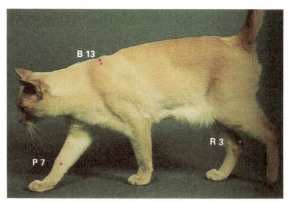

Tosse Seca com Chiado. p. 273
B 13, P 7 p. 229; R 3 p. 245

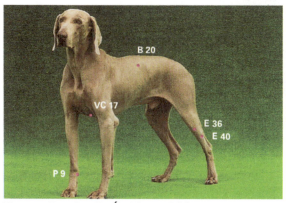

Tosse e Respiração Úmida, p. 280
VC 17 p. 235; P 9, E 36 p. 280; E 40 p. 280; B 20 p. 263

Coração

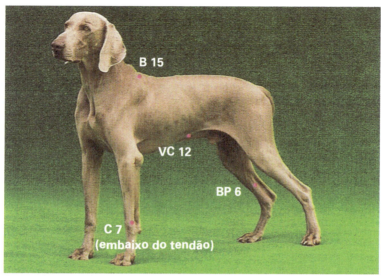

Sinais Cardíacos Precoces, p. 289
BP 6 p. 208; C 7, VC 12. B 15 p. 290

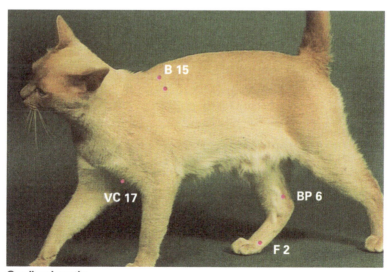

Cardiomiopatia
B 15 p. 290; VC 17 p. 235; F 2 p. 211; BP 6 p. 208

Fígado e Vesícula Biliar

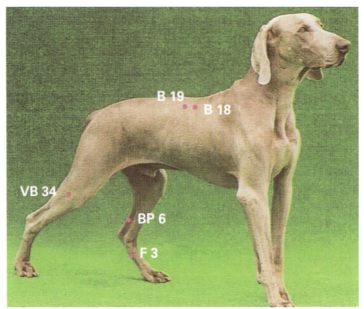

Deficiência de Sangue do Fígado, p. 310
F 3 p. 303; BP 6 p. 208; VB 34; B 18, 19 p. 311

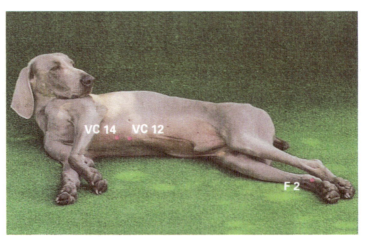

Vômito de Sangue e Bile, p. 315
VC 14 p. 263; VC 12 p. 290; F 2 p. 211

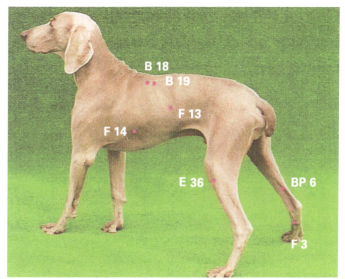

Hepatite, pp. 321-323
F 13 p. 296; F 14 p. 322; B 18, 19 p. 311; F3 p. 303;
BP 6 p. 208; E 36 (não usar se houver febre) p. 280

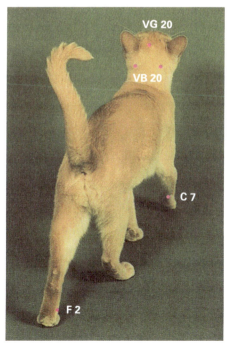

Convulsões, pp. 311, 319, 326
VG 20 p. 302; VB 20 p. 207; F 2 p. 211; C 7 p. 289

181

Baço/Pâncreas e Estômago

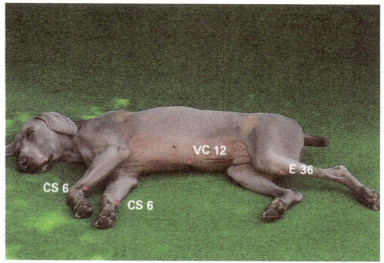

Qi Fraco do Estômago, p. 338
E 36 p. 280; CS 6 p. 302; VC 12 p. 290

**Fogo no Estômago e
Apetites Estranhos**, p. 338
VC 14, B 20 p. 263; E 44 p. 232; VB 41 p. 211

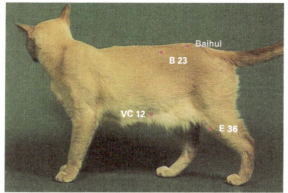

Vômito de Água, p. 345
VC 12 p. 290; E 36 p. 280; B 23 p. 246; Baihui p. 345

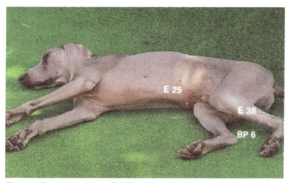

Fezes Pastosas, p. 347
E 25 p. 347; BP 6 p. 208; E 36 p. 280

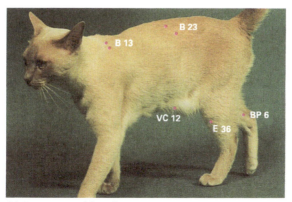

Diabetes, pp. 337, 347
B 13 p. 229; VC 12 p. 290; B 23 p. 246; E 36 p. 280;
BP 6 p. 208

Baço/Pâncreas e Estômago *(continuação)*

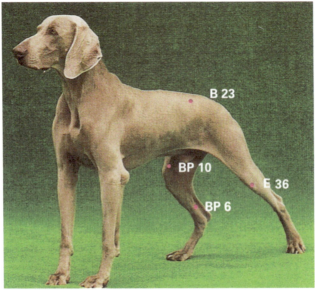

Desordens de Sangramento A, p. 351
BP 6 p. 208; BP 10 p. 352; E 36 p. 280; B 23 p. 246

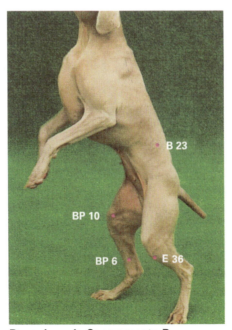

Desordens de Sangramento B

Rins e Bexiga

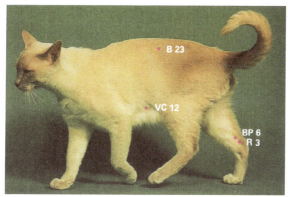

Suporte de Yin do Rim, p. 357
R 3 p. 245; BP 6 p. 208; VC 12 p. 290; B 23 p. 246

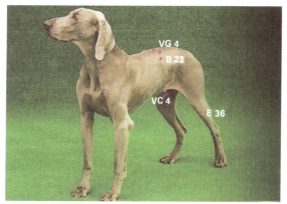

Suporte de Yang/Libido do Rim, p. 364
VG 4 p. 217; B 23 p. 246; VC 4 p. 313; E 36 p. 280

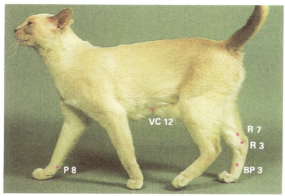

Falha Renal, p. 370
BP 3 p. 371; R 3 p. 245; P 8, R 7 p. 372; VC 12 p. 290

Bexiga

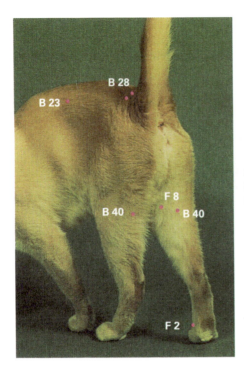

Cistite, Retenção e Sangue, pp. 380-384
B 40 p. 313; F 2 p. 211; B 23 p. 246;
B 28 p. 379; F 8 p. 380

Cistite, Retenção e Sangue, pp. 380-384
VC 4 p. 313; VC 3 p. 379; R 7 p. 372;
B 23 p. 246

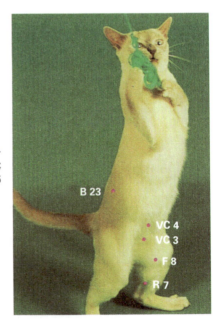

Intestino Grosso

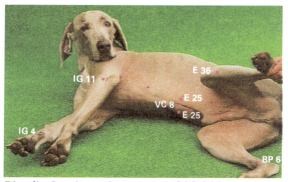

Diarréia Aguda ou Aquosa, pp. 388-393
IG 4 p. 207; IG 11 p. 211; BP 6 p. 208; VC 8 p. 393;
E 36 p. 280; E 25 p. 347

Diarréia e Tenesmo, p. 394
F 2 p. 211; BP 6 p. 208; B 25 p. 394; E 25 p. 347;
IG 11 p. 211

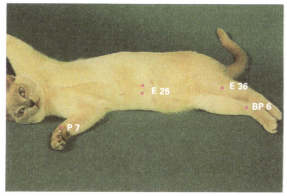

Constipação por Deficiência, p. 398
E 25 p. 347; BP 6 p. 208; E 36 p. 280; P 7 p. 229

Intestino Grosso *(continuação)*

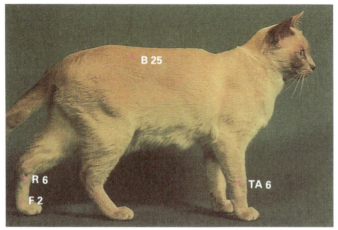

Constipação por Excesso de Fígado, p. 400
TA 6, R 6 p. 400; F 2 p. 211; B 25 p. 394

Ossos e Músculos

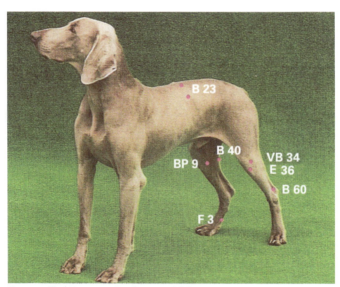

Pontos Gerais para Artrite, p. 408
B 60 p. 408; VB 34 p. 312; B 40 p. 313; F 3 p. 303;
B 23 p. 246; BP 9 p. 252; E 36 p. 280

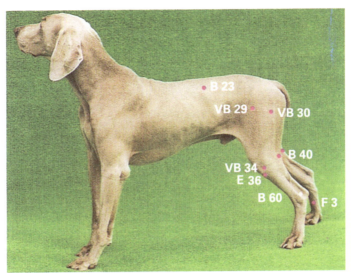

Artrite na Articulação do Quadril, p. 410
VB 29, 30 p. 410; F 3 p. 303; B 60 p. 408; B 23 p. 246; ou
VB 34 p. 312; B 40 p. 313; E 36 p. 280

Articulação do Joelho (Patela), p. 411
Olhos do Joelho, p. 411; B 23 p. 246; VB 40 p. 411; VB 34
p. 312; B 60 p. 408; B 40 p. 313

Ossos e Músculos *(continuação)*

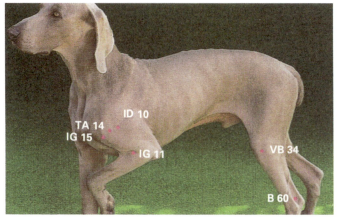

Artrite na Articulação do Ombro, p. 411
IG 15, TA 14, ID 10 p. 412; IG 11 p. 211; B 60 p. 408;
VB 34 p. 312

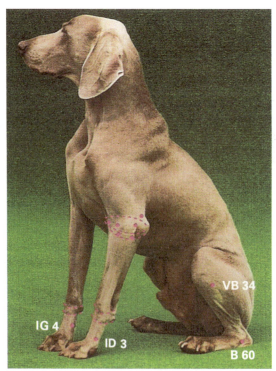

Articulação do Cotovelo e Punho, pp. 412-413
Circulando o Cotovelo, Pulso; IG 4 p. 208; B 60
p. 408; VB 34 p. 312; ID 3 p. 413

Pele

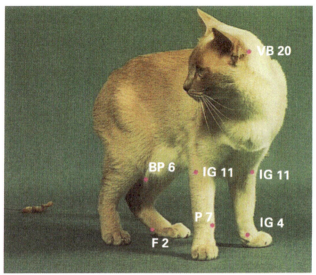

Quente, Pruriginosa, Seca e Crostas, pp. 425-30
VB 20, IG 4 p. 207; BP 6 p. 208; P 7 p. 229;
F 2, IG 11 p. 211

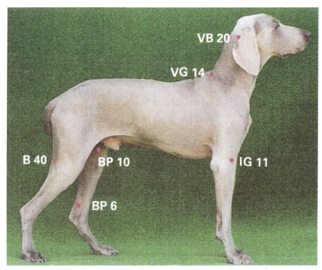

Cheiro de Cachorro, Prurido, Exsudato e Urticária, p. 434
VG 14 p. 222; IG 11 p. 211; B 40 p. 313; BP 6 p. 208;
BP 10 p. 435; VB 20 p. 207

Sistema Imunológico e Glândulas

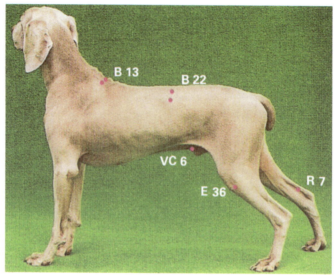

Hipotireoidismo, pp. 447-449
R 7 p. 372; VC 6 p. 448; B 22 p. 449; E 36 p. 280;
B 13 p. 229

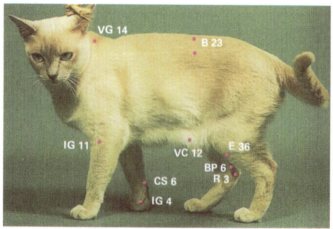

Suporte Imunológico, p. 456
IG 4 p. 207; IG 11 p. 211; E 36 p. 280; CS 6 p. 302; VC 12
p. 290; VG 14 p. 222; R 3 p. 245; B 23 p. 246

Parte 3

O TRATAMENTO

Uma Introdução ao Tratamento

O PROPÓSITO DESSA SEÇÃO é apresentar a você uma nova maneira de observação dos desequilíbrios da saúde do animal. Nas Partes Um e Dois do livro, ressaltei alguns conceitos básicos da Medicina Tradicional Chinesa, incluindo sua teoria, diagnóstico e formas de tratamento. O diagnóstico utiliza o sistema de meridianos dos Cinco Elementos e a localização e sistema de substância dos Oito Princípios. O tratamento incorpora o uso da acupressão e massagem, fitoterapia e dietoterapia. Agora, veremos como *aplicar* todo esse conhecimento para especificar os desequilíbrios na saúde dos animais.

A primeira coisa que será preciso fazer é observar e avaliar o animal de acordo com a Teoria dos Cinco Elementos e dos Oito Princípios. Para facilitar, consulte a Ficha de Avaliação apropriada nas páginas 198-199. Essas fichas foram feitas para ajudá-lo a criar um "mapa" da condição atual do cão ou gato. Ela o auxiliará a determinar a maneira mais efetiva para melhorar, tanto de forma específica quanto geral, a saúde do animal.

Lembre-se de que na MTC cada indivíduo é visto de modo multidimensional. A natureza constitucional de um animal o fará suscetível a diferentes desequilíbrios. Essa individualidade afeta o tipo de tratamento que melhor promoverá o equilíbrio do organismo. Isso é o que torna o sistema único.

Este livro, entretanto, não tem intenção de substituir o tratamento veterinário profissional. Enquanto alguns tratamentos são listados para situações onde a Medicina Ocidental tem pouco ou nada a oferecer, muitos deles podem ser usados com sucesso quando combinados com ela. O mais importante é que a Medicina Tradicional Chinesa é prática e sensível. Da mesma forma, seja prático e sensível a respeito de quando procurar os conselhos profissionais de seu veterinário.

As listagens que virão, a seguir, mostrarão procedimentos caseiros simples para condições *não-emergenciais*. Iniciei com a cabeça do animal e segui abaixo até os dedos do pé, cobrindo todas as doenças e desequilíbrios mais comuns que tenho encontrado na prática. Nos termos da MTC, esse *lay-out* anatômico corresponde a compartimentos específicos ou **Aquecedores** do corpo. O **Aquecedor Superior** refere-se à cabeça, tórax e membros anteriores. O **Aquecedor Médio** refere-se ao Fígado, Vesícula Biliar, Baço/Pâncreas e Estômago, ou seja, tudo situado entre o diafragma e o compartimento inferior do corpo. O **Aquecedor Inferior** refere-se aos rins, bexiga, intestino, órgãos genitais e membros posteriores.

Em cada listagem, combinei o problema ou desequilíbrio na visão ocidental com seu diagnóstico na MTC. Em seguida, é listado o tratamento correspondente pela MTC que pode incluir acupressão, pontos de massagem, fitoterapia e dietoterapia. Também incluí suplementos nutricionais que podem ser muito úteis em situações específicas. Apesar de não fazer parte do tratamento com a MTC, acredito que a suplementação é muito importante para ficar omitida.

Primeiro complete a ficha de avaliação para que tenha uma boa idéia da condição geral do animal e de seus desequilíbrios específicos. Então, procure o termo ocidental para o problema, como "espirros" ou "distúrbios no Fígado". Encontrará a descrição do problema tanto em termos ocidentais quanto da MTC e, em alguns casos, um exemplo de como tratei um de meus pacientes.

Seguirá uma descrição detalhada de tratamentos apropriados com acupressão/massagem, incluindo a localização específica dos pontos, meridianos e as técnicas a serem usadas. Os pontos de acupressão serão listados com o nome de seu meridiano junto com seu número e abreviação, seguido por uma tradução do nome do ponto, por exemplo, "Intestino Grosso (IG)4. Conhecido por 'Vale Convergente'".

Os profissionais de acupuntura e acupressão usam esses termos para localizar pontos específicos. Os números ajudam a localizar, aproximadamente, onde os pontos se situam no meridiano. Para relembrar, verifique a seção dos meridianos no Capítulo Um que se inicia na página 17.

Tradicionalmente, os médicos chineses nomearam cada ponto de acordo com sua localização anatômica ou sua função, para assim auxiliar o estudante e/ou praticante a identificar onde e como usar o ponto. [*Veja as Notas Finais para verificar as fontes dessas traduções.*]

Como pode perceber muito dos mesmos pontos de acupressão podem ser usados para múltiplas situações. Não é incomum ver um mesmo ponto listado para um problema no olho, um problema no ouvido e diarréia. Lembre-se de que os pontos são escolhidos de acordo com a localização física e meridiano, com a conexão com o meridiano ou órgão, ou com a interação com os sistemas chineses dos Cinco Elementos e Oito Princípios. Além do mais, um ponto pode ser usado para tratar inúmeras condições.

UMA REFERÊNCIA RÁPIDA À ACUPRESSÃO/ MASSAGEM

- Concentre-se por 1 a 2 minutos antes de iniciar.
- Pense no objetivo do tratamento: reequilibrar um órgão, aliviar a dor, etc.
- Encontre o ponto no "vale" entre os músculos e o osso.
- Trate os pontos de acupressão dos 12 meridianos principais em ambos os lados do corpo.
- Aplique pressão constante, de leve a moderada.
- Respire para facilitar o movimento da energia.

Quando digo para "segurar" o ponto, lembre-se de usar a pressão em uma profundidade que é confortável para o animal. Pressione o ponto durante 15 a 60 segundos, a não ser que haja outra indicação.

Após as instruções de acupressão e massagem, você encontrará descrições detalhadas dos tratamentos com fitoterapia: as ervas em si (tanto as ocidentais quanto as chinesas), suas preparações, dosagens e como administrá-las no animal. Em seguida, virão as suplementações minerais e vitamínicas apropriadas e as dietas recomendadas.

Tem-se aqui uma boa quantidade de informações, assim, sempre que necessário, não deixe de ir aos Capítulos das Partes Um e Dois para refrescar a memória.

FICHA DE DIAGNÓSTICO PARA O CÃO

Sintomas Atuais: _____

_____

Tipos Constitucionais dos Cinco Elementos

(Fogo, Terra, Metal, Água, Madeira): _____

Relógio Circadiano

(quando ocorrem os sintomas)

hora: _____

estação do ano:_____

Influências Ambientais

(condições em que há melhora ou piora dos sintomas): _____

_____

Localização da Condição

Exterior (aguda):_____

Interior (crônica):_____

Tipo da Condição

Yin:_____ Yang:_____

Frio:_____ Calor:_____

Tipo da Constituição do Paciente

Excesso (forte): _____

Deficiente (fraco): _____

Quente: _____ Frio: _____

Auscultação

Respiração (alta, rasa, fraca, seca, rápida): _____

Tosse (profunda, seca, úmida):____

Latido (alto/forte, suave/fraco): ____

Língua

Cor (rosa, vermelha, pálida, com pintas): _____

Revestimento (branco, amarelo, ausente): _____

Formato/tamanho (inchada, curta, marca de dentes):_____

Pelagem

(seca, oleosa, escassa, queda):

_____

Odores (chamuscado, rançoso, pútrido, adocicado)

Respiração: _____

Ouvidos/ nariz:_____

Pele: _____

Genitais: _____

Secreções (clara, com coloração, grossa, aquosa)

olhos: _____

ouvidos: _____

nariz: _____

genitais: _____

Pulso

	cães pequenos	cães grandes
taxa: rápida	>110	>80
lenta	<60	<40

formato (filiforme, largo, em nó, normal, superficial, profundo): _____

Força (forte, vasto, fraco): _____

Postura (forte, debilitada): _____

Hábitos de Eliminação

Urina (freqüência, textura, cor, odor, dor): _____

Defecação (freqüência, textura, cor, odor, esforço): _____

Humor/Mudanças Comportamentais

(raiva, impaciente, medroso, etc.): _____

Avaliação do Qi

Apetite: _____

Energia (a.m./p.m.): _____

Vômito: _____

Avaliação do Yin

Sede: _____

Tolerância ao calor: _____

Avaliação do Yang

Tolerância ao frio:_____

Nutrição

Dieta atual:_____

_____

_____

_____

Suplementação: _____

_____

Medicações Atuais: _____

_____

_____

_____

_____

FICHA DE DIAGNÓSTICO PARA O GATO

Sintomas Atuais: _____
_____

Tipos Constitucionais dos Cinco Elementos
(Fogo, Terra, Metal, Água, Madeira): _____
Relógio Circadiano
(quando ocorrem os sintomas)
hora: _____
estação do ano:_____
Influências Ambientais
(condições em que há melhora ou piora dos sintomas): _____
_____

Localização da Condição
Exterior (aguda):_____
Interior (crônica):_____
Tipo da Condição
Yin:_____ Yang:_____
Frio:_____ Calor:_____
Tipo da Constituição do Paciente
Excesso (forte): _____
Deficiente (fraco): _____
Quente: _____ Frio: _____
Auscultação
Respiração (alta, rasa, fraca, seca, rápida): _____
Tosse (profunda, seca, úmida):____
Miado (alto/forte, suave/fraco): ____
Língua
Cor (rosa, vermelha, pálida, com pintas): _____
Revestimento (branco, amarelo, ausente): _____
Formato/tamanho (inchada, curta, marca de dentes):_____
Pelagem
(seca, oleosa, escassa, queda):
_____

Odores (chamuscado, rançoso, pútrido, adocicado)
Respiração: _____
Ouvidos/ nariz:_____
Pele: _____
Genitais: _____

Secreções (clara, com coloração, grossa, aquosa)
olhos: _____
ouvidos: _____
nariz: _____
genitais: _____
Pulso
taxa: rápida >180 ___ > lenta <80
formato (filiforme, largo, em nó, normal, superficial, profundo): _____
Força (forte, vasto, fraco): _____
Postura (forte, debilitada): _____
Hábitos de Eliminação
Urina (freqüência, textura, cor, odor, dor): _____
Defecação (freqüência, textura, cor, odor, esforço): _____
Humor/Mudanças Comportamentais
(raiva, impaciente, medroso, etc.):
_____

Avaliação do Qi
Apetite: _____
Energia (a.m./p.m.): _____
Vômito: _____
Avaliação do Yin
Sede: _____
Tolerância ao calor: _____
Avaliação do Yang
Tolerância ao frio:_____
Nutrição
Dieta atual:_____
_____
_____
_____
_____

Suplementação: _____
_____

Medicações Atuais: _____
_____
_____
_____
_____

CAPÍTULO NOVE

Os Olhos

Na Medicina Tradicional Chinesa, os olhos e a visão estão relacionados ao elemento **Madeira** do Fígado e da Vesícula Biliar.

Três dos meridianos Yang usados em acupuntura iniciam-se ao redor do olho. Esses três são: Vesícula Biliar, Bexiga e Estômago. Pode parecer estranho, mas, às vezes, as funções de digestão e eliminação de fluidos podem afetar os olhos.

DESARMONIAS NOS OLHOS

Pelo fato de os olhos serem intimamente associados ao Fígado, pode-se dizer que ambos compartilham as mesmas sensibilidades. Os problemas se desenvolverão quando não houver umidade suficiente para nutrir os olhos, ou se houver muito calor interno subindo do Fígado. Ambas as condições podem causar secura, vermelhidão, coceira e inflamação nos olhos. Ainda, os olhos são muito sensíveis ao Vento e responderão com lacrimejamento ou secura.

Tratamento ocidental para a maioria dos problemas nos olhos é à base de antibióticos e cortisona. Entretanto, na MTC, é importante

201

distinguir se o animal está apresentando problemas nos olhos devido a uma Deficiência de fluidos ou a um Excesso de calor, visto que o tratamento de cada um é diferente.

DEFICIÊNCIA DE YIN E SANGUE NO FÍGADO: OLHOS VERMELHOS, PRURIGINOSOS E SECOS

Quando existe uma Deficiência de Yin e sangue no Fígado, pode surgir secura generalizada no corpo, caracterizada por pele seca, sede aumentada e coceira, secura e vermelhidão nos olhos. O animal ou usa as patas ou se esfrega ansiosamente para se coçar em tapetes. Os olhos pioram quando o dia começa, e ficam sensíveis à luz do sol e ao calor. Com o surgimento de inflamações crônicas, podem ocorrer secreções e infecções.

Muitos animais com essa Deficiência podem ficar nervosos, medrosos ou agitados. Toque-os delicadamente e seja paciente para lidar com a sensibilidade ao medicar seus olhos.

Outra característica da Deficiência de sangue e fluidos é a língua seca, pouco ou nenhum revestimento, e um pulso fraco e fino sentido na parte interna do membro posterior. Já vi muitos Rottweilers enormes com olhos vermelhos e pruriginosos, resultantes de uma Deficiência de sangue do Fígado, e o pulso femoral desses cães não era maior que um fio de espaguete. (Por causa do tamanho, os Rottweilers normalmente têm um pulso cuja espessura lembra uma caneta esferográfica!).

Na MTC, o Fígado não apenas armazena o sangue, mas também o faz "circular suavemente". Quando não há sangue suficiente para irrigar os órgãos, a circulação começa a estagnar. Isso, por sua vez, pode levar ao acúmulo de bolsas de calor ou frio e mais secura, resultando em olhos vermelhos e pruriginosos.

CONJUNTIVITE, OLHOS LACRIMEJANTES, OLHO SECO

Na MTC, essas condições são causadas pelo Excesso de calor ou ascensão do Fogo do Fígado. Conforme será discutido na seção do Fígado, quando este funciona mal, tende a superaquecer ou estagnar.

Não é por acaso que o Fígado é parte do elemento Madeira. A Madeira é combustível e o Fogo queima. Se o Fígado tem sangue circulando o suficiente e funciona em um corpo com uma constituição de Excesso, ele pode superaquecer. Quando o Excesso de calor ascende do Fígado, gera inflamação, especialmente na parte superior do corpo – sendo os olhos um dos primeiros alvos. Podem resultar problemas nos olhos e pálpebras como vermelhidão, coceira, ardência, umidade e inchaço.

Lembre-se de que a emoção associada ao elemento Madeira é a raiva. Pense na frase: "Ela está tão brava que está enxergando em vermelho". Sempre imaginamos a raiva deixando nossa face vermelha. Raiva e estresse contínuo podem, na verdade, causar vermelhidão e inflamação nos olhos em cães que latem continuamente por atenção ou que guardam seu território. Gatos, que deixam de ser únicos em uma casa e passam a competir com outros gatos no mesmo território, podem tornar-se suscetíveis a problemas nos olhos.

Os problemas nos olhos causados pelo Excesso de calor do Fígado normalmente possuem um corrimento grosso que pode ter coloração cinza, amarela ou verde e, ainda, pode ter um odor forte. As lágrimas que escorrem e queimam o pêlo ao redor dos olhos, também, podem ser devido ao Excesso de calor. O corrimento será mais aparente pela manhã, ao amanhecer, já que o Fígado é o responsável pela circulação do sangue enquanto dormimos. A coceira e a irritação podem piorar entre 23h00 e 3h00, que são os horários em que os meridianos do Fígado e da Vesícula Biliar estão mais ativos.

Quando o Fígado não está em harmonia, tende a influenciar ou até mesmo sobrecarregar o Baço/Pâncreas. Isso atrapalha a digestão e, também, o movimento da umidade através do corpo. Os olhos cujos tecidos circundantes são úmidos, quentes, inflamados e grudentos são resultantes de um desequilíbrio do Fígado e Baço/Pâncreas com calor e umidade.

Muitos desses problemas pioram após as refeições. O indivíduo ficará com sede extrema e beberá água excessivamente. Animais com Excesso de calor e ascensão do Fogo não toleram serem tocados ao redor dos olhos. Não importa o quão gentil você seja, sempre irá doer bastante.

CONJUNTIVITE: CALOR E ESTAGNAÇÃO

Quando há calor e umidade em excesso, o resultado é uma congestão dos tecidos, o que é uma forma de estagnação. Os tecidos ficam muito doloridos, inflamados e inchados. A conjuntivite crônica é uma forma de Excesso de calor com estagnação.

A conjuntivite tem aparência de ser dolorida e, realmente, é; a parte interna da pálpebra inferior parece um hambúrguer cru. As secreções variam de lágrimas quentes e irritantes até pus amarelo ou esverdeado. Pode ser aguda, com surgimento repentino quando um agente patogênico externo invade o indivíduo suscetível. É súbito como uma "rajada de Vento". Os chineses chamam a conjuntivite aguda de um problema de Vento-calor ou Vento-calor-umidade, dependendo da quantidade de umidade dentro dos tecidos.

Tive um paciente canino, chamado Sammy, que costumava pular o muro e fugir sempre que surgia uma oportunidade. Seu dono se cansou desse comportamento e, assim, prendeu Sammy no quintal com uma corda bem longa. Ele imaginou que o cão poderia se exercitar ao máximo correndo para frente e para trás e ainda não permitiria que ele escapasse.

Sammy realmente corria bem, porém, ficava agitado e latia freqüentemente. Pouco tempo depois, desenvolveu um problema no olho. Seus olhos tornaram-se secos, pruriginosos e muito vermelhos, e eventualmente possuíam corrimento esverdeado e com mau cheiro. Seus olhos coçavam tanto que Sammy os esfregava na grama, causando ainda mais inflamação. Era uma luta enorme para que seu dono administrasse as medicações prescritas pelo veterinário. Os remédios ajudaram por um período, mas assim que eram descontinuados, os problemas reapareciam.

Quando vi o Sammy, seus olhos estavam secos e sua cabeça era quente ao toque. Em minha opinião, a situação de vida daquele cão criou raiva e estresse interior suficiente para causar estagnação e lesão do Fígado. Tal fato permitiu que o Fogo do Fígado ascendesse causando o problema no olho. Sugeri ao seu dono uma modificação da situação no quintal. Quando Sammy foi liberado da corda e permitido interagir no quintal e em casa naturalmente, seu latido agitado diminuiu. Ele foi tratado com acupressão e ervas em sua refeição para ajudar a acalmar o Fígado e eliminar o Calor na parte superior do corpo. Aos poucos, seus olhos começaram a melhorar, e três meses depois estavam quase normais. Durante todo o período de tratamento, não foi utilizada nenhuma medicação no olho, o tratamento foi apenas acupressão e fitoterapia.

VENTO, LACRIMEJAMENTO E OLHO SECO

O Fígado e o olho estão associados com o fator ambiental Vento. Muitos cães adoram andar de carro com a cabeça para fora da janela. Isso pode causar olhos lacrimejantes com corrimentos. Se o Vento for quente ou se o cão possuir uma predisposição para se superaquecer, as lágrimas que escorrem podem produzir uma sensação de queimação. Isso você percebe quando o animal se torna sensível à luz (fotofobia), o que causa lacrimejamento mesmo na ausência do Vento. Pode, também, existir uma área ao redor dos olhos onde o pêlo cai devido à natureza quente e ardente das lágrimas. Os gatos podem ter o mesmo problema caso saiam regularmente de casa em dias de ventania.

Na medicina ocidental, quando há afecções dos olhos ou do nariz por ambientes externos, estas são conhecidas por alergias inalantes. Na Medicina Tradicional Chinesa, são conhecidas por invasão de Vento.

São as predisposições subjacentes de um indivíduo que irão afetar sua sensibilidade ao Vento em geral. Pode haver desequilíbrios no Sistema de Controle dos Cinco Elementos onde o Pulmão é deficiente e não conseguem manter o Fígado em harmonia. Pode haver, também, desequilíbrios no Ciclo de Criação dos Cinco Elementos onde os Rins são deficientes e não conseguem nutrir o Fígado e os olhos adequadamente. Ambas condições podem causar lacrimejamento contínuo.

Um indivíduo que precisa produzir lágrimas continuamente pode esgotar o fluido armazenado pelo Fígado e não ser capaz de produzir as lágrimas necessárias para manter a superfície do olho umedecida. Assim, pode surgir uma secura severa dessa superfície, resultando em olho seco. O olho seco, nesse caso, é uma combinação de Vento com secura e calor.

ALERGIA ALIMENTAR E OS OLHOS

Outro fator que pode afetar os olhos é a dieta. Sabe-se na Medicina Ocidental que o Fígado é afetado pelo que se come. Dessa forma, nossos olhos também são afetados pelo que comemos. Muitas alergias alimentares, especialmente em gatos, podem surgir como corrimento ocular ou inflamação. Se o gato possui corrimento ocular crônico, tente um experimento. Primeiro, verifique o tipo de proteína que está sendo usada no alimento. Se for galinha, mude para carne de boi, ovelha ou peixe. Ainda, alguns animais são sensíveis à levedura, então verifique a listagem de ingredientes na embalagem da ração. Muitos corrimentos responderão a mudanças na dieta.

Em acréscimo à alergia alimentar, alguns alimentos podem criar uma ação de calor e ascensão no corpo. O alho é um exemplo. Ao comer um dente de alho pode-se perceber que a cabeça começa a esquentar ou a suar. Outros podem perceber que os olhos começam a ficar secos. Vai depender do estado interno e do estado do Fígado e dos outros órgãos de cada um. O alho ajuda a repelir pulgas em muitos cães e gatos e também auxilia o trato digestivo. Mas caso o animal seja propenso a ter olhos vermelhos e pruriginosos, pode-se reduzir ou eliminar o alho de sua dieta. Alguns frutos do mar, como camarão e alguns tipos de antílope selvagem, como os cervos, criam calor em excesso que ascendem ao corpo. Comidas secas e ricas em gorduras também podem criar calor e estagnação. Dessa forma, se o animal tende a ter olho vermelho e irritado, verifique os tipos de suplemento ou proteína utilizados no alimento e os modifique de acordo.

TRATAMENTO DAS DESARMONIAS NOS OLHOS

Busque as referências do texto anterior para distinguir se a causa é uma Deficiência de fluidos ou Excesso de calor do Fígado. Lembre-se de que muitos animais com condição de Deficiência ficam desconfortáveis, mas normalmente permitem o tratamento do olho. A maioria dos animais com condições de Excesso sente dor e resistirão ao tratamento do olho.

◆ Pontos de Acupressão para Olhos Secos, Vermelhos e Pruriginosos Devido à Deficiência de Sangue e Yin do Fígado

O objetivo do tratamento é nutrir o Yin e sangue do Fígado, assim como eliminar os sintomas de Vento.

Vesícula Biliar (VB)20. Conhecido como "Palácio do Vento", esse ponto não apenas dispersa o Vento como também dispersa calor e vermelhidão dos olhos.

Localização: Na extremidade inferior da cabeça, na depressão encontrada na nuca, aproximadamente em um ponto médio entre a coluna e a parte traseira da orelha. Os pontos são facilmente encontrados quando a cabeça é movimentada para cima e para baixo. Essas "covinhas" são encontradas em ambos os lados do corpo. Segure o ponto por aproximadamente 20 segundos.

Intestino Grosso (IG) 4. Conhecido como "Grande Vale", esse é o ponto mestre da cabeça. Ajuda a circular o Qi e sangue ao redor dos olhos.

Localização: Localizado na rede entre o primeiro e o segundo dedo da pata dianteira. Pode ser tratado massageando toda a rede, utilizando o dedo indicador e o polegar. Massageia-se entre o primeiro dedo e a pata em movimentos para frente e para trás.

◆ Pontos ao Redor do Olho:

Bexiga (B) 1. Conhecido como "Clareza dos Olhos".
Localização: Na pele, no canto interno do olho.

Vesícula Biliar (VB) 1. Conhecido como "Ponto da Pupila".
Localização: Na pele, no canto externo do olho.

Estômago (E) 1. Conhecido como "Contendor de Lágrimas".
Localização: Abaixo do meio dos olhos, na pele abaixo da linha da pupila sobre a ponta do osso da órbita ocular.

Esses pontos são usados para nutrição e tonificação local dos meridianos e seus órgãos. Utilize pressão leve e precisa por 10 segundos em cada ponto. Uma alternativa seria usar movimentos circulares ao redor dos olhos, têmporas e face.

Baço/Pâncreas (BP) 6. Conhecido como "Encontro dos Três Yin", esse ponto umedece e tonifica o sangue e os fluidos.

Localização: Na parte interna do membro posterior, logo atrás do osso da tíbia e abaixo do início do grupo de tendão (Aquiles), que se estende do músculo.

◆ Tratamento com Fitoterapia

Lício, Crisântemo e Rehmannia.[1] Essa fórmula trata da Deficiência do sangue e Yin do Fígado e Rim. É uma variação da fórmula tonificante Rhemannia Six. É usada para secura no olho, visão deficiente e tontura (por exemplo, o gato pode ficar em dúvida quando vai pular de uma cadeira ou mesa, e o cão pode ficar relutante para descer escadas). Contém os tônicos de Yin e sangue da Rehmannia, Dioscorea e Lício; as ervas cornus, alisma e Poria cocos que movem umidade; a erva moutan que elimina calor, e Crisântemo que elimina Vento e calor. É disponível em pequenas bolinhas (pílulas). Use por períodos de 3 semanas, fazendo intervalo de 1 semana.

> **Dosagem:** gatos/cães pequenos: 1 a 2 pílulas, 2 vezes ao dia
> cães médios: 4 pílulas, 2 vezes ao dia
> cães grandes: 6 pílulas, 2 vezes ao dia

Eufrásia (Euphrasia officinalis).[2] Essa erva ocidental nutre o olho em si e pode ser usada internamente e como uso tópico, na forma de chá para lavar o olho. Melhora a visão e tem qualidades adstringentes, pungentes, amargas e refrescantes. Pode ser usada tanto em condições de Deficiência quando o olho é seco e com formação de corrimento mucoso, ou em condições infecciosas de tipo Calor, com conjuntivite e corrimento copioso amarelo ou esverdeado.

> **Dosagem:** Coloque 1 saquinho de chá ou 1/2 colher de chá da erva seca em 1 copo com água fervente. Retire todas as partículas utilizando um filtro de café. Esfrie.

Uso Tópico: Mergulhe uma compressa de gaze no chá e pressione-a de maneira a pingar o líquido sobre o olho ou utilize um conta-gotas. Faça esse procedimento três vezes ao dia. Guarde o chá no refrigerador em um recipiente hermeticamente fechado. Faça um novo preparado a cada 2 dias. Caso haja vermelhidão nos olhos, descontinue o uso.

Uso Interno: Faça o chá conforme as instruções acima, e o adicione ao alimento úmido ou a cereais cozidos, na medida de 1 colher de chá para cães pequenos e gatos; e 1 colher de sopa para cães maiores.

◆ Suplementos Nutricionais

Vitamina A, sozinha ou como Óleo de Fígado de Bacalhau:
>   gatos/cães pequenos: 2.000 mg (1/2 colher de chá) diariamente
>   cães médios: 5.000 mg (1 colher de chá) diariamente
>   cães grandes: 10.000 mg (2 colheres de chá) diariamente

Vitamina E, na forma de óleo de prímula, devido aos ácidos graxos essenciais e seu efeito antioxidante que diminui a inflamação:
>   gatos/cães pequenos: 50 UI a 100 UI diariamente
>   cães médios: 200 UI diariamente
>   cães grandes: 400 UI diariamente

Vitamina C, na forma de ascorbato de sódio ou ácido ascórbico. A superdosagem pode causar diarréia. Caso isso ocorra, diminua a dose:
>   gatos/cães pequenos: 125 mg, 2 vezes ao dia
>   cães médios: 250 mg, 2 vezes ao dia
>   cães grandes: 500 mg, 2 vezes ao dia

Bioflavonóides ajudam na assimilação da vitamina C.

Complexo B, incluído niacina e ácido pantotênico. Tente evitar os produtos ricos em lecitina, pois podem causar alergias nos olhos. Use um quarto ou metade da dosagem para humanos.

Traços Minerais na forma de algas marinhas ou algas azuis com quercetina para alergias com secura e irritação. Use 1/16 a 1/2 colher de chá, dependendo do produto e do tamanho do animal. Se ocorrer diarréia, diminua a dose pela metade ou elimine, se necessário.

◆ Recomendações Dietéticas

Em condições oculares de Deficiência, o melhor é utilizar alimentos de tipo neutro ou amargo, junto com alimentos que fortalecem o Fígado. Alimentos neutros incluem batatas, ovos, coelho, bacalhau, carne e fígado bovino, moela de frango e porco (sem gordura). Cereais neutros são arroz e milho bem cozidos. Alimentos amargos, como aipo, espinafre e alface eliminam a inflamação. Alimentos que auxiliam o Fígado são aves domésticas, trigo e arroz. Mas existe um conflito aqui, pois alguns gatos e cães são alérgicos a aves e trigo. Porém, em muitos casos, uma vez que o sangue do Fígado é fortalecido com acupressão e/ou ervas, essas alergias tendem a desaparecer e trigo e aves podem ser gradualmente reintroduzidos na dieta.

CONJUNTIVITE E EXCESSO DE CALOR

O objetivo do tratamento é refrescar o Fígado, acalmar o fogo em excesso e harmonizar a circulação para diminuir as tendências à estagnação e congestão.

Em casos de excesso de calor e umidade, onde os tecidos são úmidos, congestos e inflamados, pontos para mover os fluidos podem ser adicionados.

Em casos de Vento calor, como na conjuntivite, os pontos são utilizados para eliminar calor e refrescar o Fígado, e se adicionam pontos para eliminar Vento.

◆ Pontos de Acupressão para Tratar Calor em Excesso e Conjuntivite

Vesícula Biliar (VB) 20. Conhecido como "Palácio do Vento", esse ponto dispersa o Vento e calor e pode ser usado em todos os casos de Excesso de calor e/ou invasão de Vento.

Localização: Veja a página 207. A técnica é segurar o ponto com pressão constante ou fazer pequenas manobras circulares. Como existe Excesso de calor, lembre-se de respirar quando sentir uma subida rápida de energia.

Intestino Grosso (IG) 11. Conhecido como "Poça Curva", esse ponto elimina calor da parte superior do corpo e regula o sistema imunológico. É usado em todos os casos de excesso de calor e invasão de Vento.

Localização: Na parte externa da pata da frente, no final da dobra do cotovelo quando este é flexionado. Use movimento circular no ponto com pressão constante.

Intestino Grosso (IG) 4. Conhecido como "Grande Vale", esse é o ponto mestre da cabeça e da face. Pode ser usado como ponto de equilíbrio, sendo útil como imuno-estimulante e para excesso de calor, Vento e condições de umidade.

Localização e Técnica: Veja página 207

Fígado (F) 2. Conhecido como "Caminhar Entre", libera o calor do Fígado, refrescando e acalmando o Fígado, os olhos e a cabeça. Como esfria o Fígado, também seda a subida do Qi e do sangue para a cabeça.

Localização: Em humanos, esse ponto localiza-se entre o primeiro e o segundo dedos do pé. A não ser que o animal tenha o primeiro dedo do pé ainda intacto, não existe esse dedo na maioria dos animais. Ao invés disso, os cães e gatos têm quatro dedos em cada pé: do segundo ao quinto dedos. Apesar de existir muita controvérsia em relação à localização exata do Fígado 2, em minha experiência, ele se situa na extremidade interna da pata traseira, no nível logo acima onde os dedos encontram os ossos do pé. Massageie na direção para baixo. É o oposto do fluxo normal de Qi no meridiano do Fígado e, dessa forma, seda o ponto. Você também pode "enviar" a energia para baixo pela porção interna do osso do pé até a pata, pois, assim, tem-se certeza de que se está tratando o ponto correto.

Vesícula Biliar (VB) 41. Conhecido como "Controle das Lágrimas Inferiores", esse ponto auxilia a descongestionar e mover a circulação no Fígado e na Vesícula Biliar, assim como a eliminar calor e umidade.

É usado junto com o Fígado 2 para equilibrar os dois órgãos. Devido a sua habilidade de drenar umidade, é útil nas condições com excesso de umidade e calor.

Localização: Na dobra logo à frente da junção dos metatarsos IV e V. Segure o ponto.

CONJUNTIVITE REPENTINA: UMA CONDIÇÃO AGUDA DE VENTO

Use **Vesícula Biliar (VB) 20**, da página 207 e **Intestino Grosso (IG) 11,** da página 211.

Triplo Aquecedor (TA) 5. Conhecido como "Portão Externo", esse ponto alivia o exterior e condições de calor.

Localização:[3] Dividindo a pata da frente, entre o cotovelo e o punho, em seis partes, esse ponto estará localizado na última parte próxima ao punho. Está na parte lateral do antebraço, na depressão logo atrás do tendão maior do músculo extensor, conhecido como extensor digital comum. Massageie o ponto para cima e para baixo com a ponta do dedo.

♦ Tratamento com Fitoterapia

Lung Tan Xie Gan Wan.[4] Essa fórmula é boa para Excesso de calor no Fígado, e também para a umidade calor que ocorre na conjuntivite. Inclui ervas que eliminam o excesso de Fogo no Fígado, incluindo Genciana, Gardênia e Escutelária; Tanchagem para desfazer a congestão e a umidade; Rehmannia e Dang Gui para fortalecer o sangue do Fígado e Bupleuro para regular o Fígado.

Dosagem: gatos/cães pequenos: 1 pílula, 2 vezes ao dia

cães médios: 3 a 4 pílulas, 2 vezes ao dia

cães grandes: 5 pílulas, 2 vezes ao dia

Se ocorrer diarréia, reduza a dosagem pela metade. Devido a sua natureza refrescante, o uso prolongado pode danificar o Qi do animal. Normalmente, o tratamento é de uma a duas semanas.

Golden Seal (Hydrastis canadensis).[5] Essa erva ocidental tem característica amarga e adstringente, e é excelente para eliminar infecções bacterianas e a congestão causada por umidade calor. Elimina calor do Fígado. Como essa planta abaixa o açúcar no sangue, não é recomendada para diabéticos com dose fixa de insulina. Ela também estimula contrações uterinas, assim não deve ser usada em caso de gestação. Pode ser usada tanto internamente quanto na forma de solução para limpeza dos olhos por duas semanas.

Dilua de 10 a 15 gotas da tintura em 30 ml de água destilada. Se o conteúdo de álcool for muito forte para o animal, ele irá salivar. Administre três vezes ao dia.

Dosagem: gatos/cães pequenos: 10 gotas da tintura diluída

cães médios: 20 gotas da tintura diluída

cães grandes: use a erva em pó, colocando-a em cápsulas (devido ao gosto amargo), dar 1 a 2 cápsulas (n° 0)

Para fazer a solução de limpeza para o olho, coloque ¼ de colher de chá em 1 xícara de água fervente. Esfrie e filtre, usando um filtro de café para remover todas as partículas. Use um conta-gotas cheio para cada olho. Assim como qualquer medicação para os olhos, caso a vermelhidão piore, descontinue o uso.

Eufrásia (Euphrasia officinalis). Use conforme recomendado na página 208, como solução externa ou internamente.

Marigold (Tagetes patula) + Dente-de-leão + Camomila. Essa combinação em partes iguais pode ser usada como solução para lavar olhos secos, pruriginosos, vermelhos e inchados. Combine ¼ de colher de chá de cada erva e use 1 copo com água fervente. Resfrie e filtre em um filtro de café. Pingue nos olhos de 2 a 4 vezes por dia.

SUPLEMENTOS NUTRICIONAIS

Vitamina C, como ascorbato de sódio ou ácido ascórbico. Use a maior dose possível antes que ocorra diarréia. Para essa condição, use acima de 5.000 mg por dia para cães grandes, dividindo em duas doses de 2.500 mg cada.

Traços Minerais, tendo algas marinhas como fonte:

> gatos/cães pequenos: 1/8 de colher de chá por dia
> cães médios: 1/4 de colher de chá por dia
> cães grandes: 1/2 colher de chá por dia

Zinco: gatos/cães pequenos e médios: 5 mg por dia

> cães grandes: 10 mg por dia

Vitamina B Múltipla de fonte que não seja levedura: 10 mg diariamente.

RECOMENDAÇÕES DIETÉTICAS

Em qualquer situação de Calor, evite alimentos que sejam muito quentes e que levam a energia para cima. Limite ou exclua alimento seco durante uma crise de conjuntivite, pois pode criar mais calor e secura. Se o alimento seco estiver sendo usado, deve ser de baixo teor de gordura e de preferência "cozido, sem agrotóxico". Suplemente uma dieta de alimento seco com arroz integral bem cozido, batata, macarrão integral, cevada ou painço, sendo acima de 25% do total a ser servido. Se for usada a dieta caseira, a quantidade de cereais pode ser acima de 60% para cães e de 33% a 40% para gatos. Os cereais precisam ser bem cozidos, por 1¼ horas na proporção de 1 xícara de cereais para 3 xícaras de água. As fontes de proteína animal são usadas na quantidade acima de 25% para cães e 67% (dois terços) para gatos, e deve ser de neutra a refrescante, como porco, Rim de porco, pequenas quantidades de carne bovina, peixe branco. Pode-se adicionar feijão-azuqui. Para cães, pode-se adicionar aipo, cogumelos, espinafre, brotos de alfafa, cenoura, brócolis e repolho Napa na quantidade acima de um quinto do total do alimento. Os gatos normalmente comem uma quantidade muito pequena de vegetais e, às vezes, não comem nenhum. *Evite* camarão, frango, carne de cervo e cordeiro, pois são alimentos que aquecem e podem aumentar o calor.

OLHO SECO EM CÃES

O olho seco é uma condição crônica. Normalmente, se inicia devido ao excesso de calor que sobe, evaporando os fluidos dos olhos ou uma deficiência subjacente de sangue e fluidos. Com o tempo, os olhos ficam secos, e é necessário eliminar o calor antes de restaurar os fluidos.

♦ Pontos de Acupressão para Tratamento de Olho Seco

Acupressão, fitoterapia e dieta para eliminar calor são a primeira linha do tratamento. Dessa forma, deve-se usar o regime listado anteriormente para condições de excesso de calor. Após um curso inicial de tratamento de um mês de duração, pode-se mudar para um regime para deficiência de sangue e fluidos.

Uma vez que o calor é eliminado, e o animal fica com menos sensibilidade na região ocular, é especialmente importante usar pontos locais ao redor dos olhos. Esses pontos são **Estômago (E) 1, Bexiga (B) 1 e Vesícula Biliar (VB) 1** – todos são encontrados na página 207. A Técnica aplicada é pressão firme e leve nos pontos.

O Dr. Kuan Hin, em seu livro: *Chinese Massage and Acupuncture,*[6] descreve um exercício diário que promove a saúde dos olhos. Massageie a pele em direção circular do canto interno do olho, abaixo do olho e depois para o canto externo, sobe para a parte superior indo de volta para o canto interno. Então, mude a direção e vá do canto interno para a parte superior até o canto externo, depois para baixo e de volta para o canto interno. Faça cada direção por várias vezes usando pressão firme e leve. Massageie, também, em frente às orelhas, de cima para baixo. Esses pontos aumentam a circulação facial.

♦ Tratamento com Fitoterapia

A superfície da córnea de cães com olho seco fica espessada e pigmentada devido à falta da lubrificação normal. Solução ocular feita de **mirtilo, eufrásia e marigold (Tagetes patula)** ajuda a restaurar o tecido funcional da superfície do olho. Use 1/8 de colher de chá de mirtilo, 1/4 a 1/2 colher de chá de eufrásia e calêndula para 1 xícara de água fervida, coe e esfrie.

Shou Wu Pian.[7] Essa é uma erva simples patenteada que umedece e esfria o Fígado e os fluidos do Rim. Ajuda a revigorar o olho com o aumento do suprimento de sangue. Use de 1 a 3 tabletes, duas vezes ao dia.

◆ Suplementos Nutricionais

Ácidos graxos essenciais, que produzem prostaglandinas através do ácido linoléico, são úteis para restaurar a lubrificação do ducto lacrimal. **Óleo de prímula** é uma fonte excelente.[8] Recomendo 250 mg diariamente. **Vitamina C e traços minerais** também são benéficos.

SENSIBILIDADE À LUZ E AO VENTO

Muitos gatos e cães de raças toys parecem ter tendência a desenvolverem esse problema. Quando os olhos lacrimejam com o Vento, é uma condição de Vento. O objetivo do tratamento é dispersar o Vento.

A sensibilidade do olho, em geral, se estende à luz do sol, e em alguns casos, à luz de dentro de casa. Como as lágrimas são aquosas, pode ser uma condição de frio e Yin. Verifique as outras características do animal para determinar sua predisposição (veja o Capítulo Três, os Oito Princípios, página 43). Se os olhos lacrimejam devido à condição de Frio, o objetivo do tratamento é eliminar o Vento e aquecer o Yang e a circulação. Se as lágrimas queimam, o que se percebe quando o olho parece inflamado e o pêlo ao redor do olho fica queimado, é então uma condição de Calor. O objetivo do tratamento aqui é eliminar o Vento e refrescar o olho.

◆ Pontos de Acupressão para tratar Sensibilidade à Luz e ao Vento

Vesícula Biliar (VB) 20. Conhecido como "Palácio do Vento", esse ponto dispersa o Vento para a superfície.

Localização: Veja a página 207. Segure o ponto por 20 minutos.

Vesícula Biliar (VB) 37. Conhecido como "Luz Clara", esse ponto clareia a visão e regula o Fígado.

Localização: Na parte externa da pata traseira, abaixo do joelho, logo atrás da fíbula. O ponto situa-se entre os dois músculos, o tibial cranial e o peroneal longo. Ao dividir-se a perna entre o joelho e o tornozelo em três partes, esse ponto está a aproximadamente um terço subindo do tornozelo. A técnica é massagear com movimentos para cima e para baixo. Encontre a parte mais larga dos músculos e massageie entre elas do meio da perna até o final da fossa muscular.

Vaso Governador (VG) 4. Esse ponto, conhecido como "Portal do Fogo da Vida", é um dos principais pontos para aquecer o corpo. Ajuda a regular o Fogo interno. Se o lacrimejamento for devido à condição climática de frio, a acupressão neste ponto irá ajudar a aliviar o frio.

Localização: Na linha média das costas entre a segunda e a terceira vértebras lombares. A técnica é usar pressão moderada com o dedo, com movimento para frente e para trás.

Baço/Pâncreas (BP) 6. Conhecido como "Encontro dos Três Yin", esse ponto nutre o Yin e sangue do Fígado, Rim e Baço.

Localização: Veja página 208. Use movimentos pequenos, circulares ou segure o ponto.

Notas Finais

1. Naeser, Margaret A., PhD. *Outline Guide to Chinese Herbal Patent Medicines in Pill Form.* (Boston, MA: Boston Chinese Medicine, 1990), 307.

2, 5. Holmes, Peter. *The Energetics of Western Herbs, Vol.I & II.* (Boulder, CO: Artemis Press, 1989), 410, Vol. I, 553, Vol. II.

3. Hwang, Yann-Ching, DVM, PhD. *Problems in Veterinary Medicine: Veterinary Acupuncture,* A. Schoen, ed. Volume 4, No. 1 March 1992, (Philadelphia, PA: J.B. Lippincott Co., 1992), 22.

4, 7. Fratkin, Jake. *Chinese Herbal Patent Formulas.* (Boulder, CO: Shya Publications, 1986), 82, 182.

6. Dr. Kuan Hin. *Chinese Massage and Acupressure.* (New York: Bergh Publishing Inc., 1991), 58.

8. Pitchford, Paul. *Healing with Whole Foods.* (Berkeley, CA: North Atlantic Press, 1993), 131.

CAPÍTULO DEZ

O Nariz e as Condições do Trato Respiratório Superior

Você já se perguntou por que certas pessoas ficam doentes enquanto outras escapam ilesas? A razão é que alguns indivíduos têm o Wei Qi forte. Conforme discutido na Parte Um, o Wei Qi atua como a primeira barreira para a doença que está entrando no corpo. Se o animal está enfraquecido devido à sobrecarga, má nutrição ou exposição a ambientes com Ventos, patógenos virais ou bacterianos podem ganhar entrada. O resultado da batalha entre o Wei Qi e os patógeno invasores determina se o animal adoecerá ou permanecerá saudável.

Uma vez que o animal adoece, sua resposta à doença depende se ele possui uma constituição de Excesso ou Deficiência, ou se o patógeno é do tipo Frio ou Calor.

O indivíduo com Excesso tende a eliminar a doença rapidamente, enquanto o indivíduo com Deficiência pode sofrer por um período prolongado.

Existem dois tipos de patógeno que viajam pelo Vento e assaltam o Wei Qi: são os patógenos de tipo Frio e os de tipo Calor. Os chineses se referem a esses ataques agudos de doença de "Vento frio" ou "Vento calor". Eles acreditam que a vulnerabilidade do indiví-

219

duo aos ataques de Vento está atrás da cabeça, na base da nuca. *(Para uma revisão dessa informação, veja o Capítulo Três, página 51.)*

ATAQUES DE VENTO FRIO

O patógeno Frio causa frio interno com calafrios. O animal quer ficar no sol, próximo a um aquecedor, debaixo das cobertas ou no colo. Acompanhando os calafrios, existem letargia e corrimento nasal e/ou ocular claro e aquoso. O paciente, geralmente, fica muito cansado para comer e não quer beber água. Ele pode ter uma vasta dor de cabeça ou de ouvido, que pode ser aliviada com massagem. (Sim, o animal tem dores de cabeça, que você percebe pelo rosto aflito, pela reação dele aos barulhos altos, ou por esconder a cabeça ou pressioná-la contra algo).

ATAQUES DE VENTO CALOR

O patógeno Calor causa febre e o animal fica quente ao toque, irritado e agitado. Ele pode não aceitar o toque ou não querer ficar próximo às pessoas devido ao incômodo causado pela temperatura corporal delas. Vai ter muita sede, especialmente por água fria, e percebe-se isso quando o animal bebe água do vaso sanitário, que é bem fria. Conforme o calor interno sobe, os fluidos internos evaporam, criando vermelhidão nos olhos, orelhas ou focinho. Se houver dor será repentina e em pontadas, mais do que dolorosa e ampla.

◆ Tratamento

A primeira linha de tratamento é tentar eliminar a invasão nos locais onde ela originalmente penetrou no corpo: a base da nuca. A acupressão usa "pontos para eliminar o Vento" para que isso seja feito.

Se for uma condição de Vento calor, os pontos são adicionados para eliminar ou refrescar o calor. Em ambos ataques de Vento frio e Vento calor, pontos imunológicos básicos são incluídos para fortalecer o Wei Qi.

Animais mais fracos e deficientes são tratados com acupressão mais leve e com ervas mais brandas. Indivíduos com excesso e reativos são tratados com acupressão mais forte e com ervas mais potentes. Animais tanto com Excesso quanto com Deficiência estão sujeitos a resfriados de tipo Vento frio e Vento calor. Qualquer tipo que for tratado, pontos para imunidade são selecionados para fortalecer o Wei Qi.

♦ **Técnica de Acupressão para Indivíduos com Deficiência e Excesso**

Para indivíduos com Deficiência, é suficiente pressão leve por aproximadamente 1 a 2 minutos. Para indivíduos com Excesso, deve-se usar pressão leve a moderada. Nos casos em que o indivíduo é agitado, pressão mais forte por curtos períodos de tempo pode ser necessária. O objetivo é tentar "combinar" a pressão com o estado do animal. Ele te mostrará se a pressão é excessiva quando se esquivar, ou se é muito leve quando ele se mover em direção aos seus dedos.

Quando o corpo sofre invasão de Vento pela nuca, pode-se observar um "excesso de energia" naquela localização particular do meridiano. Esse excesso cria estagnação e gera dor e inflamação. O Propósito da acupressão é eliminar esse excesso de energia ao despertar o ponto e, em seguida, superestimulá-lo. Quando as fibras dos nervos se aquecem, o ponto fica fatigado, e a acupressão começa a "sedar" o ponto. Quando o ponto é sedado, sua abertura na superfície relaxa, torna-se ligeiramente enlarguecida, e libera a energia do interior do corpo para a superfície. Os terapeutas orientais chamam isso de "eliminar" o Frio.

♦ **Pontos de Acupressão para Tratamento de Condições de Vento Frio**

Vesícula Biliar (VB) 20. Conhecido como "Palácio do Vento", esse ponto é usado para dispersar o Vento da superfície e, dessa forma, liberar a energia para o exterior.

Localização: Veja página 207. A técnica é segurar o ponto com pressão firme.

Vaso Governador (VG) 14. Conhecido como "Grande Vértebra", esse ponto, assim como o VG 20, é usado para dispersar a invasão de Vento e aliviar a rigidez da nuca.

Localização: Na linha média das costas, na depressão entre a última vértebra cervical e a primeira vértebra torácica, diretamente sobre a coluna dorsal. Esse ponto é encontrado movendo-se a nuca para frente e para trás. O ponto é no local onde a coluna é estacionária e a nuca se movimenta. A "grande vértebra" é de fato a primeira vértebra torácica ou T-1. Use a ponta do dedo ou a unha e mova o dedo para frente e para trás nesse ponto. A pressão deve ser o tanto que o animal puder tolerar sem desconforto.

Intestino Grosso (IG) 4. Conhecido como "Grande Vale", esse é o ponto mestre que influencia a cabeça. Significa que ele pode ser usado para qualquer condição que envolva cabeça, face, olhos, ouvidos, nariz, boca e garganta. Pelo fato do meridiano do Intestino Grosso terminar no nariz, os pontos em seu trajeto afetam as condições do trato respiratório superior. É o ponto principal utilizado para dores de cabeça e para aliviar a congestão dos seios nasais, e também é utilizado para dores de garganta e dificuldade de deglutição.

Localização: Veja página 207. Massageie a rede do local para cima, no ponto mais alto, durante 10 a 60 segundos, usando o polegar e o indicador. Posicione o animal sentado ou deitado, pois a pata não pode sustentar peso quando for localizar esse ponto. Nos cães que tiveram o primeiro dedo removido, o ponto está localizado na cicatriz formada no segundo dedo.

♦ Tratamento com Fitoterapia

Gan Mao Ling.[1] Essa fórmula, traduzida como "Remédio Eficaz para Resfriado Comum", é efetiva para condições tanto de tipo frio quanto de calor. Inclui ervas que são amargamente pungentes como Crisântemo, Vítex e Mentol, para aumentar a circulação superficial e aliviar o Vento, junto com Lonícera, Isatis, raízes de Illex que aliviam calor, e fruto de Evodia para aliviar os sintomas de calafrio, náusea e dor de cabeça. Use durante 3 a 5 dias.

Dosagem: gatos/cães pequenos: 1 tablete, 3 vezes ao dia

cães médios: 2 tabletes, 3 vezes ao dia

cães grandes: 3 a 4 tabletes, 3 vezes ao dia

Essa fórmula também é útil caso o animal tenha sido exposto ao vírus da *influenza*, mas que ainda não desenvolveu os sintomas.

Echinacea purpurea e *Angustifólia* (*Equinácea*). Usada por séculos pelos nativos americanos, a Equinácea tem propriedades antiviral e antibacteriana. Ela não apenas diminui a duração de uma doença, mas também pode ser usada como preventivo.[2] Também é dose efetiva, ou seja, se não faz efeito na dosagem indicada, pode-se aumentar a dose em até um terço da dosagem indicada. A duração do tratamento é de 10 a 14 dias. Tem característica amarga, pungente e refrescante e atua mais nos Pulmões, no Fígado e no Estômago.[3]

Na forma de pó, pode ser colocada em cápsulas ou salpicada diretamente na comida. Caso se use tintura, diluir conforme indicado abaixo e ferva o álcool para fora da mistura se for utilizar em cães pequenos e gatos. Isso pode ser feito colocando o frasco aberto em vapor quente durante 2 minutos.

Dosagem: gatos/cães pequenos: Misture 15 gotas em 30 ml de água destilada. Se o animal salivar é porque o conteúdo de álcool está forte. Use 10 gotas da mistura diluída, 3 a 4 vezes ao dia.

cães médios: tintura – 30 gotas em 30 ml de água destilada. Use 15 gotas da mistura diluída, 3 a 4 vezes ao dia.

cães grandes: Use 1/2 colher de chá da erva em pó, 3 a 4 vezes ao dia.

Vaporização é um bom meio para medicar o gato ou cão que não quer ser segurado ou tem dificuldade de respirar. Para corrimentos aquosos e claros, ervas que aquecem e eliminam Vento, como orégano, sálvia, yerba buena, hortelã e manjericão, podem ser adicionadas à vaporização. Adicione uma ou mais em pequenas quantidades em um vaporizador e coloque-o junto ao animal em um local pequeno, como o banheiro, por 5 a 30 minutos. Quando percebem que o vapor os ajuda a respirar, muitos animais se sentem bem confortáveis com a situação.

◆ Suplementos Nutricionais

Vitaminas e minerais para condições de Vento Frio são as mesmas para as de Vento calor, e estão listadas nas páginas 226-227. Indivíduos com Deficiência com condição de Vento frio podem precisar de doses menores de vitaminas e minerais, pois têm diarréia mais facilmente.

◆ Recomendações Dietéticas

Para a maioria das doenças que envolvem produção de muco, deve-se evitar o máximo possível laticínio e carne vermelha. Esses alimentos tendem a aumentar a produção de muco e fleuma em muitos animais.

Existem dois pensamentos diferentes em relação ao que dar para o animal comer quando ele está doente. Alguns acreditam em fazer o animal jejuar para "desnutrir o resfriado", enquanto outros colocam que se deve alimentar o animal para nutri-lo como indivíduo. Em minha opinião, se o animal tem uma constituição Deficiente, deve ser alimentado. Se o animal possui uma constituição de Excesso, então pode ser mais apropriado fazer o jejum para desnutrir o resfriado.

Caso o animal seja posto em jejum, pode ser dada sopa como alimentação única, junto com vitaminas. As sopas feitas com frango e missô são quentes e bem nutritivas. Caso vá alimentar o animal, sirva pequenas porções com pequena quantidade de frango sem pele, cozido em seu próprio caldo, junto com uma quantidade maior de arroz integral bem cozido. Temperos que aquecem, como alho, gengibre, manjericão, canela em pau ou em pó podem ser incluídos. Esteja à vontade para adicionar sardinha ou outro óleo de peixe. Vai abrir o apetite do animal e, também, suprir os ácidos graxos essenciais.

◆ Pontos de Acupressão para Tratamento das Condições de Vento Calor

Vaso Governador (VG) 14, página 222 e **Intestino Grosso (IG) 4**, página 207. Para Vento frio conforme listado anteriormente.

Triplo Aquecedor (TA) 5. Conhecido como "Portão Externo", esse ponto é utilizado para dispersar Vento nas condições de tipo Calor. Ele diminui a febre e age como antiinflamatório para aliviar garganta inflamada e dores de cabeça. Esse ponto também é utilizado para fortalecer o Wei Qi.

Localização: Veja página 212. Use movimento circular no ponto por 10 a 60 segundos. Pode ser difícil localizar esse ponto precisamente, mas não é motivo de preocupação, pois a ponta do dedo é maior que o ponto, e se estiver na área geral será capaz de facilitar uma resposta.

Intestino Grosso (IG) 11. Conhecido como "Poça Curva", esse ponto é o principal ponto antiinflamatório para o corpo inteiro, especialmente para a cabeça, nuca e membros anteriores. IG 11 é usado para baixar a febre e reduzir inchaço e dor. É normalmente escolhido nas condições de Calor, mas pode ser também escolhido para equilibrar todo sistema imunológico.

Localização: Veja página 211. Use movimento circular em ambas as direções ou apenas segure o ponto por, aproximadamente, 30 segundos.

♦ Tratamento com Fitoterapia

Eupatório (*Eupatorium perfoliatum*)[4] Essa erva nativa americana foi introduzida pelos colonizadores europeus na época de 1600. É uma erva muito amarga, fria e secante. Tem sido usada extensivamente para infecção no pulmão e brônquios e é excelente para ataques agudos de febres com tosse.

> **Dosagem:** Use como tintura, diluindo 15 gotas em 30 ml de água destilada. É uma erva muito amarga. Use a mistura diluída 3 vezes ao dia.
>
> gatos/cães pequenos: 10 gotas
>
> cães médios: 20 gotas
>
> cães grandes: 30 gotas

Eufrásia.[5] Essa erva alivia a febre, rompe a congestão dos seios nasais. Também é benéfica para os olhos, eliminando vermelhidão, inchaço e corrimentos. Faça uma infusão usando 1/2 colher de chá para 1 copo com água fervente. Esfrie, misture com o alimento ou dê pela boca.

> **Dosagem**: gatos/cães pequenos: 1 a 2 colheres de chá
>
> cães médios: 1 colher de sopa
>
> cães grandes: 2 a 3 colheres de sopa

Osha (*Ligusticum porteri, Colorado Cough Root*).[6] Essa é outra erva usada pelos nativos americanos, que cresce nas mais altas elevações das montanhas do oeste. É especialmente eficaz para garganta inflamada e dolorida, tosse ou respiração ruidosa. Essa erva é também indicada se o animal aparentar ter dor de cabeça ao redor dos seios nasais, mas, no entanto, permite que faça massagem em sua cabeça.

> **Dosagem**: Normalmente, é disponível em forma de tintura, e é a diluição de 20 gotas para 30 ml de água destilada. A dose a ser administrada é a mesma do eupatório.

Echinacea purpurea e Angustifólia. Use conforme listado na página 223.

Se o animal está tendo dificuldades para respirar ou não quer ser segurado, faça vaporização com ervas refrescantes e aromáticas como eucalipto, *catnip* e sabugueiro que ajudam a eliminar a congestão. Para instruções de uso, veja a página 223.

SUPLEMENTOS NUTRICIONAIS

Os suplementos vitamínicos devem ser dados durante o acometimento da enfermidade e durante, aproximadamente, 3 a 5 dias após os sintomas terem cessado.

Vitamina C. Use ascorbato de sódio, ácido ascórbico ou rosa mosqueta. A vitamina C deve ser usada na maior dose possível. A superdosagem aparecerá como indigestão ou diarréia. Apesar de ser verdade de que os cães e gatos podem produzir vitamina C, em condições de estresse, incluindo doenças, o corpo aparenta precisar de mais vitamina C do que ele pode produzir.

> cães/gatos: pequenos: 125 a 500 mg, 2 vezes ao dia
>
> cães médios: 250 a 1.500 mg, 2 vezes ao dia
>
> cães grandes: 500 a 1.500 mg, 2 vezes ao dia

Quercetina.[7] É encontrada na alga azul ou pode ser comprada pronta. A quercetina é um bioflavonóide que ajuda na absorção da vitamina C, e é usada em úlceras na boca, contusões em tecidos e para baixar o colesterol. Apenas pequenas doses são necessárias, normalmente, em torno de 200 mg, e pode ser dada junto com a vitamina C.

Vitamina A. Apesar dos cães poderem converter o betacaroteno em vitamina A, os gatos não têm essa habilidade. Contudo, precisam de vitamina A pré-formada. A melhor fonte que já encontrei é óleo de Fígado de bacalhau.

> cães/gatos: pequenos – 1/2 colher de chá diariamente
>
> cães médios: 2/3 colher de chá diariamente
>
> cães grandes: 1 colher de chá diariamente

Vitamina E. É excelente como antiinflamatório. É necessário tomar cuidado pois pode elevar a pressão arterial caso a dosagem seja muito alta.

> cães/gatos: pequenos – 50 UI a 100 UI diariamente
>
> cães médios: 100 UI a 200 UI diariamente
>
> cães grandes: 400 UI diariamente

Complexo B. Tente evitar produtos à base de levedura, pois as infecções nasais e o uso de antibióticos podem sensibilizar o animal de forma a ter crescimento elevado de fungos. Use de um quarto à metade da dosagem recomendada para humanos. Quando muito Complexo B é dado, o animal pode ter diarréia ou aparentar "superalerta" e quente ao toque.

Traços Minerais. Algas marinhas em pó ou outros suplementos de traços minerais são úteis durante o período de estresse na regulação do metabolismo do corpo e expulsão do agente patogênico. Zinco, na dosagem de 5 mg a 10 mg diariamente, é benéfico para gargantas inflamadas e doloridas.

RECOMENDAÇÕES DIETÉTICAS

Para a maior parte das doenças que envolvem produção de muco, laticínios e carne vermelha devem ser mantidos em um nível mínimo, conforme o descrito para as condições de Vento Frio. Para as patologias de Vento Calor, o jejum com sopas parece ser o mais sensato, pois muitas dessas patologias incluem garganta inflamada e glândulas inchadas. As sopas feitas de peixe branco suave e missô, madressilva (*Lonicera japonica*), aipo, cenoura e brotos de feijão-mungo são excelentes. Suplementos como soro pediátrico da farmácia são úteis para manter o animal hidratado. Se houver febre, é essencial buscar o auxílio do veterinário para maiores orientações.

TOSSE DE CANIS

A tosse de canis é uma forma de invasão de Vento Frio ou Calor que atinge o nariz, os seios nasais e a traquéia. Em adição aos sinais de Vento descritos anteriormente, há ainda uma tosse que incomoda, que pode persistir caso o animal esteja vulnerável ou em um estado Deficiente.

A tosse pode ser seca, titilante e com engasgos no quadro geral, e depois progredir para uma tosse mais úmida, rouca e com um som tipo crupe.

O princípio do tratamento centra-se em expelir o Vento Frio ou Calor, e ainda silenciar a tosse se for seca, ou ajudar o animal a expectorar se houver umidade e fleuma em excesso.

♦ **Pontos de Acupressão para o Tratamento da Tosse de Canis**

Em primeiro lugar podem-se usar pontos para invasão de Vento:

Vesícula Biliar (VB) 20. Conhecido como "Palácio do Vento", esse ponto é para dispersar o patógeno.

Localização e Técnica: Veja página 207.

Vaso Governador (VG) 14. Conhecido como "Grande Vértebra", para dispersar o patógeno.

Localização e Técnica: Veja página 222.

Intestino Grosso (IG) 4. Conhecido como "Grande Vale", é o ponto mestre da cabeça e da área da garganta.

Localização e Técnica: Veja página 207.

Pode-se adicionar a esses pontos:

Bexiga (B) 13. Conhecido como "Ponto do Pulmão", esse é o ponto de associação para diagnóstico dos pulmões. É importante para proteger e fortalecer os pulmões e prevenir que o vírus do trato superior se aprofunde.

Localização: Esse ponto é encontrado em ambos os lados da coluna, na depressão da ponta da terceira vértebra torácica, aproximadamente, no nível do final das escápulas. Quando o animal fica em pé, existem normalmente três espaços entre as costelas, cobrindo a área entre as escápulas. O Ponto de Associação do Pulmão, B 13, está localizado no primeiro desses três espaços. Use movimento para frente e para trás nesses pontos por dentro das escápulas.

Pulmão (P) 7. Conhecido como "Seqüência Quebrada", esse ponto é usado para tosses secas. É o local de encontro dos meridianos do Pulmão e Vaso Concepção e, ainda, ajuda a umedecer o meridiano do Pulmão assim como parar a tosse.

Localização: Logo acima do pulso, no lado medial, na depressão acima da pequena protuberância, chamada processo estilóide, no final do rádio. Massagear com movimento circular para cima e para baixo.

♦ Tratamento com Fitoterapia para Tosse de Canis

Xarope de Fritilária e Loquat (Nêspera).[8] Esse xarope inclui Fritilária, Schizandra, Glehnia, Pruno e mel para umedecer o Pulmão e ajudar a parar a tosse. Também inclui ervas para eliminar fleuma pegajosa, como Eriobótria e Platycodon. Cítrus e Tussilago são adicionados para ajudar a circular o Qi e parar a tosse. Mentol é utilizado para eliminar o Vento. É uma combinação suave de ervas que deve ser dada de 3 a 4 vezes diariamente.

> **Dosagem:** cães pequenos: 1 colher de chá
>
> cães médios: 1/2 colher de sopa
>
> cães grandes: 1 colher de sopa

Eupatório ou **Osha**. As doses estão listadas dentro das condições de Vento calor, página 226.

Casca de Cerejeira.[9] Essa erva refrescante, amarga e adstringente ajuda a umedecer o pulmão e a traquéia, a parar a tosse e a diminuir a inflamação da garganta. Está disponível na forma de tinturas, chás e xaropes. Para xaropes, use a dosagem indicada para crianças, usando um pouco a mais para cães grandes. As tinturas podem ser misturadas na medida de 30 gotas para 30 ml de água destilada.

> **Dosagem**: cães pequenos: 1/2 colher de chá, 4 vezes ao dia
>
> cães médios: 1 colher de chá, 4 vezes ao dia
>
> cães grandes: acima de 1 colher de sopa, 4 vezes ao dia

TRATAMENTO PARA TOSSES COM FLEUMA

Normalmente, essas tosses são com fleuma clara, ou seja, de tipo Frio. Fleuma de tipo Calor teria cor e seria mais espessa. Infelizmente, a maioria dos cães engole o muco antes de tossir. Logo, é necessário abrir a boca do animal para checar se há algum excesso de saliva pegajosa presente (o que indicaria fleuma de tipo Frio), ou se a boca está muito seca, o que indicaria fleuma espesso e com cor.

Yerba Santa (*Eriodictyon californicum*).[10] As folhas são usadas para fazer chás fortes ou tinturas que funcionam como um expectorante e leve descongestionante.

> **Dosagem:** Fazer uma solução diluída, usando de 15 a 25 gotas da tintura em 30 ml de água destilada. Dessa diluição, use:

cães pequenos: 1/2 colher de chá, 3 a 4 vezes ao dia

cães médios: 1 colher de chá, 3 a 4 vezes ao dia

cães grandes: 1/2 colher de sopa, 3 a 4 vezes ao dia

Se suspeitar que a tosse progrediu de tipo fino e aquoso para tipo espesso e com cor, ou se o cão estiver com febre, use a erva ***Marroio-Branco*** para expelir o muco e o calor. Para a dosagem da tintura, use a mesma da yerba santa.

◆ Suplementos Nutricionais

Use os listados para as condições de Vento nas páginas 226-227.

INFECÇÕES RESPIRATÓRIAS EM GATOS COM BOCA FERIDA

Uma infecção respiratória de trato superior em gato que inclui ulcerações na gengiva e língua pode ser uma situação bem séria. Feridas na boca fazem com que seja difícil para que o gato coma e beba. Na Medicina Tradicional Chinesa, isso pode ser considerado uma condição de Vento calor forte que ataca o gato suscetível, criando uma resposta violenta. Uma vez formada as úlceras, significa que o organismo foi capaz de ganhar entrada para uma camada mais profunda, destruindo a membrana da mucosa protetora na superfície da boca. O primeiro sinal de que algo está errado, provavelmente, será quando o gato começar a babar. A saliva pode estar grossa, pútrida, com odor adocicado desagradável. Pode haver sangue na saliva e o gato pode ficar com a língua estendida devido ao inchaço no fundo da boca. Esse é um problema mais sério do que apenas espirros e tosses.

A inflamação na gengiva na MTC envolve o Estômago, e indica Calor subindo deste órgão. Se há ulceração, significa Calor ou Fogo severo do Estômago. O Fogo no Estômago pode causar uma sensação de queimação na parede estomacal, que pode ser outra razão para o gato não comer. Nessa situação, pode ser necessário um tratamento mais agressivo do que o cuidado caseiro. É recomendado consultar o veterinário para tratamento.

◆ Pontos de Acupressão para Infecções Respiratórias em Gatos com Boca Ferida

Vesícula Biliar (VB) 20. Veja página 207.

Intestino Grosso (IG) 4. Veja página 207.

Intestino Grosso (IG) 11. Veja página 211.

Estômago (E) 44. Conhecido como "Salão Interno", esse ponto esfria e drena o Calor do Estômago, e alivia a inflamação e a dor bucal.

Localização: Na prega da pata traseira entre o segundo e terceiro dedos. Lembre-se de que a pata traseira tem apenas quatro dedos, chamados II-V. Massageie para trás e para frente entre os dedos, o tanto que o gato permitir. Massageie no ângulo da mandíbula debaixo da orelha em direção ao queixo. Use manobras longas e leves. Esses pontos são afiliados ao meridiano do Estômago.

◆ Tratamento com Fitoterapia

Equinácea. A dosagem e diluição estão nas páginas 222-223. Pode ser usada junto com o antibiótico que o veterinário prescrever.

Hidraste.[11] É uma erva nativa americana usada para eliminar Calor e secar umidade, que inclui toda saliva produzida pelas ulcerações. O hidraste é um soberbo antibiótico. É uma erva amarga, fria e adstringente. É mais fácil utilizar a tintura. Pode diminuir a glicose no sangue e devido ao efeito de estimulação uterina, é contra-indicado na gestação. O hidraste é usado por curto período de tempo, normalmente, por duas semanas nessa dosagem.

> **Dosagem:** Da tintura, use 15 gotas em 30 ml de água destilada. Use de 10 a 20 gotas dessa mistura diluída, dependendo do tamanho do gato e da severidade da condição, de 3 a 4 vezes ao dia.

Lavagem Bucal. Infelizmente, não tem como pedir ao gato para gargarejar ou fazer bochechos. Pode-se, entretanto, tentar lavar a boca, muito gentilmente, nos lados dos lábios. Ferva um pouco de água por 10 minutos, permitindo que borbulhe. Para 1/2 xícara de água fervente, adicione 1/8 de colher de chá de sal iodado. Esfrie a mistura e use para lavagem bucal. Alternativamente, se o gato for capaz de beber água sozinho, ferva água por 10 minutos. Esfrie e deixe de molho algumas flores de camomila, para fazer um chá suave substituindo a água.

◆ Suplementos Nutricionais

Todas as vitaminas listadas para condições de Vento nas páginas 226-227 são indicadas. As mais importantes são a Quercetina com a Vitamina C, que ajudam a reduzir os sintomas da herpes oral em humanos[12] e zinco, que diminui a inflamação na gengiva.

◆ Recomendações Dietéticas

Ofereça alimentos macios de qualquer tipo que o gato queira comer. Tente incluir sardinhas, pois contém óleo de ômega-3, para fortalecer o sistema imunológico.

◆ Após a Situação Aguda: Fadiga, Secura e Sinusite

A Medicina Tradicional Chinesa tem a vantagem sobre a ocidental em sua habilidade de fortalecer o indivíduo após os resultados de uma doença. É muito comum em minha prática ouvir o cliente dizer que Brandy, Taffy ou Joey "nunca mais foram os mesmos desde que..."

Como parte do sistema respiratório, o nariz é afiliado aos pulmões. O nariz e os pulmões são muito suscetíveis à secura. O nariz filtra o ar ajudando os pulmões a extrair umidade para depois mandá-la para baixo no corpo. Se esse sistema de filtragem estiver enfraquecido por uma severa infecção respiratória superior, os fluidos internos do Pulmão e do corpo são afetados. Isso pode resultar em focinhos e narinas secas, descamantes e ulceradas, constipação e pele seca.

Se a deficiência do fluido do Pulmão tornar-se mais pronunciada, o indivíduo ficará com mais sede, e a respiração pode se tornar seca, alta e asmática. Pode haver o desenvolvimento de condições mais sérias no Pulmão, como bronquite infecciosa ou bronquite alérgica. A pele, que atua como o terceiro pulmão do corpo, também pode ficar seca. Como o Pulmão é acoplado ao Intestino Grosso no Sistema dos Cinco Elementos, o primeiro lugar em que o Pulmão buscará o fluido que precisa será em seu par, o Intestino Grosso. Isso pode causar constipação e fezes secas.

Conheço muitos gatos que tiveram uma doença severa de trato respiratório superior e agora têm, intermitentemente, crises de espirros ou corrimento nasal crônico com aspecto de clara de ovo. Os gatos possuem respiração ruidosa e parecem ligeiramente congestionados. Pode-se ouvi-los respirar de longe. Isso é **sinusite crônica**.

Mais sinais súbitos de um sistema respiratório enfraquecido podem se desenvolver, como o gato que fica cansado facilmente, não corre muito ou tende a ficar doente repetidamente com febre e resfriados brandos. Esses gatos podem desenvolver uma crosta preta nas pontas de suas narinas. Essa crosta aparece, pois o fluido que umidifica as membranas mucosas dentro do nariz torna-se seco.

Em cães, da mesma forma, condições crônicas do trato respiratório superior parecem manifestar-se com focinho ou narinas com crostas que têm aspecto de "torta de lama". Pequenas ulcerações na ponta do nariz podem também se formar como resultado da secura dos fluidos do corpo.

Como a Medicina Tradicional Chinesa vê esses sintomas como depleção dos fluidos dos pulmões, o objetivo do tratamento é baseado na lubrificação e seu reequilíbrio.

Heidi é uma Basset Hound que consultei após vários meses em que ela se recuperou de uma infecção respiratória superior. Após sua recuperação, não apenas suas narinas ficaram secas e descamantes, mas seu pêlo ficou seco, frágil e com caspas. Ela tinha sede extrema, principalmente, após sua caminhada da tarde, e durante os exercícios precisava parar e ficava ofegante. Heidi também parecia sonhar bastante, movimentando muito as patas enquanto dormia. Ela estava agitada e dormia por curtos períodos, geralmente, acordando as 4h00 para beber água.

Heidi mostrava sinais de Deficiência de fluido ou Yin do Pulmão. A sede, a secura dos pêlos e das narinas, tudo era indicativo de secura no Pulmão ou Deficiência de Yin. Adicionalmente, ela estava com tanta depleção de fluidos, que o Yin era insuficiente para mantê-la calma, fazendo com que pulasse muito quando acordada ou agitada enquanto dormia. (Lembre-se de que a energia do Pulmão é mais forte de 3h00 às 5h00, exatamente o horário em que Heidi ficava com sede e acordava para beber água.)

Tratei Heidi com acupressão e fitoterapia para reequilibrar seus Pulmões, e ela retornou pouco a pouco ao seu estado normal de energia e ao seu temperamento doce. Finalmente, seu sono tornou-se menos ativo e ela parou de acordar no meio da noite para beber água. Seu pêlo ficou novamente macio e bonito!

◆ Sintomas de Infecções Respiratórias Superiores Crônicas

- Espirros, respiração ruidosa e alta
- Narinas com crostas pretas
- Pêlo e pele seca e descamante
- Constipação
- Sede aumentada
- Cansa-se facilmente.

◆ Pontos de Acupressão para Tratamento de Infecções Respiratórias Superiores Crônicas

Bexiga (B) 13. Conhecido como "Ponto do Pulmão", para equilibrar o meridiano do Pulmão.

Localização e Técnica: Veja página 229.

Vaso Concepção (VC) 17. Conhecido como "Vida Longa das Mulheres", esse ponto é usado para beneficiar o diafragma, regular a respiração e o Yin quando o paciente está com a respiração ruidosa, ofegante ou com dor no peito. É também considerado o ponto de "influência" relacionado à respiração e ao tecido do Pulmão.

Localização: Encontrado na linha média do abdômen entre os mamilos superiores. Está, normalmente, no nível da área mais larga do osso do peito no 4º espaço intercostal. Segure o ponto ou use um pequeno movimento para cima e para baixo por 1 minuto.

Pulmão (P) 7. Conhecido como "Seqüência Quebrada", esse ponto é a conexão energética entre os pulmões e o Intestino Grosso para auxiliar o movimento da água entre a parte superior e inferior do corpo.

Localização e Técnica: Veja página 229.

Intestino Grosso (IG) 4. Conhecido como "Grande Vale", esse é o ponto mestre para a cabeça e face, seios nasais e nariz.

Localização e Técnica: Veja página 207.

Intestino Grosso (IG) 20. Conhecido como "Fragrância Bem-Vinda", esse ponto em ambos os lados do nariz é um ponto de maior importância para ele. Tradicionalmente é tratado junto com o IG 4 para sinusite crônica.

Localização: Na depressão no final dos lados das narinas, onde elas encontram a face. Segure o ponto por 10 a 30 segundos.

PONTOS DE ACUPRESSÃO PARA OS SEIOS NASAIS

Em adição aos pontos listados acima, use pressão com a ponta do dedo em torno dos olhos, na ponte do nariz (**Yintang**) para aliviar a congestão dos seios nasais.

◆ Tratamento com Fitoterapia

Bi Yan Pian.[13] Essa fórmula funciona bem para nariz entupido com corrimento claro ou esverdeado nas narinas. Inclui flor de Magnólia, Carrapichão (*Xanthium sibiricum*) e Schizonepeta para eliminar Vento, obstrução por umidade e promover a melhora da respiração, junto com Platycodon para eliminar fleuma, e Phellodendron e Forsythia para eliminar Calor. O Alcaçuz é utilizado para facilitar a digestão que pode ser atrasada devido ao efeito das ervas de eliminar calor.

Dosagem: cães/gatos pequenos: 1 tablete

cães médios/grandes: 4 tabletes

Usar 2 a 3 vezes ao dia após as refeições, por 6 semanas.

Eufrásia. Essa erva é efetiva para problemas nos olhos, para membranas inchadas e congestas do nariz e dores de cabeça nos seios nasais.

Dosagem: Veja páginas 225-226.

Calêndula officinalis.[14] Essa erva tem quatro dos cinco sabores: doce, amargo, salgado, e pungente, e é neutra com um potencial para secar e resfriar. A calêndula é um excelente óleo para amaciar a ponta do nariz e áreas ressecadas do focinho. Internamente, a tintura de calêndula é boa para sinusite seca, inflamada e sem corrimento. Para uso interno, diluir 15 gotas da tintura em 30 ml de água destilada. Usar por 1 mês. Diminuir a dosagem caso haja diarréia.

Dosagem: gatos/cães pequenos: 10 gotas, da mistura, 2 vezes ao dia

cães médios: 20 gotas, da mistura, 2 vezes ao dia

cães grandes: 30 gotas, da mistura, 2 vezes ao dia

Equinácea. Uma versão mais diluída é usada por longos períodos[15] para diminuir a suscetibilidade do indivíduo a doenças recorrentes. Diluir 15 gotas em 30 ml de água destilada. Usar uma vez ao dia por 30 dias.

Dosagem: cães/gatos pequenos: 10 gotas

cães médios: 25 gotas

cães grandes: 30 gotas

◆ Suplementos Vitamínicos para Auxiliar os Pulmões e Restaurar a Imunidade e o Equilíbrio

Vitamina C. Combinação de ascorbato de sódio e rosa mosqueta, sendo a diarréia o fator limitante.

Dosagem: cães/gatos pequenos: 250 mg, 2 vezes ao dia

cães médios: 500 mg, 2 vezes ao dia

cães grandes: 1.000 mg a 1.500 mg, 2 vezes ao dia

Quercetina + Bromelina. Combinação de bioflavonóide e enzima para condições respiratórias de tipo alérgico e para fortalecer o Pulmão de uma maneira geral. Pode ser útil para sinusite. Dar 250 mg, 2 vezes ao dia, junto com a vitamina C. A quercetina também pode ser encontrada nas algas azuis.

Óleo de Prímula: 100 mg a 250 mg diariamente, dependendo do tamanho do animal.

Óleo de Fígado de Bacalhau: 1/2 a 1 1/2 colher de chá diariamente, dependendo do tamanho do animal.

Complexo B: de fonte que não seja levedura, 1/4 a 1/2 da dosagem humana.

Algas Marinhas: Kelp ou nori para suplementação de traços minerais e regulação do metabolismo: 1/8 de colher de chá para gatos até 1/2 colher de chá para cães.

♦ Dieta para Auxiliar e Umedecer os Pulmões

Como o arroz é um cereal associado ao Pulmão,[16] uma combinação de arroz branco e integral, ou apenas arroz integral, pode ser adicionada à dieta. Veja os exemplos de dieta no Capítulo Sete, página 101. Caso seja adicionado à dieta comercial, o cereal pode ser na quantidade de 25% do alimento total. Deve ser cozido com água extra por 1 1/4 horas (1 xícara de arroz para 3 xícaras de água). O painço também pode aumentar os fluidos caso haja um problema de secura nos pulmões com respiração e tosse seca. Adicionalmente, pode-se colocar uma pequena quantidade de mel para respiração muito seca, normalmente 1/2 colher de chá.

O alho deve ser minimizado, pois cria uma subida do Fogo do Coração no corpo, e pode ressecar os olhos e o nariz.

Proteína de carne e de peixe deve estar na porção úmida ou na escala neutra, o que inclui carne bovina, Fígado bovino, cordeiro e sardinhas. A não ser que o indivíduo seja do tipo frio, deve-se evitar galinha, cervo e camarão, pois são alimentos que aquecem. Vegetais como abacate, espinafre, brócolis, a maioria dos verdes, feijão-de-corda, aipo e inhame são refrescantes ou umedecedores, como as cenouras, que são ricas em vitamina A e auxiliam os pulmões.

Como se trata de uma condição de secura, alimentos secos devem ser usados com moderação, e suplementados com cereais cozidos e vegetais quando possível. O processo de secagem em si cria Calor no corpo durante a digestão. Se o animal já tiver calor e secura, esses alimentos podem fazer a situação piorar.

Notas Finais

1. Fratkin, Jake. *Chinese Herbal Patent Formulas.* (Boulder, CO: Shya Publications, 1986), 53.

2. Hobbs, Christopher. Echinacea: A Literature Review, *Herbal Gram*, No. 30, Winter, 1994, 38-41.

3, 4, 5, 9, 11, 14. Holmes, Peter. *The Energetics of Western Herbs, Volume I & II.* (Boulder, CO: Artemis Press, 1989), 681, 130, 410, 459, 553, 565.

6, 10. Moore, Michael. *Medicinal Plants of the Mountain West.* (Santa Fe, NM: Museum of New Mexico Press, 1979), 119, 168.

7, 12. Balch, James and Phyllis. *Prescription for Nutritional Healing.* (Garden City Park, NY: Avery Publishing Group, Inc., 1990), 10.

8, 13. Naeser, Margaret A., PhD. *Outline Guide to Chinese Herbal Patent Medicines in Pill Form.* (Boston, MA: Boston Chinese Medicine, 1990), 73, 54.

15. Wagner and Jurcic, as reported by Christopher Hobbs, *Herbal Gram*, No. 30, Winter, 1994, 38-41.

16. Connelly, Dianne M., PhD, MAc. *Traditional Acupuncture: The Law of the Five Elements.* (Columbia, MD: The Center for Traditional Acupuncture, Inc., 1979), 89.

CAPÍTULO ONZE

Os Ouvidos

UM NÚMERO MUITO GRANDE de nossos animais domésticos parece ter problemas de ouvido. O formato cônico age como estações de radar, captando sons que vão além do alcance dos ouvidos humanos. Suas orelhas são muito mais móveis e versáteis do que as nossas e são incrivelmente expressivas. Padrões inteiros de comportamento podem ser determinados através do posicionamento da orelha. Os gatos mostram orelhas achatadas em formato avião, por exemplo, logo antes de estarem prontos para executar uma ação agressiva. As orelhas dos cães se levantam em saudação alegre quando seus donos chegam em casa. Por qualquer que seja o motivo, as orelhas dos animais trabalham muito e parecem ficar suscetíveis a vários tipos de enfermidade.

A medicina ocidental, na verdade, considera certos tipos de problema de ouvido normais para algumas raças. Muitos animais balançam suas cabeças, por exemplo, sem nenhuma razão aparente. Como os cães tendem a ter um canal auditivo mais longo que os humanos, junto com orelhas mais longas, a propensão de se acumular ar e umidade no interior é maior. Os problemas de ouvido podem iniciar-se de forma aguda, mas normalmente são prolongados. Não é incomum, especialmente para os cães, sofrerem de problemas crônicos de ouvido durante toda sua vida. Fora os casos de sarnas de ouvido, os gatos parecem ter menos problemas de ouvido do que os cães, mas, recentemente, tenho visto mais problemas desse tipo surgindo em felinos.

Os tipos mais comuns de problemas de ouvido vistos na prática veterinária são: desequilíbrios na audição, orelhas vermelhas, secas e inflamadas, com ou sem secreção cerosa, e orelhas úmidas com secreção turva e mau cheiro.

AS ORELHAS E OS MERIDIANOS

Os meridianos que circundam a orelha são os três meridianos Yang da Vesícula Biliar, do Intestino Delgado e do Triplo Aquecedor. Em adição aos meridianos, tradicionalmente, "A orelha é o ponto de encontro de todos os canais do corpo".[1] Existe um segmento inteiro da acupuntura baseado em como o embrião do corpo está mapeado no pavilhão auricular. Os mapas mostram a cabeça apontando para baixo em direção à base da orelha, com o olho no lobo. Os pés estão na área mais larga superior em direção ao topo da orelha. A coluna está alinhada junto à curva da "anti-hélice". Os órgãos internos estão na porção central da orelha, circulando a abertura do canal auditivo. Existem mais de 200 pontos de acupuntura localizados na orelha.

Apesar de a orelha conectar todos os meridianos do corpo, o elemento específico está relacionado aos rins. O Rim é a base da Essência Yin do corpo, e é através do movimento da Água e do sangue que o aparelho auditivo é irrigado propriamente e, dessa forma, pode-se ouvir. Quando o Rim é deficiente em sua habilidade de produzir os fluidos necessários para umedecer os trabalhos internos do ouvido, pode-se resultar em problemas de audição.

Muitos fatores podem enfraquecer o Rim, incluindo hereditariedade, vida em um ambiente muito seco e excesso de medo. Se o animal está constantemente sob estresse devido a situações que lhe causem medo, o Rim sofre. Isso é especialmente visto em situações de catástrofe como incêndios, terremotos e tornados.

Quando o Rim é Deficiente no Sistema de Criação dos Cinco Elementos, ele não nutre o Fígado adequadamente, e o armazenamento de sangue no Fígado será afetado. Isso pode gerar um aumento da secura no corpo, resultando em pele, olhos, orelhas e pêlos secos. Quando o Rim é deficiente no Ciclo de Controle dos Cinco Elementos, ele não pode controlar o Fogo do Coração, Intestino Delgado, Pericárdio e Triplo Aquecedor. Qualquer excesso de Fogo no corpo sobe e causa inflamação e secura, especialmente nas partes superiores do corpo, incluindo os ouvidos.

DESEQUILÍBRIOS NA AUDIÇÃO

A maior parte dos problemas discutidos nos textos humanos trata de um barulho no ouvido, chamado "tinido", que pode eventualmente levar à perda da audição ou do equilíbrio. Esses problemas são considerados dentro do tipo de padrão de Deficiência do Rim. São deficientes, pois não há equilíbrio de fluidos adequado para nutrir os componentes do ouvido. Isso pode gerar inflamação e desenvolvimento do tinido no ouvido. Apesar de esse fenômeno ocorrer em animais, normalmente não há como reconhecê-lo até que esteja em estágio bem avançado. Cães e gatos mostram seu desconforto reagindo irritadamente a barulhos altos e repentinos. Eles se assustarão facilmente e correrão para se cobrir ou esconder aonde puderem.

É interessante que a medicina ocidental reconhece que muitos animais com falha renal começam a perder a audição. Uma cadela muito especial chamada Corky foi minha paciente por muitos anos. Quando seus rins finalmente começaram a enfraquecer, sua dona percebeu que Corky também estava perdendo a audição, pois ela não respondia mais ao toque do telefone nem à campainha. Tratei com acupuntura os pontos de audição juntamente com os pontos para o Rim. A dona de Corky logo informou que ela passou a ouvir novamente o telefone e a campainha. A dona, brincando, perguntou se ela poderia ser a próxima a deitar-se na maca!

No Sistema dos Cinco Elementos, o elemento Água dos rins tem que manter o elemento Fogo sob controle. Se o fluido do Rim é fraco, como no caso do tinido, o Fogo pode subir, aumentando o desconforto e distorção da audição. Alguns de meus pacientes mais velhos parecem adquirir audição seletiva. Como você sabe, alguns cães podem ouvir uma banana sendo descascada na cozinha, mas não podem ouvir seus donos chamarem para entrar em casa.

Os elementos Fogo do Intestino Delgado e do Triplo Aquecedor estão conectados à audição. É dito que eles separam "os sons puros dos impuros",[2] semelhante à maneira em que o Intestino Delgado separa os alimentos para uso ou descarte. Consultei um paciente canino com uma queixa peculiar de não saber de onde alguns sons específicos vinham. Sua dona disse que se chamasse o cão do outro lado da rua, ele ficaria desnorteado, correndo em todas as direções em sua procura. Ele só iria ao seu encontro quando a visse. Essa dona achava que o problema era uma distorção na audição. O animal também tinha muita sede e agitação, o que aponta uma desarmonia entre os elementos Água e Fogo. Tratei os pontos de acupuntura dos meridianos do Rim, Intestino Delgado e Triplo Aquecedor, e o cão recuperou rapidamente seu sentido de direção.

TRATAMENTO DOS DESEQUILÍBRIOS NA AUDIÇÃO

O objetivo do tratamento é dar suporte ao Yin do corpo, especialmente do Rim, junto com as essências vitais de outros órgãos do corpo que formam o sangue. Adicionalmente, pontos locais dos meridianos Fogo podem ser usados para aumentar a circulação local e reequilibrar os elementos Fogo e Água.

♦ **Pontos de Acupressão**

Triplo Aquecedor (TA) 21. Conhecido como "Portão do Ouvido".
Intestino Delgado (ID) 19. Conhecido como "Palácio da Audição".
Vesícula Biliar (VB) 2. Conhecido como "Confluência da Audição".
Localização: Todos esses pontos estão localizados logo à frente da orelha e podem ser suavemente massageados para cima e para baixo várias vezes ao dia.

Triplo Aquecedor (TA) 17. Conhecido como a "Proteção Contra o Vento".
Localização: Logo atrás da orelha. Massagear em movimentos circulares.

Rim (R) 3. Conhecido como "Grande Riacho", esse ponto fortalece o Rim.

Localização: É encontrado na parte interna de cada pata traseira, logo abaixo do tornozelo (tarso), no ponto médio entre o tendão de Aquilles e a protuberância do osso do tornozelo (maléolo medial). Segure o ponto por 15 a 30 segundos.

Intestino Delgado (ID) 5. Conhecido como "Vale do Yang", esse ponto esfria o Fogo do Intestino Delgado.

Localização: Levante a pata dianteira do animal, com as unhas apontando para cima. Isso irá estender o punho formando uma dobra. TA 5 está localizado no final dessa dobra, na protuberância externa chamada de processo estilóide da ulna. Segure o ponto por 15 segundos.

♦ Tratamento com Fitoterapia

Liu Wei Di Huang Wan.[3] Essa é uma fórmula tônica clássica para o Rim, contendo tônicos de rehmannia e cornus para o Yin e sangue; tônico de Dioscorea para Baço/Qi; Paeônia que elimina Calor; Alisma que elimina "calor vazio", e Poria cocos para eliminar umidade.

Dosagem: cães/gatos pequenos: 1 a 2 pílulas, 2 vezes ao dia

cães médios: 3 a 4 pílulas, 2 vezes ao dia

cães grandes: 6 pílulas, 2 vezes ao dia

Tso Tzu Otic.[4] Essa fórmula é uma modificação do Liu Wei Di Huang Wan, com adição de Magnitite e Bupleuro para eliminar o Calor que sobe do Fígado e adicionalmente fortalecer o Rim.

Dosagem: A mesma do Liu Wei Di Huang Wan acima.

OUVIDOS SECOS, VERMELHOS E INFLAMADOS

Vermelhidão e secura em torno do ouvido, dentro do canal ou no pavilhão auricular, podem ser causadas por falta de fluidos. Quando o fluido estocado fica muito baixo, não há umidade suficiente para resfriar os Fogos internos normais do corpo. Isso cria um aumento relativo do Calor, conhecido como "falso Fogo". Esse Calor não vem de uma "chama agressiva, dominadora", mas, sim, da fraqueza de não se estar gerando fluidos suficientes para manter o calor equilibrado. Tal aspecto é, então, tido como uma condição de Deficiência. Os órgãos do corpo que fabricam fluidos são os rins, o Fígado e o Baço/Pâncreas. Quando há bastante deficiência de fluidos, os ouvidos ficam secos, vermelhos, inflamados e espessos. O animal ficará ligeiramente sensível ao toque em suas orelhas. Mas caso seja um toque leve e gentil, normalmente ele aceitará.

Se a Deficiência de sangue é a causa fundamental, o animal exibirá sinais como língua seca, com pouco ou nenhum revestimento, pele seca, descamante, sede moderada e, às vezes, nervosismo.

♦ Pontos de Acupressão de Ouvidos Secos, Vermelhos e Inflamados

O objetivo do tratamento é tonificar o Yin e o sangue e eliminar o falso Calor, de forma que a umidade adequada possa ser restaurada no tecido do ouvido.

Vesícula Biliar (VB) 20. Conhecido como "Palácio do Vento", esse ponto alivia Vento, desconforto e calor dos ouvidos.

Localização: Veja página 207. Segure o ponto por 15 segundos.

Intestino Grosso (IG) 11. Conhecido como "Poça Curva", esse ponto alivia o calor da parte superior do corpo.

Localização: Veja página 211. Use movimentos pequenos e circulares por 10 a 15 segundos.

Pulmão (P) 7. Conhecido como "Seqüência Quebrada", esse ponto umedece a parte superior do corpo.

Localização e Técnica: Veja página 229.

Bexiga (B) 23. Conhecido como "Ponto do Rim", esse é o ponto de associação do Rim e equilibrará o sangue e o fluido base do corpo.

Localização: Nas depressões no músculo em ambos os lados da coluna, entre a 2ª e 3ª vértebras lombar. A técnica é usar movimento circular da coluna para o lado externo, ou movimento balançante e suave, para trás e para frente.

♦ **Tratamento com Fitoterapia**

Shou Wu Pian. Essa única erva nutre o sangue do Rim e Fígado. Tem uma natureza ligeiramente refrescante.

    Dosagem: cães/gatos pequenos: 1 tablete, 2 vezes ao dia

              cães médios: 2 tabletes, 2 vezes ao dia

              cães grandes: 3 tabletes, 2 vezes ao dia

Chih Pai Di Huang Wan.[5] Essa é uma combinação do Liu Wei Di Huang Wan, listada para desequilíbrios na audição, que nutre o sangue e Essência do Rim e do Fígado, com adição das ervas Anemarrhena e Phellodenron, que elimina o Fogo falso. A dosagem é a mesma do Liu Wei Di Huang Wan, página 245.

♦ **Tópicos**

Creme de vitamina E, Aloe vera gel, óleo de amêndoa ou **de oliva.** Compressas de **camomila** ou **chá preto** proporcionam alívio e cura.

♦ **Suplementos Nutricionais**

    Vitamina E: gatos/cães pequenos: 50 UI diariamente

              cães médios: 100 UI a 200 UI diariamente

              cães grandes: 400 UI diariamente

Óleo de Fígado de Bacalhau: 1/2 a 1 1/2 colher de chá diariamente

Kelp em Pó: gatos/cães pequenos: 1/16 colher de chá diariamente

cães médios/grandes: acima de 1/2 colher de chá

Vitamina C: cães/gatos pequenos: 125 mg, 2 vezes ao dia

cães médios: 250 mg a 500 mg, 2 vezes ao dia

cães grandes: 500 mg a 1.000 mg, 2 vezes ao dia

♦ Recomendações Dietéticas

Alimentos que têm qualidades neutras e refrescantes são benéficos, pois criam umidade. Para cães, pode-se escolher mais vegetais e menos carne. A carne vermelha é boa para gerar sangue, mas pode criar calor interno se for comida em excesso. Para gatos, carnes neutras, como coelho, porco (cozido e sem pele gordurosa), moela de frango, peixe-cavalo e ovos são boa escolha. Para opções sem carne, tente batata-doce, arroz integral, painço, cevada e macarrão integral. Os vegetais incluem feijões verdes, brócolis, repolho Napa, cenouras, ervilhas e feijões que podem ser crus ou cozidos no vapor, e os feijões, é claro, devem ser bem cozidos. Evite carne de cervo e alimentos com alto teor de gordura, pois podem aumentar o calor do Fígado. Lembre-se de que alimentos secos criam calor no corpo quando digeridos e, normalmente, têm alto teor de gordura. Suplemente o alimento seco com 1/3 a 1 xícara de arroz integral bem cozido, dependendo do tamanho do animal.

ACÚMULO CRÔNICO DE CERA DE OUVIDO

Corrimentos são normalmente categorizados nas características Yin ou Yang, Interior ou exterior, Frio ou Calor, Excesso ou Deficiência, e Seco ou úmido dos Oito Princípios (veja o Capítulo Três, página 43).

Se houver corrimentos, normalmente indica um Excesso de alguma substância. Os corrimentos auriculares são normalmente secos ou úmidos e, também, excessivo. Se há presença de odor desagradável, considera-se uma condição de Calor. Os odores podem ser avaliados com os cinco elementos:

Rançoso azedo = Desequilíbrio de Fígado (Madeira)

Adocicado enjoativo = Desequilíbrio de Baço/Pâncreas (Terra)

Chamuscado = Desequilíbrio de Coração/Intestino Delgado (Fogo)

Pútrido = Desequilíbrio de Rim (Água)

Fétido = Desequilíbrio de metal (Metal)

Ceras de ouvido secas, incrustadas e pegajosas indicam que há presença o bastante de fluido para formar a lubrificação do ouvido, mas que o calor está subindo e consumindo esse fluido. Quando há subida de calor ou inflamação, normalmente, o Fígado é o responsável. O paciente com Deficiência e ouvido vermelho, quente e seco está tão desprovido do fluido da Essência Vital que nenhum corrimento pode ser produzido. Por outro lado, o paciente com cera de ouvido incrustada e pegajosa tende a ter uma constituição mais de Excesso. Nesse caso, ele está produzindo um corrimento que mostra um Fígado aquecido que está em desequilíbrio. Qualquer odor nesse estágio é normalmente moderado, com tendência a ser rançoso, refletindo a desarmonia de Fígado. Esses pacientes são mais sensíveis ao toque do que aqueles com ouvido seco, mas quando se inicia o toque, o animal, geralmente, gostará de ser massageado para dispersar o acúmulo estagnante de cera.

◆ Pontos de Acupressão para Tratamento do Acúmulo de Cera de Ouvido

O objetivo do tratamento é eliminar o Calor, enquanto se ajuda o Fígado a se harmonizar para eliminar a estagnação.

Intestino Grosso (IG) 11. Conhecido como "Poça Curva", esse ponto elimina o calor da parte superior do corpo.

Localização e Técnica: Veja página 211.

Fígado (F) 2. Conhecido como "Caminhar Entre", esse é o "ponto fogo" do meridiano do Fígado, e é usado para drenar o Calor do Fígado. O ponto é especialmente útil quando há presença de odor rançoso, azedo.

Localização: Veja página 211. A técnica é "escovar" direcionando-se para baixo ao longo da parte interna da pata traseira.

Bexiga (B) 13. Conhecido como "Ponto do Pulmão", é o ponto de associação do Pulmão, e é benéfico para umedecer a parte superior do corpo.
Localização e Técnica: Veja página 229.

◆ Tratamento com Fitoterapia

Prunela, Eufrásia, em partes iguais, e **Alcaçuz** em 1/2 parte, em forma de pó. Prunela e Eufrásia são ervas refrescantes. Eufrásia libera a congestão na área da cabeça. Prunela elimina o calor, acalma o Fígado e seca os corrimentos.[6] Prunela (self-heal) é um tipo de Prunella sp. que é usada para eliminar Calor do Fígado e mover a estagnação. O alcaçuz é neutro e umedecedor. Essa combinação de erva é dada via oral, para reequilibrar, esfriar e umedecer o Fígado.

> **Dosagem:** cães/gatos pequenos: 1/4 colher de chá
>
> cães médios: 1/3 a 1/2 colher de chá
>
> cães grandes: 3/4 colher de chá

Use essa combinação para três semanas, 1 ou 2 vezes ao dia, dependendo da severidade do problema.

◆ Tópicos

1/2 xícara de **Aloe vera gel** + 1/2 colher de chá de **vinagre branco destilado** + 1/2 colher de chá de **peróxido de hidrogênio** + 1 colher se sopa de **chá de raiz de iúca** + 1 gota de **óleo de lavanda** ou de **cedro.** Aplique várias gotas dentro do ouvido, massageie e remova o excesso com algodão.

Alternativamente, Aloe vera gel ou peróxido de hidrogênio podem ser usados para limpar o ouvido. Para que a condição seja eliminada, o Fígado e o Rim precisam estar trabalhando de forma eficiente. Entretanto, a acupressão e as ervas internas que provavelmente resolverão a condição, mais do que os remédios tópicos.

♦ **Suplementos Nutricionais**

Complexo B, a um quarto ou metade da dosagem humana.

Vitamina C, na forma de ascorbato de sódio: 150 mg a 1.000 mg 2 vezes ao dia, dependendo do surgimento de diarréia.

Traços Minerais, incluindo zinco: 5 mg diariamente.

♦ **Recomendações Dietéticas**

Alimentos refrescantes e neutros como cevada, painço e trigo integral são benéficos para o equilíbrio do Fígado, junto com vegetais verdes, repolho e aipo. Evite excesso de galinha e moluscos, pois são alimentos que aquecem o Fígado.

PROBLEMAS DE UMIDADE CRÔNICA NO OUVIDO

Um dia, um Cocker Spaniel chamado Tony estava na sala de espera do meu consultório. Do fundo da clínica eu sentia o cheiro dos seus ouvidos. O odor era tão forte que me perguntei se o próprio Tony conseguia tolerá-lo. Era azedo, rançoso e fétido. Só pelo cheiro, ficou claro que Tony tinha problemas com todos os cinco elementos de seu corpo.

O dono de Tony disse que o problema vinha recorrendo há cinco anos. Sua herança genética e orelhas caídas provavelmente predispuseram para que ele tivesse problemas de ouvido. Seu dono reportou que a mãe e o irmão de Tony também tinham problemas de ouvido. Como se isso não fosse suficiente, Tony também tinha perda de fezes ou diarréia recorrente com odor forte e tinha tendência de urinar em casa à noite. Ele também babava excessivamente, sua língua pingava saliva.

Quando examinei os ouvidos de Tony, havia secreção aquosa de cor amarelada que queimava o pêlo do lado da face. Obviamente, ele sentia dor ao examinar suas orelhas. Na Medicina Tradicional Chinesa, tal aspecto é um problema de umidade. O odor, a secreção ardente e a sensibilidade falam de um problema de calor. Assim, a umidade e o corrimento crônico do ouvido são desequilíbrios de umidade-calor. Se a umidade predomina, significa que ela está em maior quantidade. Se o odor, a vermelhidão e sensibilidade predominam, há mais calor.

O órgão mais sensível à umidade é o Baço/Pâncreas. O problema original de calor entre o Fígado e o Rim, conforme discutido na seção sobre a cera de ouvido, página 248, também envolvia o Baço/Pâncreas no caso de Tony. No Sistema dos Cinco Elementos, o Baço/Pâncreas mantém o Rim sob controle e o Fígado mantém o Baço/Pâncreas sob controle.

Quando há umidade, a água pode se acumular em locais peculiares, como no abdômen, que era o caso de Tony. A sensação de estar encharcado pode levar a um aumento da urinação e ao surgimento de fezes pastosas. O odor nas fezes indica que o Fígado, assim como o Baço/Pâncreas, está envolvido. A língua de Tony que era de aparência larga, úmida, com marcas de dentes nas laterais, e sua salivação também refletiam um problema de umidade no Baço/Pâncreas.

Ao se tratar corrimentos úmidos crônicos, é essencial entender as causas subjacentes, pois, a não ser que estas sejam corrigidas, o corrimento retornará assim que a medicação do ouvido for cessada. A medicina ocidental tentará identificar o organismo que está crescendo no ouvido e usar antibiótico próprio para eliminá-lo. A medicina oriental sabe que o organismo no ouvido é resultado de um desequilíbrio mais profundo que ocorre no interior do indivíduo e tenta reequilibrar tal problema subjacente. Devido ao fato do desequilíbrio estabelecido ser de natureza profunda, os corrimentos úmidos e crônicos do ouvido são difíceis de tratar.

♦ Pontos de Acupressão para Tratamento de Problemas Úmidos e Crônicos de Ouvido

O objetivo do tratamento é secar a umidade e eliminar o Calor. Após essa fase inicial, o problema subjacente pode ser resolvido. Isso inclui, normalmente, equilíbrio do Fígado e Baço. (Veja os Capítulos Quinze e Dezesseis.) A não ser que haja outra maneira melhor, todos os pontos podem ser segurados por 10 a 30 segundos.

Baço (BP) 9. Conhecido como "Cova da Fonte Yin", esse ponto ajuda a secar a umidade de todo o corpo.

Localização: Na parte interna da pata traseira, logo abaixo do joelho (patela), na fossa entre o osso longo (tíbia) e o músculo próximo a ela (gastrocnêmio).

Intestino Grosso (IG) 4. Conhecido como "Grande Vale", esse é o ponto mestre da cabeça.

Localização: Veja página 207.

Intestino Grosso (IG) 11. Conhecido como "Poça Curva", esse ponto elimina o calor na parte superior do corpo.

Localização: Veja página 211.

Triplo Aquecedor (TA) 17. Conhecido como "Proteção Contra o Vento", esse ponto alivia o Vento e desbloqueia os meridianos, permitindo a circulação livre de fluidos.

Localização: Veja página 244.

♦ Tratamento com Fitoterapia

As tinturas, a seguir, dessas ervas ocidentais podem ser usadas internamente.

15 gotas de **tanchagem** (*Plantago lanceolata*) + 5 gotas de **hamamélis** + 3 gotas de **lavanda** em 30 ml de água destilada.

> **Dosagem**: 1 a 3 gotas, 2 vezes ao dia, dependendo do tamanho do animal. O tratamento dura 2 semanas. Não use em animais gestantes.

Lung Tan Xie Gan.[7] Esse fitoterápico chinês contém ervas que eliminam calor e umidade que são: Gentiana, Gardênia, Escutelária, Alisma, Moutan e Tanchagem; mais as ervas para o sangue: Tang Kuei e Rehmannia, junto com alcaçuz para harmonizar a fórmula.

> **Dosagem:** gatos/cães pequenos: 1 pílula, 2 vezes ao dia
>
> cães médios: 2 pílulas, 2 vezes ao dia
>
> cães grandes: 3 pílulas, 2 vezes ao dia

Caso as fezes fiquem soltas, diminua a dosagem para a metade. A duração do tratamento é de 2 semanas.

♦ Tópicos

Faça uma mistura das tinturas, a seguir, em 30 ml de água destilada: 10 gotas de **calêndula** + 1 gota de **agrimônia** + 1 gota de **lavanda.** Aplique 1 conta-gotas cheio em cada ouvido, massageie e remova os debris em excesso. O álcool das tinturas pode irritar alguns animais, e se isso ocorrer use um chá feito de 1/2 colher de chá de **calêndula** + 1/4 colher de chá de **flores de lavanda** + 1 gota de **tintura de agrimônia.**

Como ocorre com qualquer medicação, caso surja vermelhidão ou irritação, descontinue o uso.

♦ Suplementos Nutricionais

Vitamina E, como antiinflamatório:
> 50 UI para gatos/cães pequenos
> Cães médios/grandes: acima de 400 UI

Vitamina C, como ascorbato de sódio, sendo a diarréia o fator limitante.
> gatos/cães pequenos: 125 mg, 2 vezes ao dia
> cães médios: 250 mg, 2 vezes ao dia
> cães grandes: 1.000 mg 2 vezes ao dia

Antioxidantes intracelulares, disponível nas lojas de produtos naturais como catalase ou sulfoxidismutase, pode ser benéfico para eliminar as toxinas do corpo. A **dosagem** é de 1/4 da dosagem humana para gatos e cães pequenos, até 1/2 a 2/3 da dose humana para cães grandes.

Traços minerais, na forma de kelp em pó ou outra alga marinha, na dose de ¼ colher de chá para gatos e cães pequenos, e 1/2 a 2/3 colher de chá para cães grandes.

◆ Recomendações Dietéticas

Se houver predominância de calor, o indivíduo será teimoso e irritável, e extremamente resistente ao tratamento. Se esse for o caso, alimentos refrescantes ou neutros são sugeridos, como os listados nas páginas 247-248, para condições de Calor no ouvido. Evite galinha, marisco, carne de cervo e cordeiro, pois são alimentos que aquecem e que estimulam o Calor do Fígado.

Se a umidade for o problema dominante, alimentos que auxiliam o Baço/Pâncreas e que sejam mais aquecedores e neutros devem ser usados. Normalmente, o indivíduo com excesso de umidade é educado, quieto, um pouco teimoso, geralmente, troncudo e com tendência a excesso de peso com músculos moles. Os melhores alimentos para este caso são: peixe-cavalo, cordeiro, coelho, aveia, arroz integral bem cozido, arroz branco, batatas, milho, cenoura e abóbora.

INFECÇÃO AGUDA DOS OUVIDOS

Se seu cão ou gato apresentar sinais repentinos de dor no ouvido quando você o toca próximo ao ouvido ou levanta sua orelha, se houver inflamação do pavilhão auricular, odor ou corrimento no ouvido, sacudir contínuo da cabeça, ou inclinação das orelhas, peça ao veterinário para checar melhor. Pode haver uma contaminação ou presença de corpo estranho causando infecção de ouvido. Se não houver corpo estranho e se quiser tentar fitoterapia e acupressão, considerem as seguintes opções.

Infecções agudas de ouvido, assim como todas as condições agudas na Medicina Tradicional Chinesa, são consideradas condições de **Vento**. Da mesma forma que ocorre na conjuntivite e nas infecções respiratórias superiores, o Vento penetra repentinamente, sobrecarregando o sistema imunológico do indivíduo. O Vento em infecções agudas de ouvido é normalmente acompanhado por calor.

◆ Tratamento

O objetivo do tratamento é aliviar o Vento e refrescar o Calor. O ouvido do animal pode estar dolorido, e o tratamento com pontos locais que estão em torno do ouvido pode não ser bem tolerado. A não ser que haja outra indicação, os pontos podem ser segurados por 15 a 30 segundos.

◆ Pontos de Acupressão para Tratamento de Infecções Agudas de Ouvido

Vaso Governador (VG) 14. Conhecido como "Grande Vértebra", é usado para dispersar as invasões de Vento.

Localização: Veja página 222. Use movimentos pequenos para frente e para trás.

Intestino Grosso (IG) 11. Conhecido como "Poça Curva", esse ponto é usado para dispersar Vento e calor da parte superior do corpo.

Localização: Veja página 211.

Vesícula Biliar (VB) 20. Conhecido como "Palácio de Vento", esse ponto alivia o Vento e o calor. É opcional e pode ser muito dolorido para o animal.

Localização: Veja página 207.

◆ Suplementos Nutricionais

Vitamina C: gatos/cães pequenos: 125 mg, 2 vezes ao dia
cães médios: 250 mg, 2 vezes ao dia
cães grandes: 1.500 mg, 2 vezes ao dia, com diarréia sendo o fator limitante.

Bioflavonóides e/ou **Alga Azul,** com diarréia sendo o fato limitante:
cães/gatos pequenos: 1/16 colher de chá, diariamente
cães médios/grandes: 1/2 colher de chá, diariamente.

Zinco: 5 mg a 10 mg diariamente.

SACUDIR DA CABEÇA

Alguns animais sacodem a cabeça e as orelhas excessivamente, o que deixa seus donos bem nervosos! Quando o veterinário examina os ouvidos, não parece ter nada de errado. Não há corrimento, odor, inflamação ou dor de nenhum tipo.

Acredito que o sacudir da cabeça é causado por um bloqueio ou estagnação dos meridianos que passam pela região dos ouvidos, principalmente, o meridiano da Vesícula Biliar.

Tive uma paciente muito querida, Tia, uma mestiça de Doberman, que foi diagnosticada com câncer de Fígado. Fomos capazes de mantê-la viva por muito mais tempo do que os profissionais ocidentais achavam que fosse possível. Um dos comportamentos estranhos que ela exibia era de sacudir continuamente a cabeça quando estava tendo uma crise de Fígado. Quando conseguíamos controlar o Fígado e Vesícula Biliar, o sacudir da cabeça diminuía. Algumas vezes, os exercícios também ajudavam essa condição. Exercício desbloqueia a estagnação ao longo dos meridianos.

Outra causa para essa sacudida da cabeça é uma diferença da pressão interna no tubo de Eustáquio. Essa conexão é entre o ouvido e a parte detrás da garganta. É o que fica entupido durante as mudanças rápidas na altitude, quando desce o avião e temos que bocejar ou abrir bem a boca para "desbloquear nossos ouvidos". Isso também ocorre com cães e gatos, especialmente quando há algum tipo de problema nos seios nasais. Eles balançam suas cabeças para igualar a pressão.

Alguns animais sacudirão a cabeça quando houver alguma alergia alimentar envolvida. Isso ocorre mais ou menos a uns dez minutos após a refeição ou uma hora mais tarde. Fazer experiências com alimentos diferentes pode ser necessária assistência.

Verifique os meridianos que circundam a orelha, especialmente o da Vesícula Biliar, Triplo Aquecedor e Intestino Delgado.

◆ Pontos de Acupressão para Tratamento do Sacudir da Cabeça

Acupressão em qualquer ponto listado para liberação do Vento, eliminação de Calor ou nutrição do sangue pode ser benéfico.

Notas Finais

1. Nei Jing, chapter Kou Wen Pien, relatado em *Outline of Chinese Acupuncture.* (Peking, China: Foreign Languages Press, 1975), 269.

2. Connelly, Dianne M., PhD, MAc. *Traditional Acupuncture: The Law of the Five Elements.* (Columbia, MD: The Center for Traditional Acupuncture Inc., 1979), 50.

3, 7. Naeser, Margaret, PhD. *Outline Guide to Chinese Herbal Patent Medicines in Pill Form.* (Boston, MA: Boston Chinese Medicine, 1990), 291, 169.

4, 5. Fratkin, Jake. *Chinese Herbal Patent Formulas.* (Boulder, CO: Shya Publications, 1986), 209, 204.

6. Holmes, Peter. *The Energetics of Western Herbs, Vol. II.* (Boulder, CO: Artemis Press, 1989), 503.

CAPÍTULO DOZE

Os Dentes e as Gengivas

COMO ANDA O HÁLITO de seu animalzinho hoje? Agradável o bastante para beijá-lo? Os cães em especial gostam de lamber e beijar, então você deve saber a resposta. Os gatos só mostrarão quando estiverem se lambendo ou bocejando – se o hálito deles estiver ruim, você irá sentir.

Apesar de anti-sépticos bucais para melhorar o hálito não estejam no mercado ainda para animais, quase todo o resto está. A higiene dental tornou-se uma parte importante na medicina veterinária. Devido ao aumento da expectativa de vida de muitos animais domésticos, o uso dos dentes tende a aumentar, precisando limpeza, obturação das cáries, canais ou extrações. As gengivas precisam de atenção devido à doença inflamatória das gengivas conhecida como gengivite. Como a boca tem uma grande quantidade de bactérias, se os dentes ou gengiva dos animais estão comprometidos, isso pode acrescentar sobrecarga no resto do corpo, incluindo o coração.

Muitos cães exibem queda de dentes em idade precoce, por causa da excessiva mordedura neles mesmos devido a irritações da pele. Muitos gatos jovens exibem doença severa da gengiva, por causa do sistema imune comprometido e a suscetibilidade aos vírus. Outros têm formação de tártaro devido a problemas no sistema digestivo.

Na Medicina Tradicional Chinesa, os dentes fazem parte do sistema esquelético, e são governados pelos Rins e elemento Água. Quando os Rins estão fracos, os dentes decaem mais facilmente ou se tornam translúcidos e caem. Também, quando os dentes estão fracos, a parte hereditária do sistema imunológico, conhecida como Jing renal, é fraca. O Jing ou Essência renal fraca pode afetar os outros sistemas do corpo.

Observando o Ciclo de Controle dos Cinco Elementos, é o elemento Terra do Baço/Pâncreas e Estômago que mantém o Rim equilibrado. Se o Rim é fraco, o elemento Terra pode tornar-se sobrecarregado. Como é função do Rim manter todos os órgãos resfriados e umedecidos, se ele é fraco, o Calor excessivo no Estômago pode elevar-se, criando um caos na digestão. A inflamação do Estômago (ou gástrica) causa mudanças na produção do ácido hidroclorídrico, viscosidade na saliva e vômito. Como o sistema digestivo abre-se na boca, um desequilíbrio no elemento Terra pode, posteriormente, enfraquecer os tecidos da boca, incluindo as gengivas, bochechas e superfície da língua. É dito que os sucos digestivos do Estômago criam um revestimento saudável na língua que se caracteriza pela aparência fina e branca. Se o Estômago e Baço/Pâncreas não estão funcionando eficientemente, surgem problemas com os tecidos moles da boca. As gengivas que são esponjosas, que sangram facilmente ou que ficam ulceradas, são resultantes da grande elevação de Fogo do Estômago, o que pode gerar mau hálito e formação de tártaro.

Um animal com excesso de Fogo no Estômago desenvolverá uma sede e fome devoradora na tentativa de "apagar o Fogo". Na verdade, ele poderá querer comer papel, pedras, areia de gato, lamber cimento, e todos os tipos de coisas estranhas.

Assim como o Baço/Pâncreas mantém o Rim sob controle no Sistema dos Cinco Elementos, o Rim, por sua vez, mantém o Coração em equilíbrio. Se o Rim está fraco, o Coração pode ser afetado. Isso é interessante, pois sabemos que, dentro da visão ocidental, dentes e gengivas ruins podem causar problemas nas válvulas cardíacas e nos rins por causa de um depósito excessivo de bactérias na circulação. Então, tanto do ponto de vista da medicina ocidental quanto da Medicina Tradicional Chinesa, dentes e gengivas afetados envolvem o Rim e o Coração.

CALOR VERDADEIRO, CALOR FALSO

É importante discutir a diferença entre **Calor verdadeiro** e **Calor falso**, pois o tratamento para os problemas da boca causados por essas condições será diferente em cada caso.

O Calor verdadeiro é a inflamação que ocorre quando um indivíduo de tipo Excesso entra em desarmonia. Um indivíduo de tipo Excesso é assertivo, confiante e tem força de vontade. Quando esse indivíduo se torna doente, fica irritável, com febre alta, glândulas inchadas e sede excessiva. Nesse caso, o calor precisa ser eliminado e o fogo precisa ser controlado. As ervas fortes e que eliminam Calor, necessárias para esse caso, podem enfraquecer o Qi e causar diarréia, logo, são mais bem toleradas por indivíduos fortes e de tipo Excesso.

Um indivíduo de tipo Deficiente é comportado e quieto, e entra em desarmonia porque suas capacidades de refrescar falham ao tentar manter o calor interno sob controle. Aqui existe um calor relativo que sobe. A reação desse tipo de indivíduo a infecções é mais branda, com calafrios, pouca febre e uma grande necessidade de ser consolado. Se houver sede, é por pequena quantidade de água freqüentemente. O calor deficiente precisa ser eliminado, mas de maneira suave e, ao mesmo tempo, os órgãos envolvidos precisam ser fortalecidos.

Mo é um gatinho pêlo curto de cinco anos de idade que foi trazido a mim porque estava comendo muito papel higiênico e toda grama que pudesse encontrar. Sua boca tinha um odor muito forte e suas gengivas pareciam o interior de uma cereja madura. Seus gânglios abaixo da garganta estavam tão inchados, que ele sentia dor ao abrir sua boca. Estava sempre com sede, mas só bebia pequenos goles por vez. Sua língua estava com coloração vermelho-escura e com muito pouca saburra (a área central da língua estava quase sem saburra!) Após indagar sua dona, descobri que Mo quando era filhote teve uma doença respiratória severa que parece tê-lo comprometido muito. Apesar de não ter tido úlceras na boca na época, seu sistema imune estava afetado, tornando-o suscetível a resfriados. Sua dona me informou que Mo, geralmente, vomitava o alimento, mas depois o comia novamente. Ela disse que Mo pedia comida quase o dia inteiro. Como ele não aparentava estar acima do peso, ela indagava para onde toda aquela comida ia. Ela também relatou que o gato estava mais irritável, e estava comendo mais papel higiênico entre as refeições.

O quadro clínico de Mo era particularmente um exemplo severo de Fogo no Estômago originado de um falso Calor. Comer o papel era uma tentativa de absorver os ácidos irritantes do Estômago. A infecção respiratória que ele não eliminava quando era filhote indicava que Mo provavelmente tinha um Jing renal fraco de nascença. Seu Qi de maneira geral não estava bom. Como é o Baço/Pâncreas e Estômago que transformam o Qi vindo do alimento, um desequilíbrio nessa área favorece um desequilíbrio no sistema imune e pode criar Fogo falso (Deficiente) no Estômago.

O centro da língua corresponde ao elemento Terra, e a região limpa indica o estado do Qi, com o calor removendo a saburra da língua. A ausência de saburra na língua reflete uma condição de Deficiência, assim como é o quadro de Mo no geral. Devido à natureza crônica do problema, era difícil revertê-lo. A moral da história é: Não espere até que o animal fique nesse estado lastimável! Se notar alguma mudança no hálito, coloração da gengiva, acúmulo de tártaro ou problemas dentários precoces, consulte o veterinário.

♦ Tratamento

O objetivo do tratamento é eliminar o Calor, mas também tentar restaurar e equilibrar o Rim com o Baço/Pâncreas e Estômago. Os pontos a seguir são utilizados para resfriar e equilibrar o Baço/Pâncreas e Estômago enquanto fortalece a Essência do Rim. Podem ser usados tanto em indivíduos com Excesso quanto com Deficiência.

♦ Pontos de Acupressão

Se o animal permitir, massageie suavemente ao redor da boca, especialmente nos cantos dos lábios, queixo e mandíbula. A massagem circular da técnica de Tellington-Jones (Capítulo Oito, página 139) é mais efetiva.

Estômago (E) 44. Conhecido como "Salão Interno", esse ponto elimina calor do Estômago e diminui a dor.

Localização: Veja página 232. Normalmente esse ponto é muito sensível e a técnica é pressionar o topo da rede de forma gentil e rápida.

Intestino Grosso (IG) 4. Conhecido como "Grande Vale", é o ponto mestre da cabeça.

Localização: Veja página 207. Segure o ponto por 15 segundos.

Rim (R) 3. Conhecido como "Grande Riacho", esse ponto aumenta os fluidos do Rim.

Localização: Veja página 245. Segure o ponto por 15 segundos. Para indivíduos fortes e com condição de excesso, não use o Rim 3, mas substitua esse ponto por:

Fígado (F) 2. Conhecido como "Caminhar Entre", esse ponto elimina Calor do Fígado.

Localização: Veja página 211. Use um movimento pequeno de esfregar por 10 a 15 minutos.

Intestino Delgado (ID) 5. Conhecido como "Vale do Yang", esse ponto elimina o calor do parceiro do Coração, o Intestino Delgado. Ajuda a reduzir a inflamação.

Localização: Veja página 245. Massageie em sentido anti-horário para sedar o ponto.

◆ Pontos Alternativos para Indivíduos Fracos

Bexiga (B) 20. Conhecido como "Ponto do Baço", esse é o ponto de associação do Baço/Pâncreas. Ajuda a balancear o órgão e fortalecer o Qi.

Localização: Em ambos os lados da coluna, na depressão entre as duas últimas costelas e o dorso. Segure o ponto.

Vaso Concepção (VC) 14. Conhecido como "Grande Palácio", esse é o ponto de alarme do Coração. Ajuda a eliminar o Calor do Estômago que conhecemos como queimação no peito.

Localização: Na linha média abdominal, na ponta do último osso do esterno (abaixo do tórax), conhecido como processo xifóide. A massagem suave para baixo ajuda a eliminar Calor.

♦ **Tratamento com Fitoterapia**

Camomila.[1] Essa erva ocidental branda tem sabor amargo e doce e pode ser usada para acalmar o Fogo do Estômago e Coração e reduzir inflamação. Use internamente como chá, e adicione ao alimento, ou use externamente nas gengivas com compressa de algodão.

> **Dosagem:** gatos/cães pequenos: 1 a 2 colheres de chá, 2 vezes ao dia
>
> cães médios: 1 a 2 colheres de sopa, 2 vezes ao dia
>
> cães grandes: 3 colheres de sopa, 2 vezes ao dia

Tanchagem. Erva branda usada como adstringente para aliviar a dor, diminuir inflamação e age como anti-séptico. Pode ser usada internamente na dose de 5 gotas da tintura diluída em 30 ml de água destilada, dar de 1 a 3 conta-gotas 2 vezes ao dia ou fazer uso tópico. Faça um "pacote" da erva seca ou fresca, embrulhando 1/2 colher de chá da erva em uma gaze. Mergulhe o pacote em água morna e deixe imerso por 10 minutos para liberar o efeito da erva. Use o pacote para fazer compressa nas gengivas diariamente.

Morango + Folhas de Framboesa + Eufrásia.[2] São ervas brandas, adequadas para indivíduos enfraquecidos. Devido à ação adstringente, ajudam a fortalecer as membranas mucosas e reduzir inflamação e sangramento. Podem ser usadas internamente, como chá, ou uso tópico, fazendo compressa (veja as instruções acima para tanchagem).

FOGO SEVERO NO ESTÔMAGO E MACHUCADOS NA BOCA: UMA SITUAÇÃO AGUDA

Essa condição é uma situação de calor verdadeiro, tanto em indivíduos enfraquecidos e deficientes que estão com excesso de

Fogo, quanto em indivíduos fortes, com condição de Excesso que têm outros sinais de Calor interno. Quando isso ocorre repentinamente, como na conjuntivite ou gripe, os chineses denominam de "invasão de Vento."

◆ Pontos de Acupressão para Tratar Fogo no Estômago com Machucados na Boca

O objetivo do tratamento é eliminar o calor e dispersar o Vento.

Vaso Governador (VG) 14. Conhecido como "Grande Vértebra", esse ponto dispersa o Vento e calor.

Localização: Veja página 222. Segure o ponto por 15 a 30 segundos.

Estômago (E) 44. Conhecido como "Salão Interno", esse ponto drena calor do Estômago e diminui inflamação.

Localização: Veja página 232. Segure o ponto.

Intestino Grosso (IG) 11. Conhecido como "Poça Curva", esse ponto alivia calor da parte superior do corpo e refresca a boca.

Localização: Veja página 211. Segure o ponto.

◆ Tratamento com Fitoterapia

Niu Huang Shang Zing Wan.[3] Essa combinação possui ervas que eliminam calor como Cálculos bovis, Coptidis, borneol, Platycodon e Lótus; Crisântemo para eliminar Vento; Tang Kuei para mover o sangue; e Alcaçuz como erva harmonizante. É contra-indicado para animais gestantes. Utilize por apenas 3 dias. Caso surja diarréia, descontinue o uso.

> **Dosagem:** gatos/cães pequenos: 1 tablete, 1 vez ao dia.
> cães médios: 2 tabletes, 1 vez ao dia
> cães grandes: 4 tabletes, 1 vez ao dia

Golden Seal. Essa erva elimina calor e umidade em excesso, assim como elimina bactéria. Dilua 15 gotas em 30 ml de água destilada, e use de 1 a 3 conta-gotas cheios 3 vezes ao dia, dependendo do tamanho do animal. Não use em animais gestantes.

◆ Tópicos

Chá de Mil Folhas (*Achillea millefolium*), caso consiga colocar dentro da boca para lavá-la ou **óleo frio de melancia**, disponível em farmácias chinesas.

◆ Suplementos Nutricionais

Para inflamação da boca e restaurar a saúde das gengivas:

Vitamina B, de fonte que não seja levedura. Evite levedura, pois há desequilíbrio bacteriano e o animal pode tornar-se mais suscetível a infecções por fungo. Use metade da dose humana.

Acidófilos ou cultura mista. Use suplementos em pó a um a três quartos da dosagem para humanos.

Vitamina C, na forma de rosa mosqueta com bioflavonóides. Os bioflavonóides, principalmente, com quercetina, trabalham sinergicamente com a vitamina C para auxiliar a aumentar a absorção e melhorar os machucados da boca.

> gatos/cães pequenos: 125 mg, 2 vezes ao dia
> cães médios: 250 mg, 2 vezes ao dia
> cães grandes: 1.000 mg, 2 vezes ao dia

Vitamina E: gatos/cães pequenos: 50 UI, diariamente
cães médios/grandes: 400 UI, diariamente

Vitamina A: 2.000 mg a 5.000 mg para inflamação da gengiva, dependendo do tamanho do animal. Use 3 vezes na semana. Se o animal tem histórico de problema hepático, reduza a dose pela metade.

Zinco, 5 mg a 15 mg diariamente. É especialmente útil para gengivas vermelhas, inflamadas e machucadas.

Farinha de Ossos ou **Tabletes de Alfafa**, suplemento de cálcio para fortalecer o osso ao redor dos dentes.

> gatos/cães pequenos: 1/4 de colher de chá diariamente
> cães médios e grandes: 1/2 colher de sopa diariamente

Kelp ou **Dulce em pó:**

> gatos/cães pequenos: 1/8 de colher de chá, diariamente
> cães médios e grandes: 2/3 de colher de chá, diariamente

Coenzima Q 10, um antioxidante desenvolvido no Japão, usado para desintoxicação e cura das membranas mucosas.

> gatos/cães pequenos: 5 mg a 10 mg, diariamente
> cães médios/grandes: 30 mg, diariamente

Enzimas Pancreáticas, para ajudar a digestão no Estômago. Use de um terço a metade da dose humana.

RECOMENDAÇÕES DIETÉTICAS

Essa é a face mais importante do tratamento. Recomendo alimentos que fortaleçam o Rim e esfriem o Estômago, como cevada, painço, milho, arroz integral bem cozido, aspargo, lentilha, feijão, feijão-de-corda, aipo, porco (cozido, sem gordura), sardinha, ovos e carpa. Carne bovina cortada em pequenos pedaços pode ser dada. **Evite** alimentos secos, pois o processamento desses alimentos que incorpora calor e gordura irá gerar mais calor no corpo. Caso não possa evitar o alimento seco, use uma dieta comercial "saudável" e limpa, que seja pobre em gordura e que contenha proteína altamente digestível. Suplemente esse alimento com cereais bem cozidos.

Notas Finais

1. Holmes, Peter. *The Energetics of Western Herbs, Vol. II.* (Boulder, CO: Artemis Press, 1989), 463.
2. Moore Michael, *Medicinal Plants of the Mountain West.* (Santa Fe, NM: Museum of New Mexico Press, 1979), 150.
3. Naeser, Margaret A., PhD. *Outline Guide to Chinese Herbal Patent Medicines in Pill Form.* (Boston, MA: Boston Chinese Medicine, 1990), 154.

CAPÍTULO TREZE

Os Pulmões: O Elemento Metal

A CADA RESPIRAÇÃO, inalamos a força vital do universo. Isso fornece ao Pulmão o "Qi cósmico".[1] Além de retirar oxigênio, os pulmões removem água do ar e a direciona para baixo para a utilização pelo resto do corpo.

Os pulmões fazem par com seu parceiro Yang, o Intestino Grosso, para formar o elemento Metal. Ambos os órgãos excretam resíduos: dióxido de carbono e fezes. A estaca do ano associada ao Metal é o outono, e não é incomum surgir ataques de asma, bronquite ou alergias nessa época do ano. As horas associadas com os pulmões no Relógio Circadiano são de 3h00 até 5h00, um horário no qual os problemas no Pulmão podem piorar.

No Ciclo de Criação dos Cinco Elementos, o elemento Terra da digestão (Baço/Pâncreas e Estômago) alimenta os Pulmões, enquanto estes alimentam o elemento Água dos Rins. Assim, uma digestão ou suplementação de Água fraca para os Rins, ou vinda deles, pode afetar a habilidade de respiração do indivíduo.

No Ciclo de Controle dos Cinco Elementos, o Pulmão controla o Fígado e é controlado pelo Coração. Dessa maneira, um Pulmão enfraquecido pode alterar o trabalho desses dois órgãos.

A emoção associada ao Pulmão é o pesar. Muito pesar ou tristeza podem criar desequilíbrio nos pulmões. Para se ter uma idéia, já vi animais desenvolverem bronquite após a morte de um dono ou animal que gostavam muito.

Os pulmões são sensíveis ao clima seco. Indivíduos que moram em clima seco podem sofrer de alergias, bronquite ou asma. Quando os pulmões são agredidos, eles produzem muco, perdem sua natureza elástica e falham ao inalar e exalar adequadamente.

RESPIRAÇÃO

Respirar requer energia e ferramentas. A energia é suprida pelo Qi do Pulmão, o Qi digestivo do Baço/Pâncreas e a energia Yang do Rim. As ferramentas são os tecidos pulmonares com suas células, bolsas de ar e tubos de cartilagens, supridas pelo Yin do Pulmão, com o auxílio do Yin básico do Rim.

Quando inalamos, ativamos o Qi do Pulmão. À medida que o Pulmão expande para receber a respiração e a umidade do ar, o Yang do Rim é aquele que "levanta e segura" a respiração no final da inalação. A parceria entre o Qi do Pulmão e o Yang do Rim ajuda a movimentar a umidade do ar pelos nossos corpos.[2] O Qi digestivo do Baço/Pâncreas e Estômago também ajuda a abastecer os músculos da respiração do peito e do diafragma.

Se o Qi do Pulmão, Yang do Rim ou Qi digestivo estão fracos, o indivíduo pode ter respiração fraca e curta, especialmente, quando inalar. Se o Yin do Pulmão ou do Rim é fraco, a exalação é deficiente.

TOSSE

A tosse pode ser causada por uma agressão externa do ambiente, que primeiro afeta o nariz e a cabeça (veja infecções de Vento e trato respiratório superior), ou por um desequilíbrio interno no processo da respiração. Nas duas causas, forma-se excesso de muco nas passagens de ar, causando irritação e tosse.

Indivíduos com bom armazenamento de Qi do Pulmão e digestivo, de Yin e Yang do Pulmão e Rim, terão mais facilidade de livrar-se da tosse vinda de uma agressão externa. Mas os indivíduos com um processo respiratório fraco podem ter dificuldades para eliminá-la.

BRONQUITE

Quando a bronquite ataca, normalmente, é devido a uma condição de Vento calor. Ao invés da invasão permanecer nas passagens superiores de ar do nariz e da traquéia, o indivíduo suscetível experiencia uma invasão mais profunda. A resposta normal do Pulmão para tal agressão é o muco tornar-se espesso, amarelo ou verde na cor. O muco substitui os fluidos normais do Pulmão. É incomum ver muito muco quando os cães ou gatos tossem, pois eles tendem a engoli-lo. Normalmente, os ouvimos engasgar ou percebemos sua respiração ruidosa. Como as dificuldades respiratórias podem ameaçar a vida, o cuidado veterinário profissional deve ser iniciado imediatamente. Em adição, as sugestões a seguir podem ser úteis.

♦ Pontos de Acupressão para Tratamento de Bronquite

Na bronquite aguda, tentamos eliminar o Calor dos pulmões, parar a tosse e aliviar a invasão de Vento. Se o muco está aderindo na traquéia, ervas podem ser usadas para ajudar a removê-lo, assim como para aliviar as membranas irritadas.

Pulmão (P) 5. Conhecido como "Pântano Cúbito", esse ponto elimina o Calor dos Pulmões e ajuda a parar a tosse.

Localização: Na parte interna do cotovelo, no lado de fora do tendão maior do músculo bíceps. Flexione o cotovelo. Você sentirá um tendão forte. O ponto está na dobra do cotovelo para o lado externo desse tendão forte. Segure o ponto por 15 segundos.

Pulmão (P) 7. Conhecido como "Seqüência Quebrada", esse ponto ajuda a esfriar o fluido ou Yin do Pulmão. Junto com o P5, é usado para dispersar fleuma de uma tosse por invasão de Vento.[3]

Localização: Veja página 229. Use movimento circular.

Vaso Governador (VG) 14. Conhecido como "Grande Vértebra", esse ponto dispersa a invasão de Vento.

Localização e Técnica: Veja página 222.

Vaso Concepção (VC) 22. Conhecido como "Proeminência Celestial", esse ponto é usado para regular o movimento do Qi do Pulmão[4] e parar a tosse tanto na bronquite quanto na asma brônquica.

Localização: Na linha média do esterno no pescoço, logo acima do início da caixa torácica. Existe um entalhe no centro, onde o pescoço entra na área do tórax. Aplique pressão leve nesse ponto ou massageie para baixo.

♦ Tratamento com Fitoterapia

Raiz de Asclépia.[5] Também conhecida como asclépia-das-borboletas, essa erva ocidental é usada como expectorante para aliviar a tosse, congestão e inflamação. Para uso por curto período, use por 2 semanas. Como tintura, dilua 15 gotas em 30 ml de água destilada. Da mistura diluída, use 2 a 3 vezes ao dia, dependendo da severidade dos sintomas.

Dosagem: gatos/cães pequenos: 1 conta-gotas cheio

cães médios: 2 conta-gotas cheios

cães grandes: 3 conta-gotas cheios

Tabletes de Extrato de Fritilária.[6] Essa fórmula ajuda a resolver a tosse. Ela contém fritilária e platycodon para eliminar calor do Pulmão; polígala para acalmar o Coração e o espírito; schizandra para secar o muco e ajudar os pulmões; casca de cítrus para parar a tosse e regular o Qi; e alcaçuz para harmonizar as outras ervas.

Dosagem: gatos/cães pequenos: 1 tablete, 3 vezes ao dia

cães médios: 2 tabletes, 3 vezes ao dia

cães grandes: 4 tabletes, 3 vezes ao dia

Equinácea ou **Golden Seal.** Para as descrições e dosagens, veja páginas 223, 232.

♦ Suplementos Nutricionais

Veja as recomendações para **ataques de Vento Calor** no Capítulo Dez, páginas 219-220.

TOSSE SECA E SEVERA; RESPIRAÇÃO SECA E RUIDOSA

Percy é um Poodle-Toy que teve um episódio de bronquite cerca de um mês antes de ser trazido a mim. Desde que era filhote tinha dificuldade de respirar normalmente. Ele nunca conseguia respirar profundamente. Sua respiração era curta, superficial e rápida. Então, quando seus donos se mudaram para Palm Springs, ele teve muita dificuldade para inspirar e expirar. O ar seco desértico o deixou com sede extrema, sua pele ficou seca e seus músculos peitorais perderam sua elasticidade. Simplesmente, parecia mais difícil expandir e contrair suas costelas.

Quando seu membro da família preferido deixou a casa para estudar fora, Percy tornou-se muito triste. Tão melancólico, ele pegou um resfriado que foi para o seu peito. Fez tratamento com antibióticos por duas semanas, o que o livrou das infecções, mas a tosse seca persistiu e a respiração em sibilo, como a asmática, tornou-se pior a qualquer hora que se esforçasse. Seu latido soava rouco e crepitante.

Percy era suscetível ao ataque de bronquite por causa de seu Qi do Pulmão fraco de nascença. Este foi enfraquecido posteriormente por ter se mudado para um local de clima quente e seco. Deprimido pela partida de seu dono, seu Qi dos pulmões ficou ainda mais debilitado. Percy precisava nutrir seus pulmões imediatamente para prevenir o desenvolvimento de asma mais adiante.

Seu tratamento teve como objetivo a nutrição dos fluidos do Pulmão, e o Yin geral que é sustentado pelo Rim.

♦ Pontos de Acupressão para Tratamento de Tosse Seca com Ruído

Nota geral: Para qualquer tipo de problema no Pulmão que resulte em tosse ou respiração problemática, pode-se fazer a massagem geral na linha média do tórax, iniciando abaixo da garganta sobre a traquéia, ou entre as pernas dianteiras e estendendo para baixo em direção à barriga. Faça a manobra de massagem do tipo extensa, para baixo, com a pressão que é determinada pelo animal. Se o animal não quiser ser tocado abaixo do tórax, outra área geral para massagem é entre as escápulas, sobre as costas, com movimento para frente e para trás. Normalmente, o animal que está tossindo ou tendo problemas respiratórios gostará de ter uma dessas duas áreas massageadas. A massagem diminuirá a freqüência e a severidade da tosse.

Pulmão (P) 7. Conhecido como "Seqüência Quebrada", esse ponto abre o Pulmão para uma maior expansão e, também, conecta com a superfície Yin do corpo junto com o meridiano vaso concepção. Esse ponto aumenta o Yin dos pulmões. É usado para tosse e asma.

Localização e Técnica: Veja página 229

Bexiga (B) 13. Conhecido como "Ponto do Pulmão", é o ponto de associação dos pulmões e é utilizado para equilibrar o órgão.

Localização e Técnica: Veja página 229. Use movimento suave para frente e para trás entre as escápulas.

Rim (R) 3. Conhecido como "Grande Riacho", esse ponto fortalecerá o Yin do Rim.

Localização e Técnica: Veja página 245

♦ Tratamento com Fitoterapia

Mei Wei Di Huang Wan ("Pílulas da Vida Longa dos Oito Imortais").[7] Essa é a fórmula clássica para o Rim Rehmannia Six, usada para umedecer o sangue e o Yin dos rins e Fígado, com a adição de ervas para umedecer e adstringir os pulmões. É usada para tosse crônica e seca associada com Deficiência do Yin do Pulmão e do Rim. Contém Rehmannia para nutrir o Yin do Rim e sangue; Cornus para nutrir o Yin do Fígado e do Rim; Dioscorea para o Qi do Baço; Tanchagem e Moutan para refrescar os rins; Poria cocos para promover urinação; Ophiopogon para umedecer o Yin do Pulmão; e Schizandra para fortalecer e adstringir o Pulmão e o Rim. Os adstringentes mantêm os fluidos dentro dos tecidos, no local que pertencem, e dessa forma inibe-se o desenvolvimento de muco.

Dosagem: gatos/cães pequenos: 1 a 2 pílulas, 2 vezes ao dia

cães médios: 4 pílulas, 2 vezes ao dia

cães grandes: 6 pílulas, 2 vezes ao dia

Se a fórmula umedecer muito, pode haver surgimento de diarréia ou maior dificuldade para respirar, porque os pulmões podem
estar muito fracos para mover o aumento do fluido. Caso isso ocorra,
diminua a dose para metade ou elimine a fórmula.

Yang Yin Qing Fei Tang Jiang (Xarope Doce para Nutrir o Yin e
Limpar o Pulmão).[8] Essa fórmula fortalece os pulmões, alivia a garganta inflamada e ajuda a parar a tosse crônica e seca oriunda da agressão que enfraquece os tecidos pulmonares. Tem sido usada para tratar
tuberculose e câncer de Pulmão. Contém Rehmannia, Peônia e
Ophiopogon para nutrir o Yin; Moutan e Escrofulária para eliminar
inflamação interna; Fritilária para parar a tosse; mentol para aliviar a
garganta; e alcaçuz como harmonizante.

> **Dosagem:** gatos/cães pequenos: 1/2 colher de chá, 2 vezes
> ao dia
>
> cães médios: 1 colher de chá , 2 vezes ao dia
>
> cães grandes: 2 colheres de chá, 2 vezes ao dia

Grindélia (Maytake).[9] Essa erva ocidental é boa para tosse severa,
especialmente se o animal também estiver muito irritado por uma
depleção de Yin do Pulmão, bronquite e asma.

> **Dosagem** como tintura: diluir 15 gotas em 30 ml de água. Da
> tintura diluída, usar 1 a 3 vezes diariamente, depen-
> dendo da severidade dos sintomas.
>
> gatos/cães pequenos: 1 conta-gotas cheio
>
> cães médios: 2 conta-gotas cheios
>
> cães grandes: 3 conta-gotas cheios

Tussilagem.[10] Essa é uma erva ocidental equivalente à erva chinesa
tussilago, que é usada para tosses em geral. Em ambas tradições é
uma erva que "pára a tosse". É adstringente, amarga, doce, refrescante, seca e úmida, tudo ao mesmo tempo. Como tintura, dilua de
15 a 25 gotas, dependendo da severidade da tosse, em 30 ml de água
destilada. Chás fortes podem ser usados até 3 vezes ao dia.

> **Dosagem:** gatos/cães pequenos: 1 conta-gotas cheio
>
> cães médios: 2 conta-gotas cheios
>
> cães grandes: 3 conta-gotas cheios

♦ **Suplementos Nutricionais**

Veja as sugestões de suplementos nas páginas 281-282.

♦ **Recomendações Dietéticas**

Forneça alimentos úmidos e formadores de tecido. Proteína animal inclui carne de porco, carne bovina, Fígado bovino, carne de cordeiro, sardinha, atum, bacalhau, mariscos e ovos. Cereais incluem milho (polenta), arroz integral, cevada e painço. O arroz é um cereal associado com os pulmões, assim, o arroz integral ou branco pode ser o único cereal necessário. Os vegetais podem ser crus ou cozidos, e devem incluir aspargo, feijão-de-corda, brócolis e espinafre. Alimentos secos, devido ao seu processamento seco, devem ser minimizados ou eliminados durante o período de recuperação. Alimentos que são ricos em gordura ou muito temperados, como alho, devem ser minimizados, pois secam o organismo mais ainda.

RESPIRAÇÃO SUPERFICIAL, ASMA E TOSSES ÚMIDAS

Alguns animais, como Percy, nascem com respiração superficial. Alguns adquirem esse problema quando são ainda novos, após um problema respiratório ameno. Outros podem adquirir mais tarde na vida, após um episódio sério de infecção pulmonar. A respiração superficial, junto com o encurtamento da respiração após exercício, é uma Deficiência do Qi do Pulmão.

As deficiências de Qi, normalmente, pioram após exercícios ou estresse. Mas ainda, se um animal tem predisposição a ter um Qi fraco, ele mostrará outros sinais como dificuldades digestivas e preguiça, um latido ou miado fraco. Dependendo da severidade da condição, o animal pode ter uma tosse fraca e crônica.

O Qi fraco também afeta o aquecimento ou Yang do corpo envolvido com o Rim. Se o termostato do Rim do animal não estiver funcionando adequadamente (fazendo que ele procure por um aquecedor externo), o Yang do Rim pode estar baixo. Esse quadro normalmente acompanha uma Deficiência de Qi do Pulmão e resulta em umidade excessiva retida nos pulmões. O cão ou gato pode, então, desenvolver respiração úmida ou tosse.

A asma pode surgir de uma Deficiência de Yin, que causa respiração asmática seca, ou Deficiência de Qi e Yang que causa respiração asmática úmida. A predisposição do indivíduo determina qual condição se desenvolverá. Se o Yin estiver fraco, o animal é agitado, tem sede, se superaquece facilmente e tem língua vermelha. Se o Yang e Qi são fracos, o animal é cansado, friorento, preguiçoso, sem sede e tem língua pálida e flácida.

Ryan é um Pastor Alemão mestiço grande, que foi trazido a mim porque sua respiração era superficial e ele não conseguia acompanhar outros cães ou homens nas caminhadas na montanha. Ryan é muito dócil, mas tímido quando estava próximo de estranhos. Tende a ganhar peso e fica com frio facilmente. Ele dificilmente bebe água. Adora as caminhadas, mas necessita de um tempo para se recuperar delas. Seu passado é desconhecido, pois ele foi encontrado na rua, então não há como saber se ele sofreu de alguma condição respiratória quando era filhote. Mas seu dono reportou que Ryan era suscetível a pegar resfriados. Ele costumava pular e correr com os outros cães, seus companheiros, mas ele já não tinha mais essa energia e parecia triste e desinteressado. Seu latido tornou-se fraco e baixo, e ele tosse após fazer exercício – a tosse tem som ligeiramente murmurante.

Quando examinei Ryan, ele tinha um pouco de fraqueza na região lombar e seus membros posteriores tremiam quase que imperceptivelmente. Sua posição predileta era deitada, e mal se podia ver seu peito se movendo quando ele respirava. Sua língua era pálida e ligeiramente úmida e seu pulso era fraco. Sua respiração era úmida e ruidosa.

Ryan tinha sinais de Qi do Pulmão e do Baço fraco, como indicava a sua respiração superficial, sua propensão a pegar resfriados, seu latido fraco e sua tristeza. Ele também mostrava sinais de Qi do Baço fraco, como fadiga, digestão lenta, língua pálida e ligeiramente úmida. O Yang do Rim fraco era indicado pela fraqueza da região posterior, vontade de se deitar, o latido baixo e a língua pálida.

Ryan foi tratado com acupuntura para fortalecer seu Pulmão, Baço e Qi e Yang do Rim. Sua dieta foi mudada para incluir alimentos que aquecem, que pareciam auxiliar sua digestão e aumentar seu nível energético. Pouco a pouco, Ryan começou a melhorar. Ele pegou menos resfriados e ficou notavelmente mais forte. Ele adora suas caminhadas e consegue manter o ritmo com seus amigos. Nunca foi possível curar por completo sua respiração superficial, mas houve melhora definida.

ALERGIAS, GATOS E PROBLEMAS PULMONARES COMPLEXOS

Desequilíbrios pulmonares podem surgir devido a problemas de origem digestiva ou do Qi do Baço. Gatos que desenvolvem bronquites alérgicas crônicas ou asmas são, normalmente, grandes, preguiçosos e acima do peso. Eles têm alergia a pólens, que causam espirros e olhos lacrimejantes, e alergias a alimentos. Têm fezes pastosas e respiração úmida e ruidosa. Também podem ter ocasionalmente episódios com problemas de Bexiga e urinação freqüente. A situação é similar ao Qi fraco do Pulmão e Baço e do problema de Yang do Rim discutido na história do Ryan, mas, nesse caso, o problema inicia-se no sistema digestivo. Por causa disso, e porque é normalmente um problema de longa duração, o Fígado torna-se envolvido, adicionando uma estagnação ao quadro.

Quando esses gatos tossem, eles engasgam e, eventualmente, eliminam pequena quantidade de fleuma ou muco branco. Mas a maior parte do muco fica presa no peito, causando uma respiração muito trabalhosa.

Brutus era um gato com essa condição. Ele era um gato muito grande, de pêlo curto, preto com o peito branco e muito charmoso! Foi trazido a mim porque havia sido diagnosticado, há alguns anos antes, com bronquite alérgica crônica. Foram dados a ele medicamentos ocidentais, incluído remédios para dilatar os brônquios e cortisona. Apesar disso, ele ainda tinha muita dificuldade para respirar. Ele se mudou para a Baía de São Francisco, região fresca e úmida, de Los Angeles, onde é mais quente e seco. Quando Brutus respirava, via-se apenas ligeiramente o movimento de seu abdômen e de sua caixa torácica. Sua respiração tinha um som parecido com o barulho de uma locomotiva misturado com o assobio de um passarinho. Por causa de seu volume e de seu problema respiratório, ele não era muito ativo. Brutus tinha fezes soltas, e uma língua pálida, úmida e, às vezes, púrpuro-azulada. Era difícil de encontrar o seu pulso na pata traseira, porque era muito profundo e pulsava sem muita força. Durante um período de dificuldade respiratória excessiva, quando a umidade estava alta, o revestimento de sua língua tornou-se muito grosso, branco e gorduroso. Isso era uma pista de que havia um aumento da fleuma presa em seu corpo. O aumento da medicação ocidental mostrou ser ineficaz. Acupuntura e fitoterapia que dissolviam fleuma e aqueciam o interior do corpo ajudaram Brutus a sair de uma situação de emergência. Após cada sessão de acupuntura ele parecia sentir-se melhor e, vagarosamente, o revestimento grosso, branco e gorduroso de sua língua desapareceu e a coloração azulada foi substituída pela rosada-clara.

♦ Pontos de Acupressão para Tratamento de Respiração Superficial, Fraca e Tosses Úmidas

Nota Geral: A massagem geral nos pontos, listada para as Deficiências do Yin do Pulmão, pode ser usada para qualquer problema de respiração ou tosse dessa sessão.

Vaso Concepção (VC) 17. Conhecido como "Vida Longa das Mulheres", esse ponto fortalece o diafragma e expande o tórax. É especialmente bom para asma brônquica e qualquer problema de tosse com ou sem umidade.

Localização: Veja página 235. Segure o ponto com pressão leve ou use movimentos circulares por 15 segundos.

Pulmão (P) 9. Conhecido como "Grande Abismo", esse é o ponto de tonificação e fonte do Pulmão. É usado para fortalecer os pulmões, eliminar fleuma e ajuda a parar a tosse, tanto de asma quanto de bronquite.

Localização: Levante a pata dianteira e flexione o pulso. O ponto pode ser encontrado no lado mais interno da dobra do pulso no lado debaixo da pata. Segure o ponto por 15 segundos.

Bexiga (B) 20. Conhecido como "Ponto do Baço", esse é o ponto de associação para o Baço/Pâncreas e ajuda o Qi do Baço com a digestão. Esse ponto é útil nos casos de deficiência de Pulmão e Baço, incluindo asma úmida e respiração do tipo obstruída por fleuma.

Localização: Veja página 263. Segure o ponto com pressão constante ou use movimento circular.

Estômago (E) 36. Conhecido como "Três Distâncias do Pé", esse ponto é usado para fortalecer o Qi geral do corpo.

Localização: Na parte externa da pata traseira, logo abaixo do joelho, na parte de fora da porção vertical do principal osso da perna, a tíbia. O ponto está no meio da barriga do músculo. Use pressão constante ou movimento circular.

Estômago (E) 40. Conhecido como "Abundância e Prosperidade", esse ponto é um importante transformador de fleuma. É usado para tosse com muco abundante. É, especialmente, importante para indivíduos que se resfriam facilmente e cuja respiração é úmida e ruidosa.

Localização: Localizado no lado de fora da pata traseira entre a parte debaixo do joelho (rótula) e o calcanhar (tarso). Divida esse espaço ao meio. O ponto está localizado nesse nível na parte externa do osso pequeno da perna chamado fíbula. Haverá uma depressão entre as duas barrigas dos músculos. Segure o ponto ou use movimento circular por 15 a 30 segundos.

◆ Tratamento com Fitoterapia

Er Chen Wan.[11] Essa é a fórmula que regula fleuma e umidade acumuladas devido a um Qi deficiente do Baço. O animal terá saliva espessa na língua ou bolhas de saliva nas gengivas ou na garganta. Essa fórmula contém Pinellia que transforma fleuma frio, pegajosa ou aquosa e manda para baixo para fora do Pulmão e do Estômago; Poria cocos, que move a umidade para baixo através da Bexiga; Alcaçuz que ajuda o Qi do Baço; e casca de Cítrus que regula o Qi do Baço. Não use se houver muita sede, o que é sinal de Calor, pois essas ervas são de neutras a aquecedoras.

Dosagem: gatos/cães pequenos: 2 pílulas, 2 vezes ao dia

cães médios: 4 pílulas, 2 vezes ao dia

cães grandes: 6 a 8 pílulas, 2 vezes ao dia

Inmortal (Asclépia).[12] Essa é uma erva ocidental, tradicionalmente, usada pelos espanhóis e pelos nativos americanos do Novo México. É broncodilatadora e ajuda a expelir o muco dos pulmões via drenagem do sistema linfático. Pode ser usada para asma e bronquite, e é especialmente indicada nas Deficiências de Yang do Rim e do Baço e nas Deficiências de Qi do Pulmão. Faça um chá forte fervendo 1/2 colher de chá da raiz em pó em 1 quarto (aproximadamente 946 ml) de água por 20 minutos. Não dê a animais gestantes, pois aumenta as contrações uterinas.

> **Dosagem:** gatos/cães pequenos: 1/2 colher de chá, 2 vezes ao dia
>
> cães médios: 1 colher de chá , 2 vezes ao dia
>
> cães grandes: 2 colheres de chá, 2 vezes ao dia

◆ Recomendações Dietéticas

Alimentos que aquecem e neutros são benéficos para respiração superficial e fraca e tosses úmidas. Alimentos que criam fluidos extras, como lacticínios e vegetais crus, devem ser evitados. Escolha fontes de proteína animal como: galinha, salmão, atum, cordeiro, cervo e carne bovina. Muita carne vermelha ou peru causarão produção excessiva de muco em alguns animais. Os cereais a escolher são: arroz branco ou integral, trigo, cevada, milho e aveia. Os melhores vegetais são: couve, cenoura, repolho e abobrinha. Esses devem ser ligeiramente cozidos.

◆ Suplementos Nutricionais

Esses suplementos são benéficos para os pulmões em geral e podem ser usados em quase todos os casos de desequilíbrios no Pulmão.

Vitamina C, como ascorbato de sódio: 125 mg a 1.000 mg, 2 vezes ao dia, com a diarréia sendo o fator limitante.

Complexo B: de 1/4 da dose humana para gatos e cães pequenos, a até 1/2 da dose humana para cães grandes.

Óleo de Fígado de Bacalhau, como fonte de Vitamina A e suplemento de ácido graxo. Use 1/2 colher de chá para gatos/cães pequenos, 1 colher de chá para cães médios, e 2 colheres de chá para cães grandes.

Vitamina E ou Óleo de Prímula. Vitamina E pode aumentar a pressão sanguínea, então, se a hipertensão for um problema, mantenha os níveis mais baixos.

> gatos/cães pequenos: 50 UI, diariamente
>
> cães médios: 200 UI a 400 UI, diariamente
>
> cães grandes: 800 UI, diariamente

Pó de Kelp ou Algas Marinhas: de 1/16 colher de chá para gatos e cães pequenos, a 1/2 colher de chá para cães grandes, diariamente.

Quercetina e Bromelina.[13] 125 mg a 500 mg, 2 vezes ao dia, para ajudar na absorção da vitamina C.

Coenzima Q-10. Essa substância ajuda a oxigenação do sangue. Pesquisada intensamente no Japão, ajuda a baixar a pressão sanguínea, e atua como suplemento anti-histamínico e anticâncer.

O PACIENTE IDOSO

Conforme os animais vão envelhecendo, eles gastam seu Qi hereditário e os estoques de Yin e sangue. O trato respiratório torna-se menos elástico. Os músculos, que são nutridos pelo Qi do Baço, também podem enfraquecer, atrasando a ação do diafragma.

Muitos animais mais velhos, especialmente cães, ofegam enquanto descansam e parece que existe algo os impedindo de respirar. Cansam-se facilmente e, apesar de normalmente não tossirem, bafejam e bufam sempre quando fazem qualquer exercício. A medicina ocidental chama isso de "doença pulmonar crônica obstrutiva". Na medicina ocidental isso inclui bronquite crônica, asma alérgica, enfisema e qualquer processo que causa espessamento da cartilagem na passagem de ar. Todas essas condições diminuem a elasticidade e a troca de oxigênio nos pulmões. Uma vez que se inicia a doença pulmonar crônica obstrutiva, não existe tratamento real oferecido pela medicina ocidental.

Apesar de não conseguirmos voltar o relógio atrás para o rejuvenescimento total, a Medicina Tradicional Chinesa é útil para aliviar alguns sintomas e fortalecer o Qi que resta. A doença pulmonar crônica obstrutiva cai dentro dos padrões listados em desequilíbrios do Pulmão. Devido a sua longa duração, e os papéis desempenhados pelo Rim e Baço, o Fígado pode também estar envolvido, adicionando estagnação no peito e piorando todos os sintomas.

Devido a sua natureza complexa, e por causa da constituição individual de cada um, é necessário diferenciar entre as síndromes diversas listadas anteriormente, e fazer o tratamento de acordo com cada uma. Para ajudar a diferenciar em qual padrão o cão melhor se encaixa, aqui vão alguns sinais para serem observados:

Pulmão e Yin do Rim fracos =

Tosse seca, severa, ou respiração dificultosa e seca; sede, agitação e língua vermelha.

Qi do Pulmão e Yang do Rim fraco =

Respiração superficial, respiração dificultosa e úmida; membros posteriores fracos; ausência de sede.

Qi do Pulmão, Yang do Baço e do Rim fracos =

Fleuma excessiva com um pouco de muco expelido durante a tosse; frio; todos os sintomas pioram com o movimento.

Siga as recomendações apropriadas de acupressão, fitoterapia e dieta para cada condição. Os pontos de acupressão, a seguir, e a massagem podem ser feitas como um tônico para o animal mais velho com propensão a problemas pulmonares.

◆ Acupressão e Massagem para Ajudar os Pulmões dos Idosos

- Esfregue as mãos entre as escápulas para frente e para trás por 2 minutos, usando pressão leve. Isso abrange os pontos de associação para o Coração, Pericárdio e Pulmões.
- Esfregue as mãos ao longo da linha média do peito do início do primeiro espaço intercostal até o segundo par de mamilos. Isso abrange os pontos de alarme do Coração e Pericárdio.
- Faça acupressão no ponto **Bexiga (B) 23** entre a segunda e terceira vértebras lombares. Isso abrange o ponto de associação do Rim.
- Massageie esfregando a parte externa da pata traseira do joelho ao calcanhar. Use movimento circular aleatório (a técnica de Tellington-Jones, veja página 141) e pressão leve. Isso ajudará o Qi e a dispersão de fleuma.
- Use seus dedos, deslizando para baixo e para cima, ao longo da parte interna das patas traseiras. Isso diminui a estagnação do Fígado.

Notas Finais

1. Dr. Kuan Hin. *Chinese Massage and Acupressure.* (New York: Bergh Publishing, Inc., 1991), 76.
2. Kaptchuk, Ted. J., OMD. *The Web That Has No Weaver.* (New York: Congdon & Weed, 1983), 240.
3, 4. O'Conner, John and Dan Bensky, trans. ed. *Acupuncture, A Comprehensive Text.* (Seattle, WA: Eastland Press, 1981), 244, 174.
5, 10. Holmes, Peter. *The Energetics of Western Herbs, Vol I.* (Boulder, CO: Artemis Press, 1994), 198, 206.
6, 11. Fratkin, Jake. *Chinese Herbal Patent Formulas.* (Boulder, CO: Shya Publications, 1986), 65, 64.
7, 8. Naeser, Margaret A., PhD. *Outline Guide to Chinese Herbal Patent Medicines in Pill Form.* (Boston, MA: Boston Chinese Medicine, 1990), 94, 90.
9, 12. Moore, Michael. *Medicinal Plants of the Mountain West.* (Sante Fe, NM: Museum of New Mexico Press, 1979), 80, 89.
13. Balch, James F., MD, and Phyllis Balch, CNC. *Prescription for Nutritional Healing.* (Garden City Park, NY: Avery Publishing Group, Inc., 1990), 10.

CAPÍTULO CATORZE

O Coração e o Pericárdio: O Elemento Fogo

O Coração é o "Príncipe da Circulação", conduzindo o sangue através dos vasos do corpo. De todos os órgãos, ele é considerado a base do Yang, cujo Calor e atividade mantêm o Fogo no corpo. Obviamente, sem o Coração ninguém vive. Na verdade, é dito que o eixo do indivíduo gira em torno do equilíbrio entre o Yin do Rim e o Yang do Coração.

Além de suas responsabilidades circulatórias, é dito na Medicina Tradicional Chinesa que o Coração é o guardião do espírito ou Shen. Em animais, o estado do Shen é visto em seus padrões de comportamento. Respostas mentais e emocionais normais são guiadas pelo Coração e, também, pelo seu protetor, o Pericárdio.

No sistema dos Cinco Elementos, o Coração é um dos quatro órgãos de fogo. Seu par Yang é o Intestino Delgado, enquanto seus primos são o Pericárdio e o Triplo Aquecedor. Os meridianos do Coração e Intestino Delgado são mais ativos de 11h00 às 15h00, enquanto o Pericárdio e Triplo Aquecedor são mais ativos entre 19h00 e 23h00.

O Pericárdio guarda o Coração, absorvendo os primeiros golpes das agressões. Isso é especialmente verdade nos casos de traumas

285

mentais ou emocionais. Fisicamente, o Pericárdio é um saco membranoso que envolve o Coração. Também pode ser imaginado como uma fronteira entre o Coração e o Pulmão.

Os problemas no Coração são, geralmente, indicados por uma dificuldade respiratória e diminuição das funções vitais. Quando o Coração funciona mal, os fluidos se acumulam no tórax, causando encurtamento da respiração, tosse ou dor. Tais sintomas de risco de vida o alertarão para a necessidade de levar seu animal para os cuidados de um veterinário. Entretanto, esses sinais ocorrem nos estágios finais da doença do Coração. Mudanças emocionais, comportamentais ou distúrbios digestivos podem ser sinais iniciais de problema cardíaco.

Os chineses atribuem muita importância na condição emocional e espiritual do indivíduo. A emoção alegria é associada ao Coração. O filhote que é sempre traquina e brincalhão é considerado "todo Coração". Isso é maravilhosamente normal. Entretanto, existem cães que passam dos limites, tornando-se superexcitados, latindo com alegria até entrarem em frenesi. Alguns ficam tão excitados que urinam nervosamente na chegada de seus donos. Ainda há outros que ficam tão afetados pelo abandono ou perda de um dono ou um animal a quem tinham afinidade, eles literalmente se consomem e morrem de "Coração partido". Muitos animais são esponjas emocionais e absorvem o estado emocional dos habitantes da casa. Perceber e reequilibrar essas desarmonias no início podem prevenir o estabelecimento de doença cardíaca. Apesar da Medicina Tradicional Chinesa não poder mudar a hereditariedade, ela pode interceder na maneira em que os órgãos interagem e, assim, minimizar os problemas no Coração.

AS BATIDAS E SOPROS ENCONTRAM O YIN, YANG E OS CINCO ELEMENTOS

Na MTC, as desarmonias no Coração podem ser divididas em três grupos principais: aquelas com **muito pouco sangue ou fluido,** aquelas com **muito pouco aquecimento ou energia** e aquelas com **muito Calor,** que fazem com que a circulação fique presa. Sinais iniciais de desequilíbrios no órgão são normalmente dos dois primeiros grupos, e para o terapeuta ocidental esses sinais, geralmente, parecem não estar relacionados ao Coração.

Vamos revisar o Coração nas interações dos Cinco Elementos, para que possamos entender como essas desarmonias se manifestam.

Primeiro, lembre-se de que é função do Coração fazer circular o sangue que banha os órgãos para que fiquem calmos e úmidos. Assim, o Coração interage diretamente com todos os outros órgãos.

No Ciclo de Criação, o Coração alimenta o elemento do Baço/Pâncreas e Estômago. Se o Coração estiver fraco, o Baço/Pâncreas tem que trabalhar mais intensamente para transformar o alimento em sangue e energia. A fraqueza do Coração pode causar problemas de **digestão de origem nervosa** e/ou **fadiga** ou **ofegar excessivo** após exercício ou alimentação.

Sem um volume adequado de sangue circulando poderosamente através do Coração para nutrir o Baço/Pâncreas, o animal pode se tornar nervoso, agitado ou emocionalmente sensível, principalmente, quando se trata de comida. Isso pode se manifestar na forma de apetite seletivo, diarréia, vômito ou constipação, que têm origem emocional, e são trazidos pela agitação nervosa.

Quanto mais agitado o animal fica, mais fluidos são consumidos através do estado ofegante e do superaquecimento. Isso afeta o Rim, o qual mantém o fogo do Coração sob controle. Com escassa quantidade de fluido, o animal terá muita sede. Quando o sistema de controle do corpo entre a água do Rim e o fogo do Coração é perturbado, o animal mostrará outros sinais de nervosismo, conhecido como **Distúrbio de Shen do Coração**. Isso inclui micção nervosa, atividade além do normal de pedalar e ter sonhos ativos durante o sono, latido excessivo e Coração acelerado ou palpitações durante os períodos de agitação.

Quando a energia ou componente Qi do Baço/Pâncreas sofre depleção porque o Coração não pode suprir a energia de circulação suficiente, o indivíduo se cansará facilmente e não será capaz de se igualar aos seus companheiros durante as atividades. Após os exercícios se manterá ofegante e o Coração ficará acelerado.

Esses desequilíbrios são causados pela pouca quantidade de sangue ou fluido no Coração e pouca energia para aquecer e manter o movimento da circulação.

Indivíduos com escassez de sangue ou fluidos são mais sensíveis durante o verão em climas mais quentes. Eles também podem exibir mudanças na língua. Uma língua rosada, saudável, com boa musculatura, umidade e vitalidade mostra um Coração trabalhando em perfeita ordem. Quando há rachaduras, especialmente profunda e percorrendo o centro da língua, é dito estar relacionada a uma fraqueza da energia do Coração. Filhotes que aparentam perfeita saúde podem ter uma rachadura bem notável no centro da língua. Sempre fico de olho nesse animal conforme ele vai ficando mais velho, pois isso é um sinal de fraqueza hereditária do Coração. Exercícios regulares e boa dieta são importantes para evitar problemas cardíacos futuros nesses filhotes. Esses sintomas, geralmente, não são reconhecidos na medicina ocidental como prelúdio potencial a doença cardíaca, com exceção do ofego excessivo. Entretanto, na Medicina Tradicional Chinesa, são sinais precoces de desequilíbrios no Coração.

Julie é uma cadela adolescente da raça Pastor Alemão, que foi trazida a mim por causa de sua diarréia freqüente e dificuldade de ganhar e manter peso. Ela era uma cadela nervosa que latia para todos que ela conhecia, e tinha medo de pessoas e coisas que ela não conhecia. Julie era para ser um cão de guarda e vigiar a casa quando seus donos saíssem. Mas, ao invés disso, ela acovardava-se em um canto e até permitiu que um ladrão entrasse. Seu dono reportou que após esse incidente, Julie ficou tão chateada que passou uma semana sem conseguir comer. Ela recusava qualquer tipo de comida pela manhã, mas bebia água. A diarréia continuava presente junto com uma sede aumentada após exercício. Ela tornou-se extremamente sensível a barulhos e ao toque, e parecia ofegar ainda mais.

Quando examinei Julie, percebi que sua língua estava seca e tinha uma rachadura notável pelo centro. Na sala de exames, Julie perambulava e choramingava. Fui informada que ela perambulava em casa durante a noite, em torno de 20h00. Ela tinha sensibilidade nos pontos de diagnóstico das costas correspondentes ao Coração, Baço/Pâncreas e Rim, e sua freqüência cardíaca estava ligeiramente aumentada.

Senti que Julie estava mostrando sinais precoces de desequilíbrio no Coração que estava afetando o Baço/Pâncreas que somava com a diarréia e apetite nervoso. Isso piorava na refeição da manhã quando o Baço/Pâncreas é mais ativo. Ela também tinha um desequilíbrio nos Rins, que criava sede excessiva e estado ofegante. Sua perambulação ocorria durante as horas em que o Pericárdio, o protetor do Coração, estava mais ativo. A rachadura profunda no centro da língua estava em acordo com o diagnóstico de fraqueza no Coração.

Tratei Julie modificando sua dieta para alimentos que ajudavam o Baço/Pâncreas e Coração, como painço, batata, cogumelos e vagem.

Foram prescritos alimentos que nutriam o sangue, como pequenas quantidades de carne e coração bovino, junto com pequenas quantidades de frango e coelho. Os pontos de associação do Coração, do Baço/Pâncreas, do Estômago e do Rim, ao longo da coluna, foram massageados duas vezes ao dia. Também foi adicionado suplemento vitamínico, incluindo vitamina, traços minerais e enzimas. Julie começou a melhorar imediatamente.

♦ Sinais Precoces de Desequilíbrios no Coração

- Digestão nervosa devido a distúrbios emocionais
- Agitação, perambulação, uivo, latido excessivo
- Micção nervosa
- Ofegar excessivo, sede e fadiga após exercício
- Língua não saudável com rachaduras

♦ Tratamento com Acupressão dos Desequilíbrios Precoces do Coração

O objetivo do tratamento é restaurar o equilíbrio entre o Coração, o Baço/Pâncreas e o Rim.

Baço (BP) 6. Conhecido como "Encontro dos Três Yin", esse ponto nutre o Yin e sangue do corpo. É o ponto de encontro dos meridianos do Baço, Rim e Fígado, e dessa forma ajuda todos os três sistemas de órgãos.

Localização: Veja página 208. Segure o ponto por 15 segundos.

Coração (C) 7. Conhecido como "Porta do Espírito", esse ponto acalma o Shen e diminui as palpitações. Ele equilibra o Coração enquanto estabiliza as emoções.

Localização: No lado debaixo do punho acima da dobra, logo abaixo do tendão maior chamado flexor digital superficial. Esse ponto é encontrado logo abaixo da depressão triangular formada entre o tendão e o osso do punho. Flexione o punho enquanto se levanta a pata e massageie o ponto gentilmente de maneira circular.

Vaso Concepção (VC) 12. Conhecido como "Cavidade do Meio", esse é o ponto de alarme do Estômago. Auxilia a digestão e ajuda o Estômago trabalhar suavemente com o Baço/Pâncreas. É benéfico para vômito e indigestão nervosa.

Localização: Na linha média do abdômen, no ponto médio entre o final da extensão da cartilagem do esterno (processo xifóide) e o umbigo. Segure o ponto ou use um movimento pequeno para baixo.

Bexiga (B) 15. Conhecido como "Ponto do Coração", esse é o ponto de associação do Coração. Comunica-se diretamente com o Coração e auxilia a equilibrar sua energia.

Localização: Nas depressões dos músculos de ambos os lados da coluna, no nível logo atrás do final ou atrás das escápulas, no quinto espaço intercostal. Use um movimento lento para frente e para trás.

◆ Tratamento com Fitoterapia

Para superaquecimento fácil, extra-sensibilidade, micção nervosa, perambulação, uivo ou latido excessivo, especialmente à noite: Tian Wang Pu Hsin Wan.[1] Essa fórmula é uma combinação de tônicos de Yin do Rim e sangue; ervas que esfriam o calor trazido de uma deficiência de fluido do Rim e desequilíbrios no Coração; ervas para acalmar o espírito; ervas para promover a circulação. Contêm Rehmannia, Dang Gui, Schizandra, Ophiopogon e Aspargo para beneficiar o Yin e sangue; Escrofulária e Platycodon para eliminar calor; Zizyphus, Biota, Polígala e Poria Cocos para acalmar o espírito; e sálvia para promover a circulação do sangue. Use de uma a duas vezes por dia, dependendo da severidade do problema. Comece com 1 dose e aumente se não houver resposta. Se ocorrer diarréia, reduza a dose pela metade.

> **Dosagem:** gatos/cães pequenos: 2 pílulas
>
> cães médios: 3 a 4 pílulas
>
> cães grandes: 5 pílulas

Para vômito nervoso, fezes soltas que pioram com incômodos emocionais, apetite seletivo, especialmente nas manhãs: Kwei Bi Wan.[2] Essa fórmula é destinada para desequilíbrios entre o Coração e o Baço/Pâncreas e Estômago. Contém Codonopsis; Atractylodes e Astrágalo para beneficiar o Qi do Baço; Saussurea para mover o Qi estagnado; Dang Gui e fruta Longan para beneficiar o sangue do Baço e do Coração; e Poria Cocos, Zizyphus e Polígala para acalmar o espírito. A **Dosagem** é a mesma da fórmula Tian Wang Pu Hsin Wan.

Para rachaduras na língua distinguíveis, ofegar e superaquecimento fácil, inquietação moderada e agitação com novas situações: Cratego.[3] Essa erva ocidental refrescante, nutritiva e calmante, é uma boa erva para tonificar o Coração. Ajuda no equilíbrio do Coração e do Rim. Como tintura, use 10 gotas em 30 ml de água destilada.

> **Dosagem:** gatos/cães pequenos: 1 conta-gotas cheio
>
> cães médios: 2 conta-gotas cheios
>
> cães grandes: 3 conta-gotas cheios

♦ Suplementos Nutricionais

Vitamina C + Bioflavonóides. A vitamina C atua como broncodilatador natural e antioxidante para manter as artérias limpas de toxinas e prevenir espessamento. A diarréia é o fator limitante.

> **Dosagem:** gatos/cães pequenos: 125 mg, 2 vezes ao dia
>
> cães médios: 500 mg a 750 mg, 2 vezes ao dia
>
> cães grandes: 1.000 mg, 2 vezes ao dia

Complexo B[4] incluindo tiamina e niacina, usando 1/4 da dosagem humana para gatos e cães pequenos, e 1/2 da dosagem humana para cães médios e grandes.

Vitamina E. Como antioxidante. Doses altas podem aumentar a pressão sanguínea.

> gatos/cães pequenos: 50 UI, diariamente
>
> cães médios: 100 UI, diariamente
>
> cães grandes: 200 UI a 400 UI, diariamente

Ácidos Graxos Essenciais:

> gatos/cães pequenos: 1/8 colher de chá, diariamente
> cães médios: 1/4 colher de chá, diariamente
> cães grandes: 1/2 colher de chá, diariamente

Taurina. Um aminoácido necessário para contractilidade do Coração. Use 500 mg, 1 a 2 vezes diariamente, dependendo da severidade da condição.

Grânulos de Lecitina:

> gatos/cães pequenos: 1/2 colher de chá, diariamente
> cães médios: 1 colher de chá, diariamente
> cães grandes: 1 colher de sopa, diariamente

Algas Marinhas. Baixa quantidade de sódio e alta de traços minerais.

> gatos/cães pequenos: 1/16 colher de chá, diariamente
> cães médios: 1/4 colher de chá, diariamente
> cães grandes: 1/2 colher de chá, diariamente

Farinha de Ossos, para ajudar a contração do Coração e acalmar os nervos.

> gatos/cães pequenos: 1/8 colher de chá, diariamente
> cães médios/grandes: 1/2 colher de chá, diariamente

Coenzima Q 10. Uma enzima desenvolvida no Japão para ajudar a modular a pressão sanguínea e aumentar a oxigenação. É usada como preventivo em doses mais baixas.

> gatos/cães pequenos: 5 mg a 10 mg, diariamente
> cães médios: 15 mg, diariamente
> cães grandes: 25 mg, diariamente

Enzimas Pancreáticas para auxiliar a digestão.

◆ Recomendações Dietéticas

Para agitação, pouco apetite, vômito e diarréia: Alimentos neutros e nutritivos para o sangue e Qi do Baço são benéficos. Tais alimentos são carne e coração bovino, cordeiro ou coelho. Como as carnes vermelhas podem causar estreitamento das artérias, devem ser alternadas com peixe e frango. Cereais incluem painço e arroz integral. Vegetais verdes da estação, batatas e 1/2 colher de beterraba picada podem ser adicionados à dieta. Se o alimento seco for usado, escolha um tipo "natural" com cereais integrais e um em que a carne vermelha não seja a única fonte de proteína. Suplemente a dieta comercial com cereais cozidos e vegetais.

Para agitação, sede, ofego, constipação e sonhos excessivos: Alimentos refrescantes, umedecedores, assim como os neutros que beneficiam o Coração e o Rim são enfatizados. Cães podem usar a dieta comercial e vegetariana com pequena quantidade de peixe, coelho, carne bovina e de peru como suplemento. Cereais como painço e cevada podem ser usados, assim como aipo, aspargo e cogumelos, lentilhas e feijões. Alternadamente, porções com carne de osso podem ser feitas com arroz e vegetais,[5] produtos laticínios sem gordura, como queijo cottage ou iogurte, também são umedecedores.

Para gatos, use peixe e sardinhas em pequenas quantidades para fornecer óleos ômega-3, que ajudam a manter as artérias[6] sem placas. Carnes de coelho e peru são umedecedoras. Alimentos secos devem ser minimizados, pois o problema é deficiência de fluidos e alimentos secos são, é claro, secantes.

ESTILO DE VIDA

É muito importante dar ao animal uma atmosfera calma para viver e particularmente para comer. A alimentação duas vezes ao dia reduzirá o trabalho em excesso do Baço/Pâncreas. Também é importante providenciar exercício regular na rotina para evitar que a circulação se torne estagnante.

ESTÁGIOS TARDIOS DE DOENÇA
E DESEQUILÍBRIOS DO CORAÇÃO

Todos os indivíduos são diferentes e nascem com propensões diferentes. Alguns tendem a ser quentes ou secos, outros fracos e frios. Os estágios tardios da doença cardíaca na Medicina Tradicional Chinesa refletem essas diferenças hereditárias. Eles caem em forma progressiva de **pouca energia ou aquecimento para manter a circulação movendo** e **Calor que obstrui os orifícios cardíacos.** Na medicina ocidental, essa condição cai em falha cardíaca congestiva e formas de cardiomiopatia.

Estágios tardios de condições do Coração atingem o Qi ou os aspectos aquecedores da energia do Baço/Pâncreas, dos Pulmões e dos Rins, que permitirão um acúmulo de muito líquido no organismo. Os sinais são: tosse durante o exercício e o repouso, especialmente à noite; corrimento nasal límpido e aquoso; ofego; respiração superficial e curta; e fadiga extrema.

Em condições mais sérias e avançadas, fluidos se acumulam no tórax e abdômen, dando ao animal uma "barriga pendular" ou respiração trabalhosa e agonizante. O animal ficará em pé com as patas dianteiras o mais abertas possível para dar ao peito mais espaço para expandir. Suas patas ou pontas das orelhas parecerão frias ao toque porque a circulação não está chegando ao final das extremidades. Também, a língua do animal aparentará coloração ligeiramente azul ou púrpura, indicando oxigenação inadequada devido a circulação escassa. Caso perceba um desses sinais, leve o animal ao veterinário para cuidado imediato.

Se, no entanto, um indivíduo nasce com tendências de excesso, outro tipo de problema no Coração pode se desenvolver. Ele vem de um **Fígado superativo**, que comanda o sangue que se move de maneira irregular.

No Sistema dos Cinco Elementos, o elemento Madeira do Fígado nutre o Coração, como a Madeira é combustível ao Fogo. O Fígado é responsável por estocar e circular o sangue harmoniosamente. Quando o Fígado funciona mal, a circulação pode se tornar tanto aquecida, aumentando a taxa de batimento cardíaco, quanto estagnante, causando contração mais forçada do Coração. O animal aparentará estar de pavio curto, ficando facilmente com raiva e não querendo ser tocado ao redor do tórax. Também fica agitado e com muita sede.

Se a condição progredir, formam-se coágulos de sangue, causando paralisias ou derrames. O animal terá muita dificuldade para respirar. Tentará tossir o muco para fora, mas nada sairá porque estará muito preso e tenaz. Essa é uma situação de emergência, e o animal precisa de cuidados veterinários imediatos.

Essa condição na medicina ocidental ocorre no estágio final da falha cardíaca ou nas formas de cardiomiopatia. Na Medicina Tradicional Chinesa, é conhecida como fleuma calor que obstrui os orifícios do Coração.

◆ Sinais Tardios de Desequilíbrios no Coração

- Fadiga severa
- Tosse durante repouso ou exercício
- Ofegar excessivo ou respiração dificultosa
- Língua azulada ou púrpura
- Sopros no Coração
- Perda de peso, diarréia
- Barriga pendular
- Irritabilidade quando tocado em torno do tórax

◆ Tratamento

Por causa da natureza extremamente séria do problema, o animal deve estar sob cuidados do veterinário. Os pontos seguintes de acupressão, suplementos nutricionais e as recomendações dietéticas podem ser benéficas em associação ao tratamento médico. Existem ervas que podem ser usadas para as condições do Coração, mais estão além do alcance deste livro. Elas podem ser encontradas nos guias profissionais.

◆ Acupressão

Os pacientes cardíacos são normalmente frágeis. A acupressão é feita segurando-se levemente os pontos ou usando massagem circular com movimentos para frente e para trás bem suavemente. Escolha um ou dois pontos para trabalhar por sessão. Se o animal for muito sensível ao toque, trabalhe energeticamente acima da superfície da pele, cerca de 1 cm.

Pulmão (P) 5. Conhecido como "Pântano Cúbito", esse ponto ajuda a drenar os fluidos dos pulmões, permitindo que o animal respire mais livremente.

Localização e Técnica: Veja página 271.

Estômago (E) 40. Conhecido como "Abundância e Prosperidade", esse ponto transforma e move fleuma e acúmulo excessivo de umidade no corpo. É especialmente bom para o indivíduo que não consegue tossir o muco pegajoso para fora.

Localização e Técnica: Veja página 280.

Fígado (F) 13. Conhecido como "Portal Resplandecente",[7] esse é o ponto de alarme do Baço/Pâncreas. Ele influencia todos os órgãos Yin do corpo, ajudando a mover o fluido que está preso no abdômen, que dá ao animal o aspecto de "barriga pendular". Também é benéfico para eliminar o aperto no peito porque ele remove a pressão no diafragma e cavidade torácica.

Localização: Esse ponto é encontrado no final da décima segunda costela, no último espaço intercostal apenso. Os espaços intercostais apensos são presos à coluna e ao esterno no abdômen.

Estômago (E) 36. Conhecido por "Três Distâncias dos Pés", esse ponto tonifica a energia do corpo, ajudando a circulação e fortalecendo os membros posteriores. Também ajuda na digestão e absorção do alimento.

Localização: Veja página 280.

Bexiga (B) 13, 14, 15. Conhecidos como "Ponto do Pulmão", "Ponto do Pericárdio" e "Ponto do Coração", são pontos de associação dos pulmões, Pericárdio e Coração. Esses pontos ajudam a equilibrar os órgãos do tórax e a relaxar o diafragma.

Localização: Em ambos os lados da coluna, entre as escápulas, cobrindo do 3º ao 5º espaços intercostais. Use movimento para frente e para trás.

♦ **Suplementos Nutricionais**

Todos aqueles listados previamente para prevenção dos sinais precoces dos desequilíbrios do Coração são benéficos, especialmente:

Vitamina C + Quercetina e Bromelina, para aumentar a respiração e diminuir qualquer respiração asmática.

> gatos/cães pequenos: 1/16 colher de chá, diariamente
> cães médios/grandes: 1/4 colher de chá, diariamente

Taurina: 500 mg a 800 mg, diariamente.

Grânulos de Lecitina: 1 a 3 colheres de sopa diariamente.

Coenzima Q-10, em dosagem maior para oxigenação e modulação da pressão sanguínea:

> gatos/cães pequenos: 10 mg, 2 vezes ao dia
> cães médios: 20 mg, 2 vezes ao dia
> cães grandes: 30 mg, 2 vezes ao dia

Enzimas Proteolíticas para auxiliar a digestão e aliviar a carga do Baço/Pâncreas.

Traços Minerais, com as algas marinhas.

♦ **Recomendações Dietéticas**

Assim como nos problemas cardíacos humanos, é importante minimizar a quantidade de sal e de gordura animal nas dietas dos animais. Existem dietas veterinárias especiais disponíveis para esse fim. Do ponto de vista da Dietoterapia Chinesa, um animal que tem muito acúmulo de fluidos no peito ou abdômen deve evitar alimentos que tragam umidade extra ao corpo. Isso inclui tofu, painço e trigo. Os cereais a serem escolhidos são: centeio, aveia, trigo sarraceno, milho e arroz integral. Apesar de o arroz integral ter sal em sua casca, ele, por outro lado, ajuda o corpo a eliminar o fluido em excesso. As fontes protéicas animais incluem carne branca de frango, peixe-cavalo que é rico em ômega-3 e bacalhau ou carpa. O alho é benéfico para o Coração e para eliminar os fluidos. A lentilha é boa substituta para diminuir a proteína da carne e pode ser adicionada às fontes protéicas animais em 1/4 para gatos e 1/3 para cães. Os vegetais que beneficiam são: cenoura, espinafre, aipo, couve-rábano, beterraba, brócolis e abobrinha. A banana é uma boa fonte de potássio para os animais que estão usando diuréticos.

Para os animais que demonstram sinais de calor, raiva e irritabilidade, e têm histórico de pressão alta ou tendência a vomitar coágulos de sangue, escolha alimentos que sejam calmantes e neutros, sem serem demasiadamente úmidos. Esses alimentos incluem peixe, milho, arroz, trigo ocasionalmente, batata assada com casca, beterraba, alface, aipo, brócolis, abacate e folhas de beterraba.

CARDIOMIOPATIAS EM GATOS

O tipo mais comum de cardiomiopatia em gatos é de espessamento muscular. Nessa condição, as paredes de músculo do Coração se alargam e as câmaras internas, que abrigam o sangue enquanto bombeia, encolhem.

Acredito que essa patologia tem origem devido a uma combinação de pouco sangue ou fluido para o Coração circular, junto com muito calor no Fígado. A maioria dos gatos com essa forma de cardiomiopatia é grande, robusta e de tipo "Fígado" confiante. Como o trabalho do Fígado é o de circular o sangue harmoniosamente e estocálo, problemas no Fígado levam a uma circulação errática, forçada e irregular. O outro problema é um aumento do Calor devido ao trabalho intenso do Fígado, que superabastece o Fogo do Coração.

O esforço físico faz com que o músculo cardíaco se torne mais largo. Mas a quantidade de espaço no tórax é finita, e parte dele pertence aos pulmões. Ao mesmo tempo, o aumento do calor interno esgota o fluido que é parte do sangue, tornando-o mais grosso e formando coágulos. À medida que o músculo cardíaco aumenta, as câmaras internas encolhem. Parte do sangue espesso fica presa no Coração ou artérias.

Pode-se perceber ocasionalmente o nariz de um gato mudar da cor rosa para a branca, indicando um problema na circulação. Ou, então, se percebe algumas mudanças comportamentais. Muitos gatos exibem mudanças de humor que combinam com sua circulação irregular de sangue. Mudam de "Toque-me, eu te amo", para "Não me toque. Irei te morder". Outros gatos parecem geralmente apáticos. Infelizmente, esses serão os únicos sinais que você verá antes de um colapso súbito com dificuldades de respirar, ou paralisias se um coágulo sanguíneo se formar em uma artéria principal.

◆ Tratamento

Como os gatos que desenvolvem esse problema normalmente escondem os sintomas até que ocorra um "ataque", é difícil de saber quando iniciar medidas preventivas. Alguns dos sinais precoces dos desequilíbrios cardíacos aqui listados podem ser úteis. Gatos com cardiomiopatia possuem uma condição séria e de risco à vida e devem ficar sob cuidado veterinário. Ainda, a acupressão e a suplementação nutricional podem ser benéficas.

◆ Pontos de Acupressão para Tratamento de Cardiomiopatia em Gatos

Bexiga (B) 15. Conhecido como "Ponto do Coração", é o ponto de associação do Coração, usado para equilibrar este órgão.
Localização e Técnica: Veja página 290.

Vaso Concepção (VC) 17. Conhecido como "Vida Longa das Mulheres", esse ponto é usado para beneficiar o diafragma, acalmar o paciente e diminuir palpitações.
Localização e Técnica: Veja página 235.

Fígado (F) 2. Conhecido como "Caminhar Entre", esse ponto é usado para harmonizar a circulação do Fígado e esfriar o calor causado por um Fígado em Excesso.
Localização e Técnica: Veja página 211.

Baço (BP) 6. Conhecido como "Encontro dos Três Yin", esse ponto é usado para nutrir o sangue e fluidos do corpo.

Localização e Técnica: Veja página 208.

◆ Suplementos Nutricionais

Taurina: 250 mg a 500 mg diariamente, dependendo do tamanho do gato.

Coenzima Q 10: use dosagem listada na página 297.

Clorofila e/ou **Microalga,** para complexo B e tensão nervosa: 1/16 a 1/8 de colher de chá.

Quercetina + Bromelina, como indicado na página 282, para melhorar a respiração.

Vitamina C: 250 mg a 500 mg, 2 vezes ao dia, se não houver diarréia.

Vitamina E: Dosagens bem pequenas, 25 UI em dias alternados, para ajudar a reduzir o colesterol.

Grânulos de Lecitina para ajudar o metabolismo de gordura: 1/2 colher de sopa diariamente.

Traços Minerais, como as algas marinhas.

◆ Recomendações Dietéticas

A não ser que haja anemia, reduza as carnes vermelhas, que aumentam o colesterol e a hipertensão. Pequenas quantidades de Coração de frango uma vez ao dia ajudam a sustentar o músculo cardíaco. Use carne branca de frango, carpa, pequenas quantidades de peixe-cavalo e coelho. Se o animal for muito agitado e sedento, pequenas quantidades de carne de porco sem gordura podem ser usadas misturadas com lentilhas cozidas ou feijão-azuqui. (Veja receitas no Capítulo Sete.) Evite laticínios que podem induzir a muco e vasos entupidos.

Os cereais para acalmar o nervosismo incluem: trigo integral, arroz integral e milho. Se houver acúmulo de fluidos, usar pequenas quantidades de amaranto e centeio.[8]

O PERICÁRDIO E SINAIS NEUROLÓGICOS ESTRANHOS

Lemon era uma gata que parecia ter tomado muitas cervejas. Ela mal conseguia focar seus olhos, e vivia tropeçando toda vez que tentava andar. Ficava assustada facilmente e não gostava de sons altos. Ela urrava ou fazia sons vocais fortes sem nenhuma razão aparente. Às vezes, andava em círculos, sem perceber seus arredores. Outras vezes estava lúcida.

Ela esteve em seu veterinário de rotina para exames laboratoriais, os quais tiveram resultados normais. Ela não tinha problemas no ouvido médio e interno, mesmo assim foi tratada com antibióticos e cortisona. As drogas não fizeram efeito em seus sintomas, exceto tê-la deixado com mais fome.

Quando examinei Lemon, ela ficou agitada e começou a estremecer. Ela estava tão aborrecida, que parecia estar tendo uma convulsão. Esse comportamento, junto com seu problema de equilíbrio e falta de atenção intermitente, me levou a pensar que havia um problema com o Pericárdio.

Na MTC, comportamentos anormais caem sob os prenúncios do Shen do Coração, mas são normalmente tratados pelo guardião do Coração – o Pericárdio. Um Shen perturbado pode se manifestar como movimentos circulares, tiques na cabeça, acidentes parecidos com apoplexia, certos tipos de convulsão, morder por medo ou comportamento agressivo, tontura ou falta de lucidez. Tais distúrbios mentais/comportamentais são considerados um problema criado quando os fluidos normais do corpo são transformados em "muco" ou "fluidos turvos e opacos" que encobrem a situação.[9]

Quando Lemon mostrava seu padrão comportamental, percebi um problema que poderia ser corrigido, tratando-se o Pericárdio e seus distúrbios. A acupuntura, usando pontos do meridiano do Pericárdio, Coração, Vesícula Biliar e Fígado, ajudou a trazê-la de volta ao equilíbrio. Adicionalmente, instruí seu dono a fazer nela uma massagem diária no Vaso Governador 20, no topo da cabeça, e Fígado 3, na parte interna da pata traseira, para ajudar a circulação do sangue e limpar os canais. Lemon respondeu ao tratamento e retornou ao seu comportamento normal. Esse é um exemplo de como a medicina ocidental foi incapaz de identificar um padrão de desequilíbrio e, ainda, foi inabilitada a ajudar o paciente com sucesso. Entretanto, a Medicina Tradicional Chinesa foi capaz de reconhecer um problema, tratá-lo efetivamente e, finalmente, fazer com que o paciente retornasse a sua saúde normal e boa.

♦ Pontos de Acupressão para Tratamento dos Desequilíbrios do Pericárdio

Como existem muitos tipos de problema que podem entrar na classificação de desequilíbrios do Pericárdio, aqui será listado apenas alguns pontos que podem ser úteis. Favor ficar atento de que comportamento estranho pode ser um sintoma de um problema metabólico sério. Certifique-se de consultar o veterinário antes de fazer um diagnóstico em casa.

Pericárdio (CS) 6. Conhecido como "Portão Interno", esse ponto acalma o espírito e regula o fluxo de Qi por todo o corpo. Pode ser benéfico nos problemas de equilíbrio como andar em círculos e queda.

Localização: Na parte detrás e debaixo da pata dianteira, logo abaixo do coxim acessório do carpo que é o coxim da sola logo acima do pulso. O ponto está entre os dois tendões que correm juntos. Flexione o pulso, e segure o ponto entre os tendões.

Vaso Governador (VG) 20. Conhecido como "Encontro dos 100 Pontos", esse ponto acalma o Shen e pode ser usado para convulsões, movimentos circulares ou confusão.

Localização: No topo da cabeça, na linha média, no entalhe logo à frente da pequena protuberância entre as orelhas. Use movimentos pequenos para frente e para trás.

Fígado (F) 3. Conhecido como "Grande Enxurrada", esse ponto circula o sangue do Fígado que banha e acalma todos os sistemas de órgãos, e restaura deficiências do sangue.

Localização: No aspecto interno da pata traseira, ponto médio entre o primeiro dedo e o tornozelo. Use movimento arrastado para cima a fim de estimular a circulação ao longo do meridiano do Fígado.

◆ Tratamento com Fitoterapia

Ervas calmantes podem ser usadas para restaurar o sistema nervoso.

Camomila ou **Catnip.** As duas podem ser usadas como tintura, na diluição de 10 gotas para 30 ml de água destilada, administrando de 1 a 3 conta-gotas, duas vezes ao dia, dependendo do tamanho do animal, ou como chá, de 1/2 a 1 colher de sopa a cada refeição.

◆ Suplementos Nutricionais

Use suplementos similares aos indicados para desequilíbrios no Coração, incluindo **vitamina C, bioflavonóides, complexo B, traços minerais e concha de ostra**, na medida de 1/8 colher de chá para gatos; 1/2 colher de chá para cães grandes, diariamente.

◆ Recomendações Dietéticas

Evite alimentos que criam sensação de subida no corpo, como o alho. Alimentos que produzem muco, como laticínios e carnes vermelhas, devem ser minimizados. No lugar deles, use coelho e peixe como fonte de proteína animal. Adicione alimentos que têm efeito de descer, como as algas marinhas. Pepinos em picles são benéficos para cães, assim como o dill. Aipo e alface ajudam a acalmar o Shen. Cereais integrais como arroz, trigo, painço e cevada mantêm o sistema calmo.

Notas Finais

1, 2. Naeser, Margaret A., PhD. *Outline Guide to Chinese Herbal Patent Medicines in Pill Form.* (Boston, MA: Boston Chinese Medicine, 1990), 331, 272.

3. Holmes, Peter. *The Energetics of Western Herbs, Vol. I.* (Boulder, CO: Artemis Press, 1989), 257.

4. Balch, James F., MD, and Phyllis A. Balch, CNC. *Prescription for Nutritional Healing.* (Garden City Park, NY: Avery Publishing Group, Inc., 1990), 128.

5. Basko, Ihor, DVM. International Veterinary Acupuncture Accreditation Course. Philadelphia, PA, 1989.

6, 8. Pitchford, Paul. *Healing with Whole Foods.* (Berkeley, CA: North Atlantic Press, 1993), 126, 419.

7. Hwang, Yann-Ching, DVM, PhD. *Problems in Veterinary Medicine, Veterinary Acupuncture,* A. Schoen., ed. (Philadelphia, PA: J.B. Lippincott Co., Volume 4, No. 1, March 1992), 31.

9. Kaptchuk, Ted, OMD. *The Web That Has No Weaver.* (New York: Congdon & Weed, 1983), 214.

CAPÍTULO QUINZE

O Fígado e a Vesícula Biliar: O Elemento Madeira

NA MEDICINA TRADICIONAL CHINESA, o Fígado é um residente do compartimento do meio, ou aquecedor médio, junto com seu par, a Vesícula Biliar. Ele é grande, denso e Yin, e um dos poucos órgãos que pode se regenerar quando danificado.[1] Esse é um traço benéfico na nossa vida moderna onde o Fígado sustenta tantos insultos, como inflamação repentina ou crônica, toxicidade ambiental e doenças auto-imunes.

Devido a sua localização central, o Fígado conecta as operações de respiração e circulação do peito com as funções digestivas do abdômen. Ele age como uma estação de bombeamento em cooperação com o Coração para filtrar e reciclar o sangue. O Fígado atua com o Baço/Pâncreas e Estômago para digerir adequadamente o alimento, para que o Qi e sangue possam ser fabricados através do que comemos.

O Fígado e a Vesícula Biliar fabricam e, então, liberam a bile dentro do trato intestinal. A bile e os ácidos biliares são necessários para digerir gordura e absorver vitaminas lipossolúveis. O Fígado está, também, intimamente relacionado à síntese e metabolismo de proteínas, quebrando e rearranjando os aminoácidos em formas usáveis e estocáveis. É durante esse processo que o Fígado também limpa o acúmulo de amônia tóxica no corpo. Ele armazena carboidratos excessivos e participa na conversão desses materiais em glicose e energia.

Na Medicina Tradicional Chinesa, o Fígado e a Vesícula Biliar formam o elemento Madeira. Em adição as suas funções digestivas, o Fígado é dito ser aquele que harmoniza a circulação do sangue e do Qi, permitindo que o sangue corra suavemente sem as paradas e idas de um tráfego congestionado. Ele também armazena o sangue, especialmente quando o corpo está em repouso. Se observar de perto um pedaço de Fígado antes que seja cozido, verá que ele é sangrento e tem um padrão intrincado de vasos através dele todo. O Fígado é o retrato da estocagem e da função.

Todos os tipos de problema no sangue, incluindo contagem alta ou baixa de células do sangue, células sanguíneas anormais, limpeza das células velhas da circulação, sangramento no trato intestinal, erupções cutâneas sangrentas e eliminação de toxinas do sangue, tudo cai na orientação do Fígado. Em termos ocidentais, isso inclui infecções do sangue, anemia, cânceres do sangue, doenças inflamatórias do intestino, alergias alimentares e de pele e problemas auto-imunes.

O sangue é necessário para banhar todos os órgãos para que possam ficar úmidos, lubrificados e funcionais. Como o Fígado armazena o sangue, ele é responsável pelo umedecimento dos órgãos sexuais e dos sentidos, do sistema nervoso central, da pele e dos intestinos, das articulações e dos tendões. Quando o sistema nervoso central não é irrigado adequadamente, podem ocorrer convulsões. Quando os tendões e ligamentos ficam secos, surge rigidez. Quando o útero e os ovários ficam mal nutridos, ocorrem mudanças no ciclo reprodutivo. A Medicina Tradicional Chinesa é capaz de reconhecer e reequilibrar tais padrões de doenças antes que eles resultem em emergências.

O Fígado é conhecido como o "general do sangue", que mantém as tropas em bom estado; movendo quando necessário e descansando quando possível.

O Fígado e a Vesícula Biliar são ditos estarem associados com os ligamentos e os tendões do corpo. Um ligamento é um tendão, mas também é definido como "fonte de força, poder e vigor".[2] O general do sangue pode ser visto como o líder da força, poder e vigor do indivíduo.

Quando o Fígado sai do equilíbrio, ele responde se tornando quente, seco ou estagnante. A estagnação na digestão é, geralmente, a causadora dos maiores transtornos e dores digestivas. Como o Fígado é sensível ao Vento e à estação da primavera, qualquer condição trazida por qualquer um dos dois fatores é um sinal de desequilíbrio no Fígado. Adicionalmente, o Fígado e a Vesícula Biliar são mais ativos de 23h00 às 3h00, no relógio circadiano. Dessa maneira, problemas que ocorrem nesse horário podem ser indicativos de desequilíbrios no Fígado.

O ARMAZÉM VAZIO: COMO O FÍGADO MOSTRA SUA DEFICIÊNCIA

Como o Fígado armazena o sangue e banha os órgãos e os ligamentos, se o sangue do Fígado está baixo, podem ocorrer problemas de secura, como anemia, constipação, infertilidade, ciclos irregulares com calor, ereções inadequadas ou inapropriadas, rigidez, visão turva, tontura, pêlos e unhas frágeis, fraqueza ou depressão.

O Fígado pode tornar-se deficiente em sangue devido à hereditariedade ou devido a influências ambientais, alimentares ou emocionais. No Ciclo de Criação dos Cinco Elementos existem várias situações que podem enfraquecer o Fígado, como: um Rim fraco que nutre o Fígado; um Coração fraco que leva a energia do Fígado; ou até mesmo o próprio Fígado fraco – todas as causas podem levar a uma depleção do sangue do Fígado. Um ambiente com Vento ou contaminação tóxica contínua da água ou do ar pode sobrecarregar e enfraquecer o Fígado. Uma dieta rica em gordura requer excreção excessiva de bile que também sobrecarrega o Fígado, ou um volume grande de dieta que pode sobrecarregar o sistema digestivo inteiro. Finalmente, raiva, agressão ou frustração podem drenar o Fígado. O Rudy pode querer ser o único gato da casa e ficar estressado com o novo gatinho que acaba de chegar, ou Taffy que pode ficar entediada e estressada, e precisar correr solta, sem coleira, com mais freqüência. Essas situações emocionalmente estressantes podem sorver o Fígado.

♦ Rigidez e Inflexibilidade

Quando o Fígado está com baixa de sangue, ele primeiro tentará tomar emprestado de seu par a Vesícula Biliar. O meridiano da Vesícula

Biliar corre ao longo da cabeça, nuca, faz um ziguezague ao redor das costelas e flancos, quadris, joelhos e tornozelos até o quarto dedo do pé. Esse meridiano comprido está a serviço das muitas superfícies grandes e pequenas das articulações, e, é claro, dos tendões e ligamentos que as acompanham. Se a Vesícula Biliar tem pouco sangue para irrigar os tendões e ligamentos, o animal pode ter rigidez na nuca ou nos membros posteriores. Você perceberá que ele estará constantemente mudando sua posição em um esforço para ficar mais confortável. A rigidez aparentará estar pior após o descanso e melhora com o movimento, quando o sangue começa a circular. O animal sentirá dormência nas extremidades que fará seus membros entortarem por baixo dele, ou você poderá vê-lo arrastando a perna. Se os pés ou as pontas das orelhas não tiverem circulação suficiente, eles podem parecer frios ao toque. Pela mesma razão, seu gato pode arranhar muito logo que se levanta.

A rigidez e a inflexibilidade do corpo podem também se estenderem para o comportamento. Esses animais são muito teimosos. Eles querem tudo à maneira deles.

♦ Irregularidades Reprodutivas

Deficiências do sangue do Fígado também podem causar irregularidades reprodutivas. O ciclo do cio surge, aproximadamente, duas vezes ao ano em cães. Os gatos são ovuladores espontâneos, o que significa que o óvulo não cai até que o acasalamento realmente aconteça. O ciclo felino pode ser contínuo, dependendo da estação. Você já percebeu que especialmente durante a primavera, os gatos são excepcionalmente amorosos e muitos gatinhos nascem? Lembre-se de que a primavera é a estação do Fígado. O Rim e o Baço/Pâncreas iniciam as primeiras fases do ciclo reprodutivo, enquanto a última fase é controlada pelo Fígado. Essa é a época em que as fêmeas estão prontas para acasalar e é mais receptiva aos machos.

Quando o Fígado tem pouco sangue, ele drena do Rim. Isso pode tornar o ciclo fraco, irregular ou totalmente ausente. Tenho uma paciente Poodle Toy inteira, Priscilla, que tem problemas digestivos severos. Ela não consegue tolerar nenhum alimento gorduroso. À medida que seus problemas digestivos pioraram, seus ciclos do cio se tornaram irregulares. Durante o ano passado, ela não teve nenhum cio. Ela fica sexualmente excitada, mas nunca completa o cio com sangramento. O problema base de Priscilla é **Deficiência de sangue do Fígado** que afetou sua digestão e seu sistema reprodutivo. O tratamento é primeiramente centrado na tonificação dos estoques de sangue do Fígado.

Se o estoque de sangue do Fígado é fraco, o Fígado não consegue mover o Qi ou energia adequadamente. Isso torna o indivíduo temperamental ou irritado durante a fase de aceitação do cio. A fêmea nunca aparentará estar "pronta". Caso haja aproximação, ela pode ficar até mesmo agressiva em direção ao macho.

Nos machos, a libido hormonal está sob os auspícios dos aspectos Yang do Rim e do Triplo Aquecedor. Porém, a quantidade de esperma e vigor é afetada pelo estoque baixo de sangue do Fígado. A contagem baixa de esperma, irregularidades ou inchaço escrotal ou no pênis, testículos retidos e hérnias, tudo envolve sangue do Fígado fraco, estagnação e desequilíbrios do Rim e Baço.

Por outro lado, se o Fígado está muito ativo, a estagnação e calor podem causar sangramento intenso com dor e completa crueldade da fêmea durante o acasalamento, e ereções inapropriadas com agressões em machos.

CASTRAÇÃO E OVARIOHISTERECTOMIA

Como parte do controle populacional, castramos os machos e removemos os ovários das fêmeas. Acredito que isso seja uma parte importante da saúde animal, pois tende a manter a agressão entre machos sob controle, alivia tensão excessiva em fêmeas em contínua reprodução e, é claro, previne a matança de animais indesejados.

A qualquer momento em que a cirurgia seja realizada no animal, a estagnação da circulação ou a diminuição do estoque de sangue do Fígado pode ocorrer. Como já temos visto, tais desequilíbrios do Fígado podem causar mudanças comportamentais. Após terem os ovários ou os testículos removidos, muitos animais podem passar por, o que parece ser, mudança de personalidade. Alguns parecem ficar cansados e não têm interesse em exercícios, eles só querem comer. Essa síndrome é causada pela deficiência de sangue do Fígado, o qual se torna muito fraco para manter o Qi movendo. O objetivo do tratamento é nutrir o sangue e o Qi com ervas, alimentos ou massageando os pontos apropriados de acupressão.

Outros animais podem se tornar desobedientes e cheios de vontade. Eles não ouvem quando chamados ou mastigam sapatos, papéis ou outros itens da casa. Muitos humanos reagem com raiva diante de tal comportamento, o que, em resposta, frustra o animal mais ainda. Em tais casos, o Fígado (e o animal) ficam mais estressados. Esses indivíduos mostram como uma diminuição dos estoques de sangue e estagnação do Qi do Fígado podem afetar o comportamento. O melhor tratamento é dar ao animal muito exercício, assim como restaurar um pouco de sangue do Fígado na forma de alimentos ricos em sangue. O exercício ajuda a suavizar o fluxo do Qi e os alimentos ricos em sangue ajudam a nutrir a deficiência base.

DEFICIÊNCIA DE SANGUE DO FÍGADO E CONVULSÕES

Convulsões podem surgir de disfunções causadas por muito calor ou muita secura. Se os estoques de sangue do Fígado ficam severamente enfraquecidos, os fluidos e Yin do resto do corpo ficam afetados. Sem fluidos suficientes para esfriar o corpo, um calor interno relativo ou Fogo falso podem ascender. O Fogo falso tende a subir em rápido movimento, e os tremores são vistos. Se o falso calor permanece sem ser verificado, os tremores podem se intensificar e causar convulsões. A "vertente" que sobe é similar a uma rajada de Vento e é considerada um Vento **Interno** na Medicina Tradicional Chinesa. Esse tipo de convulsão, geralmente, será precedido por fadiga e tremor em um animal cuja constituição é de tipo Deficiente.

A LÍNGUA E AS DEFICIÊNCIAS DE FÍGADO

As deficiências de Fígado deixam a língua com aspecto pálido. Se houver estagnação envolvida, a língua terá um tom púrpuro. A posição do Fígado e da Vesícula Biliar no holograma da língua é nas laterais, então, é aí que as mudanças no Fígado podem ser vistas pelos sinais de inchaço, vermelhidão, aspereza ou secura. Se os fluidos do corpo estão extremamente debilitados, a língua será excessivamente vermelha, com pontos púrpuros.

♦ Tratamento

Todos os tipos de problema de Deficiência do sangue podem ser beneficiados pela tonificação do sangue do Fígado, Rim e Baço. Esses desequilíbrios incluem anemia, baixa contagem de leucócitos, visão debilitada, rigidez nas articulações e coluna que melhora com movimento, constipação, pele seca, ciclos reprodutivos irregulares ou fracos e convulsões de tipo Deficiência.

♦ Pontos de Acupressão para Tratamento de Deficiências de Sangue do Fígado e Convulsões

Fígado (F) 3. Conhecido como "Grande Enxurrada", esse ponto é o ponto fonte no meridiano do Fígado. Ele ajuda a fortalecer o sangue e Qi e pode ser usado para **todos** os problemas de Deficiência de sangue.

Localização e Técnica: Veja página 303. Esfregue para cima, ao longo da direção do fluxo do meridiano, para estimulá-lo, durante 10 a 15 segundos.

Baço (BP) 6. Conhecido como "Encontro dos Três Yin", esse ponto é o lugar de encontro dos meridianos do Fígado, Rim e Baço na pata traseira. Ele tonifica o sangue e Yin (fluido) do corpo e pode ser usado para **todos** os desequilíbrios de Deficiência de sangue do Fígado.

Localização e Técnica: Veja página 208. Segure o ponto por 30 segundos.

Bexiga (B) 18. Conhecido como "Ponto do Fígado", esse é o ponto de associação do Fígado. É usado para equilibrar e fortalecer o Fígado e pode ser usado em **todos** os desequilíbrios de Deficiência de sangue do Fígado.

Localização: Nas depressões em ambos os lados da coluna entre a nona e décima costelas, no nono espaço intercostal. Encontre o ponto contando detrás para frente do último espaço intercostal que é o número doze. Segure o ponto por 30 segundos.

◆ Rigidez das Articulações, Dormência e Fraqueza

Use qualquer ponto para sangue do Fígado, mais:

Bexiga (B) 19. Conhecido como "Ponto da Vesícula Biliar", esse é o ponto de associação da Vesícula Biliar e é usado para equilibrá-la, auxiliando a rigidez nas articulações e constipação.

Localização: Esse ponto está localizado na depressão de ambos os lados da coluna entre a 10^a e 11ª costelas, no 10° espaço intercostal. Segure o ponto por 30 segundos.

Vesícula Biliar (VB) 34. Conhecido como "Riacho do Monte Yang", esse ponto beneficia o Fígado e a Vesícula Biliar, e fortalece os tendões e ligamentos de todo o corpo. É útil para dormência e fraqueza dos membros e constipação.

Localização: Na parte externa do membro posterior, abaixo do joelho, na depressão logo abaixo da proeminência da cabeça da fíbula (pequeno osso da perna). Use movimentos circulares ou segure o ponto por 15 segundos.

Vesícula Biliar (VB) 30. Conhecido como "Salto em Círculo", esse ponto é benéfico para dor na região lombar ou quadril, rigidez ou dormência nos membros posteriores. Também é usado para dor escrotal ou genital, ou calor e rachaduras na pele.[3]

Localização: Na depressão atrás do quadril, onde a cabeça do fêmur (osso da perna) se encaixa na pelve. Use movimento circular e pequeno na região, ou utilize a palma da sua mão sobre todo o quadril com movimentos circulares em ambas as direções.

◆ Constipação e Condições da Pele

Veja Capítulo Dezoito, páginas 396-403, e Capítulo Vinte, página 425.

◆ Problemas Reprodutivos

Bexiga (B) 40. Conhecido como "Comissão do Meio", esse ponto é usado para eliminar Calor e regular a Água na parte baixa do corpo. É útil em ciclo irregular, dor na virilha, dores na lombar, quadril e joelho, e rigidez e constipação.[4]

Localização: Na parte detrás da pata traseira, atrás da patela (joelho), na depressão no meio da dobra do joelho. Segure o ponto e use movimento curto para baixo e para cima por 15 a 30 segundos.

Vaso Concepção (VC) 4. Conhecido como "Passagem Original", esse ponto é benéfico para ciclos irregulares, infertilidade, corrimento vaginal e ejaculação precoce. Ele estabiliza os rins e o Qi da parte baixa do corpo.

Localização: Na linha média do baixo ventre. Desenhe uma linha conectando o umbigo à pelve. O **VC 4** está a aproximadamente 2/3 do caminho para baixo do umbigo. Use movimentos circulares ou segure o ponto por 15 segundos. Para garantir o tratamento, massageie a metade debaixo da linha abdominal até a pelve.

◆ Convulsões Devido ao Yin Deficiente do Fígado

Vaso Governador (VG) 20. Conhecido como "Encontro dos 100 Pontos", esse ponto acalma e equilibra o Yang. É benéfico para tremores e convulsões.

Localização: Veja página 302. Use movimentos para frente e para trás, ou segure o ponto por 10 a 15 segundos.

Vesícula Biliar (VB) 20. Conhecido como "Palácio do Vento", esse ponto alivia o Vento do corpo e é benéfico no tratamento de convulsões e tremores.

Localização: Veja página 207. Segure o ponto por 15 a 30 segundos.

*Baço (BP) 6, página 208, **+ Bexiga (B) 18,** página 311, também pode ser usado.

♦ Tratamento com Fitoterapia

Shou Wu Pian.[5] Um tônico geral de sangue para o Fígado e Rim, é benéfico para vermelhidão dos olhos e dor, tontura, rigidez da articulação, pele seca e pêlo opaco e quebradiço, cio curto ou fraco e baixa libido.

> **Dosagem:** gatos/cães pequenos: 1 tablete, 2 vezes ao dia
>
> cães médios: 2 tabletes, 2 vezes ao dia
>
> cães grandes: 4 tabletes, 2 vezes ao dia

Rehmannia Six ou **Liu Wei Di Huang Wan.** Esse é um tônico básico de Yin e sangue do Rim, e também é benéfico para Deficiência de sangue do Fígado. Ajuda a aliviar a sede, construir estoques de sangue, fortalecer o ciclo fraco de cio e ajudar nos problemas de impotência. Contém tônicos de Yin e sangue da Rehmannia e Cornus; tônico de Qi da Dioscorea e Fuling; ervas alisma e peônia que drenam e eliminam calor. Caso ocorra diarréia, reduzir a dose pela metade.

> **Dosagem:** gatos/cães pequenos: 1 a 2 pílulas, 2 vezes ao dia
>
> cães médios: 3 a 4 pílulas, 2 vezes ao dia
>
> cães grandes: 6 pílulas, 2 vezes ao dia

Alfafa.[6] Essa erva úmida, neutra e salgada é benéfica na restauração de fluidos e sangue para os órgãos, especialmente o Fígado e Baço/Pâncreas. É benéfica para anemia, tontura e depressão.

> **Dosagem:** gatos/cães pequenos: 1/2 colher de chá da erva em pó, diariamente
>
> cães médios: 2/3 colher de chá da erva em pó, diariamente
>
> cães grandes: 1 colher de chá da erva em pó, diariamente

♦ Recomendações Dietéticas

Em casos de Deficiência de sangue do Fígado, alimentos que umedecem, tonificam e formam sangue são necessários. Esses alimentos são diferentes das dietas onde o Fígado é sobrecarregado e é necessário limpeza. Caso as dietas de limpeza do Fígado sejam usadas aqui, o indivíduo pode ficar fraco. Ainda, como o Fígado está diretamente envolvido com a digestão, alimentar pequenas quantidades com maior freqüência pode ser benéfico para o animal. Proteínas como pequenas quantidades de carne bovina, ovelha ou Fígado de frango podem ser benéficas.

Carne de músculo, em geral, é benéfica para aumento da massa tecidual, e carne bovina magra, carne de coelho e carne branca de frango são boas como fonte de músculo para o Yin e sangue do Fígado. As enzimas ajudam o Fígado a digerir gorduras e outros alimentos, e ovos suplementam o Yin e sangue. Cereais como trigo, painço e arroz integral podem ser usados, e vegetais como cenoura, aipo, brócolis, espinafre e folhas da beterraba podem ser adicionados à dieta. Alimentos secos devem ser minimizados, pois esse já é um problema de secura.

BILE PREENCHE A BOCA OU FALTA DE SUAVIDADE DO FLUXO DO FÍGADO CRIA ESTAGNAÇÃO E CALOR

Se o Fígado falha em seu trabalho de circular o sangue suavemente, ocorre estagnação. Isso afeta o fluxo de Qi assim como o do sangue. O órgão alvo mais influenciado é o Baço/Pâncreas.

No Ciclo de Controle dos Cinco Elementos, o Fígado controla o Baço/Pâncreas. Quando o Fígado se torna quente ou estagnante, ele cria transtornos digestivos, sobrecarrega o Baço/Pâncreas, e causa vômito, diarréia e dor. Assim como nas condições de Deficiência de sangue, o estresse prolongado, frustração e instabilidade emocional pode desequilibrar o Fígado. Estresse de todos os tipos é extremamente prejudicial ao Fígado, porque uma das maneiras que muitos de nós, tanto humanos quanto animais, lidamos com ele é comendo em excesso ou comendo muito rápido. Muitas situações podem ser estressantes para os animais. Talvez exista alguém novo na vizinhança que goste de incomodar o gato ou um novo membro na casa que está tendo a atenção que o gato recebia. Quando a casa é reformada e o gato passa dias escondido no armário. Assim como os humanos, muitos animais comerão mais quando submetidos ao estresse. Como o Fígado quebra alimentos gordurosos, o aumento no consumo de alimentos secos, que em muitos casos são gordurosos, sobrecarregará o Fígado. Na verdade, quase todos os problemas digestivos manifestados por vômito e diarréia que pioram quando o animal é bravo ou irritável, está relacionado ao Fígado. Entretanto, dependendo da constituição predisponente do animal, os indivíduos diferentes responderão de formas diferentes. Um tipo Excesso, com temperamento expansivo, atrevido, ficará nervoso e exibirá problema digestivo intenso, com bile, muco com sangue, tensão e dor expressa vocalmente. Um tipo deficiente, com tendências tímidas, ficará irritável, depressivo ou distraído e exibirá um problema mais estagnante, com menos sangue, muco ou inflamação, porém, com mais tensão e umidade.

Se um indivíduo come em excesso, principalmente alimentos gordurosos ou alimentos que formam muita umidade, o Baço/Pâncreas pode tornar-se sobrecarregado e vulnerável a um futuro ataque do Fígado. Esse animal pode vomitar bile, especialmente quando o Estômago está vazio. A bile, junto com outros ácidos, causa indigestão tipo ácida, que também deixa o animal desconfortável. Se o ácido queima por muito tempo, ou se o calor gerado se torna excessivo, pode ocorrer ulceração do trato digestivo. O animal pode lamber os lábios várias vezes ou parecer querer comer algo, mas não tem certeza do que quer. Ele pode comer porcaria se seu Estômago queima por causa dos ácidos em excesso. A área torácica e estomacal ficam doloridas e ele terá resistência em ser tocado nesses locais. Em termos ocidentais, isso seria considerado problema de inflamação no trato intestino superior.

Se houver diarréia, incluirá esforço freqüente e trabalhoso. Isso ocorre porque a estagnação causa bloqueio e dor ao longo de sua rota. Da inflamação surgirá muco, sangue e odor desagradável. O animal se recusará de ser carregado ou tocado. Em termos ocidentais isso é conhecido como problema inflamatório ou irritação do intestino inferior.

Sylvia é uma Samoieda. Foi diagnosticada por seu veterinário com síndrome do intestino irritável, mas respondeu apenas parcialmente à terapia prescrita com esteróide e antibiótico. Quando a medicação foi interrompida, os sintomas retornaram. Enquanto estava usando as medicações, ela estava perdendo peso continuamente, e isso convenceu seus donos de trazê-la a mim.

Sylvia havia sido maltratada quando filhote por sua família de origem e foi levada para adoção. Quando chegou a sua nova casa, ela estava magra, nervosa e altamente tensa. Parecia estar o tempo todo com fome, mas vomitava tudo o que comia horas após. Às vezes, vomitava somente bile entre as refeições. Ela alternava entre constipação e diarréia, e em ambos os casos o movimento peristáltico parecia doloroso para ela. Às vezes, havia sangue presente em ambos os casos e as fezes cheiravam extremamente mal.

Sylvia tinha um outro problema que seus donos achavam que estava relacionado com os maltratos que sofreu quando filhote. Ela era imprevisível com crianças. Quando tentavam acariciá-la, às vezes, ela ficava bem, mas outras vezes ela se virava e as mordia. Ela era do mesmo jeito com os outros cães que ela encontrava enquanto caminhava. Por causa disso, seus donos sempre a deixavam com uma guia. Isso frustrava a todos porque Sylvia adorava correr e seus donos queriam que ela fizesse exercícios.

Sylvia estava constantemente com sede. Ela tinha o olho direito irritado, que parecia muito seco na superfície. Ela era sensível ao sol e, às vezes, o olho afetado tinha uma secreção grossa e esverdeada.

Quando a examinei ela era muito desconfiada de mim. Quando tentei tocá-la na região torácica ela gritou, e seu Estômago era muito barulhento. Quando ela arrotou em minha face, o cheiro era muito desagradável. Os pontos de associação do Fígado, Vesícula Biliar, Baço e Estômago estavam extremamente sensíveis e sua língua tinha coloração avermelhada com saburra amarela.

Meu diagnóstico foi **Fogo e Estagnação do Fígado**. O quadro era provavelmente atribuído à raiva que sofreu quando era filhote, ou aos alimentos gordurosos e secos que eram dados a ela. Como a situação se manteve por muito tempo, o fogo estava começando a consumir sua substância tecidual, justificando os estoques de sangue e a língua amarela, tornando-a magra, com olhos secos e pronta para se descontrolar com a menor provocação.

Tratei Sylvia primeiramente eliminando o Fogo do Fígado e depois movendo a estagnação. Mais tarde foi dado ervas para fortalecer seu sangue e Qi.

♦ A Língua e o Excesso de Fogo no Fígado

Se você olhar para a língua, ela aparecerá vermelha ou vermelho-púrpura. O revestimento é espesso e pegajoso e de cor branca suja ou amarela. Como essa é uma situação de excesso, existe revestimento em excesso.

◆ Estagnação do Qi do Fígado: Cistos, Alimentos e Alergias

Às vezes, a estagnação ocorre por si, sem o fator adicional de Calor em excesso. Os sintomas não são reconhecidos na medicina ocidental como padrão, mas estou mencionando aqui porque se encaixa com alguns problemas que vemos hoje em dia com os animais. A estagnação pode atrapalhar a energia do corpo, bloqueando a circulação e digestão ou formando tumores em forma de cistos. A estagnação causa dor, desconforto e agitação. É como se alguém tivesse sido amarrado com uma corda. Os chineses chamam isso de "Qi amarrado". [7]

Esse tipo de estagnação pode bloquear a circulação do trato digestivo. Os humanos têm o que é conhecido por sensação de "caroço de ameixa" na garganta. É como se tivesse uma bola presa no fundo da garganta, tornando difícil engolir. Os animais podem parecer como se estivessem engolindo repetidamente. Podem querer ser massageados em baixo do pescoço ou podem querer vomitar água ou muco ou ter Estômago nervoso com pouco apetite.

Quando existe um Qi amarrado, pode ocorrer inchaço na região da virilha. Geralmente, o animal lamberá essa área para mover o Qi, como o gato que lambe todo o pêlo de seu abdômen sem razão aparente. A pele aparece limpa e livre de vermelhidão e cascas. Ele apenas se mantém lambendo e limpando. Fica irritável e não quer ser tocado, exceto na cabeça. Acredito que isso seja estagnação de Qi ocorrendo antes do surgimento da síndrome do intestino irritado.

A estagnação do Qi causa inflamação no trato digestivo quando a circulação fica presa, permitindo que o Calor se desenvolva em algumas partes do intestino e bolsas frias em outras partes. Pense no parar e andar do tráfego em uma rodovia durante a hora do *rush*. O alimento está transitando lentamente ao longo do intestino, parando em alguns lugares e movendo-se rapidamente em outros locais. Quando isso ocorre, o sistema digestivo torna-se bastante sensível a muitos alimentos, e as alergias podem se desenvolver.

LIPIDOSE HEPÁTICA

A estagnação pode levar a uma condição que em gatos é chamada de lipidose hepática. É a congestão do Fígado que faz com que o gato pare de comer. É um outro caso do Fígado sobrecarregando o Baço e, geralmente, é um precursor da hepatite. Esse fato ocorre comumente em gatos grandes, com excesso de peso e robustos, com personalidade tipo Excesso e tendem a comer grande quantidade de uma vez. Esses aspectos sobrecarregam primeiro o Fígado e depois o Baço/Pâncreas, fazendo com que o gato pare de comer. Essa condição de Excesso cria estagnação que resulta em lipidose hepática.

◆ Após o Incidente Agudo de Lipidose ou Hepatite

Uma vez que o Fígado é lesionado durante um episódio de lipidose ou hepatite, ele deve ser restaurado, ou uma síndrome de tipo crônica pode ocorrer, que é chamada de hepatite crônica ou cirrose do Fígado. Estresse emocional ou alimentação rica em gordura e em volume podem disparar o retorno da condição.

A condição crônica é de estagnação e Deficiência. O Fígado foi tão excessivamente agredido que seus estoques finalmente se esgotam. Se os hábitos alimentares precários ou frustração emocional e raiva continuam, o Fígado não pode se recuperar. Casualmente, ele fica rígido e encolhe de tamanho.

CONVULSÕES DEVIDO AO CALOR EXCESSIVO DO FÍGADO

Assim como na deficiência de sangue do Fígado e na estagnação, o calor ascendente também pode aparecer em rajada, como o Vento. Mas no caso do indivíduo com predisposição a ter um Fígado veemente, a natureza da convulsão é mais violenta e freqüente. O animal ficará agitado e bravo, mas não necessariamente com medo. As convulsões podem acontecer a qualquer hora do dia ou da noite e, normalmente, vêm em grupo. O animal provavelmente vai querer comer após cada episódio.

◆ Tratamento

Nos problemas do fluxo do Fígado, o objetivo do tratamento é eliminar o Calor caso haja excesso de Fogo subindo, e desbloquear a estagnação. O que é feito, normalmente, é harmonizar a energia entre o Fígado, Vesícula Biliar e Baço/Pâncreas e Estômago. Em todos os casos, o objetivo é restaurar o fluxo normal de Qi e sangue.

◆ Tratamento com Acupressão para Vômito de Bile ou Alimento

Vaso Concepção (VC) 14. Conhecido como "O Grande Palácio", esse é o ponto de alarme do Coração. Eu o chamo de ponto da queimação do Coração. Ele ajuda a acalmar o espírito e diminui o vômito de alimento ou bile. Também é benéfico para hepatite crônica.[8]

Localização: Veja página 263. Segure o ponto com pressão leve por 10 a 15 segundos.

Vaso Concepção (VC) 12. Conhecido como "Cavidade do Meio", esse é o ponto de alarme do Estômago. É bom para qualquer tipo de vômito, incluindo com bile, muco, água ou alimento. Ele alivia a estagnação e o Calor do Estômago e também é indicado para úlceras neste órgão.

Localização: Veja página 290. Segure o ponto por 10 a 15 segundos.

Fígado (F) 2. Conhecido como "Caminhar Entre", esse ponto elimina Calor e desbloqueia a estagnação do Fígado.

Localização e Técnica: Veja página 211.

◆ Tratamento com Fitoterapia

Hidraste + Dente-de-leão + Camomila. Essa combinação de ervas ocidentais refresca o Estômago, clareia o Fígado e move e suaviza o Qi estagnante. Use uma ou duas vezes ao dia, dependendo da severidade da situação. Em 30 ml de água mineral ou destilada, use as tinturas da maneira que se segue:

Hidraste – 10 gotas

Dente-de-leão – 5 gotas

Camomila – 5 gotas

Dosagem: gatos/cães pequenos: 1/2 a 1 conta-gotas

cães médios: 1 a 2 conta-gotas

cães grandes: 2 a 3 conta-gotas

Shu Gan Wan (Pílula do Conforto do Fígado).[9] Essa fórmula regula o Qi do Fígado, desbloqueia estagnação e diminui vômito devido a hiperacidez, como quando o animal regurgita o alimento, muco ou bile de um Estômago vazio. A fórmula inclui reguladores e ativadores de Qi da melia toosendan, curcuma, aquilaria, saussurea, semente de alpinia katsumada, cítrus e amomum. São adicionados tônicos de Qi e sangue da peônia e fuling que são adicionados junto com corydalis para alívio da dor na área do Fígado e Estômago. Por causa de suas ervas ativadoras de Qi, essa fórmula é contra-indicada durante a gravidez.

Dosagem: gatos/cães pequenos: 1 pílula, 2 vezes ao dia

cães médios: 2 a 3 pílulas, 2 vezes ao dia

cães grandes: 4 a 5 pílulas, 2 vezes ao dia

As ervas para harmonizar o Fígado e o Baço são discutidas no Capítulo Dezesseis, página 331.

O tratamento para diarréia com sangue, muco e esforço é listado no Capítulo Dezoito, páginas 393-397.

HEPATITE

Se o Calor e estagnação do Fígado se tornarem severos, dominam o Baço/Pâncreas e criam uma congestão de umidade que bloqueia os ductos de bile e não pode se mover. Essa umidade se torna amarela de bile e ácidos, e circula pelo corpo. O animal terá icterícia perceptível no interior das orelhas, da boca e na pele visível. Se um organismo é envolvido, é chamada de hepatite infecciosa. Como essa é uma situação que ameaça a vida, o animal deve estar sob supervisão médica.

Como o animal estará sob os cuidados de um veterinário, a lista, a seguir, de pontos de acupressão pode ser usada junto com o tratamento ocidental.

Fígado (F) 14. Conhecido como "Porta da Expectativa", esse é o ponto de alarme do Fígado. É usado para equilibrar o órgão e ajudar a distribuir o Qi do Fígado e transformar a umidade do Fígado e Baço.

Localização: Localizado ao longo da cavidade torácica, no 6º espaço intercostal, em direção da área onde as costelas se conectam com a extensão de cartilagem macia. Você pode senti-la, pois existe uma ligeira protuberância no ponto de junção entre a costela e a cartilagem mais macia. A maneira mais fácil de localizar esse ponto é contar detrás para frente do último espaço da vértebra, que é o 11º (entre a 11ª e 12ª costelas). Você deve segurar o ponto, ou massagear levemente direcionando para baixo ao longo da costela inteira, para ter certeza de que cobriu o ponto. Use pressão leve, pois o animal pode estar muito sensível.

Fígado (F) 13. Conhecido como "Portão do Símbolo", esse é o ponto de alarme do Baço. É usado para equilibrar o órgão e para remover dele a umidade calor congesta. É, também, usado para icterícia, aumento do fígado e do Baço e para dor.

Localização: Veja página 296. Segure o ponto, ou massageie para baixo ao longo de todo o espaço intercostal. É necessária pressão leve, pois o animal pode estar sensível.

♦ Tratamento com Fitoterapia

Durante a situação aguda, o animal pode não tolerar nada dado por via oral. Veja a seção seguinte para hepatite crônica e cirrose, para recomendações fitoterápicas.

HEPATITE CRÔNICA E CIRROSE

Em ambos os casos existe tendência do Qi do Fígado ser estagnante. Na hepatite crônica existe exacerbações com calor que ainda é "verdadeiro" ou excessivo. Na cirrose, o Fígado está tão lesionado que encolhe, e a substância Yin do órgão está deficiente. Em ambos os casos, é benéfico sustentar o Qi do Fígado com sua capacidade de distribuir, renovar e restaurar o sangue e o Yin.

Na hepatite crônica, as exacerbações com febre e icterícia devem ser tratadas como situações agudas que requerem eliminação. Após uma explosão aguda, o fortalecimento do Fígado é o aspecto mais essencial do tratamento. Os sintomas incluem: dor quando se toca a caixa torácica, alguma agitação, ansiedade ou depressão, diarréia intermitente e constipação. Se o fluido for muito deficiente, haverá sede excessiva. Pode haver baixo grau de vômito ou vômito de bile. O animal ficará preguiçoso e um pouco fatigado devido à Deficiência e estagnação de Qi. Isso pode deixar o animal com mais tendência a pegar resfriados ou viroses.

◆ Tratamento de Acupressão para Hepatite Crônica e Cirrose

Bexiga (B) 18. Conhecido como "ponto do Fígado", esse é o ponto de associação do Fígado e é usado para equilibrar e fortalecer esse órgão.

Localização: Veja página 311. Massageie com pequenas manobras para frente e para trás.

Bexiga (B) 19. Conhecido como "ponto da Vesícula Biliar", esse é o ponto de associação da Vesícula Biliar. É usado para equilibrar e fortalecer o órgão, permitindo livre formação e fluxo de bile.

Localização: Veja página 312. Esfregue para frente e para trás com pequenos movimentos.

Fígado (F) 3. Conhecido como "Grande Enxurrada", esse ponto fortalece o Fígado e distribui o Qi. Se houver calor presente, ele elimina o calor abrindo os canais para permitir o fluxo do Qi.

Localização e Técnica: Veja página 303.

Estômago (E) 36. Conhecido como "Três Distâncias dos Pés", esse ponto ajuda o Qi de todo o corpo. Não use se houver presença de febre.

Localização: Veja página 280. Use movimento circular moderado por 10 segundos.

◆ Tratamento com Fitoterapia

Silimarina. [10] Essa erva ocidental elimina umidade e promove o fluxo de bile. É especialmente benéfica nos estágios de icterícia onde há uma coloração amarelo-clara. A erva ajuda a proteger as paredes celulares do Fígado para evitar que as substâncias tóxicas entrem, e também é benéfica nas situações crônicas. Pode ser encontrada nas lojas de produtos naturais como suplemento nutricional. Tanto a fruta quanto a semente da planta são usadas.

Como tintura, dilua 20 gotas em 30 ml de água destilada. Remova o excesso de álcool aquecendo a diluição sem a tampa durante 3 minutos em banho-maria.

> **Dosagem:** gatos/cães pequenos: 1 conta-gotas, 2 vezes ao dia
> cães médios: 2 conta-gotas, 2 vezes ao dia
> cães grandes: 3 conta-gotas, 2 vezes ao dia

Erva-Andorinha (*Chelidonium majus*). [11] Essa erva é conhecida na homeopatia e na botânica como *Chelidonium*, é usada por curto período de tempo, até duas semanas, para promover o fluxo de bile, abrir obstruções e eliminar umidade. Use erva-andorinha com silimarina.

Como tintura, dilua 15 gotas em 30 ml de água destilada.

> **Dosagem:** gatos/cães pequenos: 1 conta-gotas, 1 vez ao dia
> cães médios: 2 conta-gotas, 1 vez ao dia
> cães grandes: 2 conta-gotas, 2 vezes ao dia

Raiz de Uva do Óregon (Mahonia aquifolium). [12] Benéfica para eliminar toxinas do Fígado, Calor e umidade.

Como tintura, dilua 15 gotas em 30 ml de água destilada.

> **Dosagem:** gatos/cães pequenos: 1 conta-gotas, 1 ou 2 vezes ao dia
> cães médios: 2 conta-gotas, 2 vezes ao dia
> cães grandes: 3 conta-gotas, 2 vezes ao dia.

Dente-de-leão + Raiz de Bardana + Agrimônia, para eliminar umidade e facilitar o fluxo de sangue e bile. A combinação pode ser usada por duas ou três semanas, seguindo um episódio de estagnação de Fígado, Calor e umidade.

Como tinturas, dilua 10 gotas de dente-de-leão e bardana, mais 1 gota de Agrimônia em 30 ml de água destilada.

Dosagem: gatos/cães pequenos: 1 conta-gotas por dia

cães médios: 2 conta-gotas por dia

cães grandes: 3 conta-gotas por dia

Shou Wu Pian, conforme listado na página 314, para as condições de Deficiência de sangue do Fígado.

ESTAGNAÇÃO DE QI DO FÍGADO

Esses são sintomas ocidentais não específicos, que na Medicina Tradicional Chinesa formam o padrão discutido na página 318. Essa condição precede insultos digestivos que causam úlceras, alergias alimentares, inchaços ao longo das glândulas mamárias ou na área das virilhas, e excessivo asseio sem razão aparente.

♦ **Tratamento de Acupressão para Estagnação de Qi do Fígado**

Massagem geral ao longo do **Vaso Concepção**, que percorre ao longo da linha média do peito e do abdômen. Comece uma massagem leve direcionando para baixo da ponta da caixa torácica até a pelve e voltando novamente. Isso facilita o movimento do sangue e Qi.

Fígado (F) 3. Conhecido como "Grande Enxurrada", esse é o ponto fonte do Fígado e facilita o fluxo de Qi e sangue através do Fígado.

Localização e Técnica: Veja página 303.

OU

Fígado (F) 2. Conhecido como "Caminhar Entre", esse ponto facilita o fluxo de Qi e a eliminação do Calor. Se o animal está nervoso, não simplesmente agitado, ou se houver vômito de alimento, e o animal for muito sensível ao toque em torno da caixa torácica, esse é o ponto a ser usado no lugar do **Fígado 3**.

Localização e Técnica: Veja página 211.

Vesícula Biliar (VB) 41. Conhecido como "Próximo às Lágrimas no Pé", esse ponto é usado para inchaços ao longo das glândulas mamárias ou área escrotal. Ele distribui e drena o Qi e sangue dos canais do Fígado e Vesícula Biliar. É um bom ponto para usar para o gato que lambe o abdômen continuamente ou a parte interna das pernas sem razão aparente. Para esse propósito, ele pode ser usado em combinação com o **Fígado 2**.

Localização: Veja página 211. Segure o ponto por 15 segundos.

LIPIDOSE HEPÁTICA

♦ Acupressão

Escolha pontos para estagnação do Qi do Fígado da página 325. Caso haja icterícia, escolher pontos da seção de hepatite, página 323.

♦ Convulsões

As convulsões podem ser violentas e freqüentes. O animal será de uma constituição de Excesso. O objetivo do tratamento é aliviar o Vento, eliminando o Calor e desbloqueando os canais.

♦ Tratamento de Acupressão para Convulsões

Vesícula Biliar (VB) 20. Conhecido como "Palácio do Vento", esse ponto alivia Vento, acalma o espírito e elimina Calor da Vesícula Biliar.

Localização e Técnica: Veja página 207.

Vaso Governador (VG) 20. Conhecido como "Encontro dos 100 pontos", esse ponto acalma o espírito, equilibra o Yang do corpo e seda as convulsões.

Localização e Técnica: Veja página 302.

Fígado (F) 2. Conhecido como "Caminhar Entre", esse ponto elimina Calor do Fígado e desbloqueia estagnação de Qi.

Localização e Técnica: Veja página 211.

Coração (C) 7. Conhecido como "Porta do Espírito", esse ponto acalma o espírito e abre os canais para desbloquear a estagnação.

Localização: Veja página 289. Segure o ponto por 15 segundos.

♦ Suplementos Nutricionais para Todas as Condições de Fígado

Combinações de **enzimas** podem ser úteis para quebrar proteínas e gorduras.

Vitamina B12. Essa vitamina é estocada no Fígado, É essencial para produção de células de sangue com ferro e hemoglobina que carrega oxigênio. É benéfica em anemias. Use em conjunção com complexo B.

Complexo B, no nível de 30 mg.

Vitamina C, como ascorbato de sódio. Se o indivíduo puder tolerar a vitamina C, é extremamente útil para restaurar a função celular do Fígado, além de possuir ação antioxidante.

> cães/gatos pequenos: 250 mg, 2 vezes ao dia
>
> cães maiores: 1.500 mg, 2 vezes ao dia, com a diarréia como fator limitante

Bioflavonóides e Quercetina, para alergias alimentares, no nível de 10 mg.

Clorofila, 1/3 da dose humana.

Grânulos de Lecitina, para limpar as artérias do acúmulo de toxinas.

> cães/gatos pequenos: 1 colher de chá, 1 ou 2 vezes ao dia
>
> cães médios/grandes: 1 colher de sopa, 1 ou 2 vezes ao dia

Acidophilus e **Probióticos,** para repopularizar o intestino com uma flora saudável. Use 1/3 da dosagem humana.

Coenzima Q10. Essa enzima auxilia na oxidação e na eliminação de toxinas.

> cães/gatos pequenos: 10 mg
>
> cães médios/grandes: 50 mg

Traços Minerais e Microalga. Ajudam na estocagem de minerais necessários para a função do Fígado. Como o Fígado estoca cobre, este é objeto de Deficiência quando o Fígado funciona mal. É muito útil em anemias.

Vitamina E, em baixos níveis como antioxidante. Como o Fígado precisa de bile para quebrar as vitaminas lipossolúveis, a superdosagem de A, E ou K sobrecarregará o Fígado.

> gatos/cães pequenos: 50 UI diariamente
>
> cães maiores: 200 UI diariamente

♦ Recomendações Dietéticas

A dieta é o fator mais importante para manter o Fígado saudável. Acima de tudo, é importante alimentar seu animal em pequenas porções, três vezes ao dia, para diminuir o estresse do Fígado.

Alimentos refrescantes são essenciais quando o Calor é presente. Contudo, se apenas alimentos refrescantes forem usados, posteriormente, eles podem estagnar o Qi. Portanto, é necessário usar carnes neutras e proteínas de cereais com vegetais de todos os tipos térmicos.

O Fígado é sensível a proteínas de carnes que são quebradas em aminoácidos. Quando há essa quebra, a amônia é formada como subproduto. É função do Fígado eliminar a amônia tóxica do corpo. Se o Fígado é fraco, ele tem dificuldade em exercer essa função, dessa forma, as proteínas devem vir de alimentos de fácil digestibilidade, e dadas em pequenas quantidades.

As fontes de proteína devem ser provenientes de ovos cozidos e peixes não oleosos, como o bacalhau. Se a carne for usada, a de coelho é benéfica devido as suas qualidades Yin, e acelera o metabolismo para estimular o movimento do Qi. (Conversa pessoal com P. Pitchford). Pequenas quantidades de carne branca de frango podem ser adicionadas devido a sua capacidade de tonificação de Qi e habilidade de movimentá-lo. A proteína, no entanto, deve ser mínima: aproximadamente 15% para cães e 20% para gatos.

A única exceção a isso é o gato com lipidose hepática. De acordo com pesquisas ocidentais,[14] alimentos com alto teor de proteína podem ser usados para aumentar energia.

Os cereais devem incluir trigo integral (como pão ou flocos), painço e arroz integral bem cozido. Se os grãos integrais forem muito difíceis de ser digeridos, massa de farinha branca pode ser usada.

Os vegetais devem incluir beterraba ralada, espinafre, folha de beterraba e couve. Pequenas quantidades de abobrinha podem ser adicionadas se não houver vômito de bile. Brócolis e repolho são benéficos para limpar o Fígado.

Notas Finais

1. Balch, James F,. MD e Phyllis A. Balch, CNC. *Prescription for Nutritional Healing.* (Garden City Park, NY: Avery Publishing Group, Inc., 1990), 140.

2. *Random House Dictionary, Unabridged Edition,* (New York: Random House, 1967), 1330.

3, 4, 8. O'Conner John and Dan Bensky, ed. trans. *Acupuncture A Comprehensive Text.* (Seattle, WA: Eastland Press, 1981), 263, 280, 178.

5. Fratkin, Jake. *Chinese Herbal Patent Formulas.* (Boulder, CO: Shya Publications, 1986), 182.

6, 10, 11. Holmes, Peter. *The Energetics of Western Herbs, Vol. I.* (Boulder, CO: Artemis Press, 1989), 370, 159, 156.

7. Wiseman, Nigel, Andrew Ellis, Paul Zmiewski. *Fundamentals of Chinese Medicine.* (Brookline, MA: Paradigm Publications, 1985), 232.

9. Naeser, Margaret A., PhD. *Outline Guide to Chinese Herbal Patent Medicines in Pill Form.* Boston, MA: (Boston Chinese Medicine, 1990), 214.

12. Moore, Michael. *Medicinal Plants of the Mountain West.* (Santa Fe, NM: Museum of New Mexico Press, 1979), 117.

13, 14. Tennant, B. *Compendium of Continuing Education for Practitioners.* Pract. Ve. 14(8) 1054-1068, 1993.

CAPÍTULO DEZESSEIS

O Baço/Pâncreas e Estômago:
O Elemento Terra

TANTO DIRETA OU INDIRETAMENTE, a terra produz alimento para todos que vivem sobre ela. Para a planta crescer e florescer na terra, ela precisa de sol e água. Se não houver sol o suficiente, as plantas crescem vagarosamente e enfraquecidas. Se houver muito sol, o solo torna-se seco e escasso de nutrientes, e o mesmo acontece com as plantas. Se não houver água suficiente, as plantas não podem maturar e florescer. Se houver muita água, e a terra ficar encharcada, o solo se transforma em lama. Muitas plantas não gostam de lama. Elas apodrecem e morrem. Portanto, é necessário o equilíbrio entre os elementos e o clima para manter o solo produtivo.

O elemento Terra do corpo é como a terra de nosso planeta. A terra ou solo fornece um ambiente para as sementes criarem raiz e se transformarem em plantas. Também fornece nutrientes e umidade para nutrir essas plantas, que, por sua vez, nutre os animais que irão comê-las. É capaz de fazer isso porque recebe o resto das plantas e animais que morrem e transforma esses restos em nutrição para a próxima geração de vida. Então, entendemos que a função do elemento Terra é transformar e distribuir tudo aquilo que é consumido como alimento em nutrientes aproveitáveis, energia e, finalmente, tecido. Os chineses chamam isso de **Qi nutritivo**.[1]

331

Assim como o solo precisa de água e aquecimento para desempenhar esse processo de transformação, o corpo também requer o equilíbrio apropriado desses elementos. Se não houver Fogo interno para abastecer o processo digestivo, o corpo fica facilmente cansado e os tecidos enfraquecem ou acumulam. Se não houver umidade suficiente para nutrir a digestão, o alimento não é absorvido apropriadamente, deixando o indivíduo exausto e magro. Quando o elemento Terra está fora de equilíbrio, pode ocorrer vômito, diarréia ou exaustão.

O Baço e Estômago são do elemento Terra. Com o objetivo de simplicidade e esclarecimento, escolhi chamar o Baço de **Baço/Pâncreas**, pois suas funções relacionadas com a digestão ficam mais fáceis de ser entendidas. O elemento Terra é a essência central do corpo. No Sistema dos Cinco Elementos, ele obtém sol-fogo de sua Mãe, o **Coração** e o **Intestino Delgado**. Ele mantém as enchentes distantes, controlando o elemento Água do **Rim**. As ações do Baço/Pâncreas e Estômago são conferidas pelo elemento Madeira do **Fígado** e **Vesícula Biliar.** Devido as suas funções digestivas combinadas, todos trabalham intimamente juntos. Se não houver harmonia, pode ocorrer eructação, flatulência, pouca assimilação do alimento e desconforto abdominal.

Quando penso em um indivíduo de tipo Baço/Pâncreas, imagino alguém doce, radiante, com vivacidade tranqüila, peso perfeito, paciente e calmo. Geralmente, não são os líderes. Ao invés disso, eles nutrem, são maternais, sustentam e direcionam tudo ao redor deles. Gostam de se sentir controlados com tudo em seu lugar próprio. Quando estão fora de equilíbrio, eles se preocupam e perdem ou ganham peso. Isso resulta em uma sensação de estar afundando, que pode levar a hérnias, prolapsos de diferentes órgãos, passagem de sangue para fora dos vasos, finalmente, levando a sangramento descontrolado. Esclarecendo, o Baço/Pâncreas é dito governar o sangue junto com o Qi.

De acordo com o relógio circadiano, o Estômago é mais ativo durante os horários normais do café da manhã, nas horas de 7h00 às 9h00. O Baço/Pâncreas é mais ativo mais tarde, entre 9h00 às 11h00. Os animais que gostam de ficar na cama ou não sentem fome de manhã podem estar mostrando sinais de desequilíbrio do elemento Terra. Como o solo, o Baço/Pâncreas é mais sensível à umidade, enquanto seu par, o Estômago, é mais sensível à secura.

PROBLEMAS NO QI: FADIGA, APETITE E PERDA DE FEZES

Marshmallow é uma gata alaranjada, de um ano e meio de idade e de natureza doce. Ela adora deitar no colo de qualquer pessoa, até mesmo permite que as crianças a acariciem e a vire de costas para baixo para acariciar sua barriga. Ela era gordinha quando filhote e tinha vários episódios de diarréia. Como adulta, ela elimina gases quando sua barriga é massageada, mas isso a faz sentir-se melhor. Suas fezes são soltas ou pastosas. Às vezes, fica sujeira das fezes pastosas grudada no pêlo debaixo da cauda. O odor não é terrível, mas tem um pouco de comida não digerida no meio. Seus donos tentaram vários tipos de alimentos para eliminar a diarréia, mas as fezes continuavam pastosas. Sem ser mais gordinha, Marshmallow agora tem uma aparência em forma de pêra, com uma barriga ligeiramente pendular que balança quando ela anda. Ela não tem muito interesse por comida, e prefere ser amada e acariciada do que comer. Seu prazer é fazer sua família humana feliz. Ultimamente, Marshmallow parece ter perdido um pouco de seu desejo de brincar e parece estar mais sensível ao frio. Ela fica muito cansada depois de defecar ou comer, na verdade, ela defeca imediatamente após comer. Essas funções parecem desgastá-la bastante.

Apesar dos tipos diferentes de alimentos e da persuasão gentil, Marshmallow parece ter apetite seletivo. O que seus donos não entendem é que ela não está sendo seletiva de fato. Na verdade, a maioria dos alimentos faz com que ela se sinta mareada. Ela fica empanzinada após comer e muito desconfortável. Curiosamente, é melhor se ela comer mais tarde no dia ou à noite. Parece piorar quando chove. Toda aquela água! Mas seus donos não entendem isso ainda. Toda vez que ela come ela se preocupa tanto em fazer seus donos felizes, quanto tornar-se nauseada.

Marshmallow é a imagem da **Deficiência de Qi e Calor do Baço.** As características do Qi deficiente são: perda de apetite, digestão lenta, eructação ou flatulência, preocupação, fadiga e fezes soltas ou diarréia crônica. Se também houver falta de calor interno ou "friagem" pode ocorrer defecação freqüente ou necessidade de defecar após comer. Devido à digestão e absorção incompleta, pedaços de alimentos aparecem nas fezes. Se o indivíduo tende a ter frio, essa qualidade torna a digestão pior, causando lentidão e congestão.

Excesso de umidade se acumula junto com o alimento, e nada se move. O Fígado é o órgão principal do corpo que tende a estagnar. Quando ocorre estagnação no trato digestivo, o Fígado e o Baço/Pâncreas tornam-se desequilibrados. Quando isso acontece, um animal pode lamber excessivamente ao longo da barriga e das pernas especialmente após comer. Eles podem estar massageando seus Estômagos para estimular a digestão ou tentar mover os acúmulos de alimentos e gás ao longo dos intestinos. Eles podem até querer que você massageie seus Estômagos para ajudar no processo.

O Baço/Pâncreas tem que extrair os nutrientes dos alimentos e transformá-los em energia que forma os músculos e tecidos. Quando ele funciona mal, pode ocorrer fadiga, fraqueza, flacidez muscular e perda de peso.

Se olhássemos para a língua de Marshmallow, poderia estar ligeiramente flácida, larga e muito úmida. Provavelmente, estaria com coloração pálida, pois é necessária assimilação apropriada de alimento para fabricar o sangue que transformará a coloração da língua em rosada.

O ESTÔMAGO

O Estômago é o órgão físico que recebe o alimento que passa através da boca e desce pelo esôfago. É o primeiro estágio do tubo digestivo que processa o alimento e, finalmente, o manda para baixo para o intestino delgado.

A primeira função que o estômago executa é mandar alguns sucos digestivos para cima em direção à boca para estimular a saliva. Adicionalmente, na Medicina Tradicional Chinesa, o Estômago é dito fazer do revestimento da língua um subproduto de sua fermentação de fluidos. Um revestimento saudável da língua é fino, ligeiramente úmido e branco, com as papilas gustativas aparecendo.

Se não houver umidade suficiente no alimento que comemos, ou se houver outra condição que predispõe o corpo à secura, o revestimento da língua aparecerá seco. Se a condição piorar, o revestimento da língua se esgotará, deixando áreas descobertas na língua.

Se houver muita umidade no alimento que consumimos, ou se o aquecimento do Qi do Baço é fraco, a saburra da língua fica bastante úmida e branca. Ela pode se tornar viscosa ou gordurosa conforme a condição piora.

O Estômago é muito sensível à secura. Esta originalmente ocorre a partir de um problema oriundo dos rins ou pulmões, que umedece o corpo todo. Morar em um lugar com clima muito seco também contribui para a tendência à secura. A secura resulta de uma deficiência de Yin, deixando o indivíduo com sede, geralmente, por bebidas freqüentes e em pequenas quantidades.

Se a secura for muito severa, pode causar um calor interno relativo. Esse é chamado de **Fogo Falso** e sobe quando o corpo não pode produzir fluido o suficiente para resfriar-se. O animal pode ficar com gengivas vermelhas e secas e mau hálito com odor adocicado e enjoativo.

Calor no Estômago também pode se originar de um excesso de Calor ou **Fogo Verdadeiro.** Essa situação surge quando o indivíduo tem predisposição a "ser quente". Ele, normalmente, é assertivo, gosta de comer rápido e chefia todos a sua volta. Esse excesso de Calor enfraquece o Baço/Pâncreas e permite o Fígado a atacá-lo, causando estagnação da circulação. Quando o fluido fica estagnado no trato digestivo, ele cria uma fleuma pegajosa que se aquece, causando dor e aquecendo o Estômago. O calor no Estômago deixa o animal vorazmente faminto e sedento. Ele quer comer tudo a sua vista, incluindo os móveis! Pode haver surgimento de úlceras na boca, Estômago e intestino. O animal fica extremamente sedento e beberá grandes quantidades de água para apagar o Fogo. O hálito é terrível, semelhante ao odor de meias muito sujas.

PESO E PREOCUPAÇÃO

A emoção relacionada com o Baço/Pâncreas e Estômago é a preocupação. Muitos animais aparentam ter um olhar de preocupação em seus rostos. Um animal pode ficar preocupado ficando sozinho, ou ficar com medo de ser abandonado. Eles sempre tentam agradar os seus donos.

Alguns animais passam a querer comer socialmente, comendo apenas quando seus donos estão por perto para tocá-los ou lhes fazer companhia. Isso pode levar à perda de peso, pois o animal fica preocupado se seu dono não está por perto. Ele fica tão aborrecido que, quando finalmente come, ele vomita. Alguns animais, como pessoas, comem mais quando estão ansiosos e podem ganhar peso quando estão sob estresse.

VÔMITO

Na Medicina Tradicional Chinesa, o vômito é conhecido como **Qi rebelde.** É chamado assim, pois quando o alimento chega ao Estômago, ao invés de ser transportado para baixo, o Estômago se rebela e o empurra de volta para cima. Um gato ou cão come e o alimento vai para baixo, mas logo depois ele retorna, geralmente, coberto com um pouco de água ou muco, e normalmente é comido de novo.

Alguns animais vomitam água. Aqui o desequilíbrio é devido a uma resposta do excesso de umidade que enfraquece e esfria o Qi do Baço. Se o ciclo de rotação de uma máquina de lavar não estiver funcionando bem, as roupas ficarão ensopadas de água. Da mesma forma, um animal com o Qi digestivo fraco fica "ensopado de água" quando a umidade no trato digestivo não está se movendo adequadamente. Isso pode piorar se o animal come alimentos frios. Isso inclui o frio na propriedade do alimento assim como a temperatura. Os cereais e vegetais tendem a ser mais frios do que as proteínas da carne. Vegetais crus, como espinafre, folhas de beterraba e brócolis são especialmente de natureza fria. Cereais como o painço e o trigo são frios, assim como o tofu, que também gera umidade. Alimentos vindos direto da geladeira são frios ou gelados. Se o animal possui um Frio interno de um Baço ou aquecimento do Estômago fraco, aqueça sua refeição de forma que ele não vomite quando o alimento frio chegar ao estômago.

Animais com essa condição podem não aparentar sentirem desconforto. Diferente do vômito violento de alimento, fleuma ou bile que ocorre com o Calor do Fígado, o vômito vindo de um Qi e aquecimento de Estômago fraco mais incomoda do que é dolorido. Nas condições Deficientes de vômito em geral, o Estômago fica mais aliviado com pressão. Isso é diferente de uma condição de Excesso ou estagnação onde o Fígado está mais envolvido. Aqui o animal não gosta de ser tocado ou sentir pressão.

PERDA DE PESO

Certamente, se o alimento não pode ser digerido adequadamente durante um longo período de tempo, isso realmente se torna um problema. A dor pelo enjôo e perda crônica de peso pode ocorrer. Esse é um problema muito profundo e, normalmente, afeta outros órgãos, principalmente, o Rim. O Rim é responsável pela base do Qi e Essência do corpo com a qual o indivíduo nasceu e que é usada durante a vida. É conhecida por **Jing do Rim** e auxilia e direciona o Baço/Pâncreas na acoplagem do Qi nutritivo. Os resultados são fadiga, sede, desejo de comer mais devido à deficiência de absorção, perda de peso e anemia. Um exemplo extremo é a diabetes, transtorno inflamatório do intestino ou doença inflamatória do intestino delgado.

DIABETES

A diabetes é conhecida como doença da sede e eliminação. Durante o século XVIII na China, se houvesse suspeita de diabetes, era pedido ao paciente que urinasse em uma pedra do lado de fora da clínica. Então, os médicos esperavam as formigas para que se ajuntassem. As formigas eram atraídas pelo açúcar na urina. O controle da doença era monitorado pelas repetidas "urinálises na pedra". Esse era um teste engenhoso, principalmente, porque não havia fitas de teste disponíveis a mais de mil anos atrás!

Em termos ocidentais, a diabetes é uma doença do pâncreas, onde uma baixa de insulina força o açúcar a permanecer na circulação sanguínea e a não entrar nas células. Como as moléculas de açúcar, chamadas glicose, são necessárias para abastecer os processos de todo o corpo, sem esse combustível, o corpo decompõe os próprios músculos buscando energia. Perda de peso e uma miríade de problemas surgem, incluindo circulação deficiente, acúmulo de toxinas, glaucoma e falha renal.

Na Medicina Tradicional Chinesa, a diabetes é uma doença de Deficiência do Qi e fluidos de todos os compartimentos do corpo. Isso torna o indivíduo suscetível às síndromes de Secura e Calor, envolvendo o Fígado, Pulmão, Rim e Baço/Pâncreas. Uma grande sede para eliminar o Fogo interno, junto com uma falta de absorção, levam os fluidos a serem excretados copiosamente.[2]

Além da hereditariedade, os fatores que contribuem para a diabetes incluem: uma natureza agressiva ou assertiva, e/ou um indivíduo que come em excesso alimentos abastados e gordurosos, como a maioria das rações secas comerciais. Esses fatores sobrecarregam o Baço/

Pâncreas, Estômago e Fígado. A falta de exercícios causa estagnação do Qi do Fígado. Também, a alimentação induzida por estresse, preocupação, medo e raiva afetarão a digestão, porque o excesso de estresse esgota o Rim. Qualquer doença crônica que propicie a entrada do Calor nos Pulmões pode levar à sede e ao início de um problema que se intensifica. Dessa forma, todos esses fatores perturbam o equilíbrio precário que o corpo está tentando preservar.

TRATAMENTO DOS DESEQUILÍBRIOS DO BAÇO/PÂNCREAS E ESTÔMAGO

O objetivo é revigorar, aquecer e regular o Qi. Apesar de muitos animais não nos dizerem o porquê de não estarem comendo, presumimos que seja náusea, desconforto, sensação de plenitude ou baixa energia. Revigorar o Qi ajudará esses problemas.

♦ **Acupressão para Problemas de Qi e Aquecimento do Baço: Fadiga, Pouco Apetite, Digestão Lenta, Flatulência e Eructação**

Estômago (E) 36. Conhecido por "Três Distâncias dos Pés", esse é o ponto de maior fortalecimento do Qi do corpo. Ele dá energia ao Estômago, Baço, musculatura e resistência.

Localização: Veja página 280. Use movimento circular pequeno por 10 a 15 segundos.

Pericárdio (CS) 6. Conhecido como "Portão Interno", esse ponto acalma a náusea assim como o espírito. Ajuda a regular o Qi.[3]

Localização: Veja página 302. Segure o ponto por 10 a 15 segundos.

Vaso Concepção (VC) 12. Conhecido como "Cavidade do Meio", esse é o ponto de alarme do Estômago. Ajuda a revigorar o apetite, e os processos de transporte e transformação do Estômago e Baço/Pâncreas.

Localização: Veja página 290. Massageie o ponto em direção circular.

♦ Tratamento com Fitoterapia

Alfafa.[4] Essa erva contém oito enzimas digestivas, junto com traços minerais. Ela tonifica o Baço/Pâncreas e Estômago.

Dosagem, em pó: gatos/cães pequenos: 1/4 colher de chá, diariamente

cães médios: 1/2 colher de chá, diariamente

cães grandes: 3/4 colher de chá, diariamente

Shen Qi Da Bu Wan.[5] Esse é um tônico básico de Qi para fortalecer o Baço. Ele contém os tônicos de Qi de astrágalo e codonopsis. Ajuda na fadiga, apetite e digestão lenta.

Dosagem: gatos/cães pequenos: 1 pílula, 2 vezes ao dia

cães médios: 2 pílulas, 2 vezes por dia

cães grandes: 3 pílulas 2 vezes por dia

Central Qi Tea.[6] Esse é um tônico de Qi para o Baço e Estômago. Também ajuda o Fígado a regular a digestão. É bom para fadiga, apetite diminuído, timpanismo, gases e friagem. Os tônicos de Qi são de natureza neutra ou aquecedora. Essa fórmula contém tônicos de Qi de Astrágalo, Codonopsis, Alcaçuz, Atractylodes, gengibre e tâmara chinesa; o tônico de sangue de Dang Gui; os reguladores de Qi de Cítrus e Cimicífuga; e a erva para limpeza do Fígado, Bupleuro.

Dosagem: gatos/cães pequenos: 1 a 2 pílulas, 1 ou 2 vezes por dia

cães médios: 2 a 4 pílulas, 1 ou 2 vezes por dia

cães grandes: 6 pílulas, 1 ou 2 vezes por dia

♦ Recomendações Dietéticas[7]

O Baço gosta de alimentos mornos e doces. Arroz branco Basmati bem cozido ou mingau de aveia são benéficos. Batatas são aquecedoras e ajudam a umidade base e o Qi. Frango, carne bovina magra, cordeiro, peixes arenque e cavalo, e sardinhas são boas fontes de proteína. Vegetais como feijão-verde, abobrinha, cenoura e nabo devem ser cozidos para facilitar a digestão.

Para cães, use 50% a 60% de cereais, 25% de proteína, e 15% a 25% de vegetais. Se for necessário, omita os vegetais até que o animal esteja comendo normalmente. **Para gatos**, use 60% de proteína e 40% de cereal.

♦ **Suplementos Nutricionais**

Enzimas de Papaia, para auxiliar a digestão. Use de 1/8 a 1/2 colher de chá da dosagem humana.

Gengibre em Pó: 1/8 a 1/2 colher de chá por refeição para aquecer o Estômago e revigorar o Qi.

Flocos Nutricionais de Levedura, ricos em complexo B. Seus sabores fortes estimulam a alimentação.

Alga Marinha ajuda a estimular a glândula tireóide que aumenta o metabolismo. Um metabolismo aumentado estimula o apetite. Use 1/8 a 1/4 colher de chá, com perda de fezes sendo o fator limitante.

Preparações com **Acidófilos** com mistura de flora. Use um terço à metade da dosagem humana para regular eliminação e digestão.

QUEIXAS DE "DIGESTÃO PARADA": DESARMONIAS DE FÍGADO E BAÇO/PÂNCREAS, ACÚMULOS DE ALIMENTOS E ESTAGNAÇÃO

O objetivo do tratamento é equilibrar o Fígado e Baço, e regular o Qi.

♦ **Acupressão**

Bexiga (B) 18. Conhecido como "Ponto do Fígado", esse é o ponto de associação do Fígado e é usado para equilibrar o órgão.
Localização: Veja página 311. Segure o ponto por 15 minutos.

Bexiga (B) 20. Conhecido como "Ponto do Baço", esse é o ponto de associação do Baço/Pâncreas e é usado para equilibrar o órgão.

Localização: Veja página 263. Segure o ponto por 10 a 15 segundos.

Vaso Concepção (VC) 12. Conhecido como "Cavidade do Meio", esse é o ponto de alarme do Estômago. É bom para regular o Qi e fortalecer o Estômago.

Localização e Técnica: Veja página 290.

♦ Tratamento com Fitoterapia

Hsiao Yao Wan.[8] Essa é uma fórmula clássica para harmonizar o Baço/Pâncreas, Estômago e Fígado. Ajuda na estagnação de alimento, irritabilidade e distúrbios digestivos inespecíficos. Contém tônicos de sangue de Peônia e Dang Gui; tônicos de Qi de gengibre e alcaçuz; e fuling e atractylodes, que também movimentam umidade, gengibre e alcaçuz junto com bupleuro para aliviar o Fígado e folha de menta para regular o Qi.

Dosagem: gatos/cães pequenos: 1 a 2 pílulas

cães médios: 3 a 4 pílulas

cães grandes: 6 pílulas

Use uma vez ao dia por uma semana. Se não houver resposta, aumente para duas vezes ao dia.

Agrimônia.[9] Essa erva ocidental libera o Qi estagnante do Fígado. É benéfica em situações de desconforto abdominal, timpanismo com dor ao toque e apetite diminuído.

Dosagem, como tintura: Adicione de 1 a 4 gotas na água de beber, dependendo do tamanho do animal. Use por uma semana.

Camomila. Essa erva ocidental acalma o Estômago e alivia o Qi retido do Fígado. Para fazer chá, mergulhe 1 colher de sopa da erva em 1 xícara de água fervente.

341

Dosagem: gatos/cães pequenos: 1 colher de chá, 2 vezes por dia com alimento

cães médios: 2 colheres de chá, 2 vezes por dia com alimento

cães grandes: 3 colheres de chá, 2 vezes por dia com alimento

♦ Tratamento de Acupressão para Perda de Peso

Massagem geral do abdômen com movimentos circulares ajuda a estimular o trato digestivo e a aumentar o apetite.

Aos pontos listados para apetite diminuído, na página 338, adicione pontos para fortalecer o sangue e fluidos Yin do corpo.

Baço (BP) 6. Esse ponto, conhecido como "Junção dos Três Yin", estimula o Baço e outros órgãos formadores de sangue como o Fígado e o Rim. O sangue é a mãe do Qi. Dessa forma, para fortalecer o sangue, deve-se fortalecer o Qi.

Localização: Veja página 208. Segure o ponto por 1 minuto.

♦ Tratamento com Fitoterapia

Alfafa. Essa erva contém oito enzimas digestivas, junto com traços minerais. Ela tonifica o Baço/Pâncreas e Estômago. Veja página 339 para dosagem.

Women's Precious Pills.[10] Essa é uma fórmula de tônico de Qi e sangue benéfica para situações de fraqueza crônica. Contém tônicos de Qi de Codonopsis, Poria cocos, Atractylodes e Alcaçuz; regulador de sangue de Ligusticum e tônicos de sangue de Dang Gui, Rehmannia e Peônia.

Dosagem é a mesma usada para Central Qi Tea, veja página 339.

Ginseng e Geléia Real. Ginseng é um dos melhores tônicos de Qi. Ajuda a tonificar os órgãos, assim como a elevar o espírito. A geléia real tem um valor nutritivo excelente e é benéfica para a Essência.

> **Dosagem:** gatos/cães pequenos: 1/4 do frasco, diariamente
>
> cães médios: 1/2 do frasco, diariamente
>
> cães grandes: 1 frasco, diariamente

APETITE EXCESSIVO E COMER COISAS ESTRANHAS

Como esse é um sintoma de Fogo excessivo no Estômago, geralmente, associado com Fígado e Vesícula Biliar, o objetivo do tratamento é aliviar o Calor trazendo esses órgãos novamente para a harmonia um com o outro.

Vaso Concepção (VC) 14. Conhecido como "Grande Palácio", esse é o ponto de alarme do Coração e que eu considero o ponto de azia. Ajuda a eliminar o Fogo do Estômago.

Localização: Veja página 263. Segure o ponto.

Estômago (E) 44. Conhecido como "Salão Interno", esse ponto refresca e drena o calor do Estômago e regula o Qi.[11] É benéfico para boca ferida, mau hálito e dor de Estômago.

Localização: Veja página 232. Segure pressionando levemente a rede entre os dedos por 10 segundos.

Vesícula Biliar (VB) 41. Conhecido como "Próximo às Lágrimas no Pé", esse ponto drena calor do Fígado e Vesícula Biliar, permitindo o reequilíbrio do Baço/Pâncreas e Estômago.

Localização: Veja página 211. Segure o ponto por 10 segundos.

Bexiga (B) 20. Conhecido como "Ponto do Baço", esse é o ponto de associação do Baço/Pâncreas e é usado para equilibrar o órgão.

Localização: Veja página 263. Segure o ponto e use um pequeno movimento para frente e para trás.

◆ **Tratamento com Fitoterapia**

Dente-de-leão + Bardana + Betônica. Essas ervas ocidentais eliminam umidade e refrescam o calor no Fígado e trato digestivo. Use 10 gotas de cada tintura em 30 ml de água destilada.

    Dosagem: gatos/cães pequenos: 1 conta-gotas, 3 vezes ao dia

                cães médios/grandes: 2 a 3 conta-gotas, 2 vezes ao dia

Camomila. Veja página 341.

◆ **Recomendações Dietéticas**

Cereais refrescantes e neutros devem ser usados para refrescar o Fígado, eles incluem arroz integral bem cozido, painço ou cevada, aipo e beterraba ralados. Pequenas quantidades de carne branca de frango ou coelho podem ser usadas para fortalecer o Baço.

VÔMITO DE ALIMENTO E DURANTE MOVIMENTO

Essa é uma condição de Qi rebelde. O objetivo do tratamento é fortalecer o Qi e regular sua direção.

◆ **Tratamento de Acupressão**

Veja a lista para Problemas de Qi do Baço, página 338.

◆ **Tratamento com Fitoterapia**

Faça chá de gengibre mergulhando duas fatias finas de raiz fresca de gengibre em 1 xícara de água fervente durante 5 minutos. Esfrie completamente e dê ao animal meia-hora antes de viajar.

    Dosagem: gatos/cães pequenos: 1 a 2 conta-gotas

                cães médios/grandes: 1/3 xícara

VÔMITO DE ÁGUA

O objetivo é fortalecer o aquecimento do Baço/Pâncreas e Rim, cuja Deficiência causou o desequilíbrio.

♦ Tratamento de Acupressão para Vômito de Água

Vaso Concepção (VC) 12. Conhecido como "Cavidade do Meio", esse é o ponto de alarme do Estômago.
Localização e Técnica: Veja página 290.

Estômago (E) 36. Conhecido como "Três Distâncias dos Pés", esse ponto é usado para fortalecer o Qi e promover o movimento para baixo do Qi do Estômago, para ajudar no vômito aquoso.
Localização e Técnica: Veja página 280.

Bexiga (B) 23. Conhecido como "Ponto do Rim" esse é o ponto de associação do Rim e é usado para equilibrar o órgão.
Localização: Veja página 246. Segure o ponto.

Vaso Governador na Junção Lombo Sacral. Vários livros chamam esse ponto de "Baihui" nos animais, ou "Cem Encontros". Esse ponto está na linha média das costas, em frente à pelve no final da coluna lombar. Ele fortalece o Yang do corpo. Use pressão com a ponta do dedo para segurar o ponto por 15 segundos ou pode-se usar movimento para frente e para trás.

♦ Tratamento com Fitoterapia

Monarda.[12] Essa erva ocidental é pungente, amarga e doce e pode ser usada tanto para aquecer quanto para esfriar. É excelente para qualquer tipo de problema no Estômago e regula o Qi. Como tintura, dilua de 5 a 10 gotas em 30 ml de água destilada.

Dosagem: gatos/cães pequenos: 1 conta-gotas, 2 vezes ao dia

cães médios: 2 conta-gotas, 2 vezes ao dia

cães grandes: 3 conta-gotas, 2 vezes ao dia

Camomila.[13] Essa erva ocidental regula o Qi e acalma o Estômago. É o seu potencial de secar que é útil nesse caso. A dosagem é a mesma para a monarda. Partes iguais podem ser misturadas juntas para auxiliar a digestão.

Cardamomo. É usado óleo essencial da fruta dessa erva ou a fruta é amassada. O cardamomo tem propriedades pungente, reguladora e aquecedora. Ele restaura o Qi do Baço.

Dosagem: Misture 3 gotas do óleo essencial em 1 colher de sopa de azeite de oliva. Use de 3 a 5 gotas do óleo diluído por refeição, ou utilize a erva em pó na quantidade de 1/8 colher de chá para gatos/cães pequenos, a 1/2 colher de chá para cães médios e grandes.

Funcho.[14] A raiz dessa erva ocidental é aquecedora, secante e pungente. Ela regula e aquece o Baço. Como tintura, dilua 5 a 10 gotas em 30 ml de água destilada.

Dosagem: gatos/cães pequenos: 1 conta-gotas, 2 vezes ao dia

cães médios: 2 conta-gotas, 2 vezes ao dia

cães grandes: 3 conta-gotas, 2 vezes ao dia

♦ **Recomendações Dietéticas**

Evite alimentos que criam umidade, como tofu, painço, laticínios, vegetais crus e frutos do mar, e ainda alimentos refrescantes como trigo e abacate. Alimentos que aquecem, como frango, cordeiro, carne de veado e carne bovina magra são excelentes para essa condição, assim como arroz branco e aveia. Cenouras cozidas e abobrinha são vegetais excelentes para aquecer o Baço, assim como o gengibre.

DIARRÉIA COM ODOR MODERADO, FEZES PASTOSAS

O Objetivo do tratamento é fortalecer o Qi e aquecimento do Baço/ Pâncreas e Estômago. O tratamento inclui fortalecimento do cólon, pois esse é o filho do elemento terra no Ciclo de Criação dos Cinco Elementos.

♦ **Acupressão**

Baço (BP) 6. Conhecido como "Encontro dos Três Yin", esse ponto fortalece o Baço e é especialmente bom para fezes pastosas e soltas.
Localização e Técnica: Veja página 208.

Estômago (E) 36. Conhecido como "Três Distâncias dos Pés", esse ponto tonifica o Qi do corpo.
Localização e Técnica: Veja página 280.

Estômago (E) 25. Conhecido como "Eixo do Céu", esse é o ponto de alarme do Intestino Grosso, e é benéfico para todos os tipos de diarréia.
Localização: No abdômen a aproximadamente 1/2 polegada (1,375 cm) de ambos os lados do umbigo. O animal estará sensível nessa área. Segure os pontos.

♦ **Tratamento com Fitoterapia e Recomendações Dietéticas**

Use as ervas e as recomendações dietéticas listadas para **Problemas de Qi e Aquecimento do Baço,** página 338, já que esse é um processo de transformação.

DIABETES

No momento em que a diabetes é diagnosticada, o animal estará sob os cuidados do veterinário. Mesmo que o animal esteja usando insulina diariamente, a acupressão e a suplementação dietética são benéficas para ajudar a restaurar o equilíbrio do indivíduo. Pode-se usar ervas, mas isso requer a supervisão de um herbalista habilitado, pois as doses de insulina podem ser alteradas.

O objetivo do tratamento é eliminar o Calor do Estômago e tonificar o Qi do Baço e a Essência do Rim.

♦ Tratamento de Acupressão para Diabetes

Se o animal estiver fraco, escolha um ponto para trabalhar a cada dia, ou trate em intervalos entre alguns dias até duas semanas. Se o animal mostrar-se com fadiga após a sessão, escolha menos pontos para trabalhar durante sua próxima sessão e segure-os por menos tempo.

Baço (BP) 6. Conhecido como o "Encontro dos Três Yin", esse ponto tonifica o Yin e o sangue do corpo.

Localização e Técnica: Veja página 208.

Bexiga (B) 13. Conhecido como "Ponto do Pulmão", esse é o ponto de associação do Pulmão e é usado para eliminar calor e equilibrar esse órgão. É especialmente útil para conter a sede extrema vivenciada pelos animais diabéticos.

Localização: Veja página 229. Use movimentos curtos para frente e para trás.

Vaso Concepção (VC) 12. Conhecido como "Cavidade do Meio", esse é o ponto de alarme do Estômago. É benéfico nos processos de digestão e equilíbrio do órgão.

Localização e Técnica: Veja página 290.

Bexiga (B) 23. Conhecido como "Ponto do Rim" esse é o ponto de associação do Rim usado para equilibrar esse órgão.

Localização e Técnica: Veja página 246.

Estômago (E) 36. Conhecido como "Três Distâncias do Pé", esse ponto fortalece o Qi e os membros posteriores que tendem a enfraquecer com a diabetes.

Localização e Técnica: Veja página 280.

♦ Suplementos Nutricionais

Já foi demonstrado que **levedura de cerveja** crescida em meio crômico enriquecido auxilia no metabolismo normal da glicose ou açúcar. Outros fatores que ajudam no metabolismo da glicose são **niacina, zinco, magnésio, vitamina B1, Fígado cru** e **concentrado de pâncreas.**[15] Muitas lojas de alimentos naturais possuem suplementos que auxiliam o metabolismo da glicose.

Dosagem: gatos/cães pequenos: 1/3 da dosagem humana

cães médios/grandes: metade da dosagem humana

Enzimas, especialmente dos extratos de papaia.

Vitamina C é benéfica na oxidação e eliminação de toxinas. Pode ser usada na forma de ascorbato de sódio se a diarréia não for presente. A dosagem varia entre 250 mg a 1.000 mg, duas vezes ao dia, sendo a diarréia o fator limitante.

Suplemento de Ácidos Graxos que inclui óleos de ômega-3. Os óleos de linhaça, oliva e gergelim são boas escolhas.

Dosagem: gatos/cães pequenos: 1/2 colher de chá

cães médios: 1 colher de chá

cães grandes: 1 a 1 1/2 colher de chá

Vitamina A.[16] 1.000 mg a 2.000 mg para gatos e cães pequenos; até 4.000 mg para cães maiores.

Clorofila.[17] Ajuda na absorção de minerais e aumenta a absorção de nutrientes em geral. A clorofila é verde, cor associada ao Fígado.

Dosagem: gatos/cães pequenos: 1/3 da dose humana

cães médios/grandes: metade da dose humana

♦ Recomendações Dietéticas

Essas são baseadas nos sinais específicos que o paciente como indivíduo exibe. Se os sinais básicos são vômito de alimento, vômito de água, timpanismo e diarréia sem odor ou tenesmo, é recomendada uma dieta que auxilie o Qi e aquecimento do Baço. Esses sinais são, geralmente, exibidos por diabéticos em estágios mais precoces. Uma discussão extensa sobre alimentos benéficos para diabetes pode ser encontrada no livro do Dr. Paul Pitchford, *Healing With Whole Foods.*

Se a Deficiência de Yin e Jing é o sinal mais prevalente, com sede extrema, perda de peso, vômito e/ou apetite voraz, alimentos que são mais refrescantes e umedecedores devem ser escolhidos. (Veja Capítulo Sete, página 118.)

Se o animal não estiver usando insulina, refeições pequenas e freqüentes não sobrecarregarão seu sistema, de certa forma, frágil. Quatro refeições ao dia é o ideal.

Cereais integrais com alta quantidade de fibras são recomendados. A fibra desacelera o alimento à medida que ele desce através do trato digestivo, permitindo um tempo maior de absorção. Certifique-se de cozinhar bastante o arroz integral para amaciar a casca e fornecer umidade ideal. Outros cereais benéficos são: aveia, farelo de aveia, trigo integral e painço. Vegetais que ajudam o Qi e Yin do Baço, como vagem, abobrinha, cogumelos, aspargo, abacate, são boas escolhas. Legumes como lentilhas, feijão e feijão-azuqui são excelentes fontes de proteínas e podem ser misturados com proteína animal para cães e gatos.

Porco é a melhor carne para diabetes quando há Calor no Estômago e perda da Essência Jing que se manifesta por grande sede e apetite voraz com perda de peso. Quando se retira a gordura do porco inteiro cozido em água, mesmo os gatos diabéticos parecem tolerar a carne. A carne do músculo ajuda a restaurar a Essência Jing e fornece substância. Auxilia muito fazer cozido de carne de porco fatiada. Lembre-se de retirar a gordura. O porco é a carne mais fria das carnes de músculo. O coelho pode ser outra opção, já que tem tendências

Yin e Yang. A sardinha também é uma boa opção caso o animal não esteja vomitando, pois é rica em óleos ômega-3 que ajudam no metabolismo da glicose.

O BAÇO GOVERNA O SANGUE

É dito na Medicina Tradicional Chinesa que o Baço/Pâncreas "governa o sangue". O Coração é o príncipe da circulação do sangue, o Fígado é o general da direção suave do sangue e o Baço é o governador do sangue, mantendo-o dentro dos vasos.[18] Disfunções no governar do sangue resulta em hemorragia ou infiltrações dos vasos.

Quando digo sangramento, quero dizer gotejar como em um sangramento nasal, sangue nas fezes que goteja do reto, sangue na urina sem dor ou hematomas que surgem facilmente. Cães com desordens imunológicas que envolvem problemas de coagulação encaixam-se nessa categoria. Eles podem ter pequenas hemorragias no abdômen ou nas gengivas, aparecendo como manchas vermelhas ou vermelho/púrpuras. Cães com tendências a hematomas auriculares ou bolhas de sangue no pavilhão mostram sinais de Baço/Pâncreas enfraquecido.

A anemia é um problema com a habilidade do Baço/Pâncreas de transformar o alimento em sangue e Qi. O Baço/Pâncreas, Rim e Fígado, todos contribuem para fabricar o sangue. Uma deficiência em qualquer um desses órgãos pode levar à anemia.

O objetivo do tratamento dessas desordens de sangramento é restaurar e fortalecer o Qi do Baço e sangue em geral.

♦ **Tratamento de Acupressão para Desordens de Sangramento**

Baço (BP) 6. Conhecido como "Encontro dos Três Yin", esse ponto fortalece o Baço, Rim e Fígado, que são os três órgãos formadores de sangue do corpo.

Localização e Técnica: Veja página 208.

Baço (BP) 10. Conhecido como "Mar de Sangue", esse ponto harmoniza o Qi nutritivo do Baço que ajuda a governar o sangue. É usado junto com o Baço 6 em erupções de pele que coçam. Também pode ser usado para nutrir o sangue em geral.

Localização: Na parte interna da pata traseira, acima do joelho, na borda da barriga do músculo largo na parte interna da coxa, conhecido como vasto medial. Use movimento circular nesse ponto.

Estômago (E) 36. Conhecido como "Três Distâncias dos Pés", esse ponto fortalece o Qi do corpo.

Localização e Técnica: Veja página 280.

Bexiga (B) 23. Conhecido como "Ponto do Rim", esse é o ponto de associação do Rim. É benéfico para tonificar o sangue, especialmente da parte inferior do corpo. Como o Baço controla o Rim no Ciclo de Controle dos Cinco Elementos, o fortalecimento do Rim, indiretamente, equilibra o Baço.

Localização e Técnica: Veja página 246.

♦ Tratamento com Fitoterapia

Shen Qi Da Bu Wan, conforme listado na página 339.

Kwei Bi Wan.[19] Essa é uma fórmula tônica de Qi e sangue usada para fortalecer o Baço, Coração e circulação. É útil em sangramento devido à baixa contagem de plaquetas, assim como nas condições de fadiga e anemia. Contém os tônicos de Qi de Codonopsis, Poria cocos, Atractylodes, Astrágalo e Alcaçuz; os tônicos de sangue de Dang Gui, fruta de Euphoria longan; e as ervas calmantes de Ziziphus e Polígala.

> gatos/cães pequenos: 1 a 2 pílulas, 2 vezes ao dia
>
> cães médios: 3 a 4 pílulas, 2 vezes ao dia
>
> cães grandes: 6 pílulas, 2 vezes ao dia

♦ Suplementos Nutricionais

Vitamina C, na forma de ascorbato de sódio, em doses baixas devido ao Qi do Baço fraco que torna o indivíduo suscetível à perda de fezes.

gatos/cães pequenos: 100 mg diariamente

cães médios/grandes: 500 mg diariamente

Vitamina E, como um antioxidante e para tonificar as paredes dos vasos sanguíneos.

gatos/cães pequenos: 25 UI a 50 UI diariamente

cães médios/grandes: 200 UI diariamente

Traços Minerais, como kelp em pó e algas marinhas, salpicados no alimento. Use de 1/8 a 1/2 colher de chá diariamente, dependendo do tamanho do animal.

Alfafa, devido ao seu teor de cálcio:

gatos/cães pequenos: 1/4 colher de chá diariamente

cães médios/grandes: 1 colher de chá diariamente

Flocos Nutricionais de Levedura, para vitamina B:

gatos/cães pequenos: 1/2 colher de chá diariamente

cães médios/grandes: 1 colher de chá diariamente

Vinagre de Cidra de Maçã. Adicione 1/2 colher de chá a 1 colher de sopa em 2 copos com água para beber, dependendo do tamanho do animal. O vinagre é um remédio caseiro antigo para controlar o sangramento.

♦ Recomendações Dietéticas

Escolha os alimentos que sejam aquecedores e ajudem o Baço enfraquecido, listados na página 339. A couve é um vegetal excelente para coagulação sanguínea e é um dos únicos vegetais verdes de natureza aquecedora.

Notas Finais

1. Dr. Kuan Hin. *Chinese Massage and Acupressure.* (New York: Bergh Publishing Inc., 1991), 79.

2. Flaws, Bob and Honora Wolfe. *Prince Wen Hui's Cook.* (Brookline, MA: Paradigm Publications, 1983), 44-46.

3, 11. O'Conner, John and Dan Bensky, trans. ed. *Acupuncture, A Comprehensive Text.* (Seattle, WA: Eastland Press, 1981), 249, 275.

4, 13, 14. Holmes, Peter. *The Energetics of Western Herbs, Vol I & II.* (Boulder, CO: Artemis Press, 1989), 370, 462, 292.

5, 6, 19. Naeser Margaret, A., PhD. *Outline Guide to Chinese Herbal Patent Medicines in Pill Form.* (Boston, MA: Boston Chinese Medicine, 1990), 286, 268, 272.

7. Pitchford, Paul. *Healing with Whole Foods.* (Berkeley, CA: North Atlantic Press, 1993); Henry C. Lu. *Chinese System of Food Cures.* (New York: Sterling Publishing Co., Inc., 1986); Bob Flaws. *Prince Wen Hui's Cook.* (Brookline, MA: Paradigm Publications, 1989).

8, 10. Fratkin, Jake. *Chinese Herbal Patent Formulas.* (Boulder, CO: Shya Publications, 1986), 157, 178.

9, 12. Wood, Matthew and Tismal Crow. Palestras de Fitoterapia, Batesville, IN, 1994.

15. Mertz, W. Effects and Metabolism of Glucose Tolerance Factors. *Nutritional Review, 33, #5*, May 1975, 129-135; Rubenstein, A. H., and N.W. Levin, "Manganese Induced Hypoglicemia," *Lancet*, December 1963, 1348- 51.

16. Balch James F., MD, Phyllis A. Balch, CNC. *Prescriptions for Nutritional Healing.* (Garden City Park, NY: Avery Publishing Group, 1990), 155.

17. Pitchford, Paul. *Healing with Whole Foods.* (Berkeley, CA: North Atlantic Press, 1993).

18. Kaptchuk, Ted., OMD. *The Web That Has No Weaver.* (New York: Congdon & Weed, 1983), 222.

CAPÍTULO DEZESSETE

Os Rins e Bexiga:
O Elemento Água

O JING DÁ ORIGEM AO YIN E YANG do corpo. Como o Rim é o armazém do Jing, ele age como as raízes de uma árvore carregando água e nutrientes para o interior do corpo e filtrando as toxinas para fora. Ele auxilia os Pulmões na extração da umidade do ar e o Baço/Pâncreas na extração da Essência dos alimentos.

Os rins ajudam o corpo a se desenvolver e amadurecer. Na Medicina Tradicional Chinesa, é o Rim que nos dá a moldura de nosso esqueleto e é dito governar os ossos.

Assim que os ossos são formados, eles passam por uma remodelagem constante durante a vida. Os Rins direcionam a medula óssea e a camada externa de osso chamada de córtex. Quando o Jing é fraco de nascença, o animal pode ser o mais fraco da ninhada. Ele pode ter ossos malformados como o cotovelo desarticulado ou quadris que desenvolvem displasia. Um animal com o Jing do Rim fraco pode ser destinado a desenvolver problemas dentais, artrite ou osteoporose no dorso e membros, à medida que vai envelhecendo.

Além de direcionar e filtrar os fluidos, os rins são conhecidos por "aquecer o baixo ventre". O baixo ventre fica entre as vértebras e a pelve e está associado à reprodução. O aspecto aquecedor é conhecido como **Yang do Rim**.

Os rins direcionam o fluxo de água através do corpo em um nível celular, mantendo o fluido necessário para a existência e filtrando as toxinas para fora através da Bexiga. Os Rins e a Bexiga formam o **elemento Água** do corpo. Para manter o equilíbrio adequado do fluxo de água, o Yin e o Yang correspondentes do Rim devem estar presentes. Se não houver Yin do Rim suficiente, o corpo se enruga como uma ameixa seca. Se não houver Yang do Rim suficiente, o corpo incha como uma melancia muito madura.

AS ASSOCIAÇÕES DO ELEMENTO ÁGUA

Na Medicina Tradicional Chinesa, o elemento Água do Rim e Bexiga está relacionado com a direção norte e estação do inverno.

Muitos animais adoecem durante o inverno ou em um clima frio. Eles pegam resfriados ou desenvolvem infecções na Bexiga. Essas infecções de Bexiga podem se desenvolver porque o animal evita sair para urinar quando o tempo está frio e úmido, então, ele segura a urina por muito tempo, irritando a parede da Bexiga. Como o Rim é a raiz do Qi, ele influencia na maneira em que o sistema imunológico responde à agressão. Na verdade, é dito que o Rim forte leva a um sistema imunológico forte.

O sabor relacionado ao Rim é o **salgado**. É dito que se você comer muito sal, você enfraquece o Rim. A maioria das rações comerciais secas para animais é muito salgada e, em parte, é por isso que os animais gostam tanto.

O odor do Rim em desequilíbrio é **pútrido**. Aqueles que tiveram oportunidade de estar perto de uma pessoa ou animal com falha renal classificariam esse odor como de matéria em decomposição.

O som do Rim é o **gemido** e os animais com artrite podem gemer quando se levantam ou deitam.

De acordo com o relógio circadiano, a Bexiga é mais ativa das 15h00 às 17h00 e o Rim é mais ativo das 17h00 às 19h00. Problemas nessas horas do dia podem estar relacionados a um desequilíbrio do elemento Água.

O órgão do sentido afiliado ao Rim é o **ouvido**. Os animais com problemas no Rim, geralmente, desenvolvem sensibilidade ao barulho. Podem se esconder no armário ou debaixo das camas para se manterem distantes das influências externas.

A emoção associada ao Rim é o **medo**. O medo gasta a lubrificação do corpo. Pense em "suar balas" (NT: menção à música Sweating Bullets da banda Megadeth) ou segurar sua respiração com medo. Pense em correr e ficar ofegante quando está assustado ou "molhar as calças" de medo. O medo está relacionado ao Rim e ao elemento Água.

O YIN DO RIM:
COMO MANTER O CORPO ESFRIADO, CALMO, RECOLHIDO E ÚMIDO

Assim que o Yin surge da **Essência Jing**, os rins controlam esses fluidos Yin básicos do corpo. Os fluidos Yin sustentam a vida umedecendo, acalmando e resfriando. O Yin do Rim é responsável pelo material e tecido para processar a urina. Quando o Yin é deficiente, o corpo fica seco, agitado e, facilmente, superaquecido. Quando o Yin desaparece completamente, os rins não funcionam mais, e a morte chega.

◆ Umedecimento

O Rim ajuda a manter a saliva úmida, as fezes lubrificadas, as glândulas sudoríferas trabalhando e a urina sendo formada na Bexiga. Isso significa que os sintomas de boca seca levando à sede, fezes secas levando à constipação, ou pele seca levando à rachadura são sinais de **Deficiência de Yin do Rim.** Como os pulmões alimentam o Rim no Sistema dos Cinco Elementos, um Rim seco pode tomar emprestada umidade dos pulmões, criando tosse seca. Se houver insuficiência de fluidos para encher a Bexiga, a urina superconcentrada pode escaldar e irritar o sistema, e o animal pode ter dificuldade para urinar ou ficar com a urina escassa e vermelha de sangue.

No Sistema de Controle dos Cinco Elementos, o elemento Terra do Baço/Pâncreas e Estômago mantém o Rim sob controle. Se o Yin do Rim estiver fraco, o Estômago sobrecarrega o Rim, criando secura, calor e vômito de alimento ou bile. Se ficar sem tratamento, pode haver formação de úlceras.

O Yin do Rim também mantém o sangue forte, porque o sangue é feito de células e fluido plasma Yin. Os três órgãos do corpo responsáveis pela produção do sangue são: Rim, Baço/Pâncreas e Fígado. Quando surge um problema em que não há células vermelhas ou brancas suficientes, o Rim está envolvido. Isso, também, significa que as células anormais do sangue relacionadas a doenças auto-imunes ou câncer no sangue envolvem os Rins.

◆ O Sistema de Resfriamento

Através de sua regulação de Água, os Rins agem como condicionadores de ar para moderar a temperatura do corpo e prevenir o superaquecimento. A regulação térmica é também governada pelo Triplo Aquecedor, que trabalha com os Rins para ajustar as temperaturas internas do corpo. Um indivíduo que se aquece facilmente está tendo problemas com o sistema Yin de resfriamento do corpo. Um animal que fica ofegante quando a temperatura ambiente sobe acima de 18 graus Celsius, ou que procura sombra constantemente, está chamando a atenção para os Rins. O superaquecimento, também, pode levar a pele a ficar quente, irritada, que fica seca e vermelha.

◆ O Sistema Calmante

A umidade mantém os órgãos devidamente lubrificados. Se os níveis de fluidos estão baixos, os órgãos ficam apertados e constritos. Se a mente ou espírito é deficiente de Yin, o indivíduo pode ficar agitado, inquieto e medroso. Na Medicina Tradicional Chinesa, o espírito, sensação de bem-estar e comportamento equilibrado são governados pelo shen, o qual é regido pelo Coração e Pericárdio.

O Coração e o Pericárdio são mantidos em controle pelos Rins. Então, se eles estão fracos, o shen desequilibrado pode causar medo excessivo, timidez, necessidade de se esconder e sonhos ruins.

◆ Um Caso de Yin Reduzido

Jody é cadela mestiça de três anos de idade que foi trazida a mim porque sua pele estava constantemente pruriginosa. Era uma cadela da Califórnia que fazia exercícios regularmente e era alimentada com uma dieta natural e hipoalergênica. Mesmo assim, Jody continuava a se coçar.

Jody adorava correr com seu dono no início fresco das noites. Mas passou a ficar constrangida porque tinha que ficar parando para se coçar. Esse problema irritante iniciou-se no outono anterior, e imaginou-se que ela tinha pulgas. Mas a coceira continuava mesmo quando o clima se tornou mais frio. A Califórnia estava em meados de uma seca e assim como aquela terra, a pele de Jody estava muito seca, descamante e áspera. Quando se coçava, o local ficava vermelho. Da mesma forma, as orelhas de Jody eram quentes ao toque, e sua boca era muito seca.

Desde sua infância, Jody era muito agitada perto dos outros cães. Isso pode ter ocorrido porque ela era a mais fraca da ninhada, e seus irmãos mais fortes e maiores pisavam nela para se alimentarem do leite da mãe. Uma vez ela saiu em disparada para o meio da rua para fugir de um caminhão que engasgara. Por sorte, o carro que estava vindo freou sem atingi-la. Agora Jody se curva quando vê ou ouve caminhões passar.

Mais recentemente, seus donos disseram que Jody fica nervosa quando a noite se aproxima. Ela detesta o escuro e reage como se ela visse criaturas assustadoras atrás de cada móvel e por todo canto.

Quando examinei Jody, ela estava muito sensível ao meu toque e sua cabeça e seus coxins das patas estavam quentes. Os coxins estavam secos e a pele em volta deles estava ligeiramente avermelhada. Ela era uma cadela amigável, mas eu sabia que deveria me aproximar gentilmente, pois ela poderia me morder ou tentar fugir. Quando senti seu pulso, na parte interna de sua pata traseira, estava muito rápido e em forma de cordão. Jody aparentava estar aterrorizada e estava bastante ofegante. Pude ver que sua língua estava vermelha-escura, com muito pouca saliva ou revestimento.

Quando questionei sua dona, ela me disse que Jody teve uma leve infecção de Bexiga no final do verão. Não havia cristais, a urina tinha muito pouco sangue e estava muito concentrada e escassa. A quantidade de urina parecia estranha, pois Jody bebia grandes quantidades de água.

Jody mostrava sinais de Yin do Rim Deficiente. O fato de ser um cão jovem, que havia sido o mais fraco da ninhada, indicava um Jing do Rim fraco que não podia nutrir o Yin.

Seu ambiente externo era anormalmente seco por causa da seca climática, fazendo com que o ar seco que ela respirava privasse os pulmões da umidade. A ração seca que ela comia falhava ao suprir o Baço ou Estômago com fluidos para digestão. Quando os estoques de Yin se tornam baixos, cria-se um calor relativo ou falso dentro do corpo, que não permite o indivíduo se esfriar. Então, ela se supera-quece. Após uma temporada de calor de verão, o fluido interno insuficiente foi ainda mais estressado, levando a uma infecção de Bexiga com urina escassa que a irritou.

Apesar de Jody ter se recuperado da infecção de Bexiga com o auxílio de antibióticos, ela permaneceu com uma secura que continuava a afetar sua pele. Isso a deixava com prurido, secura e vermelhidão. Em humanos, o falso calor causa rubor facial e as solas dos pés e as palmas das mãos tornam-se quentes e vermelhas. Jody mostrava isso com as patas secas, vermelhas e sensíveis, e uma cabeça que era quente e sensível ao toque.

A Deficiência de Yin também afetava sua disposição, levando ao aumento dos medos e inseguranças. A língua vermelha, pequena e o pulso rápido também indicavam esse quadro, pois não havia fluidos suficientes para manter a língua rosada e úmida e, também, para preencher as artérias.

Se fosse deixada sem tratamento, Jody poderia desenvolver mais infecções de Bexiga e, eventualmente, um problema renal.

♦ Sinais de Deficiência de Yin do Rim

- Sede
- Boca seca
- Constipação
- Vômito de alimento
- Tosse seca
- Pele seca e quente
- Superaquecimento fácil

◆ Tratamento

O objetivo do tratamento da Deficiência de Yin do Rim é restaurar a umidade nos Rins ou órgãos relacionados no Sistema dos Cinco Elementos. O tratamento feito com antecedência fortalece os Rins e ajuda a prevenir falha renal mais tarde.

◆ Acupressão

O tratamento pode ser feito tão freqüentemente seja necessário para fortalecer os órgãos, dependendo da severidade dos sintomas.

Rim (R) 3. Conhecido como "Grande Riacho", esse ponto é usado para fortalecer o Yin do Rim e regular sua energia. É benéfico para sede, dor e fraqueza lombar, infecções no trato urinário com urina escassa, tosse seca, constipação, pele seca, pruriginosa e quente, anemia, insegurança, intolerância ao barulho e ao calor.
Localização: Veja página 245. Segure o ponto por 30 segundos.

Baço (BP) 6. Conhecido como "Encontro dos Três Yin", esse ponto fortalece o Yin e sangue do Baço, Rim e Fígado. É benéfico para sede, constipação, pele seca, pruriginosa e quente, anemia, insegurança, intolerância ao calor e ao barulho.
Localização: Veja página 208. Segure o ponto ou massageie em movimento curto para cima e para baixo no espaço entre o tendão de Aquiles e o osso.

Vaso Concepção (VC) 12. Conhecido como "Cavidade do Meio", esse é o ponto de alarme do Estômago. É benéfico para sede, vômito, constipação, digestão e perda de peso.
Localização: Veja página 290. Segure o ponto por 10 a 15 segundos.

Bexiga (B) 23. Conhecido como "Ponto do Rim", esse é o ponto de associação do Rim e é usado para equilibrar o órgão.
Localização: Veja página 246. Segure o ponto.

◆ Tratamento com Fitoterapia

Liu Wei Di Huang Wan.[1] Essa é uma fórmula clássica de Rim que também ajuda a fortalecer o sangue e Yin do Fígado e do Baço. É benéfica para sede, constipação, dor lombar, face, pele e pés quentes e com prurido, perda de peso, insegurança e agitação. Contém Rehmannia para nutrir o Yin e o sangue, Cornus para nutrir o Yin do Rim e do Fígado, Dioscorea para ajudar o Qi, Poria cocos para promover a micção, Alisma para eliminar o falso calor e Peônia para eliminar calor em geral.

Dosagem: gatos/cães pequenos: 1 a 2 pílulas, 2 vezes ao dia

cães médios: 3 a 4 pílulas, 2 vezes ao dia

cães grandes: 6 pílulas, 2 vezes ao dia

Camomila. Essa erva ocidental resfria e acalma o Estômago e é benéfica para condições que afetam o Estômago e Rim, resultando em vômito de alimento ou bile. Faça um chá forte, infundindo 1/2 a 1 colher de chá das flores em 1 xícara com água fervente por 30 minutos.

Dosagem: gatos/cães pequenos: 10 gotas, 1 ou 2 vezes por dia

cães médios: 20 gotas, 1 ou 2 vezes por dia

cães grandes: 30 gotas, 2 vezes ao dia

Alfafa. Essa erva ocidental é tônica para o sangue, Yin e Qi. É benéfica para pele seca, secura generalizada, hiperacidez do Estômago e úlceras. Use como erva em pó ou suplemento alimentar.

Dosagem: gatos/cães pequenos: 1/4 colher de chá, 1 ou 2 vezes ao dia

cães médios: 1/2 colher de chá, 1 ou 2 vezes ao dia

cães grandes: 2/3 a 3/4 colher de chá, 1 ou 2 vezes ao dia

◆ Suplementos Nutricionais

Vitamina C, como ascorbato de sódio. Se houver ulcerações no Estômago ou tendência a vômito, a vitamina pode não ser bem tolerada. A diarréia é o fator limitante.

gatos/cães pequenos: 125 mg, 2 vezes ao dia

cães médios/grandes: até 500 mg, 2 vezes ao dia

Complexo B: em 30 mg a 50 mg, dependendo do tamanho do animal.

Vitamina E: gatos/cães pequenos: 50 UI, em dias alternados

cães médios/grandes: 100 UI a 400 UI diariamente

Enzimas de Papaia para auxiliar a digestão, na medida de 1/3 a 1/2 da dosagem humana.

Traços Minerais, como **Kelp** ou outra alga marinha em pó.

gatos/cães pequenos: 1/8 colher de chá

cães médios/grandes: 1/2 colher de chá

Óleo de Milho, prensado a frio:

gatos/cães pequenos: 2 a 3 colheres de chá, diariamente

cães médios: 2 colheres de sopa, diariamente

cães grandes: 3 colheres de sopa, diariamente

Se houver desenvolvimento de espasmos musculares, adicione suplemento de potássio, como **Cloreto de Potássio.**

gatos/cães pequenos: 1/8 colher de chá, diariamente

cães médios: 1/6 colher de chá, diariamente

cães grandes: 1/4 colher de chá, diariamente

♦ Recomendações Dietéticas

Como a Deficiência do Yin do Rim causa secura e Calor devido à escassez de fluidos, alimentos que esfriam e umedecem são benéficos. Esses alimentos também são calmantes para o indivíduo. Alimentos Yin são, geralmente, vegetais e cereais, com proteína de carne sendo mais aquecedora, mas fornecendo substância Yin. Escolha cereais como: trigo integral, painço, polenta e arroz integral. Ervilhas são associadas ao Rim, assim como outros legumes, então, escolha lentilhas, feijão-azuqui, feijões ou ervilhas. Vegetais como batatas-doces, espinafre, aspargo, beterraba e aipo são benéficos. Como proteína animal, escolha coelho ou porco, ovos, laticínios de baixo teor de gordura e peixe como cavalo, sardinha, marisco ou bacalhau. Evite alimentos que aquecem como camarão, salmão, frango ou ovelha.

O YANG DO RIM E O FOGO DO BAIXO VENTRE

Como parte do Jing renal, o Rim é guardião do Fogo profundo do corpo. Esse Fogo profundo reside no baixo ventre e é conhecido como o **Ming men** ou **Portal do Fogo da Vida**. O ming men abastece as habilidades reprodutivas do indivíduo, a libido, o Qi geral e atitude de iniciativa.

Como ocidentais, às vezes, é difícil compreendermos que existe uma função "Yang" atribuída a algum órgão. Vemos um órgão por sua estrutura física. Tem certa aparência e executa certas funções. Na MTC, entretanto, os papéis dos órgãos de acordo com os meridianos e as relações funcionais entre os sistemas de órgãos são mais complicadas e inter-relacionadas. O Yang é aquecedor e ativador, e muito, intimamente, relacionado ao Qi. O Yang do Rim ajuda a aquecer as partes internas do corpo. É o sistema de órgão mais ativo durante o inverno, e atua como termo regulador do corpo. Assim como a função do Yin do Rim é nos resfriar, é função do Yang do Rim nos aquecer.

Se o Yang do Rim é deficiente, ele permite que a friagem penetre no interior do corpo em direção aos ossos. Isso resulta em lentidão no movimento e na digestão, com acúmulo excessivo de água.

♦ O Papel do Yang do Rim em Aquecer o Corpo

Para aquecer o corpo, a água do Rim precisa ser aquecida ou "vaporizada". O Portal do Fogo da Vida realiza essa função gerando Fogo abaixo da cintura e o vaporiza para cima, criando uma neblina. À medida que o vapor sobe em direção ao peito, através do abdômen, ele ajuda a estimular os sucos digestivos do Estômago e Baço/Pâncreas e o Qi dos pulmões.

Se a neblina não atingir os pulmões porque falta calor para que seja gerada, a água pode ficar presa no peito ou abdômen, causando respiração congesta e úmida. Quando a neblina se transforma em água fria no abdômen, pode causar vômito de água, timpanismo abdominal, diarréia e dor. O animal não terá sede, pois já existe muita água em seu sistema. Ele sentirá frio o tempo todo e desejará ser coberto ou ficar próximo a uma fonte aquecedora.

A lentidão geral também afetará a atividade de todo o corpo, incluindo os ossos. Os ossos da região lombar e das extremidades são excepcionalmente vulneráveis ao Yang do Rim enfraquecido. Se o Yang do Rim não estiver ativo, o fluido na medula óssea e ao redor das articulações pode se tornar estagnante, deixando apenas algumas áreas lubrificadas. Quando há estagnação, pode haver dor e áreas de calcificação atípicas. Podem-se desenvolver problemas de disco, artrite e formação óssea.

A ausência do Fogo do Yang do Rim diminuirá o desejo sexual tanto nas fêmeas quanto nos machos. Nos machos pode levar à ejaculação problemática, falta de esperma ou falta de interesse. Nas fêmeas pode levar à diminuição dos ciclos nos ovários, falta de interesse ou problemas para engravidar. No sistema reprodutor feminino, é o Rim e o Baço/Pâncreas que iniciam o ciclo do cio, deixando os tecidos e os hormônios prontos para trabalharem adequadamente. Se o Yang do Rim for fraco, o ciclo não alcançará o estágio de prontidão.

Os hormônios de uma maneira geral, incluindo os das glândulas adrenais e tireóide, são afetados pelo Yang do Rim e pelo Triplo Aquecedor. (Veja o Capítulo Vinte e Um, página 445).

A falta do Yang do Rim também pode levar a gotejamento de urina e incontinência que piora no clima frio e chuvoso e durante a noite. Devido a falta do Yang do Rim, o trato urinário, em geral, é frio. Isso torna o animal incapaz de concentrar sua urina adequadamente, fazendo com que ele urine freqüentemente.

◆ Sexo e um Disco

Fernando é um Dachsund, macho, de cinco anos de idade, cão de exposição vencedor de prêmios e que deu origem a muitos filhos e filhas campeões. Quando Fernando foi trazido a mim, ele estava com dor severa na coluna. Seu dono estava preocupado já que Fernando poderia ter ruptura em um disco. Ele teve problema de disco no inverno anterior. Ele se moveu de forma errada e, de repente, ficou difícil para que ele andasse. Descanso, relaxantes musculares e esteróides fizeram com que ele superasse o incidente. Um raio-x mostrou uma lesão de "disco calcificado" no meio de sua coluna.

Após recuperar-se da lesão inicial, Fernando andava de forma enrijecida. Sua coluna parecia estar boa, mas na parte posterior de seu corpo faltava flexibilidade. Fernando perdeu interesse em cortejar as fêmeas, possivelmente, porque ele estava com medo de lesionar sua coluna novamente. Em qualquer eventualidade, ele começou a perder seu desejo de reproduzir. Na verdade, ele havia perdido interesse em muitas coisas, como comer e brincar. Ele sentia frio na maior parte do tempo e preferia ficar deitado no sol sempre que possível. Às vezes, quando ele urinava, saía apenas uma pequena quantidade, não muito mais do que gotas e, às vezes, ele tinha que se levantar a noite para urinar. Isso nunca havia acontecido antes da lesão na coluna.

Em um dia muito úmido, Fernando foi obrigado a copular com uma jovem Dachsund. Ele havia apenas começado a montar nela quando de repente fez um movimento errado. Ele parou e não queria se mover novamente. Finalmente, não sendo capaz de segurar a posição em suas patas traseiras, ele distanciou-se cautelosamente e se deitou. Aterrorizado, seu dono correu com ele para o veterinário.

Os raios-x foram inconclusos e ele foi medicado com esteróides para reduzir a inflamação. Quando examinei Fernando, dois dias depois, havia inflamação e tensão sobre a área lombar. Toda a sua coluna estava contraída com dor. Seus pés estavam frios. Sua língua estava pálida e o pulso nas patas traseiras estava lento e profundo. Podia-se ouvir sua barriga fazendo barulhos, e seu dono disse que ele estava com fezes soltas naquela manhã.

Claramente, Fernando tinha problema de Yang do Rim fraco. Como ele havia sido usado como reprodutor, é possível que o Fogo do Rim tenha sido reduzido devido ao excesso de atividade sexual. Isso pode acontecer em humanos, mas nunca havia visto isso em um cão antes.

A fraqueza do Yang do Rim afetou a coluna, levando à estagnação, inflamação e, finalmente, a problema de disco. Após a lesão no disco, o Yang do Rim continuou a diminuir e a estagnar. Isso levou a outros sinais de Yang de Fígado como frio, perda de apetite e libido e micção fraca. Quando existe uma deficiência de aquecimento, o pulso perde o Fogo para que possa bater mais fortemente. A língua de um indivíduo, assim, pode estar pálida com revestimento branco. Estará muito úmida, tendo até mesmo algumas bolhas em torno das gengivas, indicando falta do Rim de ter habilidade de produzir vapor.

Fernando recebeu acupuntura e ervas para eliminar a estagnação e reduzir a inflamação. Também foi feito um plano de massagem para regular o Yang do Rim, com a esperança de que lesões futuras fossem prevenidas.

Sinais de Deficiência de Yang do Rim

- Intolerância ao frio
- Micção freqüente e a noite
- Perda da libido
- Desequilíbrios hormonais
- Artrite
- Rigidez nas articulações
- Problemas de disco

◆ Tratamento das Desordens do Yang do Rim

O objetivo do tratamento é aquecer os Rins e prevenir possível falha renal, pois tanto o Yin e Yang do Rim estão envolvidos nos últimos estágios das desordens dos rins.

◆ Acupressão

Vaso Governador (VG) 4. Conhecido como "Portal do Fogo da Vida", esse ponto aquece o Yang do Rim e ativa a circulação ao longo da coluna. É benéfico em fraquezas na região posterior, rigidez nos membros posteriores, urina em gotas e incontinência devido à deficiência do Yang do Rim.

Localização: Veja página 217. Use movimentos pequenos para frente e para trás no ponto.

Bexiga (B) 23. Conhecido como "Ponto do Rim", esse é o ponto de associação do Rim e é usado para equilibrar o órgão. Pode ser usado para aquecer o Rim, incontinência, retenção na Bexiga com quantidade de urina pequena e freqüente, fraqueza e rigidez na coluna e nos membros posteriores.

Localização e Técnica: Veja página 246.

Vaso Concepção (VC) 4. Conhecido como "Passagem Original", esse ponto estabiliza os rins, regula o Qi e restaura o Yang do Rim. É benéfico em incontinência, pouca quantidade de urina, diarréia, infertilidade, perda da libido, perda de esperma e ciclo ovariano irregular.

Localização e Técnica: Veja página 313. Em cães machos, o pênis precisa ser movido lateralmente para fora da linha média para tratar esse ponto.

Massagem geral ao longo do meridiano do Vaso Concepção abaixo do umbigo até a pelve é muito benéfica. Use manobras para cima do osso da pelve até o umbigo, para direcionar o fluxo do Yang e Qi para cima.

Estômago (E) 36. Conhecido como "Três Distâncias dos Pés", esse ponto tonifica o Qi, especialmente, na parte posterior do corpo. O Qi ajuda o Yang e é benéfico nas desordens digestivas, timpanismo abdominal e frio.

Localização: Veja página 280. Use movimentos circulares por 15 minutos.

♦ Tratamento com Fitoterapia

Moxa. A moxabustão é uma técnica de queimar uma erva chamada artemísia, ou artemisia vulgaris, próximo aos músculos, articulações ou pontos de acupuntura específicos. É empacotada tanto seca e solta, como enrolada em rolos compridos semelhantes a charutos. Os rolos normalmente têm duas coberturas de papel. Descasca-se a camada externa cerca de 2,5 cm do topo do bastão, expondo a camada debaixo. Acenda uma ponta, como um charuto, e sopre até que acenda. Depois de acesa, pratique em você mesmo segurando o bastão de moxa próximo, mas não tocando a pele, de sua mão livre. Sinta a intensidade do calor. Esse bastão de calor, segurado próximo a um ponto de acupuntura, trata o ponto com aquecimento. Para apagar o bastão de moxa, enterre a ponta acesa no solo, ou use uma superfície de alumínio no final do bastão. A moxa ajuda a aquecer e a ativar a circulação e a aliviar a dor.

A técnica que utilizo nos animais é segurar o bastão aceso em uma mão. Então, coloco minha outra mão no animal sobre a área a ser tratada. Movo o bastão sobre o pêlo do animal e sobre as pontas dos meus dedos. Dessa forma, posso ter idéia do tanto que a área se torna quente e assim prevenir o chamuscamento do pêlo. Normalmente, trato o ponto aquecendo-o com moxa por 10 a 15 segundos. Animais que têm frio, normalmente, gostam desse tratamento. Alguns não gostam e, como cada animal é um indivíduo, descontinue o tratamento se o animal mostrar-se com medo ou desconfortável. E, é claro, tenha cuidado para não queimar a pele ou o pêlo.

A moxa é especialmente boa para rigidez que piora com o frio. O tratamento pode ser feito ao longo de ambos os lados da coluna, sobre o meridiano da Bexiga, ou no meridiano do Vaso Concepção para aquecer o abdômen.

Os pontos seguintes respondem bem ao tratamento com moxa: **Estômago 36, Baço 6** e **Vaso Governador 4,** junto com os meridianos da **Bexiga** e **Vaso Concepção.**

Golden Book Tea.[2] Essa fórmula usa a fórmula de Yin do Rim de Liu Wei Di Huang Wan, com a adição de ervas de canela e Acônito processado e atóxico para aquecer o Rim. É benéfica nas disfunções sexuais como desejo diminuído e infertilidade, também, em micção freqüente e copiosa que piora no frio e a noite, dor lombar e fraqueza nas patas traseiras, distensão abdominal e asma que piora no clima frio.

Dosagem: é a mesma listada para Liu Wei Di Huang Wan, veja página 362.

Cenoura Selvagem.[3] A cabeça, flores e partes superiores são usadas para problemas urinários, enquanto a raiz ajuda a restaurar os órgãos sexuais, particularmente, em casos de infertilidade e libido diminuída.

369

Essa erva não deve ser dada a animais gestantes, pois causará um aumento nas contrações uterinas.

Use tintura misturando 5 a 10 gotas em 30 ml de água destilada.

Dosagem: gatos/cães pequenos: 1 conta-gotas, 1 ou 2 vezes ao dia

cães médios: 2 conta-gotas, 1 ou 2 vezes ao dia

cães grandes: 3 conta-gotas, 1 ou 2 vezes ao dia

Para problemas de disco, veja Capítulo Dezenove, páginas 414-417.

Para distúrbios digestivos, em problemas precoces de Yang do Rim e do Baço, veja Capítulo Dezesseis, páginas 333-334, 338-340, 345-347.

♦ Suplementos Nutricionais

Como essa é uma condição de frio, vitaminas C e B podem aumentar a tendência ao frio e fezes soltas. Use dosagens mais baixas do que as listadas para condições de Yin deficiente nas páginas 362-363.

♦ Recomendações Dietéticas

Alimentos quentes e neutros para ajudar a nutrir o Baço/Pâncreas beneficiarão no equilíbrio e aquecimento do Yang do Rim. Escolha cereais como arroz branco basmati, arroz integral, aveia, cevada e milho. Escolha vegetais como cenoura, abobrinha, couve e vagem. Para proteína animal, escolha frango, salmão, fígado, cordeiro, veado e coelho.

PROBLEMA RENAL CRÔNICO OU FALHA DO RIM

Essa é uma condição onde muito da substância e função do Rim foi danificada. O Yin, Yang e sangue do Rim são afetados. Essa condição é de risco à vida. Os sintomas do animal podem incluir os sinais Yin de extrema sede, constipação, superaquecimento, fraqueza, perda de peso, perambulação, e língua vermelha e seca. Os sinais Yang podem incluir micção freqüente, diarréia, fadiga, vômito e frio. A anemia ou diminuição das células brancas é sintoma de Deficiência de sangue do Rim, Baço e Fígado.

Quando o paciente não bebe mais água nem urina, a situação é crítica, pois os rins se fecharam e as toxinas se acumulam, envenenando o corpo. O animal deve estar sob cuidados de um veterinário.

Falha renal crônica, normalmente, afeta animais mais velhos entre as idades de 12 e 20 anos em gatos, e 8 e 14 anos em cães. Entretanto, existem grupos de animais mais jovens, como certas linhagens de gatos da raça Himalaia e Siamês, que nascem com rins danificados. Esses gatos podem mostrar sinais de falha renal antes de seus primeiros anos. Esse é o funcionamento do Jing do Rim Deficiente.

Enquanto seu animal está sob cuidados de um veterinário, você pode administrar fluidos em casa para ajudar no trabalho dos rins. Em adição à fluidoterapia e em alguns casos, a terapia com antibióticos, acupressão e ervas, pode ser de grande valor para o tratamento.

◆ Tratamento de Acupressão para Problema Renal Crônico ou Falha do Rim

Existem pontos especiais para regular o equilíbrio dos Rins, do Baço e dos Pulmões. Esse tratamento foi desenvolvido na Coréia e é conhecido como "Técnica de Quatro Agulhas". Ela utiliza o Sistema dos Cinco Elementos de equilíbrio dos Ciclos de Controle e Geração. Como o Baço/Pâncreas controla o Rim, durante a falha renal, o Baço está fora de controle. Deve ser reequilibrado sedando-se certos pontos. Os Pulmões sustentam os Rins, e os pontos são escolhidos para fortalecer os Pulmões para que, em troca, os Rins se fortaleçam.

◆ Técnica Coreana das Quatro Agulhas

Baço (BP) 3. Conhecido como "Grande Branco", esse ponto é tradicionalmente utilizado para constipação ou diarréia e distensão abdominal. Também é o ponto fonte do meridiano do Baço.

Localização: Apesar de ter desacordos em relação à localização precisa desse ponto em cães e gatos, eu o encontro na porção baixa da parte interna da pata traseira, no ponto médio entre o tornozelo e os dedos. Como os animais não têm "dedões" como humanos, os inícios dos meridianos do Fígado e do Baço percorrem muito proximamente juntos. Use movimentos de escovar para baixo ao longo da parte interna da pata traseira.

Rim (R) 3. Conhecido como "Grande Riacho", esse é o ponto fonte do Rim, usado para sede, superaquecimento e vômito.

Localização: Veja página 245. Segure esse ponto.

Pulmão (P) 8. Conhecido como "Passagem do Qi do Canal", esse ponto é usado para bronquite, asma e problemas de respiração. Também ajuda a diminuir a sede e é um ponto de fortalecimento para os fluidos do Pulmão.

Localização: No lado debaixo do punho da pata dianteira. Flexione o punho. O ponto está na dobra da margem interna do osso longo, o rádio. Use movimentos circulares pequenos.

Rim (R) 7. Conhecido como "Esconder e Permanaecer", esse ponto fortalece o relacionamento entre os pulmões e o Rim, dessa forma fortalecendo o Rim. É usado para distensão abdominal, infecções de Bexiga, dor nas costas, pernas fracas e excesso de calor, pois regula o Qi do Rim.

Localização: Na parte interna da pata traseira, na borda do tendão de Aquiles, logo abaixo onde se inicia a barriga do músculo e o tendão. Segure o ponto.

Esses 4 pontos são, normalmente, usados juntos em um único tratamento, duas vezes na semana, para fortalecer os rins. Após 8 sessões, outros pontos podem ser escolhidos dentro daqueles listados para Yin e Yang do Rim, veja páginas 361, 367.

DOENÇA RENAL COM VÔMITO

Vaso Concepção (VC) 12.
Localização e Técnica: Veja página 290.

Estômago (E) 36.

Localização e Técnica: Veja página 280.

Bexiga (B) 20.

Localização e Técnica: Veja página 263.

◆ Estimulantes de Apetite

Estômago (E) 36.

Localização e Técnica: Veja página 280.

Rim (R) 3.

Localização e Técnica: Veja página 245.

Vaso Concepção (VC) 12.

Localização e Técnica: Veja página 290.

◆ Tratamento com Fitoterapia

As ervas são benéficas para restaurar o fluxo sanguíneo, promover micção, diminuir toxinas, abaixar pressão sanguínea, repor potássio que é perdido quando o Fígado está sobrecarregado. Se o animal está vomitando, pode-se não conseguir administrar as ervas até que o vômito esteja sob controle. As ervas são escolhidas de acordo com os sintomas mais prevalentes. Se não houver vômito, a fórmula básica de Rim Liu Wei Di Huang Wan pode ser iniciada. Veja página 362 para dosagem.

Variações dessa fórmula como **Chih Pai Di Huang Wan,**[4] pode ser usada se houver sede extrema, insônia, pressão alta, pele seca, incluindo das patas, e irritabilidade nervosa. Essa fórmula adiciona as ervas Anemarrhena e Phellodendron que eliminam falso Calor.

◆ Suplementos Nutricionais

Enzimas que auxiliam a digestão podem ser benéficas para absorção dos nutrientes.

Co-enzima Q 10, que ajuda na oxigenação, é benéfica para energia, respiração, redução da pressão sanguínea e eliminação de toxinas.

> gatos/cães pequenos: 10 mg
>
> cães maiores: 50 mg

Óleo de Fígado de Bacalhau supre vitaminas A e D que são necessárias para ajudar a remodelação óssea.

Cuidados devem ser tomados com a **Vitamina E**, pois pode aumentar a pressão sanguínea.

Escolha dos suplementos nutricionais listados para deficiência do Yin do Rim, veja páginas 362, 363.

◆ Recomendações Dietéticas

Guias ocidentais de dieta incluem restrição de proteína e fósforo. A Medicina Tradicional Chinesa procura mais por qualidade do alimento do que por ingestão de proteína mineral ou caloria. Alimentos que umedecem e resfriam são usados para problemas de Yin do Rim, conforme listado anteriormente. Alimentos que aquecem ou neutralizam podem ser usados para ajudar na digestão.

As recomendações seguintes podem ser usadas como dietas para suplementar as fórmulas veterinárias ou podem ser usadas sozinhas.

◆ Dieta Renal para Cães

Carne de porco sem gordura ou carne branca de frango cozida em sopa mais um ovo cozido duro: 10% a 15%

Feijão ou lentilha (volume cozido): 10%

1/2 banana amassada

Arroz branco/basmati ou integral bem cozido, cevada ou painço: 65%

Inhame, vagem, abobrinha, aspargo: 10% a 15%

Vegetais cozidos no vapor parecem mais fáceis de digerir para o paciente com deficiência renal

Óleo de milho: 1 1/2 colher de sopa, diariamente.

◆ Dieta Renal para Gatos

Carne branca de frango, moela de frango junto com 2 ovos cozidos duros, com um toque de suco de mariscos ou caldo de frango: 20%

Feijão amassado: 10%.

Arroz branco/basmati bem cozido, polenta, cevada: 60%.

Vagem, abobrinha, aspargo, couve: 10%.

Se for usada uma dieta de prescrição veterinária, é possível torná-la atrativa para o animal comer adicionando-se um ovo duro cozido umedecido com suco de mariscos, batata-doce ou inhame cozido, aspargo e a água de conserva em que ele vem mergulhado, que promove micção. Se tudo mais falhar, alimente o animal com o que ele comerá. Uma vez que ele estiver comendo, tente cortar a dieta com um terço de creme de arroz ou creme de cereal de cevada. Isso ajuda na digestão.

A BEXIGA E SEUS TUBOS

A Bexiga coleta urina dos rins através de um tubo chamado ureter. A Bexiga age como um balão que segura a urina até que seja esvaziada através de um tubo de saída chamado uretra. Quando ocorre irritação, inflamação ou infecção no sistema urinário, normalmente, há dor, uma vontade constante de urinar ou uma inabilidade de urinar.

O impulso de urinar, normalmente, coincide com a saída de pequenas quantidades de urina freqüentemente. Sangue e/ou microorganismos podem estar presentes na amostra de urina. Quando algo está bloqueando a passagem da urina quando ela sai pela uretra, como areia, cristais ou tumor, o impulso está ali, mas a urina não pode sair. Os que já tiveram gatos que sofriam com o que é chamada de SUF (Síndrome Urinária Felina) podem testemunhar a situação de risco à vida que ocorre quando a urina retorna para o corpo e as toxinas nitrogenadas não podem ser expelidas, causando envenenamento urêmico. Os que já sofreram de infecção de Bexiga pessoalmente terão simpatia pelo animal que, constantemente, vai à caixa de areia ou pedem para sair. O animal não sabe o que fazer consigo, porque a vontade de ir urinar é constante, mas não há alívio. Ele não consegue encontrar uma posição confortável, porque não há posição confortável para ele.

CISTITE ORIENTAL E OCIDENTAL

A medicina ocidental vê as infecções de Bexiga como sendo causadas tanto por bactéria quanto por dietas que criam cristais na urina que inflamam a parede da Bexiga. A condição é quase sempre tratada com antibióticos, e se a inflamação é severa, a cortisona também é usada. A dieta é, normalmente, modificada para um tipo de dieta de prescrição, criando sede e promovendo formação de urina. Muitos animais respondem favoravelmente a esse curso de tratamento, tendo apenas ataques ocasionais de inflamações urinárias, que serão mais uma vez tratadas com medicação.

Na Medicina Tradicional Chinesa, os problemas da Bexiga, normalmente, caem nas categorias de Calor ou umidade Calor. Se os patógenos estão presentes ou não, é a constituição básica do indivíduo que torna o animal vulnerável ao enfraquecimento da Bexiga.

Calor ou condições inflamatórias, normalmente, surgem de uma secura ou falta de vapor úmido oriundo de uma deficiência do Yin do Rim previamente discutida. A Deficiência de Yin do Rim leva à falta de produção de urina, pois os fluidos fabricados dentro do corpo são insuficientes. Como o Rim e a Bexiga são aqueles que controlam o Coração e o Intestino Delgado no Ciclo de Controle dos Cinco Elementos, quando o Rim é fraco, os órgãos de Fogo criam mais Calor no corpo. A urina escassa formada é altamente concentrada e quente, causando queimação no interior da parede da Bexiga ou na parede da uretra à medida que vai saindo da Bexiga. Isso pode fazer com que o animal se contraia de dor ou chore tanto no momento em que a urina está saindo e mesmo depois. Os gatos podem correr para tentar se livrarem da dor ou cavar furiosamente dentro da caixa de areia em uma tentativa de distraírem a si mesmos. Devido aos seus desconfortos extremos, eles podem ficar irritados e intolerantes com seus companheiros de casa. Se o Yin é suficientemente baixo, algum sangue pode estar presente na urina.

A Medicina Tradicional Chinesa trata essas condições mudando a dieta para alimentos refrescantes ou que nutrem o Yin, assim como usando ervas que eliminam o Fogo, restauram o Yin e a característica calma do Coração.

As situações de umidade Calor são mais severas do que as situações de Calor. Em adição aos meridianos do Rim e do Coração, quando a umidade entra em cena, o Baço e o Fígado também estão envolvidos. Uma condição de Calor resulta de uma Deficiência de fluidos ou Yin. As condições de umidade Calor, normalmente, surgem de um Yang do Rim deficiente que afeta o Baço. Como resultado, o Baço não consegue processar a umidade dos alimentos e os tecidos ficam cheios de água, causando uma sensação de peso e intumescimento. A umidade tende a afundar para a parte baixa do corpo, criando estagnação na área da Bexiga.

Quando há estagnação, o Fígado torna-se envolvido e bolsas de frio e calor podem se desenvolver devido ao bloqueio do movimento dos fluidos. Normalmente, resultam a dor e a vontade freqüente de urinar. Se o Calor se torna severo, haverá sangue na urina e será turva ou com odor desagradável. Quando a urina fica retida por longos períodos de tempo por causa da estagnação ou porque o animal não quer experienciar a dor de expeli-la, podem surgir cristais. A formação de cristal, areia ou cálculo é considerada situação de umidade Calor estagnante pela MTC.

Cristais e cálculos causam inflamações futuras, e se eles bloqueiam a uretra, a urina pode voltar para trás. Em situações de umidade Calor, normalmente, há diarréia, possivelmente com muco ou sangue. A língua é muito úmida, quase inchada, com marca de dentes ao longo de suas bordas laterais.

◆ Tratamento

O objetivo do tratamento é eliminar o Calor, secar a umidade e quebrar a estagnação. Os pacientes são mantidos em regimes dietéticos e fitoterápicos por longos períodos de tempo, primeiro tratando a Bexiga e depois os órgãos subjacentes enfraquecidos.

◆ Acupressão para as Situações de Calor

Bexiga (B) 40. Conhecido como " Comissão do Meio", esse ponto drena o Calor das partes baixas do corpo, ajuda a diminuir a inflamação na Bexiga e no cólon e ajuda a aliviar a dor lombar.

Localização: Veja página 313. Segure o ponto ou use movimentos circulares pequenos.

Fígado (F) 2. Conhecido como "Caminhar Entre", esse ponto elimina o calor do Fígado e move a estagnação. Permite o fluxo suave de Qi e sangue e é benéfico para dor na Bexiga, pênis e uretra, urina escassa e distensão abdominal.

Localização: Veja página 211. Esfregue para baixo por 10 segundos.

Bexiga (B) 23. Conhecido como "Ponto do Rim", esse é o ponto de associação do Rim e equilibra esse órgão, fornecendo umidade para a Bexiga para aliviar a dor e a secura.

Localização e Técnica: Veja página 246.

Vaso Concepção (VC) 3. Conhecido como "Pico do Meio", esse é o ponto de alarme da Bexiga, benéfico em situações de inflamação aguda.

Localização: Na linha média do abdômen inferior. Desenhe uma linha imaginária do umbigo até o osso da pelve. O VC 3 está localizado a 4/5 para baixo do umbigo.[5] Como esse é um ponto difícil de determinar, sugiro fazer uma massagem leve, circular, na metade inferior da linha média abdominal.

Uma vez que o ataque agudo tenha diminuído, continue a acupressão para fortalecer o Rim e Baço, usando pontos como:

Rim (R) 3.

Localização e Técnica: Veja página 245.

Vaso Concepção (VC) 3.

Localização e Técnica: Veja acima.

Bexiga (B) 20.

Localização e Técnica: Veja página 263.

Bexiga (B) 28. Conhecido como "Ponto da Bexiga", esse é o ponto de associação da Bexiga e equilibra esse órgão. É benéfico em todos os problemas referentes à Bexiga, inflamação dos genitais, urina escassa, diarréia ou constipação (devido à proximidade física do cólon à Bexiga) e dor lombar ou sobre o sacro.

Localização: Sobre o sacro. Existem quatro depressões que se podem sentir, duas em cada lado da linha média. Os pontos estão no segundo segmento de depressões. Use movimento curto, para frente e para trás sobre os pontos.

♦ Tratamento com Fitoterapia

Chih Pai Di Huang Wan. Essa é uma variação do Liu Wei Di Huang Wan listado na página 362, para deficiência do Yin do Rim. Essa fórmula adiciona as ervas Anamarrhena e Phellodendron para eliminar sinais de Fogo falso.

Dao Chi Pian.[6] Essa é uma fórmula para eliminar Calor e corrigir o Calor que se espalha do Coração para o Intestino Delgado, em direção à Bexiga, causando micção escassa, dolorosa e ardente. Contém ervas que eliminam Calor, Rehmannia, Akebia, Gardênia, Talco e Ruibarbo e as ervas protetoras de Qi de alcaçuz e Poria cocos.

Essa fórmula vem em pílula de mel grande. Divida essa pílula da maneira seguinte:

Dosagem: gatos/cães pequenos: 1/4 da pílula, 2 vezes ao dia

cães médios: 1/2 pílula, 2 vezes ao dia

cães grandes: 3/4 a 1 pílula, 2 vezes ao dia

Como essa é uma fórmula de eliminar Calor que pode danificar o Qi se for usada por longo tempo, use por 1 semana.

Uma combinação fitoterápica ocidental de 3 a 5 gotas de cada uma das tinturas seguintes, diluídas em 30 ml de água destilada, pode ser usada. Dê 1 a 3 conta-gotas, dependendo do tamanho do animal, 3 vezes ao dia:

Folhas de Altéia + Uva-Ursina + Cabelo de Milho

A Altéia reveste a parede da Bexiga, o cabelo de milho é tônico de Yin e leve diurético, e a Uva-Ursina elimina Calor e promove micção.

UMIDADE CALOR NA BEXIGA

Isso causa muita retenção, sangue, muco, cristais e dor.

♦ Tratamento com Acupressão

Fígado (F) 8. Conhecido como "Riacho Curvo", esse ponto alivia a umidade calor na Bexiga e relaxa os músculos. É benéfico para micção dolorosa, distensão e dor dos genitais e distensão abdominal.

Localização: Atrás da patela (joelho), logo abaixo da margem interna da dobra formada quando a perna é flexionada no joelho. Segure o ponto.

Vaso Concepção (VC) 4. Conhecido como "Passagem Original", esse ponto estabiliza os rins e regula o Qi e o Yang. É benéfico na micção dolorida com sangue, na vontade constante de urinar, diarréia e dor abdominal.

Localização: Veja página 313. Use movimento circular ou uma massagem geral na linha média do abdômen inferior.

Rim (R) 7. Conhecido como "Esconder e Permanecer", esse ponto elimina umidade calor dos rins e Bexiga. É útil para infecções no trato urinário com sangue e retenção, e no tratamento da dor lombar.

Localização e Técnica: Veja página 372.

Bexiga (B) 23. Conhecido como "Ponto do Rim", esse é o ponto de associação dos rins e é usado para reequilibrar o órgão. Também é usado para sangue na urina, sede excessiva e febre.

Localização e Técnica: Veja página 246.

APÓS A SITUAÇÃO AGUDA

O aspecto mais importante do tratamento é manter o Qi e o sangue movendo para prevenir a estagnação. Recomendo massagem ao longo da coluna, nas depressões entre os espaços intercostais e nos finais das vértebras. Inicie entre as escápulas e termine na base da cauda. Também é benéfico fazer movimentos leves para frente e para trás ou movimentos circulares pequenos da coluna para fora. Adicionalmente, massageie a parte interna das patas traseiras, abaixo do tornozelo, na depressão entre o tendão de Aquiles e o osso. Massageie a área inteira, usando movimento para cima e para baixo. Nesse espaço situa-se o **Rim 3, Baço 6, Rim 7** e **Fígado 5** (na parte mais alta do espaço). Esses pontos ajudam a manter o fluxo e o equilíbrio dos meridianos.

♦ Tratamento com Fitoterapia

Lung Tan Xie Gan Pill (Combinação de Gentiana).[7] Essa fórmula drena umidade Calor da parte baixa do corpo, e pode ser usada em situações agudas de cistite, uretrite, prostatite, vaginite e desordens pélvicas. Contém Gardênia, Gentiana e Scutellaria, para eliminar umidade Calor; Bubleuro para aliviar a estagnação do Qi do Fígado; Dang Gui e Rehmannia para fortalecer o sangue e o Yin; e Alisma, Akebia e Plantaginis para promover a micção e eliminar Calor.

> **Dosagem:** gatos/cães pequenos: 1 tablete, 3 vezes ao dia
> cães médios: 2 a 3 tabletes, 3 vezes ao dia
> cães grandes: 4 tabletes, 3 vezes ao dia

Uma combinação de ervas ocidentais das tinturas seguintes, dissolvidas em 30 ml de água e dada de 1 a 3 conta-gotas, três vezes ao dia, dependendo do tamanho do animal:

Tanchagem – 6 gotas

Agrimônia – 2 gotas

Aparine – 4 gotas

♦ **Suplementos Nutricionais**

Suco Concentrado de Uva-do-Monte (Cranberry-Vaccinum Macrocarpon)

> gatos/cães pequenos: 1/4 da dosagem humana
>
> cães grandes: dosagem humana

Vitamina E. Um antioxidante e antiinflamatório:

> gatos/cães pequenos: 50 UI, diariamente
>
> cães médios: 200 UI, diariamente
>
> cães grandes: 400 UI, diariamente

Vitamina C, como ascorbato de sódio ou ácido ascórbico, com a diarréia sendo o fator limitante.

> gatos/cães pequenos: 125 mg, 2 vezes ao dia
>
> cães médios: 250 mg, 2 vezes ao dia
>
> cães grandes: 500 mg, 2 vezes ao dia

Coenzima Q 10: gatos/cães pequenos: 10 mg diariamente

> cães maiores: 50 mg diariamente

Complexo B, de uma fonte que não seja levedura, pois a diminuição da flora intestinal pode deixar o animal suscetível a infecções por fungo. Dê 10 mg a 30 mg diariamente, dependendo do tamanho do animal.

♦ **Recomendações Dietéticas**

Pacientes individuais podem requerer dietas ligeiramente diferentes, porque vários sistemas de órgãos, normalmente, estão envolvidos com problemas de Bexiga. Em qualquer situação de calor, evite camarão, salmão, truta e veado, pois esses alimentos aumentam o calor. Tenho um caso onde um gato estava indo bem por três meses até que em uma noite ele comeu camarão e criou sangue na urina.

Cevada é um bom cereal para secura na Bexiga e nos rins. Aspargo e Aipo também são benéficos. Porco (cozido e com a gordura retirada), coelho, ovo e carne bovina são as proteínas animais mais seguras.

Em situações de umidade Calor, evite alimentos que geram umidade como tofu, laticínios e trigo processado. Ao invés deles, use arroz branco ou milho. Adicione feijão-azuqui bem cozido, batatas cozidas com a casca e abóbora.[8] Em situações de umidade Calor onde o Baço/Pâncreas está envolvido, vegetais cozidos ao invés de crus parecem ser mais bem tolerados pela maioria dos animais. Cães podem ser alimentados com menos proteína de carne, o que ajuda a diminuir a umidade, e mais cereais integrais e vegetais. Os gatos, entretanto, não se dão muito bem com quantidade muito reduzida de proteína. As melhores carnes para escolher são: carne bovina, coelho e pequenas quantidades de frango. Para animais que têm tendência à ocorrência de umidade Calor, carne de peru pode aumentar a umidade, então, evite este alimento.

CRISTAIS, AREIA E CÁLCULOS URINÁRIOS CRÔNICOS

A formação de cristais é uma combinação de umidade e estagnação. Estagnação é a palavra chave aqui, porque, para que uma pedra se forme, ela precisa de tempo para ficar em um lugar. Um indivíduo desenvolverá esse problema quando existirem desequilíbrios entre Baço/Pâncreas, Fígado e Rins. O objetivo do tratamento pela MTC é aliviar a umidade Calor e estagnação. Siga as instruções listadas para situações de umidade Calor nas páginas 380-382. Em adição aos pontos de acupressão recomendados, faça também:

Baço (BP) 9. Conhecido como "Cova da Fonte Yin", esse ponto transforma umidade estagnação. É benéfico tanto para retenção de urina quanto para incontinência, distensão abdominal e formação de cálculos.

Localização: Veja página 252. Segure o ponto.

♦ Tratamento com Fitoterapia

Algumas ervas têm sido mostradas na literatura[9] quebradoras e, em alguns casos, dissolventes de cálculos e cristais de areia. Em minha prática, acupuntura por longo tempo e acupressão parecem ser os melhores métodos.

Para cristais de fosfato triplo: Aparine, Trevo-dos-Prados, Eufrásia e Cavalinha.

Para cristais de ácido úrico: Cenoura Selvagem, Pipissewa (*Chimaphila umbellata*), raiz de Aipo, Cabelo de Milho e *Gravel Root* (*Eupatorium purpureum*).

Para uso por longo período, até dois meses, escolha de uma a três ervas, e use 1 a 3 gotas de cada em 30 ml de água destilada. Use a diluição uma vez ao dia. Se houver diarréia, descontinue a erva.

Cristais de fosfato triplo são o tipo mais comum de areia encontrado em gatos com cistite crônica. Os cristais se formam em urina com pH básico. Por isso, é importante acidificar a urina o tanto quanto possível. Isso pode ser feito com suco concentrado de mirtilo e vitamina C. A vitamina C deve ser dada na forma de rosa mosqueta, na quantidade de 500 mg duas vezes ao dia, desde que não haja diarréia. Será necessário diminuir a dose se ocorrer diarréia.

♦ Recomendações Dietéticas

Evite mariscos na alimentação, mas pequenas quantidades de bacalhau fresco são permitidas. A maior parte da dieta deve consistir em coelho, frango e moela de frango. O alho é bom para ser adicionado no alimento, pois contém um antibiótico tipo sulfa natural, assim como um fator antiestagnação. As ervas listadas na página 382, para fosfato triplo podem ser dadas uma vez ao dia durante dois meses. Se surgir diarréia ou sede aumentada, descontinue as ervas. O que é importante lembrar é que a formação de cálculo é apenas um sintoma de desequilíbrio entre os Rins, Coração, Fígado e Baço, e que esse desequilíbrio precisa ser corrigido.

MICÇÃO FREQÜENTE E INCONTINÊNCIA

Esse problema tornou-se muito comum à medida que nossos animais vivem mais tempo. É, também, mais prevalente em cães do que em gatos, e também em fêmeas. A tendência parece ter uma relação com os hormônios sexuais que suprem o trato genital.

Na Medicina Tradicional Chinesa, a micção freqüente, micção incontrolável e incontinência, normalmente, estão associadas a uma deficiência do Yang e Qi do Rim. Incontinência e micção freqüente também são uma função do Qi geral governado pelo Baço, porque é dito que o Baço mantém os órgãos e seus conteúdos em seus devidos lugares. Conforme um indivíduo vai envelhecendo, é um processo natural de o Qi tornar-se escasso.

Na Deficiência de Yang do Rim, é necessário aquecer o sangue, usando moxa, acupressão e fitoterapia conforme listado nas páginas 367-370, na seção de Deficiência de Yang do Rim.

Em outros casos, ervas que são adstringentes na ação são benéficas para manter a urina em seu devido lugar.

◆ Ervas Adstringentes

Semente de Lótus.[10] Essa erva tem qualidade adstringente, doce e neutra. É benéfica para incontinência e insônia.

Dosagem, na forma de erva em pó:

gatos e cães pequenos: 1/4 colher de chá, diariamente

cães médios: 1/4 colher de chá, diariamente

cães grandes: 1/2 colher de chá, diariamente

Schizandra.[11] Essa é uma erva chinesa que tem todos os cinco sabores e afeta todos os meridianos, especialmente do Fígado e do Coração. É benéfico para o equilíbrio entre esses órgãos para incontinência e comportamento errático. A **dosagem** é como erva em pó, a mesma para semente de Lótus listada acima.

Uva-Ursina.[12] Age como adstringente e restaurador da função do Rim. Use 3 gotas da tintura em 15 ml de água e dê 1 a 2 conta-gotas uma vez ao dia.

Notas Finais

1, 4. Fratkin, Jake. *Chinese Herbal Patent Formulas.* (Boulder, CO: Shya Publications, 1986), 208, 204.

2, 6, 7. Naeser, Margaret, PhD. *Outline Guide to Chinese Herbal Patent Medicines in Pill Form.* (Boston, MA: Boston Chinese Medicine, 1990), 299, 187, 169.

3. Wood, Matthew. Palestra sobre Fitoterapia, Indiana, 1995.

5. Yann-Ching Hwang, DVM. *Problems in Veterinary Medicine, Veterinary Acupuncture,* A. Schoen, ed. (Philadelphia, PA: J.B. Lippincott Co., Vol. 4, No. 2, March 1992), 31.

8. Pitchford, Paul. *Healing with Whole Foods.* (Berkeley, CA: North Atlantic Press, 1993), 509, 319.

9. Holmes Peter. *The Energetics of Western Herbs, Vol. II* (Boulder, CO: Artemis Press, 1989), 793.

10, 11. Tierra, Michael, CA, ND. *Planetary Herbology.* (Santa Fe, NM: Lotus Press, 1988), 343, 346.

12. Hoffman, David, BSc, MNIMH. *An Elder's Herbal.* (Rochester, VT: Healing Arts Press, 1993), 121.

CAPÍTULO DEZOITO

O Intestino Grosso:
O Elemento Metal

O INTESTINO GROSSO É O ÚLTIMO ÓRGÃO onde os nutrientes são absorvidos antes da eliminação. Um Intestino Grosso saudável passa as fezes formadas com facilidade. Um intestino delgado sem saúde tem problemas com secura, calor, umidade fora de lugar e estagnação. Na Medicina Tradicional Chinesa, o **Intestino Grosso** faz par com os **Pulmões** para formar o **elemento Metal.**

Apesar de o Intestino Grosso, ou cólon, residir no abdômen inferior, seu meridiano é encontrado na parte superior do corpo, em associação próxima ao seu par, o Pulmão.

O meridiano do Intestino Delgado inicia-se no segundo dedo e percorre para cima entre a rede do primeiro dedo, terminando nas narinas e servindo os seios nasais. Existe um ramo interno que se direciona ao cólon.

Como parte do elemento Metal, o Intestino Grosso é, particularmente, sensível à secura. Se houver um desequilíbrio, ele se move entre o elemento Metal e os elementos circundantes da **terra (Baço/ Pâncreas e Estômago), Água (Rim) e Madeira (Fígado e Vesícula Biliar).** Como um pêndulo balança entre dois extremos, constipação ou diarréia podem ocorrer.

387

O Intestino Grosso é mais ativo entre 5h00 e 7h00. Os que precisam passear com o cão cedo, nesses horários podem testemunhar isso.

DIARRÉIA E COLITE

Um indivíduo pode ter diarréia de uma infecção aguda ou acúmulo tóxico, ou um mau funcionamento do cólon, Baço/Pâncreas, Estômago, Fígado ou Rim.

Na **situação aguda** das infecções, parasitas ou toxinas, a diarréia que resulta é, normalmente, repentina e com odor desagradável. Pode haver sangue ou muco envolvido se o patógeno tiver dominado o indivíduo. O animal não gostará de ser tocado na região do abdômen. Dependendo da constituição do indivíduo e da forma que ele tende a ser quente ou frio, a invasão do patógeno pode causar vômito e febre com diarréia, em um indivíduo quente, ou depressão, e fezes aquosas e com fleuma no indivíduo frio[1], que se sente melhor em uma superfície aquecida.

Se a situação é severa, com muito fluido sendo perdido, o cuidado profissional veterinário deve ser procurado. A desidratação pode ocorrer muito rapidamente e causar complicações sérias. Na situação crônica, diarréia ou fezes soltas podem ser causadas por um Baço/Pâncreas fraco, que é incapaz de assimilar os nutrientes do alimento. As proteínas, carboidratos, gorduras e vitaminas não podem ser extraídos adequadamente. Nesses casos, o Intestino Grosso pode tentar extrair os nutrientes, mas termina eliminando fezes aquosas e cheias de partículas de alimento não digeridas. As fezes não têm mau cheiro, também não há dor durante sua passagem, mas o animal pode parecer cansado e lânguido após a eliminação.

◆ **Acupressão para Diarréia e Colite – Situações Agudas**

Intestino Grosso (IG) 11. Conhecido como "Poça Curva", esse ponto é usado para eliminar Calor, aliviar dor, inflamação e umidade, e para expelir a invasão do patógeno em uma situação aguda.

Localização e Técnica: Veja página 211.

Intestino Grosso (IG) 4. Conhecido como "Grande Vale", esse é o ponto fonte do Intestino Grosso. É usado para dispersar uma infecção aguda e estimular o sistema imunológico.

Localização: Veja página 207. Aperte com os dedos levemente ou massageie a rede entre o primeiro e segundo dedos. Se o animal não deixar, então, segure o ponto com um dedo na rede. Se o primeiro dedo tiver sido removido, segure a área onde "o vão" permanece debaixo da pele.

Baço (BP) 6. Conhecido como "Encontro dos Três Yin", esse ponto elimina calor, fortalece o Qi do Baço/Pâncreas e fornece umidade se tiver ocorrido perda de fluido devido à diarréia.

Localização e Técnica: Veja página 208.

♦ Tratamento com Fitoterapia

Ervas para situações agudas podem ser usadas por três a cinco dias. Se a condição piorar, se o animal ficar desidratado, ou se não houver resposta depois desse período de tempo, deve-se procurar assistência veterinária.

Folhas e Raiz de Altéia.[2] Essa erva ocidental, com suas penugens suaves nas folhas e raízes umectantes, esfria e hidrata a mucosa, assim como estimula a resposta imunológica. É benéfica se houver fezes com muco e sangue, com muita dor por esforço.

Dosagem, como tintura: misture 20 gotas em 30 ml de água.

gatos/cães pequenos: 1 conta-gotas, 3 vezes ao dia

cães médios: 2 conta-gotas, 3 vezes ao dia

cães grandes: 3 conta-gotas, 3 vezes ao dia

Tanchagem.[3] Essa erva ocidental empurra as toxinas e inflamação das mucosas e diminui a dor. Elimina umidade e calor e ativa o sistema imunológico. Também pode ser dada a animais que possuem episódios freqüentes, necessidade repentina de defecar com presença de dor, muco e sangue. Essa erva é benéfica na maioria dos casos severos.

É melhor quando usada como chá forte das folhas amassadas, feito fresco diariamente. As folhas secas podem ser usadas se a fresca não for disponível.

Dosagem: Use 1 colher de chá por xícara de água fervente. Esfrie e coe.

gatos/cães pequenos: 1 conta-gotas, 3 vezes ao dia

cães médios: 3 conta-gotas, 3 vezes ao dia

cães grandes: 4 conta-gotas, 3 vezes ao dia

Como tintura, use da mesma forma que a altéia.

Hidraste. Essa erva ocidental de qualidade antibiótica pode ser usada para disenteria aguda. É similar à erva chinesa Coptis, que é usada para eliminar umidade Calor. A erva Hidraste não deve ser usada por longo período, não mais de dez dias, e apenas se for necessária por todo esse tempo. Não use em animais gestantes.

Dosagem, como erva em pó em cápsula:

gatos/cães pequenos: cápsula nº 3 ou nº 2, 3 vezes ao dia

cães médios: cápsula nº 0, 3 vezes ao dia

cães grandes: cápsula nº 00, 3 vezes ao dia

Como tintura, use da mesma forma que a altéia na página 389. Se houver salivação, use 10 gotas em 30 ml de água.

Se o animal for tipo frio, sem sede, fraco e deprimido, esses são sinais que um patógeno frio está causando a diarréia. Aqui a diarréia é aquosa, com mau cheiro e sem sangue. Use de 3 a 5 gotas de cada uma das tinturas seguintes em 30 ml de água destilada. Use 1 a 3 gotas, três vezes ao dia.

Patchuli[4] + Casca de Magnólia + Funcho. A erva patchuli ajuda a expelir a infecção, enquanto Funcho e Magnólia secam a umidade do Baço e aliviam a dor. Use 1/4 de colher de chá de cada erva em pó em 1 xícara com água fervente. Dê 1 a 3 gotas três vezes ao dia.

Pill Curing.[5] Essa erva patenteada é benéfica em intoxicação alimentar, dor, vômito e diarréia. O patógeno é frio ou quente. Inclui ervas para regular o Estômago e aliviar umidade no Baço/Pâncreas.

Dosagem: gatos/cães pequenos: 1/3 do frasco, 2 vezes ao dia
cães médios: 1/2 do frasco, 2 vezes ao dia
cães grandes: 3/4 do frasco, 2 vezes ao dia

Hollywood era uma gata semi-selvagem que preferia viver do lado de fora, especialmente, durante o inverno. Sua pelagem longa a mantinha aquecida, mas durante as tempestades de inverno, ela apresentava fezes pastosas ou episódios de diarréia com alimento não digerido. Ela gostava de ter sua barriga massageada enquanto se deitava de costas, ou gostava de deitar em uma superfície dura com a barriga para baixo. Hollywood tinha uma condição de Deficiência afetando o Baço/Pâncreas e Rim. Durante o clima frio, que é particularmente difícil para o Baço e Rim, esses desequilíbrios são estressados até que, finalmente, ocorra diarréia.

Animais com condição de Deficiência sentem-se melhor com pressão e massagem, e ainda com o suporte de superfícies duras. Muitos gatos que têm esse tipo de desequilíbrio durante um longo período de tempo podem ficar magros e muito seletivos com o que vão comer. Com esse desequilíbrio de frio e umidade, eles normalmente têm uma barriga pendular e um revestimento na língua que é espesso e branco. A língua em si parece grande, com marca de dentes nas laterais.

O tipo mais dolorido de diarréia envolve o Fígado e Baço/Pâncreas. Quando o Baço/Pâncreas está enfraquecido, pode ser dominado pelo Fígado no Ciclo de Controle dos Cinco Elementos. Os distúrbios de Fígado causam estagnação da digestão e da circulação. Com a estagnação, bolsas de calor e frio podem se formar. Se o cólon é o órgão alvo, dor, intumescimento, pode resultar uma diarréia pegajosa com sensação de peso e umidade. Na medicina ocidental chamamos isso de **colite** ou **síndrome intestinal inflamatória.** Caso seja muito severa, sangue e úlceras se formarão na parede dos intestinos.

Calor, frio, estagnação e umidade causam dor e tenesmo durante a eliminação. O animal evacuará e continuará tentando, mesmo quando não há mais nada restando. Alguns gatos, realmente, gritarão de dor. Os cães, normalmente, correrão e se encurvarão. Eles são molestados pela necessidade freqüente e repentina de defecar, o que pode deixá-los chorando e arranhando a porta para serem soltos.

Quando o cólon está envolvido, pode-se ter certeza de que outras partes do sistema digestivo também estão envolvidas. É como, geralmente, digo aos meus clientes, o início e o final do trato digestivo estão ligados. A diarréia pode deprimir o apetite e, também, o espírito, então, se percebe que o animal aparenta mau humor ou depressão. Eructação ou passagem de gases excessiva também são indicadores de distúrbios intestinais.

♦ **Recomendações Dietéticas**

Durante episódios agudos de diarréia, suspenda todos os alimentos secos e sólidos. Use caldos feitos de missô ou frango ou arroz. Recomendo canja de arroz, chamada papa de arroz. Pode ser feito facilmente, cozinhando-se arroz branco na proporção de 4 partes de água para 1 parte de arroz durante várias horas, até que as partículas de arroz se desfaçam. É muito fácil de digerir. Alternadamente, batatas cozidas têm efeito calmante e antiinflamatório para o cólon. Evite alimentos crus, pois podem ser difíceis de digerir enquanto o animal está apresentando diarréia. Repositores de fluidos humanos como produtos para diarréia de bebês podem ser usados para reidratação e reposição de ferro. Use metade de dosagem de bebês para gatos e a dosagem inteira para cães. Após dois dias de sopa, pequenas quantidades de alimento sólido podem ser dadas. É melhor optar por uma dieta leve de arroz branco cozido ou batata e pequenas quantidades de frango ou ovo cozido. Adicionar enzimas e acidófilos pode ser benéfico. Aos poucos reintroduza a dieta normal do animal. Alimentos secos são mais difíceis de digerir e criam muito calor no corpo. Esses devem ser reintroduzidos por último e, apenas, quando o animal não estiver mais tendo nenhuma dor ou sintomas de diarréia.

DIARRÉIA AQUOSA CRÔNICA, FEZES PASTOSAS COM PARTÍCULAS DE ALIMENTO

O objetivo do tratamento é fortalecer e aquecer o Baço/ Pâncreas para restaurar a transformação e assimilação apropriada de alimento.

♦ **Acupressão**

Baço (BP) 6. Conhecido como "Encontro dos Três Yin", esse ponto fortalece o Baço/Pâncreas.

Localização e Técnica: Veja página 208

Vaso Concepção (VC) 8. Conhecido como "Meio do Umbigo", esse ponto é usado para fortalecer o Yang e as propriedades de transformação do Baço/Pâncreas. Pode ser usado tanto para episódios agudos de diarréia como para diarréia crônica.

Localização: Na linha média abdominal no umbigo. A técnica é usar movimentos circulares pequenos ou segurar o ponto.

Estômago (E) 36. Conhecido como "Três Distâncias dos Pés", esse ponto fortalecerá o Estômago, o Qi e as propriedades de transformação do Baço/Pâncreas e Estômago.

Localização e Técnica: Veja página 280.

♦ **Tratamento com Fitoterapia**

Canela em Casca, Ínula, Raiz de Gengibre, Sálvia, Camomila: Essas ervas podem ser usadas individualmente ou em combinação para fortalecer o Qi e aquecer o Baço/Pâncreas. Use 1/2 colher de chá da erva em pó em 1 xícara com água fervente. Deixe infundir por 20 minutos e coe. Use de 1 a 3 conta-gotas, dependendo do tamanho do animal e severidade dos sintomas, duas vezes ao dia junto às refeições.

Casca de Carvalho.[6] Essa erva ocidental é usada como adstringente para fortalecer o tônus muscular e a superfície do intestino. Use 1/2 colher de chá para 1 xícara com água fervente, e use como descrito a seguir.

DIARRÉIA CRÔNICA DOLOROSA COM SANGUE, MUCO E TENESMO

O objetivo do tratamento é eliminar o Calor, secar a umidade e mover a estagnação do Intestino Grosso, Fígado e Baço/Pâncreas.

♦ **Acupressão**

Fígado (F) 2. Conhecido como "Caminhar Entre", esse ponto elimina calor e umidade do Fígado, assim como move estagnação, permitindo um fluxo mais livre do Qi.

Localização: Veja página 211. Esfregue a parte interna da pata para baixo para sedar o Calor no Fígado.

Baço (B) 6. Conhecido como "Encontro dos Três Yin", esse ponto fortalecerá o Baço para resistir ao desequilíbrio do Fígado e harmonizar os dois. Também regula o calor e a umidade.

Localização e Técnica: Veja página 208.

Estômago (E) 25. Conhecido como "Eixo do Céu", esse é o ponto de alarme do Intestino Grosso, elimina Calor e alivia a dor e a diarréia.

Localização e Técnica: Veja página 347.

Bexiga (B) 25. Conhecido como "Ponto do Intestino Grosso", esse é o ponto de associação do Intestino Grosso. É benéfico para reequilibrar esse órgão e ajudar a aliviar a dor na evacuação.

Localização: Em ambos os lados da linha média, na depressão entre a quarta e quinta vértebras lombares. Segure o ponto.

♦ **Tratamento com Fitoterapia**

Tanchagem. Veja página 389.

Agrimônia.[7] Essa erva elimina calor, umidade e inflamação. Seu órgão alvo é o Fígado, onde ajuda a mover o Qi estagnante. Os animais que são tensos e irritáveis e não gostam de ser tocados, responderão bem a essa erva. Pode ser misturada com tanchagem para eliminar umidade Calor. São necessárias apenas pequenas quantidades da tintura: Normalmente, 1 gota para 15 ml de água. A **dosagem** é 1 conta-gotas da diluição, três vezes ao dia, por uma semana.

Vara-de-ouro (*Solidago virgaurea*).[8] Essa erva ocidental elimina umidade Calor no intestino. É benéfica para defecação dolorosa com sangue, muco e odor. Use com partes iguais de camomila para aliviar a estagnação. Evapore o álcool, como descrito na página 98.

Dosagem, como tintura: misture 10 gotas em 30 ml de água.

gatos/cães pequenos: 1 conta-gotas, 2 vezes ao dia

cães médios: 2 conta-gotas, 2 vezes ao dia

cães grandes: 3 conta-gotas, 2 vezes ao dia

Slippery Elm (*Ulmus rubra*).[9] Essa erva ocidental é refrescante e calmante para as membranas mucosas. Use na forma de pó misturada em pequenas quantidades de alimento. Ou misture com água morna, mexa e dê, imediatamente, ao animal, porque fica muito pegajosa se deixada em repouso.

Dosagem: gatos/cães pequenos: 1/4 colher de chá, 3 vezes ao dia

cães médios: 1/2 a 2/3 colher de chá, 3 vezes ao dia

cães grandes: 3/4 a 1 colher de chá, 3 vezes ao dia

♦ Recomendações Dietéticas

É difícil recomendar dietas, pois essa condição é complexa e envolve o Fígado, Baço/Pâncreas e Estômago, assim como o Intestino Grosso. Como podem existir diferenças nas causas básicas, uma combinação não é apropriada para todos os casos. Você pode precisar experimentar com diferentes misturas para encontrar a dieta que é a correta para o animal. Você precisará determinar se há mais Calor ou mais estagnação ou mais umidade. Lembre-se de que a personalidade e tipo constitucional do animal ajudarão você a acessar sua condição. O animal que é quente, que tem sede, que é forte, teimoso, agressivo ou mal-humorado sofre de condições de Calor e envolvimento do Fígado. Sua língua é vermelha com revestimento amarelo. Alimentos que resfriam e acalmam são os mais importantes. Isso inclui peixe não oleoso, painço, batatas, arroz integral bem cozido, vegetais crus ou levemente cozidos para cães, e peixe não oleoso, como o bacalhau ou carne magra de porco para gatos.

O animal que é cooperativo, de bom temperamento e magro, tem língua vermelha sem revestimento e tem sede por pequenos goles de água, está mostrando sinais de Calor devido a uma Deficiência de fluidos subjacente. Alimentos que umedecem e movem estagnação, como peru e coelho, são benéficos.

Se o animal for flácido, sem sede, hesitante ou difícil de agradar, predomina uma constituição de Baço e umidade. Sua língua é pesada e úmida. O superaquecimento é incomum, mas é comum a eliminação freqüente com tenesmo. Alimentos que secam a umidade e sustentam o Baço são benéficos. Carne branca de frango, carne bovina magra, arroz branco, milho e alimentos com alto teor de fibra são secantes. Evite laticínios e vegetais crus, pois criam mais umidade.

Se a estagnação for o problema mais predominante, o animal aparentará estar empanzinado e cansado após comer. Essa condição, normalmente, ocorre com outros componentes de calor, frio ou umidade. Evite laticínios. Peru e coelho podem ajudar, pois são alimentos quentes ou neutros e aumentam o movimento de fluido e Yang para auxiliar a quebra da estagnação.

♦ **Suplementos Nutricionais**

Devido à absorção digestiva fraca, os suplementos digestivos como acidófilos e enzimas pancreáticas podem ser experimentados em pequenas quantidades. Observe com atenção, pois, em alguns casos, qualquer suplemento pode causar mais diarréia.

CONSTIPAÇÃO

A constipação é, normalmente, um problema de **Secura, Qi, Calor** ou **Estagnação.** Uma deficiência de fluidos do sangue ou Yin que causa secura no cólon, normalmente, se origina de um desequilíbrio nos Pulmões, Fígado ou Estômago. Como não há fluidos suficientes para eliminar o Calor gerado no interior do corpo, surge uma deficiência tipo calor ou fogo. Animais com essa condição têm sede e, normalmente, têm pele seca e descamante. A ausência de fluidos do Yin ou sangue causa constipação com fezes duras, secas e despedaçadas. Se a mucosa do Intestino Grosso se torna irritada devido à fricção das fezes se movimentando, pode ter também sangramento.

O Qi fraco do Baço/Pâncreas e Estômago causa digestão lenta, fadiga e falta de desejo para tentar eliminar as fezes.

Pekoe é um Pomerânia altamente agitado. Quando filhote, Pekoe corria freneticamente e depois tinha um colapso de exaustão. Seu apetite era errático; gostava de comer na hora do jantar, mas sempre pulava o café da manhã porque ele preferia sair para a rua para brincar. Quando cresceu, seu nível energético começou a diminuir e seu apetite se tornou seletivo. Ele estava constantemente com sede, mas bebia somente alguns goles a cada vez. Sua digestão tornou-se extremamente lenta, e apesar de sentir-se constrangido, ele arrotava bastante. Conforme sua energia e apetite diminuíam, sua evacuação tornava-se menor e menos regular. O ato de eliminação deixava Pekoe tão exausto, que ele, normalmente, desistia de evacuar, o que causava constipação severa. Concluí que ele teria um problema de Qi, originado no Baço/Pâncreas. Seu nervosismo debilitou o Qi e deixou a digestão mais difícil. Como o Qi é utilizado para nutrir os músculos, inclusive os do cólon, sua Deficiência pode levar à força muscular debilitada. A falta de energia resultante, normalmente, indica deficiência de Qi.

Alguns animais desenvolvem constipação devido a um Fígado superativo que causa excesso de Calor a ser produzido no corpo. Esse é o Calor verdadeiro, gerado por uso de alimento de tipo muito Yang ou rico em gordura ou por estar constantemente com raiva ou frustrado. Excesso de Calor no Fígado pode, eventualmente, ir à direção do cólon e causar constipação. Um indivíduo de tipo Excesso, que é robusto e intrometido tanto em atitude quanto corporalmente, está sujeito a essa situação. Ele tem sede por grande quantidade de água, devora sua comida e está pronto para comer novamente assim que termina sua refeição.

Na constipação causada pela estagnação, a umidade pode estar presente, mas fica presa em bolsas no cólon. Quando as fezes permanecem presas em um local por um tempo, o Calor se desenvolve e pode evaporar a umidade normal do cólon. Essa é uma parte de uma condição do Fígado que envolve o Baço/Pâncreas e Intestino Grosso. A estagnação é associada com dor e desconforto durante a eliminação. Enquanto o animal deficiente de Qi pode passar longos períodos sem vontade de ir evacuar, o animal com estagnação tem vontade freqüente.

♦ **Tratamento de Acupressão para Constipação por Secura e Calor Deficiente**

Estômago (E) 25. Conhecido como "Eixo do Céu", esse é o ponto de alarme do Intestino Grosso e é usado para equilibrar e ativar esse órgão.
Localização: Veja página 347. Use movimento circular diretamente no ponto.

Baço (BP) 6. Conhecido como "Encontro dos Três Yin", esse ponto umedece o Yin do corpo.
Localização e Técnica: Veja página 208.

Estômago (E) 36. Conhecido como "Três Distâncias dos Pés", esse ponto fortalece o Qi e sangue do corpo.
Localização e Técnica: Veja página 280.

Pulmão (P) 7. Conhecido como "Seqüência Quebrada", esse ponto é o ponto de encontro do Pulmão com o Vaso Concepção. O Vaso Concepção regula o Yin e a umidade. O Pulmão é o parceiro do Intestino Grosso e compartilhará seu fluido se o cólon tornar-se seco. O aumento de fluidos via pulmão ajuda o Intestino Grosso.
Localização e Técnica: Veja página 229.

♦ **Tratamento com Fitoterapia**

Alcaçuz. A raiz dessa erva ocidental e chinesa é tanto doce quanto úmida. Estimula o Baço e o Qi do corpo. Evite a erva caso o animal seja hipersensível.

Dosagem, como tintura: misture 10 gotas em 30 ml de água.

gatos/cães pequenos: 1 conta-gotas, diariamente

cães médios: 2 conta-gotas, diariamente

cães grandes: 3 conta-gotas, diariamente

Cerástio (Chickweed-Cerastium vulgatum).[10] Essa erva Yin umedece e reveste o Intestino Grosso. É benéfica quando a secura com Calor Deficiente causa sintomas como sede, fezes secas e despedaçadas. Faça um chá usando 1/2 colher de chá para 1 xícara com água.

Dosagem: gatos/cães pequenos: 1 colher de sopa, diariamente

cães médios/grandes: 2 a 3 colheres de sopa, diariamente

Altéia. Suas propriedades restauradoras de mucosa ajudam na constipação, assim como na diarréia.

Dosagem: Veja página 392.

Devido a suas qualidades umedecedoras, essas ervas podem causar lentidão em alguns animais. Caso isso ocorra, adicione 2 gotas de tintura de **Lavanda** ou **Monarda** para melhorar a circulação.

♦ **Recomendações Dietéticas**

Na presença de fezes secas e despedaçadas, evite ou limite alimentos secos, já que estes só intensificarão o problema. Também evite carnes ricas em gordura que criarão Calor interno que esgota os fluidos internos. Leite e iogurte de cabra são, às vezes, benéficos. Farelo de aveia ou de trigo umedecido com azeite de oliva e mel é uma manutenção antiga para ser dada como base diária.

Use alimentos refrescantes e umedecedores. Use cereais integrais bem cozidos como Spelta (*Triticum spelta*),[11] arroz integral e painço, que são boas fontes tanto de fibra como de umidade. Batata-doce cozida ou assada fornecce umidade para o intestino, assim como abóboras amarelas. Feijões lima, ervilhas e lentilhas são benéficos, especialmente para cães. Vegetais crus ou cozidos a escolher, incluem: espinafre, cenoura e brócolis. Proteínas neutras que fortalecem o Qi e sangue, como carne bovina magra, ovo cozido mole, e peixe como bacalhau ou mariscos, são benéficas. Sementes de psyllium e linhaça são benéficas para umidade. As cascas são ricas em fibras, criam volume e causam sede. Mas, se houver muita secura, esses produtos podem apenas irritar a condição.

♦ Suplementos Nutricionais

Acidófilos: 1/4 a 1/2 da dosagem humana.

Musgo-da-Islândia: 1/2 colher de chá a 1 colher de chá diariamente. Essas ervas ajudam a restaurar minerais e flora intestinal.

CONSTIPAÇÃO POR EXCESSO DE CALOR NO FÍGADO E ESTAGNAÇÃO

O objetivo do tratamento é resfriar o Fígado para diminuir o Calor e para promover o fluxo intestinal e de Qi.

♦ Acupressão

Triplo Aquecedor (TA) 6. Conhecido como "Vala do Membro", esse ponto espalha o Qi, aliviando a estagnação e estimulando o movimento através dos intestinos. É usado como **Rim (R) 6.**[12]
Localização: No aspecto da frente do antebraço. Divida o antebraço em quatro partes, iniciando no punho e terminando no cotovelo. O Triplo Aquecedor 6 está localizado a, aproximadamente, um quarto a partir do punho, em direção ao lado interno do braço. Como existe apenas uma pequena depressão que pode ser difícil de encontrar, use um movimento em varredura e massageie a frente da pata acima do punho, a um terço para cima no braço, de forma a incluir o ponto.

Rim (R) 6. Conhecido como "Mar Brilhante", esse ponto esfria o calor e aumenta a umidade.

Localização: Na parte interna da pata traseira, abaixo do osso do tornozelo, na depressão abaixo da proeminência do tornozelo. Segure o ponto.

Bexiga (B) 25. Conhecido como "Ponto do Intestino Grosso", esse é o ponto de associação do Intestino Grosso e é usado para equilibrar esse órgão, tanto nos casos de constipação quanto nos de diarréia.

Localização e Técnica: Veja página 394.

Fígado (F) 2. Conhecido como "Caminhar Entre", esse ponto alivia o calor e move a estagnação.

Localização e Técnica: Veja página 211.

◆ Tratamento com Fitoterapia

Ervas para esfriar o Fígado e mover a estagnação são usadas para aliviar esse tipo de constipação. Evite tinturas contendo álcool ou evapore o álcool, conforme descrito na página 98. O álcool pode perturbar ainda mais o Fígado. Use partes iguais de:

Raiz de Bérberis, Raiz de Dente-de-leão + Anis

Bérberis e Dente-de-leão fortalecem a parede do intestino e ajudam a estimular o fluxo de bile do Fígado. O anis age como relaxante e aumenta o fluxo de energia do intestino.

Dosagem: gatos/cães pequenos: 1/4 de colher de chá, 1 ou 2 vezes ao dia

cães médios: 1/2 colher de chá, 1 ou 2 vezes ao dia

cães grandes: 3/4 colher de chá, 1 ou 2 vezes ao dia

Suco ou Pó de Aloe.[13] Essa erva refrescante ajuda a aliviar Calor e estagnação afetando o Fígado. A raiz em pó pode ser usada como laxativo de ação média e de curto período, especialmente, se houver sangue presente. Essa erva é muito amarga e precisa ser encapsulada ou misturada com suco de maçã para ajudar a melhorar o sabor. Não dê o pó para animais gestantes. O suco pode ser usado para umedecer o intestino.

Dosagem como pó:

> gatos/cães pequenos: cápsula n° 3, 2 vezes ao dia, por 2 dias
>
> cães médios: cápsula n° 0, 2 vezes ao dia, por 2 dias
>
> cães grandes: cápsula n° 00, 2 vezes ao dia, por 2 dias

Suco: 1/4 a 3/4 colher de chá diariamente, dependendo do tamanho do animal.

♦ Recomendações Dietéticas

Quando a constipação é causada por excesso de calor e estagnação do Fígado, as escolhas para a dieta devem ser neutras e refrescantes. Evite carne vermelha, camarão e galinha. Peixe não oleoso, carne magra de porco, pequena quantidade de coelho, ovo, soja ou outros feijões podem ser usados. Mais vegetais e cereais são adequados para esse tipo de constipação. Para gatos podem ser dados cereais integrais para alguma de suas necessidades protéicas, mas não todas. Proteína animal diminuída na faixa de 25% a 30% é adequada. Cereais como arroz integral bem cozido, painço e espelta são benéficos. Para os cães, use a maior parte de dieta vegetariana, incluindo repolho, batata-doce, batata-branca, espinafre, aspargo, pepino e cenoura.[14]

Farelo de aveia ou trigo é benéfico. Umedeça o farelo com pequenas quantidades de azeite de oliva ou óleo de gergelim e formando bolas. O azeite de oliva ajuda a limpar o Fígado.

> gatos/cães pequenos: 1/2 colher de chá 2 vezes ao dia
>
> cães médios/grandes: 1 colher de chá 2 vezes ao dia

CONSTIPAÇÃO E ESTILO DE VIDA

Muitos animais que vivem conosco dependem de nossa chegada em casa para deixá-los sair para que possam defecar. Para cães e gatos, exercícios regulares e estímulo facilitam o movimento intestinal. Muitos clientes me dizem que apesar de deixarem seu cão do lado de fora no quintal, para que possa fazer seu serviço, ele não faz até que saia à rua para caminhar. Talvez o estímulo de andar, a companhia ou o excitamento de estar na rua – seja lá o que for, deixam a certeza de que o animal tem um tempo amplo para ir. Caminhadas diárias ajudam a mantê-lo regular e mantêm ambos, cão e dono, saudáveis.

No caso de gatos de dentro de casa que usam a caixa de areia, duas situações podem ocorrer que podem atrapalhar a defecação apropriada. A primeira é a caixa de areia suja. Gatos segurarão a defecação por períodos excessivos para não ter que usar a caixa de areia cheia. O outro problema é a caixa de areia localizada em um local movimentado da casa ou em um lugar em que o gato tem medo que passe outros companheiros. Lembre-se de que o desgaste emocional pode causar estagnação. Sendo assim, favor colocar a caixa em um local que seja confortável para o gato. Ele ficará mais feliz e saudável por isso.

Alimentar regularmente em horários fixos é necessário para digestão apropriada em geral. Mudanças repentinas e horários de alimentação erráticos podem levar ao funcionamento deficiente do trato digestivo e a um animal de companhia triste.

Notas Finais

1. Kaptchuk, Ted, J., OMD. *The Web That Has No Weaver.* (New York: Congdon & Weed, 1983), 291.

2. Jones, Feather. *Turtle Island Herbs.* (Boulder, CO: Southwest Lectures, 1991), 1994.

3, 6, 7. Wood, Matthew and Tismal Crow. Palestra de Ervas, Batesville, Indiana, 1994.

4, 13. Tierra, Michael, CA, ND. *Planetary Herbology.* (Santa Fe, NM: Lotus Press, 1988), 251, 170.

5. Naeser, Margaret, PhD. *Outline Guide to Chinese Herbal Patent Medicines in Pill Form.* (Boston, MA: Boston Chinese Medicine, 1990), 68.

8, 10. Holmes, Peter. *The Energetics of Western Herbs, Vol. I.* (Boulder, CO: Artemis Press, 1989), 140, 393.

9. Hoffmann, David, BSc, MNIMH. *An Elders' Herbal.* (Rochester, VT: Healing Arts Press, 1993), 245.

11, 14. Pitchford, Paul. *Healing with Whole Foods.* (Berkeley, CA: North Atlantic Books, 1993), 441, 346, 498.

12. O'Conner, John and Dan Bensky, trans. ed. *Acupuncture, A Comprehensive Text.* (Seattle, WA: Eastland Press, 1981), 236.

CAPÍTULO DEZENOVE

Os Ossos e Músculos

OS OSSOS FORMAM O ESQUELETO que é a estrutura de sustentação do corpo. A superfície exterior do corpo é feita de uma matriz muito fina de sílica, cálcio e fósforo, conhecida como córtex. Na parte interna, os ossos abrigam a medula rica em sangue. Os finais dos ossos longos dos membros têm amortecedores feitos de cartilagem. A cartilagem é menos densa que o osso, mas tem muito da mesma característica. Ao longo da coluna, estruturas chamadas discos separam e amortecem as vértebras, dando à espinha resiliência e flexibilidade. Os ligamentos são cordões fibrosos que unem osso a osso. Os tendões são finais fibrosos da extremidade do músculo que se unem aos ossos.

Uma articulação é um ponto de encontro semelhante a uma dobradiça entre dois ossos, que possui uma superfície macia e lubrificada para promover a rotação ou movimento lateral, para cima ou para baixo. As articulações incluem osso, cartilagem, ligamentos e, às vezes, tendões.

Na Medicina Tradicional Chinesa, é dito que os rins governam os ossos. Conforme visto no Capítulo Dezessete, o Jing ancestral do Rim cria o projeto para toda a estrutura óssea antes do nascimento. Fatores ambientais e dieta afetam a maneira em que os ossos se desenvolvem. O Fígado e a Vesícula Biliar governam os tendões e ligamentos em torno dos ossos.

405

O Baço/Pâncreas regula os músculos. Então, os ossos, as articulações e os músculos saudáveis de acordo com a MTC requerem funcionamento adequado dos Rins, Fígado e Baço.

ARTRITE

Quando os ossos que compreendem uma articulação formam um ângulo incorreto, a ação deslizante normal é substituída por fricção. Desenvolve-se estresse nas extremidades dos ossos e as superfícies das articulações se tornam ásperas e irregulares. A irritação e inflamação resultantes são chamadas artrite. Uma vez que a inflamação pela artrite surge, pode desgastar partes do osso. O corpo responde adicionando mais pedaços de osso, mas não necessariamente nos locais corretos. Essas ramificações ou superfícies ásperas geram mais dor, resultando em claudicação ou tensão muscular.

Como esse processo de remodelação óssea é contínua, a maior parte das síndromes por artrite é progressiva. Por causa de sua natureza crônica e efeitos inflamatórios, a artrite é considerada uma desordem imunológica.

Na Medicina Tradicional Chinesa, a artrite é chamada de **síndrome bi.** A síndrome bi é uma obstrução da circulação que leva à dor. Está relacionada com fatores ambientais de Vento, calor e umidade.[1] Esses fatores penetram na camada muscular de um indivíduo que é suscetível devido a vários desequilíbrios preexistentes. Os músculos se tornam tensos, comprimem as articulações e criam estagnação do fluxo sanguíneo. Quanto mais tempo se permitir que a estagnação exista, maior será a dor e a lesão nos ossos envolvidos.

Existem diversas formas de síndrome Bi. Um tipo aparece repentinamente e passa de articulação para articulação como o Vento. Essa "viagem" contínua, às vezes, torna difícil a localização exata da articulação que está dolorida no animal. Outras formas pioram no clima úmido ou frio. A forma mais avançada inclui todos os aspectos acima, levando à formação óssea extra ou ramificações, estagnação, dor severa e encurtamento drástico do movimento. Na MTC, esse quadro é conhecido por **Bi óssea.** Na medicina ocidental, essa condição é chamada de **doença articular degenerativa** e é a forma mais prevalente de artrite nos animais.

SÍNDROME BI ÓSSEA:
DISPLASIA COXOFEMORAL E ARTRITE

A displasia coxofemoral é uma forma de Bi óssea. É uma forma severa de artrite, e é uma má-formação óssea genética. Os quadris situam-se nos encaixes da pelve em certo ângulo. Se o ângulo for muito aberto, estreito ou raso, surgem áreas de tensão na articulação do quadril. Imagine uma bola situada em uma tigela. Se a bola se encaixa exata dentro da tigela, ela rola suavemente. Entretanto, se a bola e a tigela não se encaixam exatamente no formato, a bola move-se para cima, ficando parte para dentro e parte para fora de seu detentor. Ela não fica livre para se mover girando porque fica presa nas bordas. A articulação do quadril é, exatamente, assim. Um encaixe perfeito permite uma rotação perfeita. Como a displasia coxofemoral é hereditária, a Medicina Tradicional Chinesa considera que ela seja uma condição de Deficiência do Jing Renal.

Sinais de displasia em animais jovens incluem: rigidez, relutância para pular, resistência quando tocado em torno da área dos membros posteriores ou irritabilidade. Alguns animais podem não mostrar sinais de displasia coxofemoral até mais tarde na vida, mas o fator hereditário ainda está em ação. Entretanto, em muitos casos, exercícios regulares e um bom programa nutricional podem ajudar a eliminar ou diminuir a severidade dos sintomas dolorosos.

A displasia, normalmente, afeta os quadris, mas também pode afetar os cotovelos. Como todas as articulações estão efetivamente conectadas, quando uma articulação está fora de alinhamento, ela desalinha a próxima articulação. Se uma área está dolorida, o animal jogará seu peso para a área mais próxima ou oposta para aliviar a dor. Tal fato colocará mais tensão no corpo. Ainda, quando há dor no quadril, não é incomum surgir problemas lombares ou nos joelhos.

♦ **Tratamento**

O objetivo do tratamento da síndrome bi é aliviar a dor movendo a estagnação, estimular a circulação sanguínea, dispersar o Vento e a dor dos músculos, aquecer o frio interno e secar a umidade. Esse protocolo também ajuda a normalizar a remodelação óssea e prevenir deterioração futura. Eu recomendo exercícios regulares, exceto durante os episódios de dor severa. Caminhada e corrida controlada são os melhores exercícios, reconstroem o vigor do animal gradualmente.

Como os órgãos envolvidos nos ossos, músculos, tendões e ligamentos saudáveis são Rim/Bexiga, Baço/Pâncreas e Fígado/Vesícula Biliar, pontos de acupuntura ao longo desses meridianos são incluídos no tratamento. Dependendo dos sintomas mais prevalentes, pontos são escolhidos para reequilibrar os órgãos de acordo com o fator dominante. Por exemplo, pontos ao longo do Baço/Pâncreas são usados em artrites que pioram nas condições de umidade, causando rigidez e peso na musculatura. Pontos ao longo dos meridianos do Fígado e Rim são usados para mover a estagnação e aliviar a dor de todas as formas de artrite. Pontos ao longo do meridiano do Rim ou da Bexiga aquecem o corpo e são usados nas artrites que pioram com o frio. Pontos ao longo da Vesícula Biliar dispersam o Vento e dor muscular nas artrites que se move de articulação para articulação e que surge repentinamente. Adicionalmente, existem pontos para dor geral nas articulações, que podem ser usados não importando a área envolvida.

Existem dois grupos de ponto de acupuntura: Um grupo direcionado para o problema subjacente e um direcionado para a área local.

♦ Tratamento de Acupressão para Artrite

Como a estagnação é o componente mais dominante na artrite, manter a circulação estimulada é extremamente importante para aliviar a dor e diminuir a natureza progressiva dessa condição. Conforme discutido no Capítulo Oito, massagem ao longo da coluna e membros é útil para nutrir a circulação e aliviar a estagnação.

Escolha vários dos seguintes pontos gerais:

Bexiga (B) 60. Conhecido como "Montanhas Kunlun", esse é identificado como o "ponto aspirina".[2] Ele dispersa o Vento e relaxa os músculos. Pode ser usado para dor no pescoço, no dorso, membros anteriores ou posteriores e/ou rigidez.

Localização: Na parte externa do membro posterior, na depressão na base do tendão de Aquiles, ponto médio entre o tendão e o osso do tornozelo. A técnica mais fácil é apertar ambos os lados da pele da área em frente ao tendão (Parece com dois pedaços de pele se friccionando juntos). Friccione para cima e para baixo. Você estará tratando o B 60 na parte externa da perna e o **Rim 3** na parte interna.

Fígado (F) 3. Conhecido como "Grande Enxurrada", esse ponto move a estagnação, estimulando a circulação ao longo do meridiano do Fígado. É benéfico para dor lombar, dor nos quadris, joelhos e tornozelos.

Localização: Veja página 303. Segure o ponto ou use movimento escovar para cima para estimular a circulação do Fígado.

Bexiga (B) 40. Conhecido como "Comissão do Meio", esse ponto alivia calor e inflamação na parte baixa do corpo. É bom para dor lombar, ciatalgia, dor nos quadris, joelhos ou tornozelos. Também ajuda a fortalecer as pernas traseiras.

Localização e Técnica: Veja página 313.

Bexiga (B) 23. Conhecido como "Ponto do Rim", esse é o ponto de associação dos rins. Ele ajuda a equilibrar o órgão, fortalecer os ossos, aliviar a dor lombar e nos joelhos. Aquece o corpo e alivia a umidade.

Localização e Técnica: Veja página 246.

Vesícula Biliar (VB) 34. Conhecido como "Riacho do Monte Yang", esse ponto fortalece os tendões e ligamentos do corpo. Também é útil para fraqueza no final das costas, dormência ou paralisia nos membros e artrite, que piora no clima úmido.

Localização e Técnica: Veja página 312.

Baço (BP) 9. Conhecido como "Cova da Fonte Yin", esse ponto elimina umidade do corpo. É benéfico para artrite que piora no clima úmido, assim como artrites do joelho e parte baixa da perna. Como existe um excesso de umidade, o indivíduo se sente pesado e se move lentamente. Esse ponto ajuda a eliminar estagnação ao longo do canal do Baço.

Localização e Técnica: Veja página 409.

Estômago (E) 36. Conhecido como "Três Distâncias dos Pés", esse ponto fortalece o Qi do corpo que, por sua vez, fortalece o sistema imunológico, ossos e aumenta o vigor. É benéfico em todas as condições de artrite onde há fraqueza.

Localização e Técnica: Veja página 280.

Os pontos locais seguintes podem estar muito sensíveis para o animal com artrite. Seja gentil ao segurar o ponto ou ao massagear o animal. Se houver muita dor, ele pode se opor educadamente ou de forma não muito educada. Se houver muita dor, faça os pontos gerais até que a estagnação seja eliminada. Os pontos locais são feitos em seguida após os pontos gerais selecionados para completar o tratamento.

♦ **Articulação do Quadril**

Vesícula Biliar (VB) 29 & 30. Conhecido como "Fenda do Agachamento", e "Salto em Círculo", esses pontos estão na frente e atrás da articulação do quadril. São usados para dor na coluna, displasia/artrite coxofemoral e paralisia da perna. Também são bons para ciatalgia.

Localização: Encontre a articulação do quadril com o animal deitado de lado, então flexione a perna, levantando-a pelo pé. A articulação do quadril pode ser vista como o lugar onde o topo da perna se une à pelve. Existe, normalmente, muito músculo rodeando a articulação do quadril, então mantenha a perna flexionada até que consiga localizar a articulação. Se o animal estiver com dor, tente localizar primeiro o quadril em um outro animal livre de dor. Quando a articulação for localizada, os pontos se situam nas depressões da frente e atrás do encaixe do quadril. Segure os pontos ou use movimentos circulares pequenos.

Adicione pontos gerais: **Vesícula Biliar 34,** página 312 + **Fígado 3,** página 303, + **Bexiga 60,** página 408, + **Bexiga 23**, página 246.

Ou **Vesícula Biliar 34,** página 312 + **Bexiga 40,** página 313, + **Estômago 36,** página 280.

Massagear o sacro também ajudará a soltar os músculos do membro posterior.

◆ Joelho (Patela)

"Olhos do Joelho." Localizado em ambos os lados do joelho, esses pontos formam as covinhas do joelho. É benéfico segurar os pontos gentilmente.

Adicione pontos gerais: **Bexiga 23,** página 246 + **Vesícula Biliar 30 + Vesícula Biliar 34**, página 312 + **Bexiga 60**, página 408 + **Bexiga 40**, página 313.

◆ Tornozelo (Tarso)

Vesícula Biliar (VB) 40. Conhecido como "Grande Colina", esse ponto elimina estagnação, move o Qi e sangue, e é benéfico para o inchaço e dor do tornozelo.

Localização: Na frente da pata dianteira, entre o quarto e quinto ossos do pé, logo abaixo do osso grande do tornozelo chamado de maléolo lateral. Segure o ponto.

Adicione pontos gerais: **Fígado 3,** página 302 + **Vesícula Biliar 34,** página 312 + **Bexiga 60**, página 408 + **Estômago 36,** página 280.

◆ Ombro (Escápula)

Encontre o ombro levantando a perna dianteira e trazendo-a para frente. O ponto do ombro fica no nível do tórax. O osso do ombro ou escápula situa-se em um ponto plano contra o lado da caixa torácica e tem uma crista central elevada. Abaixo da crista, está uma protuberância chamada acrômio. O acrômio é o que você sente no final do ombro. A articulação é abaixo disso, situando-se no topo do osso longo do braço, o úmero. A articulação com seus músculos e tendões forma três depressões. Esses são os pontos de acupressão do ombro.

Intestino Grosso (IG) 15. Conhecido como "Osso do Ombro", esse ponto é usado para eliminar umidade, estagnação e dor no ombro.

Localização: Esse é o ponto mais dianteiro dos três pontos do ombro. Ele situa-se entre o acrômio e o tendão maior do braço superior (bíceps) e a cabeça do úmero. Segure o ponto ou use movimento circular pequeno.

Triplo Aquecedor (TA) 14. Conhecido como "Filão do Ombro", esse ponto é usado para dor no ombro.

Localização: O segundo dos pontos, ele se situa na articulação do ombro, logo atrás do tendão maior, na depressão logo atrás do acrômio. Segure o ponto.

Intestino Delgado (ID) 10. Conhecido como "Ponto da Escápula", esse ponto é usado para dor na articulação do ombro, paralisia ou encurtamento do membro anterior.

Localização: O terceiro dos pontos, situa-se atrás da articulação do ombro, na covinha da grande massa muscular do deltóide. Segure o ponto.

Intestino Grosso (IG) 11. Conhecido como "Poça Curva", esse ponto fortalece os membros anteriores e alivia neles calor e umidade.

Localização: Veja página 211. Segure o ponto ou use movimento circular pequeno.

Adicione pontos gerais: **Bexiga 60**, página 408 + **Vesícula Biliar 34**, página 312.

Dor no ombro causa constrição entre as escápulas. O animal carregará o ombro dolorido mais alto do que o outro. Isso tensiona todo o dorso superior. É benéfico fazer massagem entre as escápulas e para baixo da nuca.

♦ **Cotovelo**

Essa é a articulação do membro anterior que agüenta maior peso. Existe, relativamente, pouco músculo circulando essa articulação. É benéfico fazer massagem geral ao redor do cotovelo. Use os dedos e a palma da mão e circule gentilmente a parte interna da frente do cotovelo. Use movimento de varrer da parte interna em direção à externa e ao redor da parte detrás do cotovelo. Faça isso 8 vezes.

Intestino Grosso (IG) 4. Conhecido como "Grande Vale", esse ponto é o ponto mestre da cabeça e parte superior do corpo. Dispersa dor muscular por Vento e elimina estagnação.

Localização e Técnica: Veja página 207.

Adicione pontos gerais: **Bexiga (B) 60,** página 408 + **Vesícula Biliar (VB) 34**, página 312.

♦ Punho (Carpo)

Massagem geral ao redor do punho, iniciando na parte interna e trabalhando tudo em volta é efetivo. Pode-se usar movimento para cima e para baixo gentilmente.

Intestino Delgado (ID) 3. Conhecido como "Riacho do Fundo", esse ponto é bom para situações agudas como entorses ou outro trauma. Relaxa o músculo e acalma o espírito.

Localização: No aspecto externo da pata da frente, na depressão no quinto osso da pata, logo acima onde o osso encontra os dedos.

Adicione pontos: **Intestino Grosso 4,** página 207 + **Intestino Grosso 11**, página 211 + **Bexiga 60,** página 408 + **Vesícula Biliar 34**, página 312.

♦ Artrite no Dorso e Espasmos Musculares

Se o animal possui uma lesão no dorso, ele deve ser avaliado por um veterinário sem demora. Pode haver problemas de disco em potencial ou trauma que requer cuidados médicos profissionais. Se o animal foi diagnosticado com artrite na coluna com espondilose, essa é uma condição crônica em que a medicina ocidental tem muito pouco a oferecer, exceto medicações antiinflamatórias. Em adição às recomendações de seu veterinário, a acupressão pode ser benéfica. Massagem geral em pequenos movimentos circulares ou movimentos suaves para frente e para trás pode ser usada ao longo dos músculos em ambos os lados da coluna. Se a condição do animal é pior no clima frio, a

moxa pode ser usada para aquecer os músculos (veja Capítulo Dezessete, páginas 368-369.) Após acender a moxa, coloque sua mão livre na coluna do animal e a mova simultaneamente com a outra mão. Vagarosamente, guie a moxa sobre o músculo das costas, segurando-a próximo às pontas dos dedos para monitorar a temperatura e ter certeza de que não chamuscará o pêlo do animal. A moxa reduzirá os espasmos musculares e a dor geral das costas que piora com o frio. A massagem diária é favorável para estimular a circulação.

Em adição ao trabalho na coluna, use **Vesícula Biliar 30,** página 410, que relaxa a coluna, **Vesícula Biliar 20,** página 207 (no pescoço, na região da nuca), para relaxar a parte superior das costas, **Fígado 3,** página 303, **Bexiga 40,** página 313, **Estômago 36**, página 280 ou **Vesícula Biliar 34**, página 312.

PROBLEMAS DE DISCO

Os discos são de material macio e esponjoso, que agem como amortecedores entre as vértebras. Quando se tornam lesionados, aumentados e edemaciados, eles podem pressionar o cordão espinhal, causando dor, dormência e, até mesmo, paralisia. Na Medicina Tradicional Chinesa, os problemas de disco surgem de um Yang do Rim enfraquecido, que não pode aquecer e mover a circulação apropriadamente. Isso influencia o Baço/Pâncreas e Fígado, que leva a um aumento da umidade e estagnação, afetando os músculos, tendões e, finalmente, os ossos. Com essas predisposições, um movimento repentino pode comprometer a coluna, causando dor e inchaço do disco intervertebral.

Lesões nos discos são emergências médicas. Deve-se procurar cuidado profissional imediatamente. Um veterinário treinado em acupuntura pode tomar decisões acerca de quando a acupuntura, medicamentos ocidentais ou cirurgia são apropriados.

Uma vez que o disco foi lesionado, curado e calcificado, o disco em si e áreas em torno dele ficam vulneráveis à lesão e tensão. O local está formado para problemas crônicos de disco. É natural querer proteger a área ao favorecê-la ou usá-la o mínimo possível. No entanto, isso só causa estagnação mais adiante. Para evitar o surgimento desses problemas, a circulação deve ser revigorada. É benéfico fazer massagem geral ao longo da coluna para mantê-la flexível, junto com os seguintes pontos para fortalecer os ossos e o Qi.

◆ Tratamento de Acupressão para Problemas Crônicos de Disco

Massagem geral e suave nas costas +

Bexiga (B) 11. Conhecido como "Grande Ponte", esse ponto é considerado o "ponto de influência dos ossos", que ajuda na remodelação óssea. É benéfico para artrite, dor na coluna e paralisia dos membros.

Localização: Em ambos os lados da coluna, logo à frente das escápulas, no nível da primeira costela.

Adicione pontos gerais: **Vesícula Biliar 34,** página 312 + **Bexiga 60,** página 408 + **Bexiga 23,** página 246 + **Fígado 3,** página 311 + **Estômago 36,** página 280.

◆ Tratamento com Fitoterapia

Liu Wei Di Huang Wan e **Sexoton Pills** ou **Golden Book Tea.** Esses são tônicos que nutrem os rins e ajudam a fortalecer as costas e os membros posteriores enfraquecidos e rígidos. São para deficiência de sangue e fluido Yin do Rim e Fígado, que é a causa primária da maioria dos casos de artrite. Fraqueza, cambalear, falta de firmeza na área baixa do dorso, calor sobre a área da coluna e quadril, assim como sede, são fortes indicadores para o Liu Wei Di Huang Wan. Fraqueza, falta de firmeza e frio sobre a coluna e área do quadril são fortes indicadores para Golden Book Tea. A dosagem e os ingredientes fitoterápicos estão listados no Capítulo Dezessete, página 362.

Du Huo Jisheng Wan.[3] Essa fórmula ajuda na artrite que piora no clima frio e úmido. É benéfica para dor, rigidez, ciatalgia e fraqueza nos membros posteriores. É uma fórmula muito aquecedora, logo, se o animal estiver apresentando sinais de calor, como sede excessiva, ofego, ou parecer ficar facilmente superaquecido, essa fórmula não deve ser usada. Contém Eucommia para fortalecer o Yang do Rim; Rehmannia e Dang Gui para fortalecer o Yin do Rim e sangue; codonopsis, gengibre, casca de canela e Alcaçuz para fortalecer o Qi; e Angélica pubescens, Loranthus e Poria cocos para dispersar umidade, Vento, dor muscular e diminuir a estagnação.

> **Dosagem:** gatos/cães pequenos: 1 a 2 pílulas, 1 ou 2 vezes ao dia
>
> cães médios: 4 pílulas, 2 vezes ao dia
>
> cães grandes: 6 pílulas, 2 vezes ao dia

A combinação seguinte de erva ocidental pode ser usada se o animal estiver com dor perceptível e calor em torno das articulações. Inclui plantas que contêm ácido salicílico, do qual a aspirina é derivada. O extrato da planta não causa os mesmos problemas de sangramento que a aspirina causa, mas deve-se tomar cuidado de qualquer forma. Sinais de depressão, sangue nas fezes ou manchas vermelhas ou púrpuras na pele podem ser sinais de sangramento interno. Caso isso ocorra, pare de administrar a erva e procure o veterinário.

Outras indicações de calor e inflamação podem ser ofego, sede e agitação. As articulações podem estar tão quentes que a pele ao redor fica com erupções.

Filipêndula + Galho de Salgueiro + Urtiga + Cayenne + Lavanda

Misture 5 gotas de tintura de filipêndula, 5 gotas de tintura de salgueiro, 5 gotas de tintura de urtiga e 1 a 2 gotas de tintura de cayenne e lavanda, em 30 ml de água destilada.

> **Dosagem:** gatos/cães pequenos: 1/2 a 1 conta-gotas, 1 ou 2 vezes ao dia
>
> cães médios: 1 a 2 conta-gotas, 2 vezes ao dia
>
> cães grandes: 2 a 3 conta-gotas, 2 vezes ao dia

Filipêndula.[4] Essa erva ocidental contém ácido salicílico, semelhante à aspirina, e alivia inflamação, umidade e calor.

Casca de Salgueiro.[5] Essa erva ocidental contém ácido salicílico, junto com tanino, e alivia inflamação, umidade e calor.

Urtiga.[6] Essa erva é nutritiva e alivia inflamação, umidade e calor. Junto com vitamina C e B-caroteno e lecitina, a urtiga age como diurético, eliminando toxinas através do Rim.

Cayenne. Essa é uma erva morna e pungente que ajudará a mover a estagnação e dispersar as outras ervas.

Lavanda. Essa é uma erva que tem capacidade tanto de refrescar quanto de aquecer. É usada para eliminar a estagnação e aliviar a dor.

Iúca. Essa erva ocidental tem capacidade de refrescar e é benéfica quando as articulações aparecem inchadas e quentes ao toque.

> **Dosagem,** como pó:
>> gatos/cães pequenos: 1/4 a 1/8 colher de chá ao dia
>> cães médios: 1/4 a 1/2 colher de chá ao dia
>> cães grandes: 2/3 a 3/4 colher de chá ao dia

Alfafa. Essa é uma erva nutricional, benéfica ao Rim de uma maneira geral. É rica em cálcio para sustentar a remodelagem óssea. Contém várias enzimas e vitaminas.

> **Dosagem:** gatos/cães pequenos: 1/2 colher de chá ao dia
>> cães médios: 1 colher de chá ao dia
>> cães grandes: 2 colheres de chá ao dia

Chin Koo Tieh Shang Wan.[7] Essa é conhecida em chinês como a "pílula de combate" para lesões agudas, contusões, inchaços e outras inflamações. É usada para acelerar o tempo de cura nos traumas, fraturas, torções e distensões. Seu maior ingrediente é o pseudoginseng, que revigora circulação e remove toxinas e debris do sangue nas áreas afetadas, à medida que um suprimento fresco de sangue é trazido. Isso move a estagnação que causa dor e inchaço. Para uso por curto período, essa combinação de ervas é benéfica por até duas semanas após a lesão.

> **Dosagem:** gatos/cães pequenos: 1 pílula, 2 vezes ao dia
>> cães médios: 3 pílulas, 2 vezes ao dia
>> cães grandes: 5 pílulas, 2 vezes ao dia

♦ **Suplementos Nutricionais**

Os suplementos nutricionais e a dieta são, provavelmente, o auxílio mais importante para os problemas ósseos e musculares.

ANTIOXIDANTES E RADICAIS LIVRES

A pesquisa nutricional ocidental descobriu que a molécula instável de oxigênio no corpo, conhecida como O_3, pode causar danos celulares significantes. Essas moléculas instáveis são conhecidas como "radicais livres". Eles são subprodutos das reações enzimáticas do corpo que são liberados durante o processo de eliminação de toxinas.

As toxinas entram no corpo via pesticidas e preservativos, poluição do ar ou água ou vírus e bactérias. Quando estamos expostos à poluição tóxica, uma grande abundância de radicais livres se une às células saudáveis e vulneráveis. Isso causa irregularidades nas paredes celulares. Se um indivíduo tem predisposição a problemas digestivos, os radicais livres podem se unir às membranas mucosas que revestem vários órgãos do trato digestivo, causando excesso de muco, dor e úlceras.

Se um indivíduo tem predisposição a problemas ósseos, esses radicais usam as superfícies articulares como alvo para se ligarem.

Imagine uma superfície articular macia, lubrificada e saudável. Quando os radicais livres começam a se unirem às células da superfície articular, ela torna-se áspera e erosiva. Em resposta à dor, o corpo pode começar a repor cálcio para preencher os buracos causados pela erosão. Infelizmente, isso piora a condição, causando dor, inchaço, irregularidades ósseas e deformidades.

Os antioxidantes se unem aos radicais livres para parar essa reação. Eles circulam e se unem aos radicais de oxigênio livres antes que eles possam unir-se às superfícies das células saudáveis.

♦ **Fontes de Antioxidantes**

Vitamina A, como óleo de Fígado de bacalhau ou isolada:

> gatos/cães pequenos: 2.000 UI diariamente
>
> cães médios: 5.000 UI diariamente
>
> cães grandes: 10.000 UI diariamente

Como a vitamina A é armazenada no Fígado, se houver histórico de hepatite, inflamação no Fígado ou cirrose, essas doses podem não ser bem toleradas e pode-se desenvolver toxicidade. Corte a dose pela metade e use em dias alternados.

Vitamina C, como ascorbato de sódio. Use a maior dose possível com a diarréia sendo o fator limitante, até 5.000 mg por dia.

Vitamina E. Em alguns animais essa vitamina pode causar aumento da pressão sanguínea.

> **Dosagem** para uso seguro:
>
> gatos/cães pequenos: 50 UI diariamente
>
> cães médios: 200 UI diariamente
>
> cães grandes: 400 UI diariamente

É benéfico usar **selênio** para aumentar o efeito da vitamina E: 10 a 15 mcg diariamente.

Superóxido Dismutase. Essa enzima é benéfica para os radicais livres atuantes. Vários produtos estão disponíveis através dos veterinários holísticos e lojas de produtos naturais.

Microalga/Clorofila contêm inflamação e ajudam a restaurar o tecido conectivo em torno das articulações.[8] Alguns animais são sensíveis a esse suplemento e desenvolvem diarréia, então, tente doses bem pequenas a princípio.

Kelp em Pó, para suporte mineral:

> gatos/cães pequenos: 1/8 colher de chá diariamente
>
> cães médios: 1/4 a 1/2 colher de chá diariamente
>
> cães grandes: 3/4 colher de chá diariamente

Flocos Nutricionais de Levedura, para suporte de vitamina B e traços minerais:

> gatos/cães pequenos: 1/4 colher de chá diariamente
>
> cães médios: 1/2 colher de chá diariamente
>
> cães grandes: 1 colher de chá diariamente

Grânulos de Lecitina, para manter o Fígado circulando o sangue livremente.

> gatos/cães pequenos: 1/4 colher de chá diariamente
>
> cães médios: 1/2 colher de chá diariamente
>
> cães grandes: 1 colher de chá diariamente

Ácidos Graxos Essenciais, incluindo óleos de ômega-3. Encontrado em óleo de peixes como salmão, peixe-cavalo e sardinha, os ácidos graxos de ômega-3 ajudam a limpar as artérias e mover a circulação estagnante resultante do Fígado sobrecarregado.

> gatos/cães pequenos: 1/4 da dosagem humana
>
> cães médios: 1/2 da dosagem humana
>
> cães grandes: 2/3 da dosagem humana

Disponível através de fontes veterinárias e lojas de produtos naturais.

Os suplementos mencionados são ótimos uma vez que a degeneração óssea e articular está instalada. Eles também ajudam a prevenir o desenvolvimento da artrite. Adicione um de cada vez pois, se houver transtornos digestivos ou comportamentais, você será capaz de determinar o causador e reduzir a dosagem ou eliminá-lo completamente. Recomendo adicionar um novo suplemento a cada três dias. Gatos são bem mais difíceis de usar suplementos do que cães. Os de importância principal são as vitaminas C e E, e caso não dê para usar todos, tente fazer com que o gato use esses.

♦ Recomendações Dietéticas

Como a artrite é uma condição complexa envolvendo vários sistemas de órgãos, as dietas devem ser altamente individualizadas. Darei algumas sugestões, mas a experiência com o animal será a melhor instrutora. Não tenha medo de experimentar – ver a saúde do animal melhorar como resultado de seus esforços, compensa a frustração ocasional do processo de tentativa e erro.

Uma boa formação óssea precisa de equilíbrio entre cálcio, fósforo, sílica e magnésio. Quando a artrite se inicia, o corpo tem dificuldade no metabolismo do cálcio. As carnes têm, geralmente, pouco cálcio e muito fósforo. Os vegetais têm traços minerais e são necessários para a formação óssea adequada.

Carnes vermelhas também são ricas em gorduras saturadas e colesterol, que coagulam a circulação e levam à estagnação no Fígado. Elas também contêm ácido araquidônico, um aminoácido que pode gerar uma resposta inflamatória no corpo.[9]

Laticínios podem gerar problemas de umidade no trato digestivo e causar lentidão. Como ocorre com a carne vermelha, o laticínio é fonte primária de um aminoácido que causa uma resposta inflamatória no corpo, gerando prostaglandinas e leucotrienos. Uma excelente discussão sobre dietas e artrite aparece no livro *Healing with Whole Foods*, de Paul Pitchford.

Proteína Animal. Mantenha a carne vermelha e gordura animal em um nível mínimo. Pequenas quantidades são importantes para indivíduos magros e fracos porque constroem tecido muscular e sangue. Carne de coelho é uma boa escolha, pois suas propriedades podem fortalecer o Jing deficiente do Rim. Ave doméstica e peixe são fontes protéicas melhores para os casos de artrite. Na dietoterapia chinesa, a maioria das aves domésticas é considerada aquecedora, então, é especialmente benéfica para condições de artrite que pioram no clima frio e úmido. Se o animal tende a ficar ofegante ou superaquece facilmente, o peixe pode ser uma escolha melhor ou, então, vegetais e proteína em grãos. Siga as dicas listadas no Capítulo Sete para os tipos físicos e qualidade dos alimentos, páginas 107-110. Como cada indivíduo é diferente, você pode necessitar tentar alimentos diferentes e ver qual combina melhor com um animal em particular.

Cereais. Se a condição do animal piora no clima frio, escolha grãos que aqueçam ou sejam neutros como: aveia, arroz, milho, centeio ou quinoa. Se o animal ofegar excessivamente e mostrar sinais de irritabilidade ou frustração, como andar de um lado para outro, escolha cereais que refrescam, como painço e cevada. Trigo, também, é um cereal refrescante, mas muitos indivíduos têm sensibilidade, que vem de um desequilíbrio no sistema imune, ao trigo. Como a artrite é parte de um desequilíbrio imunológico vindo de um Rim enfraquecido, trigo pode não ser a melhor escolha.

Legumes. Adicione pequenas quantidades de lentilhas, ervilhas, feijão-preto, azuki ou roxo são benéficos nos casos onde a umidade e calor afetam o corpo. Feijões agem como diuréticos e refrescantes, puxando o excesso de umidade das articulações inchadas. Grãos de soja são umedecedores e geram umidade, então use com cuidado em animais que já têm tendência à umidade. Como os feijões são ricos em cálcio, eles são benéficos na remodelagem óssea. Se o animal for fraco e magro, os legumes podem sobrecarregar muito a digestão e devem ser limitados.

Vegetais. Esses são úteis pelo seu conteúdo mineral, assim como de vitamina B. Alguns vegetais, como beterrabas, são ricos em oxalato de cálcio, que pode inibir o metabolismo de cálcio. Aspargo, aipo, salsa e brócolis são bons para condições de umidade. Repolho, cenoura, chirivia e couve são bons para artrite que piora no frio, ou para os animais que têm as extremidades frias.[10] Chirivias também contêm silicone que auxilia a remodelagem óssea. Alho e cebola são benéficos para promover circulação, mas se o animal tem tendência a ter olhos vermelhos e irritados, mantenha-os em um nível mínimo.

ARTRITE E O CÃO JOVEM

Como esse é um problema primário de Jing do Rim, o animal com artrite pode parecer mais fraco e magro do que seus irmãos. Se esse for o caso, escolha ervas e alimentos que fortaleçam essas deficiências. Alimentos devem incluir pequenas quantidades de carnes vermelhas para revigorar o Jing. Carnes de coelho e frango são boas escolhas. Peru pode ser muito úmido para o animal com fezes aquosas ou digestão lenta. Os melhores cereais são arroz integral bem cozido ou aveia. Se o animal tender a superaquecimento, misture o arroz com painço. Se o animal jovem for robusto e com excesso, mas os raios-X mostrarem displasia coxofemoral precoce, opte por alimentos mais vegetarianos, evitando carne vermelha e usando combinação de aves, peixe e legumes.

ARTRITE E O CÃO VELHO

Conforme o animal vai envelhecendo, ele se torna deficiente de sangue do Rim e do Fígado e de Qi do Baço. Animais magros e fracos precisam de nutrientes extras. Escolha ervas e alimentos que supram essas deficiências. Pequenas quantidades de carne vermelha e de coelho, assim como ovos duros cozidos são benéficos. Cereais como arroz, aveia e cevada ajudarão a fortalecer tanto a digestão e o Rim. Proteínas de produtos animais devem ser limitadas na faixa de 15% a 20% da dieta. Limite legumes, pois podem ser difíceis de digerir. Cereais devem ser bem cozidos e vegetais cozidos no vapor. Se a diarréia for um problema, elimine ou minimize os vegetais até que a diarréia esteja sob controle. Se a constipação for um problema, aumente os vegetais e adicione inhame e batatas-doces.

ARTRITE E O GATO VELHO

Como os gatos necessitam de mais proteína animal do que os cães, limite a proteína animal da dieta em menor grau. Use aves, coelho e pequenas quantidades de peixe. Se o gato for anêmico, pequenas quantidades de Fígado de frango podem ser adicionadas uma vez na semana, para fortalecer o sangue e aquecer o corpo. Sempre tente utilizar Fígado de animais criados soltos e livres de pesticidas. Óleo de Fígado de bacalhau ou ácidos graxos essenciais das sardinhas são especialmente bons. Couve, repolho, inhames ou batatas-doces são bons para gatos velhos e magros. Como os gatos são exigentes comedores, pode ser difícil fazer com que o felino tome os suplementos ou mesmo coma-os todos. Não se desanime. Mantenha experimentando com combinações de alimentos diferentes, até que você encontre uma dieta que seja tolerável. Use combinações de massagem e fitoterápico na quantidade que o gato tolere.

Notas Finais

1. Lian Q., Ming S. The Nanjing seminars, J Chin Med 1985; 47-50, reported by A. Schoen, ed. *Problems in Veterinary Medicine, Veterinary Acupuncture.* (Philadelphia, PA: J.B. Lippincott Co., Volume 4, No. 1, Mar. 1992), 89.

2. Limehouse, John, DVM. Notas do Curso Veterinário Internacional de Acupuntura. Santa Monica, CA, 1989.

3, 7. Fratkin, Jake. *Chinese Herbal Patent Formulas.* (Boulder, CO: Shya Publications, 1986), 110, 127.

4, 6. Hoffmann, David, BSc., MNIMH. *An Elders' Herbal.* (Rochester, VT: Healing Arts Press, 1993), 144.

5. Moore, Michael. *Medicinal Plants of the Mountains West.* (Santa Fe, NM: Museum of New Mexico Press, 1979), 161.

8, 9, 10. Pitchford, Paul. *Healing With Whole Foods.* (Berkeley CA: North Atlantic Press, 1993), 188, 121, 508.

CAPÍTULO VINTE

A Pele

A PELE É COMO UM TERCEIRO PULMÃO. Age como uma conexão entre o ambiente externo e interno dos nossos corpos. À medida que ela "respira", filtra toxinas e protege contra os raios violetas do sol, do Vento, da chuva e da neve. Com sua vasta área de superfície, a pele é mais afetada pelo Vento e calor que a ressecam e por uma deficiência interna de fluidos que, também, gera secura. A textura saudável da pele depende dos órgãos digestivos cuja absorção de nutrientes alimenta a superfície do corpo. Assim como a terra se torna ressecada e rachada ou inundada, a pele, também, pode mostrar evidência de secas, cheias e congelamento.

PELE SECA E PRURIGINOSA

É dito que a coceira é trazida pelo Vento, pense em como o Vento faz cócegas na pele, ou como uma rajada de Vento segue seu caminho ao redor de seu rosto ou braços. Você não pode alcançar e tocar o ar quando ele circula seu corpo, mesmo que você o sinta. É essa sensação amorfa que dá origem ao conceito de que o Vento causa prurido. Em adição a sua natureza seca, o Vento pode criar uma sensação de formigamento, calor ou irritação em indivíduos suscetíveis.

O animal suscetível é aquele que tem deficiência de circulação de sangue ou fluido Yin, devido à hereditariedade, dieta pobre ou fator ambiental. Os fluidos deficientes não podem nutrir a pele, então, ela aparenta estar pouco saudável e seca. Se o animal mora em um ambiente de clima que venta e seco, os fluidos vão ficando escassos com o tempo. O Fígado é associado com o Vento e os pulmões estão associados com a secura do ar na MTC. Então, a maior parte dos problemas de pele envolve o sangue do Fígado ou os fluidos do Pulmão. Os estoques de sangue do Fígado são influenciados pelos fluidos do Rim hereditários.

Alguns problemas de pele são resultados de muito calor interno do Fígado. As dietas que criam calor interno ou estagnação da circulação, como carne vermelha rica em gordura, algumas aves e certos frutos do mar, podem esgotar os fluidos no corpo. Situações emocionais, como o estresse de lutar com o companheiro de casa, a doença de um dos membros da família (humano ou animal), irritabilidade por ter que ficar dentro de casa ou tédio por ficar em casa sozinho sem exercícios físicos suficientes, podem exaurir os fluidos no corpo. Todos esses fatores podem levar a um estado de suscetibilidade direcionado ao Vento e prurido.

Se os fluidos do Pulmão e o sangue do Fígado estão em baixa, a pele é, normalmente, seca e descamante, assim como pruriginosa. O pêlo tem aparência opaca e pode estar mais fino. Pode, até mesmo, ficar com uma cor mais clara, como preto ou cinza ficando amarronzado ou avermelhado e cores claras ficando acinzentadas.

Se os estoques de sangue estão em baixa, o animal pode sentir frio por todo o corpo ou ter pés e orelhas frios. Isso pode piorar após o animal ter descansado, quando o Fígado tem a função de regular e suavizar o fluxo sanguíneo. Também pode fazer com que o animal se coce mais quando ele acorda pela manhã ou após um cochilo. Nesse estágio de deficiência de sangue, não há muito odor no corpo. No entanto, pode haver secura na respiração, nariz ou focinho seco e rachado, ou algumas características atípicas de irritabilidade e teimosia.

Os pulmões agem como parte do sistema imune junto com Jing do Rim subjacente (veja Capítulo Vinte e Um, página 445.) Se a pele estiver fraca, ela poderá ficar vulnerável a infecções por bactéria e fungo, incluindo dermatófito. Infecções leves de dermatofitose podem causar apenas perda de pêlos, secura e prurido, sem vermelhidão ou crostas.

426

DICAS GERAIS PARA TRATAMENTO DE PELE

O objetivo do tratamento dos problemas de pele na Medicina Tradicional Chinesa é "extinguir o Vento", que causa o prurido tanto esfriando o corpo, quanto nutrindo o sangue.[1] O Vento é extinto quando se revigora ou desbloqueia a circulação estagnante. A higiene apropriada com a pelagem ao escovar ou pentear e massagem regular são boas formas de revigorar a circulação. As células da pele repõem a si mesmas a cada três ou quatro semanas, e é bom livrar o corpo dessas escamas secas e mortas de pele. Lavagem com sabão pode deixar o animal mais seco com o tempo, então use xampus à base de colóides de farelo de aveia, que suavizam a pele seca e não retiram ainda mais a sua umidade. Cães com pele seca devem ser banhados com intervalos de três a quatro semanas nos climas mais quentes, e com intervalo de dois meses nos climas mais frios. Gatos com pele seca devem ser escovados regularmente, e banhados apenas quando necessário para deixar o animal mais confortável. Borrifar o animal com chás listados na seção tópica, página 432, pode substituir o banho. Ervas e suplementos usados internamente ajudarão o animal externamente.

Todos os tratamentos de pele incluem componentes para acalmar o espírito pois, quando a coceira se instala, o animal fica extremamente irritado. Muitos profissionais sentem que, em larga escala, o tratamento de sucesso é focado mais no equilíbrio das causas emocionais da coceira do que nas causas físicas. Então, em adição às ervas, dieta apropriada e acupressão, recomendo exercícios regulares para cães e gatos. Esses podem incluir jogos dentro de casa, como caçar uma corda ou brincadeira com o camundongo de catnip preferido do gato. Um de meus clientes me disse que ele trancava o gato fora de casa. O gato tinha que correr em volta da casa para ir ao fundo, subir em uma árvore para conseguir passar pela janela detrás. Outro cliente me disse que tem um cão que somente parava de se coçar ao correr com ele por meia-hora sem intervalo. O animal ficava tão cansado que esquecia de se coçar. Em termos da MTC, a estagnação associada com a coceira da pele pode ser aliviada com exercício.

◆ Tratamento de Acupressão para Pele Seca e Pruriginosa

Vesícula Biliar (VB) 20. Conhecido como "Palácio do Vento", esse ponto ajuda a extinguir o Vento do corpo. Também acalma a irritabilidade nervosa.

Localização e Técnica: Veja página 207.

Baço (BP) 6. Conhecido como "Encontro dos Três Yin", esse ponto nutre o sangue e fluido do Fígado, Rim e Baço/Pâncreas e gera fluido para o corpo.

Localização e Técnica: Veja página 208.

Intestino Grosso (IG) 4. Conhecido como "Grande Vale", esse ponto é o ponto mestre da cabeça e parte superior do corpo. Ele dispersa o Vento e estimula o sistema imunológico. É bom para prurido e secura em torno do nariz e focinho.

Localização: Veja página 207. Aperte a rede gentilmente. Se o animal tiver tido o primeiro dedo removido, segure o ponto na "protuberância" do dedo.

Pulmão (P) 7. Conhecido como "Seqüência Quebrada", esse ponto dispersa o Vento e regula a umidade dos pulmões e o Yin do corpo.

Localização: Veja página 229. Use movimentos circulares pequenos no ponto e no aspecto interno do punho.

Massagem geral no corpo promoverá a circulação de sangue para a superfície.

◆ Tratamento com Fitoterapia

Shou Wu Pian.[2] Esse extrato simples de erva de polygonum shou wu nutre o sangue do Fígado e Rim. Ajuda a manter a pele úmida e a reverter ou parar as mudanças de cor dos pêlos.

Dosagem: gatos/cães pequenos: 1 tablete, 2 vezes ao dia

cães médios: 2 tabletes, 2 vezes ao dia

cães grandes: 3 a 4 tabletes, 2 vezes ao dia

Liu Wei Di Huang Wan.[3] Essa é a forma clássica de Rim que nutre o Yin e sangue do Rim, Fígado e Baço. Contém o tônico de sangue e Yin de rehmannia; a erva adstringente cornus, que nutre os fluidos do Fígado e Rim; os tônicos de Qi do Baço. Dioscorea e Poria cocos; e a erva que elimina Calor, Alisma, para regular o Fígado e Rim.

Dosagem: gatos/cães pequenos: 2 pílulas, 1 ou 2 vezes ao dia

cães médios: 4 pílulas, 2 vezes ao dia

cães grandes: 6 pílulas, 2 vezes ao dia

Camomila + Estelária + Gerânio. Essa combinação de ervas ocidentais é usada para aliviar o Vento do Fígado, harmonizar a circulação e umedecer o Yin do corpo. Use internamente como chá ou em tinturas de glicerina, ou externamente como *spray*.

Como chá , use ½ colher de chá de cada erva para meio litro de água. Deixe repousar por 10 minutos.

Dosagem: internamente

gatos/cães pequenos: 1 colher de sopa, 1 a 3 vezes ao dia

cães médios/grandes: 60 ml, 1 a 3 vezes ao dia

Como tintura: 5 gotas de cada erva para 30 ml de água destilada. Use 1 a 3 gotas, 1 a 3 vezes ao dia, dependendo do tamanho do animal.

♦ **Externamente**

Banhos ou *sprays* feitos de chás preto, verde, camomila ou estelária são benéficos para aliviar a coceira e abrandar e nutrir a pele. Os chás ou loções feitos com flores de calêndula também umedecem a pele.

CROSTAS E ODORES

Conforme a intensidade da secura interna aumenta, mais calor se desenvolve dentro do corpo. O fluido e estoques de sangue do Fígado, do Pulmão e do Rim diminuem significantemente, e emerge um calor interno relativo junto com uma inflamação chamada Fogo falso. O animal fica mais agitado e quente ao toque e persiste em lamber, coçar e morder contínua e intensamente, o que produz erupções vermelhas e secas, crostas com sangue e protuberâncias pequenas e vermelhas. À medida que o calor aumenta o animal exsuda um cheiro distinto de "cachorro". Esse odor forte é uma indicação da inabilidade do corpo de umedecer e irrigar com fluidos saudáveis suas partes internas. Conforme seu calor interno aumenta, ele terá mais sede, agitação e irritabilidade. Ele pode procurar alívio do seu calor em um chão frio ou na sombra. Junto com o ofego excessivo (cães), a língua será rosa-escura ou vermelha. Mas como não há fluidos suficientes, ela ficará seca e com pouco revestimento.

As erupções da pele com crostas não são apenas causadas pela condição de secura, mas podem ser resultado de um Fígado superativo, mais do que mal nutrido. Se o Fígado fica comprometido devido às toxinas vindas de alimentação muito enriquecida ou raiva excessiva, ele responde ficando estagnante ou quente (veja Capítulo Quinze, página 315). As crostas são a maneira de o Fígado responder a esses insultos, e assim o animal continua a se coçar freneticamente. Quanto maior o calor interno, pior é o odor.

As variações de humor e a irritabilidade do animal ficarão mais fortes e intensos do que quando há condição de secura deficiente. Quando há mais calor do Fígado vindo de um acúmulo tóxico, a língua é vermelha com revestimento amarelado. É importante distinguir entre as duas condições, porque na condição de Deficiência e secura devem ser usados os alimentos e ervas que nutrem o sangue e resfriam o indivíduo. Se houver muito Calor de Fígado acumulado, o calor precisa ser eliminado antes de qualquer outra medida que possa ajudar.

Em termos ocidentais, todas essas condições de pele são classificadas como dermatite alérgica, alergia a pulgas ou infecções fúngicas e bacterianas. Na MTC são todos estágios contínuos de desequilíbrios criados quando os estoques de sangue são exauridos, ou por uma Deficiência subjacente ou por superaquecimento das toxinas.

◆ Tratamento

O objetivo do tratamento é resfriar o Calor que ascende para a superfície, eliminar o Vento que causa o prurido e fortalecer o Yin para equilibrar a condição original. Devido a intensidade e duração da situação, pode ser um processo lento para reequilibrar todos os órgãos envolvidos.

◆ Acupressão

Vesícula Biliar (VB) 20. Conhecido como "Palácio do Vento", esse ponto é utilizado para eliminar o Vento e acalmar o animal.

Localização e Técnica: Veja página 207.

Intestino Grosso (IG) 11. Conhecido como "Poça Curva", esse ponto elimina calor da parte superior do corpo, e fortalece o sistema imunológico. Pode ser usado com **IG 4**, página 207. É útil quando há coceira com vermelhidão, rachaduras ou crostas, especialmente na parte superior do corpo, vindas tanto de situações de Deficiência, quanto de infecções tóxicas.

Localização: Veja página 211. Segure o ponto ou use movimentos circulares pequenos.

Fígado (F) 2. Conhecido como "Caminhar Entre", esse ponto elimina Calor do canal do Fígado e ajuda a distribuir o Qi e sangue. É usado para o animal que está quente, irritado, com sede e que tem áreas de erupções de pele ao redor do pescoço, da virilha, da região baixa das costas e das pernas.

Localização e Técnica: Veja página 211. Use em conjunção com o **Intestino Grosso 11**, página 211.

Baço (BP) 6. Conhecido como "Encontro dos Três Yin", esse ponto é usado para fortalecer e equilibrar o Yin e sangue.

Localização e Técnica: Veja página 208.

À medida que o calor dissipar do corpo, a pele aparentará mais fria e as crostas começarão a desaparecer. A coceira eventualmente cederá, mas a pele ainda pode aparentar estar seca. Conforme esses sinais de calor vão sendo eliminados, faça os pontos de acupuntura listados acima para secura.

♦ Tratamento com Fitoterapia

Liao Chiao Pai Tu Pien.[4] Essa fórmula é usada para excesso de calor quando há presença de prurido, crostas, agitação, sede e um odor forte de "cachorro". É bom para rachaduras e surgimento agudo de problemas de pele com glândulas inchadas devido ao acúmulo tóxico. Essas ervas que eliminam Calor podem danificar o Qi se forem usadas por longo período de tempo, então, recomendo o uso por não mais de duas semanas. Se ocorrer diarréia, pare com o fitoterápico. Contém Forsythia, Lonicera, Dictamno, Ruibarbo e Gardênia para eliminar Calor; Escutelária para eliminar Calor e umidade; Síler e Cicada para eliminar Vento e Calor; e Peônia vermelha para revigorar o sangue e aliviar a dor pelo inchaço. Não use se o animal estiver gestante.

Dosagem: gatos/cães pequenos: 1/2 tablete, 2 vezes ao dia

cães médios: 1 tablete, 2 vezes ao dia

cães grandes: 2 tabletes, 2 vezes ao dia

Margarite Acne Pills.[5] Essa fórmula elimina Calor interno gerado pela Deficiência de Yin e sangue que causa estagnação de Fígado e padrões de Calor. É benéfica para animais com calor e perdendo pêlo de todo seu corpo, com coceira constante e possui elevações vermelhas ou pequenas crostas, tem odor perceptível, olhos e boca secos, e língua vermelha com pouco revestimento. Contém Margarita e Rehmannia para nutrir o Yin e sangue, Lonicera, Escrofulária, Adenófora, Phellodendron e Ruibarbo para eliminar o calor.

Calêndula + Bardana + Lavanda

Essa combinação de ervas ocidentais limpa o sistema linfático, drena as toxinas do Fígado, umedece o corpo em geral e revigora a circulação.

Calêndula.[6] Essa erva ocidental é usada para resfriar e nutrir a pele. É usada para condições de Vento Calor e Vento Calor com umidade. Limpa os canais de linfa e ajuda a aliviar a coceira.

Bardana.[7] Usada para erupções crônicas de pele de calor interno com prurido, ela dispersa o Vento e amacia a pele. Os chineses conhecem essa erva por Arctium, e tendem a usar o fruto. Profissionais ocidentais usam a planta inteira, inclusive a raiz.

Lavanda. O óleo essencial liberado dessa planta ativa a circulação, resfria a superfície do corpo e elimina as toxinas.

Faça 500 ml de chá das ervas secas, usando 1/2 colher de chá de cada erva e deixando em infusão por 20 minutos. Do chá, use de 1 colher de chá a 1 colher de sopa para um gato ou cão pequeno, até 3 colheres de sopa para um cão médio ou grande, duas vezes ao dia. Caso ocorra micção excessiva, diminua a dosagem pela metade.

♦ Uso Tópico

Faça chás de prunela, flor de calêndula e ceraisto. Deixe esfriar e depois decante em uma garrafa de *spray* ou esponja e use nas áreas afetadas. Pode-se adicionar monarda para aliviar a estagnação da circulação. Pode-se usar também aloe vera gel para resfriar a pele e aliviar o prurido. É benéfico banhar o animal em xampus de aveia coloidal ou xampus à base de Aloe Vera, assim como enxaguar com chá após o banho.

♦ Recomendações Dietéticas

Para pele seca descamante e para condições secas e quentes, alimentos neutros e refrescantes são os melhores. Se o animal tem uma condição de pele seca, o alimento seco deve ser minimizado, pois a maioria das rações secas é rica em gordura e o processo de secagem remove a umidade. As proteínas animais que são refrescantes e neutras incluem ovos, carne de porco sem gordura, mariscos, bacalhau ou peixe-branco, coelho e carne bovina magra. Cereais incluem painço, trigo integral e cevada. Milho e arroz integral são neutros, enquanto o arroz branco é ligeiramente aquecedor. Batatas são neutras, mas têm muitas qualidades Yin, como ser suculenta, já que são raízes que crescem sob o solo tanto em clima frio quanto em clima quente.[8] Vegetais refrescantes são: espinafre, brócolis, aipo, cogumelos, feijão-mungo e abóboras. Vegetais neutros são: cenoura e feijão-de-corda.

PRURIDO, EXSUDATO E ODOR

O animal tem cheiro de meias velhas de ginástica? Ele deixa sangue ou manchas grudentas em sua cama ou no sofá? Ele tem descamações grossas e amarelo-amarronzadas? Essas são indicações de que o animal está sofrendo de calor-Vento-umidade, com o componente adicional do Baço/Pâncreas sendo parte do problema.

No Sistema dos Cinco Elementos, o Fígado controla o Baço/Pâncreas e o Baço/Pâncreas controla o Rim. Os rins mantêm o Fígado úmido, enquanto os Pulmões ajudam a manter a umidade do Rim.

Com erupções de pele pruriginosas e que exsudam, como úlceras de pele, descamações úmidas e grossas, prurido intenso e odor de mofo, quatro dos cinco sistemas de órgãos estão envolvidos: Rim, Fígado, Baço/Pâncreas e pulmões. A medicina ocidental trata essas condições com cortisona e antibióticos. As coisas ficam tão complexas nesse ponto, que é difícil saber por onde começar. Felizmente, os órgãos, em si, ainda não estão comprometidos. Ao invés disso, eles estão empurrando todos os seus desequilíbrios para superfície onde podem ser identificados e tratados.

Outros exemplos de Calor-Vento-Umidade na pele são: infecção crônica por estafilococos, espinhas, verrugas, rachaduras que são vermelhas ou arroxeadas, erupções com pus, infecções fúngicas, psoríase e eczema.

Nesse momento, você e o animal sentem-se tristes. Ele quer ser consolado e acariciado, mas você está um pouco hesitante porque não é muito agradável fazer isso. O apetite varia entre voraz e inexistente. O Baço/Pâncreas é responsável pela fabricação de Qi e sangue do alimento, e se o Baço está comprometido, a digestão fica parada, causando timpanismo, gás ou vômito. Isso faz com que o animal não queira comer já que sente tanto mal-estar. Mais tarde, ele fica com muita fome, mas não se sente satisfeito porque seu corpo está incapacitado de absorver os nutrientes do alimento. Isso torna o animal letárgico.

♦ **Tratamento**

O objetivo do tratamento é ativar o sangue para eliminar a estagnação, eliminar Calor, secar a Umidade e aliviar o Vento. Após tratar a pele, deve-se ter atenção no reequilíbrio e harmonização do Fígado e Baço.

♦ **Acupressão**

Vaso Governador (VG) 14. Conhecido como "Grande Vértebra", esse ponto elimina o Vento e aumenta o Yang para diminuir a estagnação. Também ajuda a acalmar a mente, para que o animal não fique tão agitado e frenético.

Localização: Veja página 222. Use movimento moderado para frente e para trás com a ponta do dedo.

Intestino Grosso (IG) 11. Conhecido como "Poça Curva", esse ponto é usado para eliminar Calor e Vento.

Localização e Técnica: Veja página 211.

Bexiga (B) 40. Conhecido como "Comissão do Meio", esse ponto alivia o Calor da parte inferior do corpo e aumenta a circulação para as pernas traseiras.

Localização: Veja página 313. Segure o ponto ou use movimento circular moderado.

Baço (BP) 6. Conhecido como "Encontro dos Três Yin", esse ponto regula a umidade do corpo. É bom para todas as erupções descamantes com ou sem exsudato. É bom para rachaduras que são arroxeadas quando usado junto com o **Baço 10** abaixo.

Localização e Técnica: Veja página 208.

Baço (BP) 10. Conhecido como "Mar de Sangue", esse ponto harmoniza e nutre o sangue e o Qi. Também resfria o calor e é bom para rachaduras e erupções descamantes e quentes. Use com o **Baço 6**, acima.

Localização: Na parte interna da coxa, acima do joelho, na protuberância do músculo largo, o vasto medial. Como é difícil explicar a localização exata, massagem circular na parte interna da coxa, próximo ao joelho, deve incluir o ponto.

♦ **Tratamento com Fitoterapia**

Lung Tan Xie Gan Pill.[9] Essa combinação limpa a Vesícula Biliar e o Fígado e é benéfico nas erupções úmidas e rachaduras.

Contém Gentiana, Gardênia, Tanchagem, Alisma, Escutelária para eliminar Calor e Umidade; Bupleuro para limpar o Fígado; Clêmatis para aliviar a coceira pelo Vento; Dang Gui e Rehmannia para nutrir o sangue e o Yin; e Alcaçuz para suporte do Qi.

Dosagem: gatos/cães pequenos: 1/2 tablete a 2 pílulas, 2 vezes ao dia

cães médios: 3 pílulas, 2 vezes ao dia

cães grandes: 4 pílulas, 2 vezes ao dia

Yellow Dock (*Rumex crispus*) + Red Root (*Ceanothus americanus*) + Camomila

Essa combinação de ervas ocidentais resfria e limpa o Fígado, alivia a coceira pelo Vento, drena o sistema linfático e umidade, acalma o espírito e ajuda o Qi do Baço.

Yellow Dock.[10] Usada em erupções de pele, especialmente em torno do pescoço, e erupções causadas por calor interno do Fígado.

Red Root.[10] Usada para drenar linfa na parte inferior do corpo, para ajudar a eliminar Umidade e para aliviar Calor e estagnação.

Camomila. Junto com suas habilidades anti-sépticas e eliminadoras de calor e umidade, a camomila relaxa a tensão e acalma o espírito, o que ajuda a parar o prurido.

Misture 5 gotas de cada tintura em 30 ml de água destilada.

Dosagem: gatos/cães pequenos: 1 conta-gotas, 2 ou 3 vezes ao dia

cães médios: 2 conta-gotas, 2 ou 3 vezes ao dia

cães grandes: 3 conta-gotas, 2 ou 3 vezes ao dia

Thuja occidentalis.[11] É boa para dermatofitose e infecções fúngicas que são descamantes e pruriginosas, úmidas e vermelhas no centro e secas ao redor das bordas circulares. Também é boa para erupções de calor, irritadiças. Use por até duas semanas. Se houver surgimento de micção irritável, descontinue a erva. Dilua 10 a 15 gotas em 30 ml de água destilada.

Dosagem: gatos/cães pequenos: 1 conta-gotas, 1 ou 2 vezes ao dia
cães médios: 2 conta-gotas, 1 ou 2 vezes ao dia
cães grandes: 3 conta-gotas, 1 ou 2 vezes ao dia

♦ Uso Tópico

Grindélia esquarrosa.[12] Faça um chá da planta fresca, esfrie bem e use para enxaguar as erupções escamosas e pruriginosas. É, especialmente, boa para hera venenosa.

Tanchagem.[13] Use folhas frescas ou secas para fazer chá, esfrie bem e use para enxágüe. Elimina as toxinas e diminui a inflamação.

Calêndula. Faça um chá da tintura ou das flores, usando 30 gotas para 1 xícara com água fervente. Esfrie bem e passe com uma esponja nas áreas afetadas.

Hidraste. Use a raiz em pó e pulverize nas feridas com exsudato e úmidas, ou faça uma pasta com água e passe nas áreas afetadas.

Hamamélis. Dilua 40 gotas da tintura em 500 ml de água, decante em uma garrafa *spray* e borrife nas áreas afetadas.

♦ Recomendações Dietéticas

Como o Baço, assim como o Fígado, Pulmão e Rim estão envolvidos com as condições de Vento Calor Umidade, alimentos refrescantes são usados apenas em pequenas quantidades, pois criam mais problemas com a umidade e o Baço/Pâncreas. Quando há umidade, existe uma tendência para as coisas afundarem, estagnarem e causarem diarréia e timpanismo. Misture um quarto de alimentos refrescantes (listados na página 118) com alimentos que são neutros e aquecedores para ajudar a restaurar a função do Baço em circular o sangue e linfa.

Para proteína animal, escolha carne bovina, de coelho e de frango. O importante é usar menos proteína animal, pois pode criar excesso de Calor interno. Pequena quantidade de peixe-cavalo é benéfica, pois seca a Umidade e ajuda o Baço.[12] Evite ou limite peru, camarão e outros mariscos, salmão, ovos, e laticínios, pois esses alimentos podem gerar mais calor e umidade. Os cereais devem ser arroz, milho ou aveia. Vegetais podem incluir cenoura, abobrinha, couve e brócolis.

ECZEMAS

Eczemas são áreas de calor estagnante que emergem para a superfície do corpo. São, geralmente, úmidas, mas podem ser secas, às vezes. Elas surgem repentinamente, deixando o animal em um frenesi de lamber ou morder. O cheiro invade seu nariz quase imediatamente. Abaixo do pêlo, você encontrará uma casca rodeada por uma sujeira amarelada e grudenta. A área é tão delicada que o animal, às vezes, se recusa de deixar você olhá-la ou tratá-la topicamente. Às vezes, não há pus, mas, ao invés disso, há um tipo de úlcera com sangue.

Eczemas úmidos e pegajosos são causados por Calor Vento Umidade. Os que aparecem inflamados, ulcerados e sangrentos são causados por Vento Calor.

Atente-se do local onde os eczemas surgem, depois tente identificar o meridiano ou articulação associada. Eczemas, normalmente, aparecem onde o corpo está fraco e a circulação presa. Eczemas ao longo das patas da frente podem corresponder a dor na região do pescoço, enquanto os que aparecem nas patas traseiras podem se referir à dos quadris ou região lombar. Esses pontos corresponderão aos meridianos que estão associados à área. Dessa forma, você pode traçar a origem possível do problema. Eczemas no lado esquerdo da parte inferior do corpo podem se referir à dor no cólon. Os que surgem do lado direito podem indicar dor no Intestino Delgado. Em muitos casos, estão em áreas onde o animal já tem dor, como em torno dos quadris, tornozelos, joelhos, cotovelos ou punhos. Trate o eczema, mas procure a causa subjacente para tratá-la.

♦ Tratamento de Acupressão para Eczemas

O objetivo do tratamento é eliminar Calor Umidade, extinguir o Vento que causa o prurido e fortalecer a circulação. Acupressão atrás das orelhas na **Vesícula Biliar 20**, página 207, ou em frente dos ombros no **Vaso Governador 14**, página 222, junto com o **Intestino Grosso 11**, nos cotovelos, página 211, e **Bexiga 40** atrás dos joelhos, página 313, normalmente, ajudarão a aliviar temporariamente o calor e dor para que você possa chegar à área do eczema e tratá-la.

♦ Tratamento com Fitoterapia

Corte o pêlo cuidadosamente, retirando-o da área, expondo o "ponto". Como é muito delicada, às vezes, é mais fácil borrifar ou pulverizar algo na área, do que aplicar um creme ou loção diretamente. Use *sprays* feito de chás de tanchagem, chá preto, verde ou camomila, esfrie na temperatura ambiente. Faça isso quantas vezes o animal permitir para que a área possa ser limpa com as soluções. Siga com a mistura de ervas secas colocadas em um saleiro para que você possa pulverizá-las na área como uma cobertura. Use Equinácea ou hidraste em pó misturados com um pouco de tomilho e manjericão em pó, que ajuda a dispersar a estagnação e a resfriar Calor e Umidade. Se o Eczema for seco, use Aloe Vera gel com uma gota de óleo de melaleuca ou de lavanda misturado junto. Existem preparações comerciais contendo essa combinação, disponíveis em lojas de alimentos naturais. À medida que o eczema vai curando, você pode usar as soluções de tanchagem e calêndula para lavar e abrandar as áreas afetadas.

Você também pode usar suco de pepinos para refrescar o eczema, e depois água de limão feita de limão descascado mergulhado em meio litro de água ou chá preto.

♦ Recomendações Dietéticas

Consulte o Capítulo Sete, páginas 115-118, 136, para escolher os alimentos que resfriam e eliminam Calor. Adicione arroz integral muito bem cozido ou batata cozida à dieta para eliminar toxinas e resfriar o Calor. Feijão-mungo cozido refresca o sistema[13] e o repolho ajuda a circulação.

Tratamento tópico e dietético, normalmente, é suficiente para eliminar a maioria dos eczemas. Entretanto, se houver algum que não melhore, consulte seu veterinário.

FERIDAS, SANGRAMENTO E MORDIDAS

A Medicina Tradicional Chinesa usa ervas que ativam o sangue para que pare o sangramento. Uma prescrição famosa que foi usada na guerra do Vietnã para parar sangramentos dos ferimentos por bala é de uma raiz de Pseudoginseng, a erva patenteada **Yunnan Pai Yao**.[14] É usada tanto para sangramentos internos quanto externos. Acho que é benéfica nas lacerações de língua onde o animal tem sangramento profuso saindo pela boca por ter mordido um objeto afiado, normalmente, enquanto vasculhava por comida.

Yunnan Pai Yao vem em pequenos frascos de pó, junto com uma pequena pílula vermelha no topo de cada frasco. O pó pode ser espalhado diretamente sobre a ferida. A princípio, a ferida vai parecer que está sangrando mais, mas o sangue é um vermelho mais claro. Esse é o aspecto revigorante da erva que traz sangue novo para a área. Espere alguns minutos e pulverize novamente. Logo o sangramento começará a diminuir e, eventualmente, cessará. Para sangramento mais severo, use essa erva internamente no seu caminho ao veterinário.

Dosagem: gatos/cães pequenos: cápsula n° 1 (1/8 colher de chá)

cães médios/grandes: cápsula n° 00 (1/2 colher de chá)

Tem sabor muito amargo, então, tente encapsular o pó, a não ser que esteja usando para lacerações na língua.

Mil-Folhas.[15] Use o topo florescido internamente como um chá forte, e externamente como cataplasma para cortes profundos. Também é boa para verrugas de sangue que começam a sangrar ou hematomas auriculares que preenchem o pavilhão auricular continuamente. Use externamente como compressa. Como chá, use de 1 a 3 conta-gotas, três vezes ao dia, dependendo do tamanho do animal. Energeticamente a erva trabalha como um ativador de sangue e adstringente.

Urtiga.[16] Usada para sangramentos nasais. Faça um chá forte, esfrie bem e use com um conta-gotas para colocar no nariz. Use internamente, 1 a 3 conta-gotas a cada 2 horas, na quantidade de três doses. Depois, siga o tratamento para fortalecer o sangue, pois sangramento nasal, normalmente, é uma conseqüência de problemas subjacentes de Baço, Fígado e Rim.

Casca e Folhas de Carvalho.[17] A casca é benéfica para sangramento intestinal e para cortes e abrasões. Contém tanino que ajuda na coagulação e desinfecção. Para picadas de insetos, mastigue as folhas frescas para liberar as enzimas, e coloque na região da picada.

Tanchagem. Para picadas de insetos ou feridas de picadas, use tanto as folhas frescas mascadas ou a planta seca mergulhada em água quente. Use para enxaguar ou como cataplasma, colocando a erva umedecida em uma gaze e faça compressas nas áreas afetadas.

ABSCESSOS E FERIDAS POR PICADAS

Limpe a área com água oxigenada, que trará oxigênio para a área. Faça compressa com chá de tanchagem três a quatro vezes ao dia durante dois ou três dias. Isso elimina as toxinas e ajuda a manter a ferida aberta. Internamente, use tintura de echinacea ou úsnea[18], na quantidade de 15 gotas para 30 ml de água destilada. Podem ser dadas na dosagem de 1 a 3 conta-gotas três vezes ao dia. A úsnea age como penicilina.

Durante as fases iniciais das feridas por picadas, não use hidraste ou calêndula topicamente, pois eles tendem a curar o tecido rapidamente. Os abscessos de picadas profundos, são os que têm o topo da pele curado antes do tecido subjacente. Isso fecha a ferida, deixando-a sem oxigênio, e as bactérias se acumulam criando uma bolsa de infecção.

Uma vez que a infecção se instala, é imperativo trazê-la para cima a fim de liberar as toxinas. Se não puder levar para o veterinário, use água morna com sal ou compressas de sal amargo quatro a cinco vezes diariamente, para ajudar a abrir a bolsa. Internamente use echinacea, úsnea ou salgueiro nas quantidades indicadas. Os abscessos que causam febre e acúmulo tóxico podem virar situações de emergência, especialmente, se a localização da ferida é próxima da cabeça. Então, se a situação piorar leve o animal para o veterinário.

Quando o abscesso abrir, lavar e limpar com soluções de calêndula e depois tratar com pomada de calêndula, que curará a ferida.

PROBLEMAS DE PULGA

Muitos problemas de pele são associados a "alergias a pulga". Profissionais holísticos acreditam que um animal como indivíduo tem que estar em uma condição vulnerável ou suscetível para ter alergia a pulgas.

Na Medicina Tradicional Chinesa, isso significa que, normalmente, há uma deficiência de sangue subjacente do Fígado ou Rim que permite que se desenvolva estagnação, Calor e Vento. Fortalecer o animal usando as diretrizes acima, junto com os suplementos nutricionais listados no final dessa seção, será de grande ajuda no alívio das reações alérgicas. Comer uma dieta saudável, que inclui alho, repolho e cenoura, ajuda a limpar e fortalecer o Fígado.

Certamente, o controle da população de pulgas é parte do programa. O que quero dizer aqui é que, a não ser que o indivíduo esteja totalmente infestado de pulgas, uma condição de "alergia a pulgas" não é só do parasita. Ela ocorre em animais que possuem uma desordem subjacente. É por isso que algumas alergias a pulga continuam mesmo quando não há mais pulgas.

Recomendo aspirar o local regularmente junto com o uso de piretrina em pó. Existem vários tipos de pós de bórax no mercado que também foram comprovados ser efetivos no controle de pulgas. Veja com seu veterinário holístico local.

Para uso tópico, extratos de plantas como óleos de cedro, melaleuca, eucalipto, lavanda e citronela são benéficos para espantar as pulgas. Misture 10 gotas de qualquer um desses óleos em 1 colher de sopa de azeite de oliva e adicione 1 xícara de água morna, agite e borrife no animal.

♦ **Suplementos Nutricionais**

Vitamina C, como ascorbato de sódio:

gatos/cães pequenos: 250 mg

cães médios/grandes: acima de 1.500 mg

Divida em duas doses diárias. Reduza a dosagem caso ocorra diarréia.

Bioflavonóides + Quercetina. Ajudam a absorver vitamina C e a diminuir os sintomas alérgicos.

gatos/cães pequenos: 1/4 da dosagem humana

cães médios/grandes: 1/2 da dosagem humana

Vitamina E, como um antiinflamatório:

gatos/cães pequenos: 50 UI diariamente

cães médios: 200 UI diariamente

cães grandes: 400 UI diariamente

Vitamina A, como óleo de Fígado de bacalhau: 1/2 a 1 colher de chá, em dias alternados.

Algas Marinhas, para traço mineral

gatos/cães pequenos: 1/4 colher de chá, diariamente

cães médios/grandes: 1 colher de chá, diariamente

Alfafa por seu conteúdo de enzimas e vitaminas:

gatos/cães pequenos: 1/4 colher de chá, diariamente

cães médios/grandes: 1 colher de chá, diariamente

Enzimas Pancreáticas, de fontes de plantas como papaia. Elas ajudam a quebrar as proteínas em aminoácidos e ajudam a digestão e a minimizar os efeitos das alergias a alimento.

gatos/cães pequenos: 1/8 a 1/4 colher de chá, por refeição

cães médios/grandes: 1/2 a 3/4 colher de chá, por refeição

Co-Q 10. Uma enzima celular que ajuda a aliviar alergias.

gatos/cães pequenos: 10 mg a 20 mg, diariamente

cães médios/grandes: acima de 50 mg, diariamente

Notas Finais

1. Naeser, Margaret A., PhD. *Outline Guide to Chinese Herbal Patent Medicines in Pill Form.* (Boston MA: Chinese Medicine, 1990), 138.

2, 3, 4, 5, 9, 14. Fratkin, Jake. *Chinese Herbal Patent Formulas.* (Boulder, CO: Shya Publications, 1986), 182, 208, 83, 80, 82, 133.

6, 11, 12, 18. Jones, Feather. *Turtle Island Herbs Professional Guide.* Boulder, CO, 1990.

7, 10, 13, 16. Moore, Michael. *Medicinal Plants of the Mountain West.* (Santa Fe, NM: Museum of New Mexico Press, 1980), 143, 164, 129, 114.

8, 12. Pitchford, Paul. *Healing with Whole Foods.* (Berkeley, CA: North Atlantic Press, 1993), 116.

14. Lu, Henry C. *Chinese System of Food Cures.* (New York: Sterling Publishing Co., Inc., 1986), 14.

15, 17. Wood, Matthew. Palestras de Fitoterapia, Batesville, IN, 1994.

CAPÍTULO VINTE E UM

O Sistema Imunológico e Glândulas

As GLÂNDULAS DO CORPO REGULAM a temperatura interna, digestão, função sexual, hormônios, metabolismo e imunidade. Agem como um câmbio que intermedia com precisão uma máquina muito complexa. Se houver qualquer mau funcionamento ou desequilíbrio entre eles, uma cascata de ventos ocorre levando a doenças sérias.

As glândulas incluem as tonsilas, glândulas salivares, timo, tireóide, adrenais, pituitária, ovários, próstata, pâncreas e linfonodos. Na Medicina Tradicional Chinesa, a saúde, equilíbrio e regulação das glândulas estão primariamente sob os auspícios do Yang do Rim e do Triplo Aquecedor. O Yang do Rim é o "aspecto Fogo do Rim", enquanto o Triplo Aquecedor é um dos meridianos do elemento Fogo. O Yang do Rim é um filho da Essência do Rim ou Jing que governa o sistema imune subjacente que é determinado desde o nascimento (veja Capítulo Dezessete, página 355). O Triplo Aquecedor age como administrador do corpo, regulando e supervisionando a circulação suave de fluidos e Qi entre os três aquecedores ou compartimentos do corpo. Os três compartimentos são o tórax, o abdômen médio e o abdômen inferior (veja o meridiano do Triplo Aquecedor, página 37). O Triplo Aquecedor desempenha um papel na regulação dos hormônios, assim como direciona o Wei Qi, que é a primeira linha do sistema imune do corpo. O Wei Qi circula logo abaixo da superfície do corpo, segurando o excesso ambiental de vento, calor, frio, bactéria e vírus. O Triplo Aquecedor está associado às tonsilas.

Os Pulmões e Baço/Pâncreas auxiliam o Rim e o Triplo Aquecedor. Quando existe um desequilíbrio em qualquer um desses quatro sistemas de órgãos, invariavelmente, afeta o Fígado cujo trabalho de suavizar o fluxo de Qi e sangue permeia o trabalho de todos os sistemas de órgãos. Isso significa que o sistema imune, como conhecemos em termos ocidentais, inclui todos os Cinco Elementos da Medicina Tradicional Chinesa.

Como o sistema imunológico afeta todos os elementos no corpo, é intimamente vinculada ao indivíduo a sua vitalidade geral ou Qi. Um Qi enfraquecido tem impacto imediato no sistema imunológico. Como o Qi é derivado do Jing do Rim herdado do alimento que comemos (Qi do Baço) e do ar que respiramos (Qi do Pulmão), a suscetibilidade a doenças aumenta se o Qi é fraco. Como o Qi circula o sangue e a linfa, é fácil ver que o sistema imune falho afeta o corpo em um nível profundo, tanto no ponto de vista ocidental quanto no oriental.

Todos sabem o que é o sangue. Mas o que é linfa? A linfa carrega os glóbulos brancos e substâncias que auxiliam na digestão e executam a tarefa de limpeza tóxica por todo o corpo. O sistema linfático tem seus próprios vasos que possuem trajeto bem próximo aos vasos sanguíneos regulares.

O preço que todos nós pagamos pela tecnologia é a poluição altamente tecnológica na água, no solo, no ar e nos alimentos. Cada um desses poluentes pode afetar adversamente o sistema imunológico e glândulas, criando uma mudança constante na manutenção da saúde. Nessa seção, veremos a tireóide e o sistema linfático e como eles estão ligados a diferentes tipos de câncer nos animais.

A TIREÓIDE

A glândula tireóide controla a taxa de metabolismo do corpo. Ela ajuda a controlar a taxa cardíaca, de digestão, de mobilidade e remoção de resíduos através do trato digestivo, de renovação das células da pele e da temperatura interna. Ela se situa em ambos os lados do pescoço, próximo à laringe ou o que é nos humanos o pomo de

Adão. Dois desequilíbrios básicos ocorrem na tireóide – a hipofunção, que é conhecida como **hipotireoidismo**, ou sua hiperfunção, que é conhecida por **hipertireoidismo**. Ambas as condições podem se instalar devido a um mau funcionamento do Yang do Rim, do Baço/Pâncreas ou do Triplo Aquecedor.

A condição de hipertireoidismo inclui também aspectos de disfunção e super-reatividade do Fígado.

Quando o alimento entra no Estômago de um animal com **hipotireoidismo**, cujo metabolismo está mais lento, ele pode ficar no Estômago por várias horas até que sucos digestivos suficientes estejam presentes para movê-lo ao longo do trato intestinal. O restante que sobra fica ali por mais tempo que deveria porque a baixa energia do animal e o tônus muscular deficiente não conseguem expelir esse resto facilmente.

Esse é um quadro totalmente diferente daquele no qual o alimento entra no Estômago de um animal com hipertireoidismo. É como se o alimento estivesse de rodinhas. Ele passa através do Estômago tão rapidamente que quase não há tempo para o ácido hidroclorídrico chegar até ele. À medida que atravessa o sistema em alta velocidade, apenas parte dele é digerida, absorvida ou utilizada. Quando o alimento chega ao intestino grosso, grande parte dele ainda está intacta, arrastando o muco junto com outros pedaços de alimento não digerido. Fezes não processadas saem do corpo jorrando como se tivessem passado pelo intestino em alta velocidade.

Simplificando, o hipotireoidismo é uma condição onde o Yang do Rim, conhecido como o "Fogo do Portal da Vida", não pode gerar ação suficiente para aquecer o corpo. O hipertireoidismo, por outro lado, é uma condição onde o "Fogo do Portal da Vida" opera em grande velocidade todo o tempo e vai se queimando.

◆ Problema de Hipotireoidismo

Se a tireóide entra em disfunção, o animal fica facilmente cansado. Sua pele seca e descama e seu pêlo cai em grande quantidade. Ele pode ficar com a pele espessa, solta e escurecida, sobretudo flácida em torno da base da cauda. A maioria dos animais com condição de hipotireoidismo parece ganhar peso só de olhar para sua comida. Devido a sua falta de "força", ele fica com latido rouco ou fraco, libido diminuída ou inabilidade de conceber, constipação e aversão ao clima frio. Como a tireóide situa-se na parte superior do corpo, tem relação próxima com os pulmões e defende a primeira linha do sistema imunológico. A medicina ocidental tem, recentemente, relacionado algumas disfunções do sistema imunológico com o baixo funcionamento da tireóide. O hipotireoidismo, normalmente, ocorre em animais de meia-idade, mas pode ocorrer em animais mais jovens, de raça pura, principalmente, o Golden Retriever, Dachshund e Doberman.

♦ Tratamento

Como a condição de hipotireoidismo é considerada uma condição de Deficiência e Frio, o objetivo do tratamento é aquecer o Yang do Rim e fortalecer o Qi e o Sangue. Como o Qi e o Yang são aquecidos e mantêm a linfa, sangue e digestão se movendo, sustentar esses aspectos ajudam a acelerar o metabolismo e sustentar a tireóide.

Para a tireóide ligeiramente baixa, acupressão, fitoterapia e dieta podem ser tudo que é necessário para fazer a tireóide começar a funcionar mais rapidamente. Para desordens mais sérias, o veterinário prescreverá uma medicação, geralmente, uma forma de tireóide sintética. Você pode suplementar esse tratamento adicionando terapias alternativas. Lembre-se de que apenas dar a tireóide não necessariamente ajuda a condição básica, que é a lentidão e Frio no Rim, Baço/Pâncreas e Triplo Aquecedor.

♦ Tratamento de Acupressão para Problemas de Hipotireoidismo

Rim (R) 7. Conhecido como "Esconder e Permanaecer", esse ponto regula o Yang e Qi do Rim.

Localização e Técnica: Veja página 372.

Vaso Concepção (VC) 6. Conhecido como "Mar do Qi", esse ponto fortalece os Rins, o Qi do Baço e o Yang do corpo, incluindo o Qi do Triplo Aquecedor.

Localização: Na linha média abdominal entre o umbigo e a pelve. Se for traçada metade dessa distância, esse ponto está localizado cerca de um centímetro acima do meio caminho. Sem o conhecimento anatômico exato, será difícil você localizar o ponto precisamente. Massagear ao longo do terço médio da linha média, entre o umbigo e a pelve, assegurará que você tratou o ponto.

Bexiga (B) 22. Conhecido como "Ponto do Triplo Aquecedor", esse é o ponto de associação do Triplo Aquecedor e é usado para equilibrar as funções desse meridiano.

Localização: Nas depressões dos músculos em ambos os lados da coluna, entre a primeira e segunda vértebras lombares. Segure o ponto.

Estômago (E) 36. Conhecido como "Três Distâncias dos Pés", esse ponto fortalece o Qi do corpo e direciona a digestão e o sangue.

Localização e Técnica: Veja página 280.

Bexiga (B) 13. Conhecido como "Ponto do Pulmão", esse é o ponto de associação do Pulmão e ajudará a fortalecer a parte superior do corpo.

Localização e Técnica: Veja página 229.

♦ Tratamento com Fitoterapia

Alfafa. Com suas oito enzimas digestivas,[1] essa erva ocidental sustenta o Qi digestivo e o metabolismo do corpo.

Dosagem, como pó:

>   gatos/cães pequenos: 1/4 colher de chá, 2 vezes ao dia
>   cães médios: 1/2 colher de chá, 2 vezes ao dia
>   cães grandes: 3/4 colher de chá, 2 vezes ao dia

Funcho. Essa erva ocidental sustenta o Yang e Qi do Rim e ajuda o Estômago e Yang do Baço transformar e transportar o alimento no sistema digestivo que está estagnante e lento. Dilua 10 gotas em 30 ml de água destilada.

Dosagem, como tintura:

> gatos/cães pequenos: 1 conta-gotas, diariamente
>
> cães médios: 2 conta-gotas, diariamente
>
> cães grandes: 3 conta-gotas, diariamente

Aveia.[2] Essa é uma erva tônica que é aquecedora para o Yang do Rim e do Baço, e ajuda na Deficiência de Sangue e Qi.

♦ Suplementos Nutricionais

Vitamina C em doses moderadas, pois doses altas podem interferir com a produção de hormônio da tireóide.

> gatos/cães pequenos: 125 mg, 2 vezes ao dia
>
> cães médios/grandes: 250 mg a 500 mg, 2 vezes ao dia

Complexo B, de uma fonte de levedura nutricional, para auxiliar no metabolismo celular.

> gatos/cães pequenos: 1/2 colher de chá, diariamente
>
> cães médios/grandes: acima de 2 colheres de chá, diariamente

Ácidos Graxos Essenciais, devido ao seu suporte ao sistema imunológico, pois a tireóide lenta mantém o Wei Qi baixo para combater as infecções.

> gatos/cães pequenos: 1/4 da dosagem humana
>
> cães médios: 1/2 da dosagem humana
>
> cães grandes: dosagem humana

Kelp em pó ou Irish Moss (*Chondrus crispus*), devido ao seu conteúdo de iodo e traços minerais:

> gatos/cães pequenos: 1/2 colher de chá, diariamente
>
> cães médios/grandes: até 1 colher de chá, diariamente

Localização: Na linha média abdominal entre o umbigo e a pelve. Se for traçada metade dessa distância, esse ponto está localizado cerca de um centímetro acima do meio caminho. Sem o conhecimento anatômico exato, será difícil você localizar o ponto precisamente. Massagear ao longo do terço médio da linha média, entre o umbigo e a pelve, assegurará que você tratou o ponto.

Bexiga (B) 22. Conhecido como "Ponto do Triplo Aquecedor", esse é o ponto de associação do Triplo Aquecedor e é usado para equilibrar as funções desse meridiano.

Localização: Nas depressões dos músculos em ambos os lados da coluna, entre a primeira e segunda vértebras lombares. Segure o ponto.

Estômago (E) 36. Conhecido como "Três Distâncias dos Pés", esse ponto fortalece o Qi do corpo e direciona a digestão e o sangue.

Localização e Técnica: Veja página 280.

Bexiga (B) 13. Conhecido como "Ponto do Pulmão", esse é o ponto de associação do Pulmão e ajudará a fortalecer a parte superior do corpo.

Localização e Técnica: Veja página 229.

♦ Tratamento com Fitoterapia

Alfafa. Com suas oito enzimas digestivas,[1] essa erva ocidental sustenta o Qi digestivo e o metabolismo do corpo.

Dosagem, como pó:

gatos/cães pequenos: 1/4 colher de chá, 2 vezes ao dia

cães médios: 1/2 colher de chá, 2 vezes ao dia

cães grandes: 3/4 colher de chá, 2 vezes ao dia

Funcho. Essa erva ocidental sustenta o Yang e Qi do Rim e ajuda o Estômago e Yang do Baço transformar e transportar o alimento no sistema digestivo que está estagnante e lento. Dilua 10 gotas em 30 ml de água destilada.

Dosagem, como tintura:

> gatos/cães pequenos: 1 conta-gotas, diariamente
> cães médios: 2 conta-gotas, diariamente
> cães grandes: 3 conta-gotas, diariamente

Aveia.[2] Essa é uma erva tônica que é aquecedora para o Yang do Rim e do Baço, e ajuda na Deficiência de Sangue e Qi.

◆ Suplementos Nutricionais

Vitamina C em doses moderadas, pois doses altas podem interferir com a produção de hormônio da tireóide.

> gatos/cães pequenos: 125 mg, 2 vezes ao dia
> cães médios/grandes: 250 mg a 500 mg, 2 vezes ao dia

Complexo B, de uma fonte de levedura nutricional, para auxiliar no metabolismo celular.

> gatos/cães pequenos: 1/2 colher de chá, diariamente
> cães médios/grandes: acima de 2 colheres de chá, diariamente

Ácidos Graxos Essenciais, devido ao seu suporte ao sistema imunológico, pois a tireóide lenta mantém o Wei Qi baixo para combater as infecções.

> gatos/cães pequenos: 1/4 da dosagem humana
> cães médios: 1/2 da dosagem humana
> cães grandes: dosagem humana

Kelp em pó ou Irish Moss (*Chondrus crispus*), devido ao seu conteúdo de iodo e traços minerais:

> gatos/cães pequenos: 1/2 colher de chá, diariamente
> cães médios/grandes: até 1 colher de chá, diariamente

Vitamina E: 50 UI a 400 UI diariamente.

Salsa, fresca: até 2 colheres de sopa diariamente.

Microalga: devido ao conteúdo de traços de clorofila para aumentar o metabolismo celular.

> gatos/cães pequenos: 1/8 a 1/4 colher de chá, diariamente com alimento
>
> cães médios/grandes: 1/2 a 3/4 colher de chá, diariamente com alimento

Óleo de Fígado de Bacalhau, como fonte de óleo de peixe com ômega-3, e **vitamina A** pré-formada. Os indivíduos com a tireóide deficiente podem não ter capacidade de converter betacaroteno em vitamina A.

> gatos/cães pequenos: 1/2 colher de chá, diariamente com alimento
>
> cães médios: 3/4 colher de chá, diariamente com alimento
>
> cães grandes: 1 a 1 1/2 colher de chá, diariamente com alimento

♦ Recomendações Dietéticas

Como essa é uma condição lenta e, possivelmente, úmida e fria, alimentos que são neutros ou aquecedores para o Baço e Rim são benéficos. Escolha entre as proteínas animais de frango, Fígado de frango, cordeiro, carne bovina, atum, salmão, arenque e mexilhões. Arroz integral, milho, batatas, abobrinha, couve e repolho são neutros ou aquecedores. Pode-se adicionar alho para aumentar a vitalidade. Temperos como gengibre, açafrão, alecrim, pimenta cayenna, canela e manjericão podem ser usados para fortalecer o Qi e Yang. Evite tofu e painço, pois esses podem introduzir mais Frio e Umidade. Como os indivíduos com hipotireoidismo são, normalmente, acima do peso, pequenas porções de alimentos integrais nutritivos são a melhor opção.

◆ Problema de Hipertireoidismo

Essa condição, que afeta principalmente os gatos, ocorre quando há um excesso subjacente de calor e a glândula tireóide fica acelerada. Ela aumenta a temperatura do corpo, o batimento cardíaco, e a taxa de alimento que transita no trato intestinal. Quando isso ocorre, o alimento não tem tempo de ser absorvido e o gato perde peso. Normalmente, surge diarréia aquosa, com odor forte e ofensivo e, às vezes, há muco nas fezes. Pode haver também vômito se o Estômago estiver sendo superativado. O gato pode não querer comer, ou seu apetite pode ter se tornado seletivo e anormal na tentativa de preencher o vazio criado pela má absorção de alimento.

Jerry é um gato preto e branco que antes estava ligeiramente acima do peso. No verão passado, durante uma onda de calor, aconteceu algo que modificou seu metabolismo. Parece ter coincidido com a chegada de um novo gato no quarteirão que começou a provocá-lo. A princípio, Jerry ficou bravo, mas o novo gato era um terror e Jerry recuou, sentindo-se ansioso e frustrado. Ele não podia sair para suas caçadas favoritas porque tinha medo do novo gato aparecer e brigar com ele. Isso fez com que o Coração de Jerry acelerasse devido à ansiedade e medo.

Desde o verão, o batimento cardíaco acelerado do Jerry tornou-se muito pior. Seu Coração batia tão intensamente que seu dono podia senti-lo através da parede do tórax. Isso fez com que o gato se tornasse super-sensível ao ser carregado, e ele não gostava mais de se sentar no colo de seu dono. Estava ansioso e desconfortável o tempo todo. Não se sentava mais no sol, pois ficava com muito calor. Era mais tolerável quando se sentava no muro do lado de fora ao ar livre com o Vento batendo em seu rosto. Se tivesse que ficar do lado de dentro, Jerry preferia um armário escuro ou o chão frio do banheiro. Apesar de estar agitado, normalmente, estava muito fraco para se mover.

Transtornos emocionais geram Fogo interno, especialmente, raiva e medo, que podem engatilhar uma série de circunstâncias complexas que afetam a tireóide. Uma tireóide precariamente equilibrada pode ser vulnerável a ambientes muito quentes ou alimentação muito rica em gordura. O hipertireoidismo é uma condição séria e avançada, que explicações mais detalhadas vão além do alcance deste livro. É suficiente dizer que tanto calor interno é gerado que o Coração e o Fígado sobrecarregam o resto dos órgãos que o organismo animal não consegue funcionar mais normalmente. É uma situação de risco de vida e requer cuidados veterinários. Veterinários holísticos têm alternativas a oferecer ou adicionar aos tratamentos ocidentais.

♦ Recomendações Dietéticas

Escolha alimentos neutros como carne bovina, bacalhau, ovos, moela de frango, arroz integral, polenta, vagem, feijão-azuqui, lentilhas, feijões, batatas ou inhames. Alimentos frios podem ser usados especialmente se o gato for agitado e irritável. Esses incluem cevada, painço, pão integral, mariscos, aipo e espinafre. Evite dietas ricas em gordura, pois gorduras são difíceis para o corpo digerir. As proporções devem ser 40% de proteína de fonte animal, 50% cereais e 10% vegetais. Lembre-se de que, com essa condição, o gato é, geralmente, tão voraz que ele provavelmente comerá qualquer coisa, então tente dar a ele alimentos que ele possa facilmente digerir e prontamente absorver. Se for desejado algo crocante, use biscoitos de arroz e painço quebrados no alimento úmido. Se o gato não quiser comer alimentos frescos, tente biscoitos de arroz misturados com ração de lata.

O SISTEMA LINFÁTICO E CÂNCER

Na Medicina Tradicional Chinesa, a linfa é parte dos fluidos Yin e é guiada por todos os meridianos, especialmente, pelo Baço/Pâncreas. A linfa drena para dentro e através de seus locais de estocagem chamados linfonodos. Quando o corpo é atacado por infecções ou toxinas, o sistema linfático circula células que combatem os patógenos invasores. O sistema linfático também filtra os resíduos tóxicos do corpo.

Existem linfonodos em cada região do corpo e esses são associados aos meridianos que estão associados a uma área particular. Os linfonodos congregados no pescoço e na garganta incham durante infecções de ouvido, dente ou garganta. Os meridianos associados a essa região incluem o do Estômago, dos intestinos delgado e grosso e do Triplo Aquecedor. O próximo grupo está abaixo do braço e região axilar. Esses estão sob influência dos meridianos do Fígado, Vesícula Biliar, Estômago e Baço. Os linfonodos também são encontrados no tórax, em torno da laringe, brônquios e pulmões. Esses estão sob a influência dos Pulmões e Yang do Rim. O próximo grupo maior de linfonodos, que drena o intestino, é encontrado no abdômen. Os meridianos envolvidos são o Baço, Estômago, Fígado e Yang do Rim. Os linfonodos na área das virilhas são drenados pelos meridianos do Fígado e Baço/Pâncreas, enquanto os que se situam atrás dos joelhos são servidos, principalmente, pelo Rim.

O animal que tende a adoecer com freqüência tem um sistema imunológico fraco. Resfriados freqüentes, sinusites, asma ou bronquites, todos enfraquecem o Qi do Pulmão. Infecções de Bexiga enfraquecem o Qi do Rim. Resfriados digestivos, vômitos, diarréia ou colite enfraquecem o Qi do Baço/Pâncreas e Estômago. Contrariamente, se qualquer um desses órgãos já estiver enfraquecido, o indivíduo se torna vulnerável ao ataque de patógenos.

A linfa, semelhante ao sangue, precisa de drenagem regular e circulação constante. Isso requer o funcionamento saudável do Baço/Pâncreas. Quando a circulação está impedida, a estagnação se desenvolve. Isso cria um bloqueio que age como um ralo de pia tampado. Quando o indivíduo tem uma glândula cronicamente inchada, faz com que os meridianos que circulam naquela região tenham que trabalhar mais pesado. Esse excesso de trabalho por longo período pode fatigar o Qi e tornar o indivíduo suscetível a infecções futuras.

O câncer não aparece de repente. É uma forma progressiva de desequilíbrio imunológico. O sistema imunológico do indivíduo, incluindo os canais do Rim, Baço/Pâncreas, Triplo Aquecedor, Pulmão e Fígado, geralmente, tem estado desequilibrado por um período considerável antes do desenvolvimento do câncer. Se o câncer se desenvolve como um tumor que se forma dentro do órgão, existe um bloqueio de energia ali há muito tempo, afetando o meridiano que serve a área. Os únicos sinais que o animal pode mostrar é fadiga, desordens digestivas ou respiratórias crônicas ou inchaço contínuo de glândulas.

Muitos de nossos animais são bons em esconder seus desequilíbrios e é necessário que o veterinário ou profissional holístico seja um investigador treinado para localizar o problema.

454

CÂNCER, TUMORES E QI BLOQUEADO

Problemas crônicos podem causar a irregularidade do fluxo de Qi. Se o Qi se torna "enredado", o Fígado, cuja função é suavizar o fluxo de sangue e Qi, entra em disfunção. O resultado é que um bloqueio energético ou de Qi transforma-se em um bloqueio físico "sólido". A estagnação de Qi progride para um tipo substancial de bloqueio de "sangue" e "fleuma". A fleuma é um fluido que se aquece da estagnação e se torna grudento e tenaz, como pudim. Essa substância grudenta se acumula nos tecidos. O acúmulo se transforma em um nódulo que pode se tornar um tumor. Quanto mais duro o tumor, existe presença de bloqueio e estagnação mais sólida há mais tempo e de maior dificuldade para ser removida.

Em outras palavras, a MTC acredita que tumores cancerosos se desenvolvem como resultado de bloqueio energético de longa duração que foi originalmente causado por um desequilíbrio ao longo dos meridianos e entre os seus órgãos. Como o Qi, o sangue e os fluidos do corpo estão intimamente relacionados, quanto mais crônico for o bloqueio de energia ou Qi, maior a *chance* da circulação tornar-se estagnante. O sangue estagnado cria um tumor.

Problemas associados com o sangue, como anemia ou contagem alta ou baixa dos glóbulos brancos, relacionam-se aos órgãos associados com a fabricação e estocagem do sangue, que é o Baço/Pâncreas, Fígado e Rim. Então a Medicina Tradicional Chinesa trata esses órgãos para ajudar os problemas do sangue. Câncer do sangue ou dos linfonodos, como leucemia ou linfoma, também envolve os órgãos que formam e estocam o sangue. A aparência das células anormais ou falta de células normais pode ser causada por qualquer um desses sistemas de órgãos que fica desequilibrado. Assim como os tumores se desenvolvem de um problema crônico de estagnação de Qi, os cânceres de sangue se desenvolvem a partir de um desequilíbrio no Rim, Baço/Pâncreas ou Fígado e como eles interagem.

♦ Câncer e Estresse

Um dos maiores problemas de saúde do século XX é o estresse. O estresse é um desequilíbrio emocional. Pode se manifestar como raiva, frustração ou ansiedade. Essas emoções sobrecarregam o Fígado que, quando é insultado, tende a aquecer ou estagnar.

A estagnação pode criar tumor. O Calor esgota os fluidos no corpo e afeta a produção e circulação de sangue. Como o Fígado estoca o sangue, os estoques de sangue podem se tornar escassos se o Fígado for sobrecarregado.

Como o animal pode se tornar estressado? Simplesmente por viver com humanos em primeiro lugar. Como o animal oferece companhia, relaxamento, recreação e amor, o nível de estresse humano afeta o animal. Cães e gatos manejam o estresse de seus donos de maneiras diferentes. Gatos são como esponjas emocionais. Aqueles que vivem com gatos sabem que quando ficam chateados, os amigos felinos pularão em seus colos para fazê-los se sentirem melhor ao absorver seus estresses. Os cães tentarão desfazer uma discussão ou distrair seus donos de seus sentimentos de infelicidade, pedindo que esses os acariciem ou os convide para brincar.

Outras formas de estresse podem surgir em casas com vários animais onde as personalidades entram em conflito, caixas de areia de uso comum ficam sujas, ou o acesso à porta de saída é eliminado ou negado. Os horários de trabalho do dono podem manter o cão dentro de casa por longo tempo, e o animal cruza suas pernas para não ocorrer nenhum incidente em casa. Falta de exercício adequado pode frustrar o animal atlético ou hiperativo, e o tédio puro pode fazer com que as almofadas do sofá passem a ser muito tentadoras para este animal normalmente bem comportado.

◆ Direcionando um Sistema Imunológico Saudável

Todos nós queremos manter nosso sistema imunológico, e também o de nossos animais, saudável. Acupressão, massagem, exercício regular, boa dieta e suplementos nutricionais ajudam. A massagem diária no seu animal pode alertar você para nódulos e inchaços anormais. A massagem nos pontos de diagnóstico indicados no Capítulo Cinco, no Exame Tradicional Chinês, página 62, pode detectar sensibilidade inicial associada a um meridiano ou sistema de órgão. A massagem junto com o exercício também ajuda a diminuir a tendência para estagnação e mantém o sangue e a linfa movendo suavemente.

456

Quanto mais livre a circulação, menor a *chance* de o corpo formar nódulos, tumefações e inchaços.

Certamente, quando encontrar qualquer nódulo ou inchaço anormal em seu cão, principalmente, se estiver acompanhado por qualquer mudança em seu comportamento, hábitos alimentares, hábitos de eliminação ou mudança drástica de peso, consulte o veterinário imediatamente. É, realmente, verdadeiro que é melhor prevenir do que remediar, e detecção precoce dos problemas sérios é a melhor coisa.

◆ Acupressão para Suporte do Sistema Imunológico e Desordens Relacionadas ao Estresse

As pesquisas têm mostrado que certos pontos de acupuntura aumentam a produção dos glóbulos vermelhos e brancos e estimulam a resposta imunológica que elimina toxinas do corpo. A acupuntura produz isso fazendo com que o corpo inicie uma cadeia de eventos que liberam certas substâncias como hormônios, neurotransmissores, trocas de íon, anticorpos, anti-histamínicos e interferon.[4] Esses transmissores celulares facilitam o movimento de patógenos ou células anormais através das paredes celulares para dentro do sistema sanguíneo e linfático, para serem removidos do corpo.

Intestino Grosso (IG) 4. Conhecido como "Grande Vale", esse ponto estimula a resposta imunológica, aumentando a produção e atividade de células brancas para eliminar toxinas. Aumenta a produção de interferon que ajuda a combater infecções virais.[4] Pode ser usado durante o estágio agudo, para baixar a febre e, preventivamente, manter o sistema linfático funcionando e dando suporte ao Wei Qi.

Localização: Veja página 207.

Intestino Grosso (IG) 11. Conhecido como "Poça Curva", esse ponto pode ser usado para aumentar a produção de glóbulos brancos e eliminar toxinas, como o **Intestino Grosso 4.** Também é bom para reduzir febres.

Localização: Veja página 211.

Estômago (E) 36. Conhecido como "Três Distâncias dos Pés", esse ponto fortalece o Qi do corpo todo, dando suporte ao Wei Qi, estimulando a produção de glóbulos brancos[5] e ajudando o Baço e Estômago.

Localização: Veja página 280.

Baço (BP) 6. Conhecido como "Encontro dos Três Yin", esse ponto ajuda o fluido e sangue do corpo. Os três Yin da perna são os meridianos do Rim, Baço/Pâncreas e Fígado. Como o sangue é a mãe do Qi, ele ajuda a fortalecer o movimento de sangue e Qi. É especialmente útil em doenças com diarréia, vômito e perda de peso.

Localização: Veja página 208.

Pericárdio (CS) 6. Conhecido como "O Portão Interno", esse ponto aumenta a produção de glóbulos brancos,[5] especialmente, quando usado com o **Estômago 36**. É benéfico em problemas com ansiedade e náusea, especialmente, acompanhando a quimioterapia.

Localização: Veja página 302.

Vaso Concepção (VC) 12. Conhecido como "Cavidade do Meio", esse é o ponto de alarme do Estômago que equilibra e fortalece o Qi derivado do alimento. Ele aumenta a resposta imune, especialmente, em problemas no Estômago e trato gastrintestinal superior. Também ajuda a drenar os linfonodos regionais.

Localização: Veja página 290.

Vaso Governador (VG) 14. Conhecido como "Grande Vértebra", esse ponto estimula a circulação de células brancas para ajudar a eliminar toxinas. Também reduz a febre e é, especialmente, útil em infecções agudas.

Localização: Veja página 222.

Rim (R) 3. Conhecido como "Grande Riacho", esse é o ponto fonte do Rim e assim está em comunicação direta com o Rim, que regula o sistema imunológico. Esse ponto é bom para anemia, leucemia, problemas na medula óssea e desidratação.

Localização: Veja página 245.

Bexiga (B) 23. Conhecido como "Ponto do Rim", esse é o ponto de associação do Rim e estimula a resposta imunológica. É usado assim como o **Rim 3**, página 458.

Localização: Veja página 246

Nota importante sobre a técnica a usar: A técnica a ser usada para todos os pontos citados é segurar o ponto ou usar movimentos circulares pequenos por não mais de 15 segundos. Escolha três pontos de cada vez, de acordo com as necessidades do animal. Se o animal estiver muito fraco, trate somente um ponto de cada vez. O animal pode receber tratamento uma ou duas vezes ao dia, por curtos períodos de tempo.

Os pontos são escolhidos durante uma infecção ativa, para ajudar a combater a infecção, e entre as infecções, para ajudar a fortalecer o sistema imunológico e o indivíduo de maneira geral. Por exemplo, **Intestino Grosso 11** e **Vaso Governador 14** podem ser escolhidos durante um episódio de resfriado com febre, enquanto **Estômago 36** e **Intestino Delgado 4** podem ser escolhidos para fortalecer após o incidente.

APÓS A QUIMIOTERAPIA OU RADIAÇÃO

Se o animal foi submetido a tratamentos de quimioterapia ou radiação, ele estará em estado de depleção. Essas terapias podem ter salvado sua vida, mas danificaram os sistemas imunológico e digestivo. É importante lembrar que apesar de o câncer ter sido reduzido ou mesmo eliminado, a causa inicial pode não ter sido resolvida. Quando vejo animais que tiveram seus baços removidos devido à hemangio-sarcomas, o desequilíbrio entre Baço/Pâncreas e Fígado ou Rim ainda está presente, mesmo que o Baço esteja ausente. Se um desequilíbrio fica sem tratar, pode-se desenvolver câncer em outro órgão.

A acupressão e fitoterapia podem ser benéficas durante o período de convalescença do animal. Escolha pontos listados acima, incluindo o **Pericárdio 6** para náusea e como estimulante de apetite, **Vaso Concepção 12** para vômito, gás, apetite diminuído e dor no estômago, **Baço 6** para diarréia ou timpanismo e **Estômago 36** para fortalecimento da energia geral.

FITOTERAPIA E O SISTEMA IMUNOLÓGICO

As ervas que ajudam o sistema imunológico são divididas em dois grupos principais. O primeiro elimina infecção, enquanto o segundo fortalece ou tonifica o sistema imunológico e os órgãos que o auxiliam.

As ervas que combatem a infecção são consideradas eliminadoras de calor nos termos da MTC. Podem ser usadas durante uma infecção ativa, com ou sem febre. Em alguns casos, elas podem ser usadas em doses menores entre as infecções para ajudar a prevenir sua recorrência. Algumas das ervas têm propriedades antivirais assim como antibacterianas.

As ervas tônicas são usadas para ajudar a fortalecer ou nutrir o indivíduo. Elas podem ser usadas após episódios de infecção, após cirurgias, tratamento de quimioterapia, radiação ou em problemas crônicos de diarréia que deixam o indivíduo fraco ou magro. As ervas tônicas fortalecem o Qi, o Sangue e os fluidos Yin.

♦ Ervas Eliminadoras de Calor Usadas para Combater Infecções

Echinacea purpúrea e angustifólia.[6] Essa erva ocidental estimula a resposta imunológica para combater a infecção. É boa para feridas na boca, glândulas inchadas, tonsilite, infecções respiratórias superiores, feridas por picadas e infecções virais. Em humanos, foi descoberto que sua eficiência está relacionada às dosagens, e doses altas são necessárias durante infecções agudas, quando comparadas ao uso preventivo. Durante uma infecção ativa, misture 25 a 30 gotas em 30 ml de água destilada.

Dosagem: 1 a 3 conta-gotas, duas ou três vezes ao dia, dependendo do tamanho do animal e da intensidade dos sintomas. A duração do tratamento é de 10 a 14 dias para infecções agudas. Pode ser usado por até um mês para infecções crônicas nessa dosagem, e depois em doses mais baixas para prevenção.

Para prevenção entre infecções, diante da exposição a outros animais com infecções ou para estimular a resposta imunológica, dilua 10 gotas em 30 ml de água destilada.

Dosagem: gatos/cães pequenos: 1 a 2 conta-gotas, 1 ou 2 vezes ao dia

cães médios/grandes: 2 a 3 conta-gotas, 1 a 2 vezes ao dia

Calêndula.[7] Essa erva ocidental limpa o sistema linfático. É boa para infecções agudas e crônicas, com ou sem aumento de linfonodos. Tem qualidades amarga, doce, salgada e pungente[8], o que significa que tem uma afinidade para os meridianos do Baço, Rim, Pulmão e Coração. Ela atua bastante, principalmente, no Baço/Pâncreas e no seu equilíbrio com o Fígado. A calêndula ajuda a curar lacerações e feridas nos tecidos, especialmente, naqueles pacientes com o sistema imunológico esgotado ou enfraquecido.

Misture 15 gotas em 30 ml de água destilada

Dosagem: 1 a 3 conta-gotas, 2 a 3 vezes ao dia, dependendo do tamanho do animal e severidade do problema.

Hidraste.[9] Essa erva ocidental elimina o Calor e a Umidade. Atua como antibiótico e ajuda a diminuir o sangramento excessivo. Use até duas semanas apenas, pois, pode danificar a flora ou o cólon se usada por longo período. É especialmente benéfica para desordens do tipo disentéricas, abscessos e fístulas anais, assim como desordens reprodutivas.

Dosagem, como pó:

gatos/cães pequenos: cápsulas n° 3, 2 a 3 vezes ao dia

cães médios: cápsulas n° 1, 2 a 3 vezes ao dia

cães grandes: cápsulas n° 00, 2 a 3 vezes ao dia.

Inmortal (*Asclépias aspérula*).[10] Essa erva ocidental é conhecida nas culturas espanholas e nativas do Novo México para problemas no pulmão, incluindo bronquite crônica e asma. Ajuda a drenar linfonodos na parte superior do corpo e os que afetam o sistema respiratório.

Dosagem, em humanos, é recomendado ferver 1/2 colher de chá da raiz em água, mas os animais não toleram o sabor amargo. Tente tintura em 5 a 10 gotas em 30 ml de água destilada, dosando de 1 a 3 conta-gotas uma ou duas vezes ao dia, dependendo do tamanho do animal ou severidade do problema.

Dente-de-leão e Raiz de Bardana.[11] Ambas as ervas ajudam a limpar a circulação do fígado e toxinas. São benéficas para o acúmulo de fluidos no tórax e abdômen. Essas são ervas moderadas e, normalmente, toleradas pela maioria dos animais.

Misture 8 gotas em 30 ml de água destilada. Use de 1 a 3 conta-gotas duas vezes ao dia, dependendo do tamanho do animal.

Red Root.[12] Elimina toxinas e drena os linfonodos da parte inferior do corpo. É benéfica para as áreas da próstata, uterina e vaginal, assim como para linfonodos inguinais ingurgitados. Também ajuda a aliviar o inchaço do Baço.

Misture 10 gotas da tintura em 30 ml de água destilada. Use de 1 a 3 conta-gotas duas vezes ao dia, dependendo do tamanho do animal. Use por até um mês.

Silimarina.[13] Essa erva ajuda a restaurar a função do fígado e da vesícula biliar. É particularmente benéfica após episódios de lipidose, hepatites e acúmulos tóxicos por febre. A silimarina também fortalece a parede celular sanguínea, então, é recomendada para úlceras e tecidos em recuperação no corpo em geral. Pode ser usada ainda tanto para combater infecções quanto para tonificar.

Misture 10 gotas da tintura em 30 ml de água destilada, usando 1 a 3 conta-gotas duas vezes ao dia, dependendo do tamanho do animal.

◆ **Ervas para Fortalecer o Indivíduo e Aumentar a Imunidade**

Astrágalo.[14] Essa erva chinesa tornou-se conhecida no ocidente por ajudar a tratar câncer. Ela contém flavonóides que auxiliam na circulação e produção de sangue. Como ela aumenta a circulação, ajuda a prevenir estagnação que pode causar a formação de tumor. Astrágalo também contém polissacarídeos que ajudam a inibir a formação de tumor. Foi demonstrado que ela aumenta a força, vigor e digestão após os tratamentos de quimioterapia e radiação, e que aumenta a taxa de sobrevivência em pacientes com câncer após esses tratamentos.

Nos termos da MTC, astrágalo é um tônico de Qi. É benéfico para absorção de alimentos, normalização da micção e produção de sangue. Use duas vezes ao dia.

Dosagem, como pó:

gatos/cães pequenos: cápsula nº 2 (1/8 a 1/4 colher de chá).

cães médios: cápsula nº 0

cães grandes: cápsula nº 00

Ginseng Americano ou Siberiano. Esses são Ginsengs "refrescantes", mais do que o "aquecedor" Ginseng Vermelho Coreano. O Ginseng é um tônico de Qi que ajuda a formar vigor e força, e é bom para saúde geral e redução de estresse. Pode ser uma boa idéia dar o ginseng para o animal se ele ficar em casa ou canil durante as férias do dono. É considerado um "adaptógeno"[15], ajudando a normalizar a pressão sanguínea, equilíbrio de fluidos e para fortalecer o Coração e musculatura do corpo. Também é benéfico nas diabetes para estabilizar a sede e o apetite.

Dosagem: a mesma para astrágalo, página 462.

Liu Wei Di Huang Wan. Essa é a fórmula clássica de Rim, benéfica para restaurar o sangue e energia do Rim e Baço/Pâncreas. Veja os ingredientes e dosagem no Capítulo Dezessete, página 362.

Women's Precious Pills.[17] Também conhecido como "Eight Treasure Tea", esse é um tônico de sangue e Qi usado para perda de peso e debilidade geral. Contém tônicos de sangue de Angélica sinensis, Rehmannia, Peônia; ativador de sangue, Ligusticum; e os tônicos de Qi de Codonopsis, Poria cocos, Atractylodes e Alcaçuz.

Dosagem: gatos/cães pequenos: 2 pílulas, 2 vezes ao dia

cães médios: 4 pílulas, 2 vezes ao dia

cães grandes: 6 pílulas, 2 vezes ao dia

DOENÇAS AUTO-IMUNES

A doença auto-imune ocorre quando o sistema imune no animal entra em desentendimento, confundindo suas próprias células saudáveis com algum tipo de patógeno. Na confusão, o sistema imunológico começa a atacar e a destruir as próprias células do corpo. O resultado final é uma destruição de tecidos, inflamação e dor e, eventualmente, grande vulnerabilidade a outros patógenos oportunistas.

Em alguns casos há desenvolvimento de anemia, porque as células do corpo vistas como tóxicas são, realmente, seus próprios glóbulos vermelhos. Um exemplo desse problema imuno-mediado no sangue é a *trombocitopenia*, que é desenvolvida em cães de raça pura como Weimaraners, Dobermans e Poodles Standard. A destruição dos glóbulos vermelhos causa hemorragia e anemia. Problemas auto-imunes podem agir, também, como artrite que surge repentinamente, causando inchaço e, algumas vezes, passando de articulação para arti-culação como no sistemático *lupus eritematoso*.

Em cada caso, o problema ocorre quando o animal é mais vulne-rável. Então, na Medicina Tradicional Chinesa, se o sangue está sendo atacado, os órgãos subjacentes responsáveis são os Rins, Baço/Pâncreas e Fígado. Se as articulações estão sendo atacadas, a Deficiência está associada com o Fígado e Rim. Se a pele está sendo atacada e se formam úlceras, o Rim, Pulmão e Baço/Pâncreas estão fora de equilíbrio.

Para tratamento, escolha pontos imunes gerais de acupressão listados anteriormente nesse capítulo e localize os sintomas primários nos Capítulos Quinze, Dezesseis e Dezessete.

VÍRUS DA LEUCEMIA FELINA (FeLV) E VÍRUS INFECCIOSO FELINO (FIV)

O Vírus da Leucemia Felina, e o seu mais novo companheiro, o Vírus Infeccioso Felino podem devastar o sistema imunológico de um gato. Em ambos os casos, assim como em muitas doenças infeccio-sas, o indivíduo animal deve ser suscetível ou vulnerável para tornar-se doente. Muitos animais são expostos a esses vírus, mas seus siste-mas imunológicos são capazes de combatê-los. Isso significa que aqueles que sucumbem já estão em condição fraca, tanto por causa do estresse, nutrição pobre ou fatores hereditários de Jing do Rim ou Qi do Pulmão fracos.

Quando o animal é infectado, se ele superar o início agudo da doença, ele é deixado com um sistema imunológico deficiente que pode não ser capaz de combater outras infecções. Por isso, é impor-tante fortalecer o sistema imunológico nesse estágio atual.

Durante ou entre os episódios agudos, pontos de acupressão para modular o sistema imunológico, listados nas páginas 457-459, são adjuntos benéficos para qualquer esquema de tratamento. Os pontos de acupressão listados para estimular a produção de glóbulos brancos, como **Estômago 36,** página 280, e **Pericárdio 6**, página 302, são especialmente benéficos durante os intervalos entre os episódios de febre. Pontos como **Intestino Grosso 11**, página 211, e **Vaso Governador 14**, página 222, são benéficos para reduzir febres. A febre atua para aquecer o corpo na tentativa de sobrecarregar o vírus e eliminá-lo. Febres por longo período, entretanto, indicam que o indivíduo não é forte o suficiente para se livrar do vírus, mas fica tentando.

Pontos como **Baço 6**, página 208, **Fígado 3**, página 303, **Intestino Grosso 4**, página 207, **Rim 3**, página 245, e **Estômago 36**, página 280, ajudam a restaurar o sangue, Yin e o Qi do corpo. Muitos animais têm vida longa e normal como portadores do vírus, uma vez que o sistema imunológico se ajusta.

◆ Suplementos Nutricionais para o Sistema Imunológico

Recentemente, mais praticantes ocidentais estão recorrendo a vitaminas, minerais e antioxidantes para combater o câncer. Isso é provavelmente devido ao fato de que dois a cada cinco humanos desenvolveram câncer durante os anos 90.[18] Na nossa população animal, o câncer também está em alta. Desde que comecei a minha prática em 1978, o número de casos de câncer que acompanho cresceu astronomicamente.

É muito mais fácil usar vitaminas e suplementos nutricionais, junto com uma boa dieta como medida preventiva, antes que o sistema imunológico seja atacado. Quando o sistema imunológico está desequilibrado, a suplementação se torna um componente essencial para a vida.

Os antioxidantes são substâncias que ajudam a eliminar toxinas do corpo em um nível celular e sanguíneo. Eles são intracelulares, como superóxido dismutase ou extracelulares, como vitaminas C e E. (Veja artrite no Capítulo Dezenove, páginas 418-420.)

Vitamina C, na forma de ascorbato de sódio. As doses são as mais altas possíveis com a diarréia sendo o fator limitante.

gatos/cães pequenos: 500 mg, 2 vezes ao dia

cães médios: 1.000 mg, 2 vezes ao dia

cães grandes: 2.000 mg, 2 vezes ao dia

Bioflavonóides com Quercetina. Eles ajudam na absorção de vitamina C, e reduz reações alérgicas. São, especialmente, úteis nos problemas respiratórios, incluindo asma alérgica e bronquite.

1/3 a 3/4 da dosagem humana.

Vitamina E com Selênio. A vitamina E age como um antiinflamatório, diminuindo o inchaço nas articulações e no sistema músculo-esquelético, assim como suaviza e umedece a pele. O selênio ajuda com a absorção e aumenta a efetividade da vitamina E. Use uma vez ao dia.

gatos/cães pequenos: 50 UI vitamina E, com 5 mcg a 10 mcg de selênio

cães médios: 100 UI a 200 UI vitamina E, com 20 a 25 mcg de selênio

cães grandes: 400 UI vitamina E, com 50 mcg de selênio.

Vitamina A misturada com carotenos, incluindo Betacaroteno. Essa vitamina é, especialmente, boa para a mucosa respiratória, ajudando nos problemas de sinusite e de Pulmão. Como é uma vitamina lipossolúvel, a superdosagem pode ser um problema se o Fígado não estiver saudável.

gatos/cães pequenos: 2.000 mg, diariamente

cães médios: 5.000 mg, diariamente

cães grandes: 10.000 mg, diariamente

A vitamina A, junto com óleos ricos em ômega-3, pode ser encontrada no óleo de Fígado de bacalhau, como uma boa fonte alternativa da vitamina A sintética.

Microalga. A alga, em geral, é altamente nutritiva, contendo grande quantidade de clorofila que diminui bactérias e limpa toxinas do corpo.[19] Gatos parecem especialmente sensíveis à alga, causando transtornos digestivos em alguns, incluindo diarréia e diminuição de apetite.

A dosagem para gatos e cães pode ser mínima e ainda produzir efeitos positivos, baixos como 1/16 a 1/8 colher de chá ou, apenas, uma "pitada" na comida.

Complexo B, incluindo B12. Essa pode ser de flocos de levedura nutricional se o animal não estiver usando antibióticos, ou outra forma sem ser levedura, quando o animal estiver usando antibiótico.

> gatos/cães pequenos: 1/4 da dosagem humana
> cães médios/grandes: 1/2 da dosagem humana

Pó de Kelp ou outras algas marinhas. Os traços minerais são essenciais para o funcionamento celular, incluindo magnésio que auxilia a absorção de cálcio para ossos fortes.

> gatos/cães pequenos: 1/8 colher de chá, diariamente
> cães médios/grandes: 1/2 colher de chá, diariamente

Combinações de Acidófilos e Bífidos repopulam os intestinos com a flora essencial. Se a flora intestinal estiver superpopulada com bons micróbios, não há espaço para a flora tóxica se proliferar.

> gatos/cães pequenos: 1/4 da dosagem humana
> cães médios/grandes: 1/2 da dosagem humana

Superóxido Desmutase e outros antioxidantes como catálase e peroxidase. Esses antioxidantes intracelulares removem toxinas do corpo e são estocados no interior das células. São, especialmente, bons para ajudar a limpar o Fígado e as superfícies articulares.

A dosagem é de acordo com o produto veterinário específico.

Ácidos Graxos Essenciais. Esses se convertem em prostaglandinas, conhecidas como PGE_1 que ativam o sistema imunológico e ajudam a combater o câncer, assim como remover toxinas e regular as doenças auto-imunes. Disponíveis com o veterinário em dosagens apropriadas.

Novas abordagens para o câncer e fortalecimento imunológico são temas principais da indústria de suplementos nutricionais. Procure nas lojas de produtos naturais regularmente e, também, com o veterinário holístico.

♦ Recomendações Dietéticas

A dieta é, provavelmente, o fator *mais* importante no auxílio ao sistema imunológico. Nossa ênfase na conveniência na nossa alimentação e na de nossos animais pode levar ao aumento dos problemas imunológicos, incluindo o câncer. Alimentar com ração comercial ou lata pode diminuir a vitalidade. Quando o sistema imunológico é enfraquecido precisa de alimento fresco para que seja estimulado novamente.

Uma das primeiras coisas a ser evitada são alimentos com conservantes como etoxiquina e BHA, ambos comprovados em estudos europeus serem carcinogênicos. Se você alimenta o animal somente com ração, suplemente essa dieta com produtos integrais naturais. Cereais integrais são fontes ricas e balanceadas de magnésio e fósforo, assim como de fibras. Alguns profissionais sugerem misturar cereais que representam os Cinco Elementos para reequilibrar o corpo. Quantidades iguais de arroz integral, milho ou polenta, cevada, painço, flocos de centeio e aveia seriam uma mistura balanceada de cereais. O milho e o arroz são doces e neutros, beneficiando o Baço, Estômago, Intestino Grosso e Coração. O centeio é amargo e neutro, secando a umidade e beneficiando o Coração. A cevada e o painço são refrescantes salgados e doces, com direção para baixo, e beneficiam o Rim e o Estômago. A aveia é aquecedora e doce, beneficiando o Baço, Estômago, Coração e Qi geral. Trigo integral pode ser adicionado para nutrir o Fígado.

Vegetais crus e cozidos são bons adjuntos, pois são ricos em traços minerais, clorofila e têm propriedades que sustentam os fluidos. Vegetais como cenouras, brócolis, beterraba, couve, cheiro-verde, repolho e batata-doce são excelentes para indivíduos com imunidade debilitada.

Peixe fresco, principalmente, sardinhas, são boas fontes de ácidos graxos essenciais e de proteínas facilmente utilizáveis. Carne de animais criados soltos, não medicados com hormônios e antibióticos, constroem a essência Jing e massa muscular, e sustentam o Qi e o Sangue. A carne é especialmente importante após o animal ter sido submetido à quimioterapia ou radiação. Caldos e sopas feitos com carne e ossos são facilmente digestíveis.

Para cães cujo peso está adequado, uma dieta mais vegetariana com pequenas quantidades de carne é benéfica. A suplementação de proteínas com legumes como lentilhas e feijão-azuqui fornece fibras e proteínas de complexo vegetal. Não recomendo que dietas vegetarianas sejam dadas para gatos, pois eles requerem mais proteínas do que os cães. Entretanto, reduzir a quantidade de carne pode ser benéfico.

Para um envolvimento de um órgão específico, favor consultar as seções diferentes para as recomendações dietéticas. Para roteiros dietéticos, em geral, consulte o Capítulo Sete.

Finalmente, o mais importante é que você dê amor em cada refeição e tratamento. Deixe o animal saber que você se importa com ele. A intenção de cura tem um papel muito importante no processo.

Os animais nos dão muitas coisas apenas sendo eles mesmos, e pedem tão pouco em troca. Esperamos que eles se adaptem completamente em nosso mundo e, às vezes, não é o melhor para eles. O mínimo que podemos fazer é dar a eles o melhor que podemos, tanto nos momentos de doença quanto de saúde.

Notas Finais

1, 2, 8. Holmes, Peter. *The Energetics of Western Herbs, Vol. I & II.* (Boulder, CO: Artemis Press, 1989), 370, 360, 565.

3. Balch, James. F., MD., P. A. Balch. *Prescription for Nutritional Healing.* (Garden City Park, NY: Avery Publishing Group, 1990), 213.

4. Schoen, Allen M., DVM, MS. *Veterinary Acupuncture, Ancient Art to Modern Medicine.* (Goleta, CA: American Veterinary Publishers, 1994), 243-67.

5. Schoen, Allen M., DVM, MS. Palestras, Veterinary Acupuncture Certification Course. Atlanta, GA, 1994.

6. Hobbs, C. Echinacea: A Literature Review, *Herbal Gram,* No. 30, Winter, 1994, 38-41.

7. Wood, Matthew. Palestras de Fitoterapia, Batesville, IN, 1994.

9. Tierra, Michael, CA, ND. *Planetary Herbology.* (Santa Fe, NM: Lotus Press, 1988), 192.

10, 12. Moore, Michael. *Medicinal Herbs of the Mountain West.* (Santa Fe, NM: Museum of New Mexico Press, 1979), 89, 140.

11, 13. Jones, Feather. *Turtle Island Herb Practitioner Guide.* Boulder, CO, 1990.

14. Dharmananda, Subhuti, PhD. *Chinese Herbal Therapies for Immune Disorders.* (Portland, OR: Institute for Traditional Medicine & Preventive Health Care, 1988), 28.

15. Leung, Albert Y. *Chinese Herbal Remedies.* (New York: Universe Books, 1984), 77-78.

16. Naeser, Margaret, A., PhD. *Outline Guide to Chinese Herbal Patent Medicines in Pill Form.* (Boston, MA: Boston Chinese Medicine, 1990), 286.

17. Fratkin, Jake. *Chinese Herbal Patent Formulas.* (Boulder, CO: Shya Publications, 1986), 178.

18. *Nutrition Action Newsletter,* January 1995.

19. Pitchford, Paul. *Healing with Whole Foods.* (Berkeley, CA: North Atlantic Books, 1993), 189.

de proteínas com legumes como lentilhas e feijão-azuqui fornece fibras e proteínas de complexo vegetal. Não recomendo que dietas vegetarianas sejam dadas para gatos, pois eles requerem mais proteínas do que os cães. Entretanto, reduzir a quantidade de carne pode ser benéfico.

Para um envolvimento de um órgão específico, favor consultar as seções diferentes para as recomendações dietéticas. Para roteiros dietéticos, em geral, consulte o Capítulo Sete.

Finalmente, o mais importante é que você dê amor em cada refeição e tratamento. Deixe o animal saber que você se importa com ele. A intenção de cura tem um papel muito importante no processo.

Os animais nos dão muitas coisas apenas sendo eles mesmos, e pedem tão pouco em troca. Esperamos que eles se adaptem completamente em nosso mundo e, às vezes, não é o melhor para eles. O mínimo que podemos fazer é dar a eles o melhor que podemos, tanto nos momentos de doença quanto de saúde.

Notas Finais

1, 2, 8. Holmes, Peter. *The Energetics of Western Herbs, Vol. I & II.* (Boulder, CO: Artemis Press, 1989), 370, 360, 565.

3. Balch, James. F., MD., P. A. Balch. *Prescription for Nutritional Healing.* (Garden City Park, NY: Avery Publishing Group, 1990), 213.

4. Schoen, Allen M., DVM, MS. *Veterinary Acupuncture, Ancient Art to Modern Medicine.* (Goleta, CA: American Veterinary Publishers, 1994), 243-67.

5. Schoen, Allen M., DVM, MS. Palestras, Veterinary Acupuncture Certification Course. Atlanta, GA, 1994.

6. Hobbs, C. Echinacea: A Literature Review, *Herbal Gram,* No. 30, Winter, 1994, 38-41.

7. Wood, Matthew. Palestras de Fitoterapia, Batesville, IN, 1994.

9. Tierra, Michael, CA, ND. *Planetary Herbology.* (Santa Fe, NM: Lotus Press, 1988), 192.

10, 12. Moore, Michael. *Medicinal Herbs of the Mountain West.* (Santa Fe, NM: Museum of New Mexico Press, 1979), 89, 140.

11, 13. Jones, Feather. *Turtle Island Herb Practitioner Guide.* Boulder, CO, 1990.

14. Dharmananda, Subhuti, PhD. *Chinese Herbal Therapies for Immune Disorders.* (Portland, OR: Institute for Traditional Medicine & Preventive Health Care, 1988), 28.

15. Leung, Albert Y. *Chinese Herbal Remedies.* (New York: Universe Books, 1984), 77-78.

16. Naeser, Margaret, A., PhD. *Outline Guide to Chinese Herbal Patent Medicines in Pill Form.* (Boston, MA: Boston Chinese Medicine, 1990), 286.

17. Fratkin, Jake. *Chinese Herbal Patent Formulas.* (Boulder, CO: Shya Publications, 1986), 178.

18. *Nutrition Action Newsletter,* January 1995.

19. Pitchford, Paul. *Healing with Whole Foods.* (Berkeley, CA: North Atlantic Books, 1993), 189.